战神粟裕

关河五十州 ★ 著

中国出版集团
现代出版社

图书在版编目（CIP）数据

战神粟裕 / 关河五十州著. -- 2版. -- 北京：现代出版社，2018.6

ISBN 978-7-5143-6991-5

Ⅰ.①战… Ⅱ.①关… Ⅲ.①粟裕（1907-1984）—生平事迹 Ⅳ.①K825.2

中国版本图书馆CIP数据核字（2018）第058278号

战神粟裕

作　　者：关河五十州
策划编辑：张　霆
责任编辑：张桂玲　张　霆
出版发行：现代出版社
通信地址：北京市安定门外安华里504号
邮政编码：100011
电　　话：010-64267325　64245264（传真）
网　　址：www.1980xd.com
电子邮箱：xiandai@vip.sina.com
印　　刷：三河市宏盛印务有限公司
开　本：710mm×1000mm　1/16　印　张：23.5　字　数：379千
版　次：2018年6月第2版　印　次：2024年11月第7次印刷
书　号：ISBN 978 7 5143 6991 5
定　价：45.00元

版权所有，翻印必究；未经许可，不得转载

目录

第一章 不归之路 //001

教官的一番训导给粟裕留下了深刻印象："死亡只是一瞬间的事,而艰苦却是长期的、时刻都会遇到的。如果你们能够战胜艰苦,那么还有什么不可战胜的呢?"

第二章 大家拼的是本事 //023

打游击,就要培养一只只能在野外生存的"独狼",老绑在一起怎么行。不过粟裕也意识到,这事不能操之过急,得慢慢来。"独狼"的特性是更为灵活机动,可以不须请示,见到"食"就上,随时消灭敌人和补充自己。

第三章 偏向虎山行 //045

从新四军的实际情况出发,粟裕非常强调打弱敌,这也是他自红军时期就形成的一个经验。他还为此打了一个比方:假如敌人是一只螃蟹,弱敌就是螃蟹的软肚皮,打螃蟹要先捅这个。

第四章　大海从鱼跃 //071

粟裕一声不吭地从口袋里掏出一枚铜元，放在一名学员的枪上，并下达口令："击发！"学员扣动扳机，枪身一震动，铜元应声落地。

粟裕拿过枪，一个卧姿趴下，同样在放好铜元的情况下完成击发动作，几次击发，铜元纹丝不动。粟裕放下枪，走了。除了口令，一句话都没有说，但是教导队的人都被震动了。

第五章　一物须用一物降 //093

一天两夜，反复行程200多里，有的临时转移来的人员还多走了一天，这样的艰苦行军，野战军也许不算什么，但对于机关人员来说，实在是非常了不起，表明粟裕所领导的指挥机关已经完全实现战斗化和游击化。

粟裕和苏中军区机关始终是南部寻歼的主要目标，但在整个抗战过程中，他们一次都没有遭遇到日军袭击。

第六章　两军相遇勇者胜 //115

共产党的思想工作是一绝，日军要么不被俘虏，俘虏了十有八九都会加入"反战同盟"，自觉自愿地对日军展开政治攻势。正当车桥战斗相持不下时，苏中"反战同盟"成员松野觉冒着枪弹，主动上前要求劝降，但在喊话时被子弹击中头部身亡。

第七章　真理掌握在少数人手里 //137

战争年代有一个不成文的规矩，下级向上级提建议，同样的内容，只准提3次。粟裕连续3次上书，最后一次，甚至用了"斗胆直陈"的措辞。

现在战机果然出现了，粟裕急电报告："此乃一良机也，不可错过。"

毛泽东随即指示："尽可能满足粟之要求，集中最大兵力于主要方向（指苏中战场）。"

第八章 棋逢对手 //163

所谓"慈不掌兵，情不立事"，善战之将，平时有哪个不爱兵，可作战时如果有太多的恻隐之心，就会耽误事。粟裕在大兵团作战时就曾有过一个规定，即当激战正酣时，不允许各级部队长报送伤亡数字，以免部队长一时心软手抖，作战命令执行不下去。

第九章 砸碎珍珠换玛瑙 //197

顾祝同是粟裕在三次天目山反击战的对手，也是他的手下败将。在对华野全军讲话时，粟裕说薛岳用兵"尚机敏果断"，称得上是军事干才，而顾祝同只是个庸才，现在老蒋以庸才代替干才，对解放军而言，实在是再好不过的事。

第十章 不是冤家不聚头 //237

毛泽东有个习惯，会见党内同志从不迎出门外，但当获知粟裕前来时，他破例走出门外，并同粟裕长时间握手。

经过中央集体讨论，粟裕的建议最终以军委命令的形式确定下来。毛泽东不是一个轻易能被说服的人，而敢于对毛泽东反复提出意见并为他所接受的，在解放战争的历史上，粟裕是比较突出的一个。

第十一章 风头如刀面如割 //285

一个真正的军事大师，不是仅靠战术的翻新和炫目所能成就，他靠的是战场上无数次死里求生的切身体验，靠的是提前两步乃至三四步的眼光和判断力。

当年北上抗日先遣队的经历，给予了粟裕宝贵的人生财富。在某种意义上，可以说没有北上先遣，就不会有后来的粟裕。

在粟裕的军事生涯中，虽然也曾有过失误和疏忽，甚至吃过败仗，但正因为拥有这些用战友鲜血凝成的经验和教训，他才能做到越挫越强，越挫越勇。

第十二章　钟山风雨起苍黄 //349

渡江战役的胜利早在粟裕预想之中，战前他就认为渡江并不困难，他当时所关注的重点也已经不是强渡长江，而是如何以最快的速度攻下南京。

粟裕的这一想法似乎有些超前，按照一般思路，渡过长江后应先稳住阵脚，然后再逐步拓展，哪有这么快就要一揽子收全的。

做出这一决断，自有道理，因为粟裕抓住了汤恩伯布防上的一个致命弱点。

第一章 / 不归之路

多年之后，王耀武一定还能记起一场名叫谭家桥的战役，在那场他亲身参与的战役中，红军牺牲了一位卓越战将——寻淮洲。

寻淮洲曾任红七军团军团长，他担任军团长时，只有 21 岁，比林彪还年轻，是当时红军中最年轻的军团长。寻淮洲如果不死，凭其战功、资历及其善战之名，新中国成立后封将拜帅完全没有问题。

那时候粟裕还只是军团参谋长，王耀武无论如何不会想到，正是这个看似瘦小、貌不惊人的幕僚长，日后不仅替战友报了折戟的一箭之仇，而且翻江倒海，成了他本人乃至整个国民党军队的克星。

这是一个天生与战场有缘的人。

人各有志，有时候这种志从小就能看得出来。《红楼梦》中，贾政要测试儿子未来的志向，便将"那世上所有之物"摆出来，让贾宝玉抓取。结果大家都知道了，宝玉什么都不碰，伸手就把"脂粉钗环"抓了过去，为此还换来贾老爷一声臭骂："酒色之徒耳！"

如果让年幼时的粟裕来抓，他紧紧攥在小手里的，也许只会是一件东西——剑！

只要"神"还留着

作为传统的古老兵器，剑代表着侠客风范和男儿血性。佩剑之人，可以云游四方，除暴安良，好不快哉。

剑客的梦想，支撑着粟裕的整个童年时光，其间还少不了一个很关键的人，他叫阿陀。

粟裕虽不是出生于贾府那样的钟鸣鼎食之家，但家境也堪称富裕，阿陀就是受雇于粟家的一位青年长工。

第一章 不归之路

有一种说法，说民国其实是中国武侠的鼎盛时期，这个时期，不仅涌现出了霍元甲、杜心武等一批武侠技击高手，就连近现代武侠小说的源头也正是从此处发轫。那时候的人们，比现在更热衷于谈论武侠和剑客。

阿陀显然自己就是个武侠迷，他成了少年粟裕的启蒙老师。从阿陀那里，粟裕知道了许多蜚声民间的好汉名字："草上飞"，这哥们儿轻功了得，能飞檐走壁，尤其擅长在草尖上借力飞奔；"一枝梅"，此君牛就牛在每次替天行道后，必要在墙上画一枝梅花作为记号……

一个年代有一个年代的"射雕英雄传"、"倚天屠龙记"，听着这些故事，小粟裕激动得血脉贲张，不能自已。

想做一名新生代剑客吗？练吧！

"草上飞"训练秘籍：用沙袋捆在腿上，通过不停地跑跳，说不准什么时候就能身轻如燕，展示"日行千里，夜行八百"的奇迹。

"一枝梅"训练秘籍：找根一丈长的竹竿，只留一头的竹节，其余全部打通灌沙，这叫"狼牙棒"，一旦练熟，离替天行道兴许就不远了。

在阿陀的带领下，粟裕乐此不疲，经常练到汗流浃背，筋骨酸痛也不肯停手。

直到有一天，一件新玩意儿的出现，让他眼前一亮。

那是阿陀做的一把"枪"。原料为一个子弹壳，钻洞后放入火药，再添沙子，点燃后沙子就能喷射出来。

粟裕用此"枪"瞄准"假想敌"，一击即中，顿时把他给乐坏了。

原来枪比剑更厉害！

冯骥才在小说《神鞭》中，描写了一个会用辫子格斗的天津好汉傻二，被称为"神鞭"。他后来发现洋人的洋枪威猛，就毅然割去辫子，并练出了双手使枪、百分百中的绝活，为此还留下了一段发人深省的话："祖宗的东西再好，该割的时候就得割。我把'鞭'剪了，'神'却留着……不论嘛新玩意儿，都能玩到家。"

武侠也得随时代进步哇，只要"神"还留着。

19岁那年，粟裕终于得到了一支真正的枪。此前，他是湖南省立第二师范的学生，为了迎接北伐军的到来，几个同学合着凑钱买了一支驳壳枪和两百发子弹。

第二年，也就是1927年，蒋介石在上海发动"四·一二"反革命政变，国共分裂，粟裕和一些同学投向武汉，加入了中共控制的第24师教导队。

粟裕不是军校科班出身，他所受的军事训练，即从教导队开始。

一到教导队，教官就向这些学生兵发问："艰苦和死亡相比，哪一个更难受？"

大家你看看我，我看看你，回答："死亡更难受。"

教官立即纠正："不对，艰苦比死亡更难受！"

接下来，教官的一番训导给粟裕留下了深刻印象："死亡只是一瞬间的事，而艰苦却是长期的、时刻都会遇到的。如果你们能够战胜艰苦，那么还有什么不可战胜的呢？"

在现实生活中，没有武侠小说里吃个丹药就能功力大长那么轻松，只有一轮又一轮艰苦的打磨。

第24师师长是北伐名将叶挺。某次作战，因兵力悬殊，士兵纷纷退却，叶挺的参谋长亲自督战，仍无济于事。这时突然传来消息："叶挺师长来了！"

众人立即止步，转身向敌军发起冲锋。一个营长原先只是受了点轻伤，正哼哼唧唧地要下来，一听叶挺来了，赶紧跳下担架去打仗。

叶挺督军练兵，就一个字：严。

一般军队是"三操两讲"，教导队加量加价，为"四操三讲"，即每天要多出一次操，多上一堂课。学生兵的军事动作稍不合乎要求，便被勒令重做十几次，为了达到标准，一排、一连的人常常要连续重复做一个动作，直到队伍整齐划一为止。

紧张的生活节奏把吃饭时间都包括了进去，吃个饭，必须要狼吞虎咽才行，否则就来不及。有时教官还会故意在饭中掺入头发和沙子，你要是皱着眉头挑挑拣拣，那就别想吃饱了。

粟裕参加教导队的军训统共不过一两个月，但作为入门，已经够了。要知道，黄埔军校受训也很短，实打实的训练时间不过才3个月。

师父领进门，修行在个人，到战场上去继续练习吧。

青年战术家

教官所说的艰苦,可不单是指训练。

粟裕随教导队参加了南昌起义,并担任警卫队班长,主要负责保护后勤物资。南昌起义后,起义军南下广东,警卫队一人背30公斤辎重,还得人盯人地照看挑枪民夫。这些民夫随时有逃逸的可能,人一走,就把枪扔下来,结果沿途丢弃了不少武器弹药。

到了广东,一场仗没打好,撤退过于慌张,好不容易筹集到的冬衣、物资、军饷又大部分被扔掉了,粟裕心疼得直跺脚。

就在这一连串令人眼花缭乱的挫折过程中,粟裕第一次中了招。一颗子弹从头部穿过,人马上就倒在地上动弹不得。

排长一看,脑袋都中枪了,肯定没得救,便说了句:"粟裕呀,我不能管你啦。"卸下他的驳壳枪就走了。

粟裕心里很明白,这时候全得靠自己。当他稍能活动时,便挣扎着在路上爬行,终于以惊人的毅力追上了部队。

南昌起义、广州起义,都一个接一个失败了,那是起义军最艰苦的一个阶段。叶挺流亡欧洲,黄埔出身的林彪慨叹:"队伍不行了,碰不得(敌人),一碰就垮。"

林彪时任连长,本来已经离队,只是各个要隘都有民团把守,出不去,才被迫于当夜返回部队。

这个时候,率队的朱德显示了远见,他说:"蒋桂战争一定要爆发,蒋冯战争也一定要爆发。"

蒋桂战争是蒋介石与桂系的李宗仁、白崇禧斗,蒋冯战争是蒋介石与冯玉祥斗,原先这些人合一块儿,以革命的名义,和被视为军阀的北洋干仗。那时节,大家都把北洋当妖怪,个个抢着拿投名状,只是让人料想不到的是,后来他们自己也一个个成了妖怪。

在军阀的谱系里,北洋叫作老军阀,蒋桂冯称为新军阀。朱德一针见血地说:"军阀不争地盘不可能,要争地盘就要打仗,他们一打,那个时候我们就可以发展了。"

果然,蒋桂战争、蒋冯战争先后爆发,国民党内部打成一锅粥,谁也顾不上料理共产党的部队，起义军得到了来之不易的喘息之机。

随着井冈山时期的到来，一支新型军队——红军诞生了。

红军的基本战法以游击战为主。打游击战，练什么呢？

爬山。

部队每天起床，第一个课目就练这个，不管山多高，你得一口气冲上去。休息几分钟后，再下山。

不爬完山，不能吃早饭。

红军子弹少，1支枪一般只有3发子弹。作战时，冲锋前打1~2发，冲锋后就不能再开枪了，那最后一颗子弹还得留着追击时用。

这样使用子弹，就必须枪法精准才行。粟裕每天练习单手举枪射击，他的纪录是：一只手举步枪，可坚持1~20分钟。

上世纪50年代，粟裕在苏联养病，疗养院的按摩医生和他比腕力，竟然发现自己无法取胜，让他大为吃惊，而那时候的粟裕早就过了不惑之年。

粟裕的指挥才能也开始露出了尖尖角。1928年6月，在老七溪岭之战中，担任连长的粟裕乘敌疲惫松懈，猛不丁地突破了对方防线。

粟裕能爬山，当他带头冲到制高点时，回头一看，跟上来才9个人，其他人都还掉在后面。

都站住了等？那就傻了。所谓萝卜快了不洗泥，白菜滞了剥层皮，继续冲啊。

粟裕留下6个人守制高点，带3个人越过山顶，猛追逃敌。

一过山坳，发现竟然有百儿八十敌方士兵猬集一处，他当即大喝一声："把枪放下，你们被俘虏了！"

此时制高点上的司号员也配合着在山顶挥起红旗，吹响了冲锋号。

说好听点，这叫疑兵之计，通俗些，就是忽悠加赌博。只要这百儿八十兵里，有那么几个有胆色，事情就悬了，粟裕也险了。

妙就妙在没人有胆色，士兵们早就慌不择路，一听动静这么大，都乖乖地把枪给放下了。

粟裕一边只有3个人，没法拿百儿八十条枪，于是命令俘虏把机柄卸下，他们自己背机柄，俘虏们背空枪。

很多年后的解放战争中，如此戏剧性的场面经常上演，红军时期还是不多。朱德知道后非常高兴，称赞粟裕是"青年战术家"。

敌人非常强

在频繁的作战中，机会到处都是，唯一的条件是，你还活着。

1930年，第一次反"围剿"开始时，粟裕升任师长。到第三次反"围剿"，他已经是红十一军参谋长。

即使在苏区和红军的鼎盛时期，战争的天平也并非完全一边倒，胜利的一方有时亦须付出不小代价。在战斗中，粟裕的左臂被子弹打中，而且正好击中动脉血管，鲜血喷出一米多远，他当场就昏了过去。

送到军医院时，为避免感染，医生主张将左臂踞掉。

只剩一只胳膊，打仗该多不方便。粟裕对医生说："即便有生命危险，我也不锯！"

最后没锯，自此粟裕的左臂一直残疾，活动无法自如，仅能帮助右臂做一些辅助性动作。

由于缺乏医药，伤口痊愈很慢，当粟裕伤愈出院时，第五次反"围剿"已经开始一个多月了，红十一军也早就改编为红七军团，军团长便是寻淮洲，粟裕出任军团参谋长兼第二十师师长。

第五次反"围剿"与前面四次都不同，突出表现为，参与进攻的国民党军队从数量、战斗力、武器乃至战术都有了极大改进。

过去讲红军第五次反"围剿"失败，好像就赖一个李德，粟裕却很坦白地承认，这次敌人非常强。

战场上首次出现了飞机和坦克的影子。蒋介石原来并没有飞机坦克的成型化特种部队，是受了长城抗战失败的影响后，才开始着手建立的。这些特种部队当时连雏形都算不上，作战能力很弱，地空协同、步车协同更是无从谈起，不过做个样子罢了，但它对红军的心理威慑作用却着实不容小觑。

有个号称"游击健将"的红军团长，从未见过飞机集中轰炸的场面，当敌机投弹时，忍不住失声惊呼："不得了啦，不得了啦。"

出动的坦克一共才两辆，而且都是轻型的，威力十分有限，可也是因为从没有见过，大家全都手足无措，不知道该拿这俩铁家伙怎么办，结果一个师的阵地眼睁睁就被坦克给冲垮了。

打得顺时无所谓，怎么打都行，一旦不顺了，其他弊端也会慢慢暴露出来。

寻淮洲参加过秋收起义，他和粟裕都是从战争中学习，凭借一拳一脚在战场上打出来的好汉。可问题是两人都没有实权，实权掌握在军团政委手里。

红七军团政委是乐少华。他有留学莫斯科的背景，是所谓"二十八个半布尔什维克"之一。此人缺乏军事经验，但行事蛮横霸道，动不动就拍桌子骂娘，看谁不爽，就拿"反政治委员"的大帽子压过去，你不服还不行，因为他有"政治委员最后决定权"。

军团开欢迎大会，请刚上任的乐少华作报告，恰巧粟裕从战场回来，寻淮洲上前跟粟裕打招呼，刚简单谈了几句话，乐少华在台上看见了，便拍着桌子大骂："他妈的，我在作报告，哪个还在讲话？"

当时乐少华还不认识粟裕，他骂骂咧咧，是要当众给军团长难堪，以便树立他自己的权威。

很快，矛头又转向了粟裕。

某次粟裕率部队打退并消灭了一股敌军，他亲自从前沿跑回军团指挥所，请示是否继续追击。当时寻淮洲和乐少华坐在一根木头上，寻淮洲一听，这正是乘胜穷追的好时机啊，马上说："好，好，好。"

乐少华没有吱声。粟裕以为他同意了，军情紧急，转身就走，不料乐少华突然跳起身来大叫："站住！他妈的，政治委员制度不要了吗？回来，回来。"

寻淮洲和粟裕都傻了眼，可又不能不从，只得停止追击。

当晚中央军委来电，批评红七军团为什么不继续追击，乐少华才闭口不言，但他随即就把粟裕列入"反对政治委员制度的危险人物"，长期对其进行限制和监视。

乐少华把粟裕当成了寻淮洲的人，一意打击报复。说粟裕反对某制度云云，不过是挂神圣之名，行猥琐之事罢了。

在这里，对错并不重要，站队最重要，粟裕其实就是站队没站好，不会顺风使舵而已，他后来吃的许多苦头，可以说都与此有关。

外面拼命给压力，里面还在自缚手脚，这仗当然只会越打越憋气，越打越失败。到1934年夏，中央苏区已由原来的纵横近千里，缩小到300余里，中央军委也不得不考虑离开苏区，进行长征。

1934年7月，红七军团被调回瑞金，包括李德在内的中央军委接见了军团领导人，当面宣布由红七军团组成北上抗日先遣队。

当时中央军委没有把先遣队的战略意图说得太清楚，只是告诉他们，这次行动的最后到达地域为皖南，因为那里将举行"皖南暴动"，并由此建立苏区，红七军团到皖南有立足之地。

若干年后，粟裕才知道，事情远非如此简单。

从字面上看，红七军团是"先遣"，主力红军会随后跟进，但按照后来朱德提供的说明，派先遣队北上，只是要让他们"去做个引子"，以便掩护中央红军南下。

换句话说，中央红军和红七军团的行军方向正好相反，当红七军团北上，从而调开敌军兵力时，中央红军将从中央苏区的西南部寻求突围。

其实早在第五次反"围剿"初期，毛泽东就曾提出过一个挽救中央苏区的策略。那时恰好爆发了"福建事变"，他主张趁机派红军主力挺进包括皖南在内的苏浙皖赣地区，向广大无堡垒地带寻求决战，以迫使对方的"围剿"大部队回援。可惜的是，当时毛泽东没有决策权，中央未能采纳这一良策。

时移世易，现在再派小股部队深入险地，其本来的效果和意义已一去不复返。毕竟蒋介石也不傻，在第五次"围剿"胜局已定的情况下，他绝不会因为一个北上抗日的口号，或者一支小股部队的出动而改变原有部署，更不会放松对中央苏区的继续围困。

当然，在情况万分危急之际，中央尝试丢卒保帅也未必就没有一点道理，事情糟就糟在，决策者中途又头脑发热，对先遣队的要求也远远超出了"保帅"的范围。

橡皮膏药一样粘着

先遣队从瑞金出发后，按原计划渡过闽江，准备北上浙西去皖南，但这时中央军委忽然改变计划，命令随之更改为：停止北上，攻取福州。

1934年8月，红七军团开始奉命进攻福州城。中央军委下达的这个命令其实具有很大的盲目性，福州是福建省会，筑有高大城墙以及坚固工事，更重要的是，守城的国民党部队为王敬久第八十七师。

第八十七师是当时中国军队中装备最好的部队，也是早期国民党"中央军"里战斗力最强、兵员素质最高的劲旅，其内外战表现均十分出色，两年前的"一二八淞沪会战"，该师是绝对主力，曾在著名的庙行大战中与日军常备师团对攻。

福州城里只有第八十七师的一个团，可你要想攻破他们固守的城池也不易。

另一方面，红七军团经过连续作战的消耗，全军团仅剩4000多人，经过突击补充，才增加到6000多人，其中战斗人员4000多，分编成3个师，但实际上只相当于3个大团。

除此之外，攻城需要重武器，而红七军团只有一些轻重机枪和6门迫击炮，用来攻城远远不够。

打了一晚上，打不下福州，只得向闽东转移，结果第八十七师的那个团还从城里追了出来，在背后一路撵赶，军团为此伤亡了好几个师团干部。

福州难以攻克尚是小事，麻烦的是实力被完全暴露了。红七军团渡过闽江时，声势浩大，对方阵营也弄不清楚究竟来了多少兵力，"围剿"中央苏区的东路军总司令蒋鼎文曾一面紧急调兵，一面亲自飞往福州进行"视察"。

一个回合过去，弄明白了，原来是一支红军的牵制部队，而且力量也并不怎么大。

"帅"没有保成，倒是"卒"逐渐被推入了危险境地。蒋介石任命浙江省保安处处长俞济时为"追剿军"总指挥，从苏浙皖赣就地调集兵力，对红七军团展开追堵，一时间红七军团如同被橡皮膏药粘着，想脱身都脱不了。

闽东有一块苏区，领导人是菲律宾归国华侨叶飞。当红七军团到达闽东苏区时，叶飞发现了一个奇怪的现象：军团枪多兵少，有一人背两支枪的，有民夫挑着枪的。

叶飞是有人没枪，寻淮洲和粟裕却是有枪没人，福州一战后，光伤病员就有七八百人，行动异常不便。

协商下来，双方交换，红七军团留下多余的枪和伤病员，叶飞给红七军团补充了1000多名新兵。

当时闽东苏区有一大块根据地，号称"五百里政权"，不仅粮盐供应方便，兵员补充也很容易，如果红七军团能留下来，可以更好地起到配合中央红军主力长征的目的，可是军团的中央代表又不同意。

中央代表是曾洪易，他和乐少华的经历相仿，能力和见识也差不多，红七军团的领导权就由这两个"布尔什维克"给把持着。

成立先遣队之前，曾洪易是越"左"越好，成立先遣队之后，却像个霜打了的茄子，要多颓废有多颓废，哪个地方都不敢久待，只想赶紧完成到达皖南的任务就算了事。

红七军团北去后，叶飞又集中了1000多人参军，但已经追赶不上部队了。

除了军团的"布尔什维克"，中央军委的命令也让寻淮洲和粟裕倍感困扰。红七军团离开闽东后，在闽北一连打了几个小胜仗，最后到达闽北苏区时，部队已经疲惫不堪，急需进行短暂休整，然而相应请求却遭到了中央军委的来电驳斥：让你们在闽北停下来休息，正是敌人的企图！

中央红军的长征尚未开始，在中央主持军事的仍是博古。博古在中央负总责时，不过24岁，缺乏军事经验，打仗只能听李德的，所做决策也都十分机械笨拙。

事实上，在红七军团离开瑞金后，"皖南暴动"已经失败，建立皖南苏区自然也就成了泡影，博古、李德等人都已得到消息。此时若随机应变，让红七军团留在闽东、闽北作战，其牵制作用要比去皖南好得多。

退一步说，要是能够直接去皖南倒也好了，可是博古等人又突发奇想，提出让红七军团在浙西打游击，而且还规定死了游击的路线和时间。

游击的优势，全在"灵活"二字，什么都规定死了，那就不是在打游击，说白了，还是在搞运动战。

江浙作为南京政府的核心区域，建有严密的保甲制度，地方上的保安团不仅枪械完备，而且经过纯熟的训练，这种运动战又岂是好打的。红七军团被迫每天一战，最让人挠头的还不是天天要打仗，而是战后伤员没法安置，只能抬着走，由此又大大地削弱了部队战斗力。

关系到部队存亡，寻淮洲和粟裕再也看不下去了。在要不要机械执行中央命令上，寻淮洲和政治委员乐少华更是面对面地发生了激烈争吵。

自此以后，军团高层要么不开会，要么一开会就吵架，天天如此，几乎造成指挥上的瘫痪。

乐少华是专横，不把寻淮洲放在眼里，作为中央委员的曾洪易则是怯懦，尤其在遭到飞机袭击后，更是吓得脸色发青，嘴唇颤抖，他不仅在作战上毫无主见，还一个劲地嚷嚷着要离开部队。

就在决断不下之际，寻淮洲、粟裕获报，敌军主力已从不同方向围拢过来，再留在浙西，有可能全军覆灭。

他们当机立断，决定不顾中央军委的一再指责，离开浙西，向皖赣挺进。

细节是关键

1934 年 9 月 30 日，红七军团到达皖赣边。这才知道，皖南暴动失败了。

好在皖赣边也有苏区，不仅地形有利，补给上也较充裕，按照寻淮洲和粟裕的想法，不如在皖赣边就地开展游击战，先消灭尾追之敌，待时机成熟后再入浙进行袭扰。

可是他们的建议遭到了中央军委的否决，军委传来新的命令，让红七军团进入闽浙赣苏区接受整编。

从皖赣苏区到闽浙赣苏区，又是几道封锁线，红七军团到达目的地时，整个军团仅剩下 3000 多人。

闽浙赣苏区是方志敏创建的老苏区，该苏区辖有红十军。两军奉命合并为红十军团，军团长为刘畴西，寻淮洲仅任师长。

这对寻淮洲而言，显然很不公平，红七军团从瑞金出发后，整整 4 个月，前沿都是他和粟裕在进行指挥，最后别人全是原职调动，唯独他被从军团长职位上撤了下来。

中央军委随主力长征后，红十军团改由项英为首的中央军区统一调度，项英下

第一章 不归之路

令红十军团以运动战的方式向外线出击，以创建新苏区。

在那种形势下，博古等人还组建红十军团，指望以军团规模打大仗，本身就是一个重大失误，而项英的决定，则错上加错，进一步把红十军团推向了危险境地——想想看，中央苏区原有8万主力红军，连他们都守不住老苏区，却要更弱、更小的部队去创建新苏区，这实在是一件强人所难的事。

红十军团共有3个师，其中，仅有由原红七军团改编的第十九师能打正规战，第二十、二十一师均为红十军以及一些地方武装升级而成，主要长于打游击，没有大兵团活动的能力和经验。

用朱德的话说就是"编成一个军团，不编不垮，一编正规战打不成，游击战也打不成"，基本上是相互拖累。

1934年12月10日，红十军团集结于黄山东南的汤口，国民党围追堵截的各路部队闻声而动。

3天后，红十军团向北转移，由乌泥关进至黄山东麓的谭家桥。他们获悉，大部分追敌距离尚远，只有补充第一旅紧咬不放，现已抵达汤口。

补充第一旅的旅长正是王耀武。彼时的王耀武只是刚刚出道，但他已经受到了蒋介石的注意和器重。

王耀武毕业于黄埔第三期。在国民党将官中，一期、二期黄埔生成堆，王耀武以三期的资历，能让蒋介石另眼相看，实在是很不容易。

让蒋介石动心的，是第四次反"围剿"期间，王耀武死守宜黄一战。

驻守宜黄的是国民党第三十二旅，旅长为黄埔一期的柏天民。当红军围困宜黄时，蒋介石已允许柏天民撤退，但柏天民在时任团长王耀武的竭力劝说下，仍选择了守城，而且一守就是20多天，红军也始终没能攻下宜黄。

柏天民在作战中腿部受重伤，战后他向蒋介石大力推荐王耀武继任旅长一职。于是蒋介石专门召见王耀武，并饶有兴致地当面问他为何要死守不退。王耀武的回答是，当时已身陷重围，红军又长于打援和野战，与其突围时失败而死，不如与城池共存亡。

王耀武还说，宜黄是战略要地，一旦失守，即便付出1万人的代价，也未必能够重新夺取，所以从战略整体着想，也不能轻易放弃宜黄。

蒋介石听后十分满意，决定重用王耀武，不过他没有让王耀武继任第三十二旅旅长，而是任命其为补充第一旅旅长。

授予此职，蒋介石考虑得很是周到。因为第三十二旅有很多黄埔一期、二期生，就怕王耀武因资历浅摆不平，而补充第一旅刚刚成立，没有这些问题，便于王耀武指挥调度。

当蒋介石把自己的这番用意告诉王耀武时，王耀武感激涕零，练兵作战也更加尽心尽力。

正是由于太积极了，所以各路追兵中，就数王耀武冲得最猛最前，队伍也因此显得孤立突出。经过分析研究，红十军团高层做出决定：打一场漂亮的伏击战，拿这个王耀武开刀祭旗。

从装备上看，补充第一旅胜过红十军团，但红十军团有3个师计5个团以上的兵力，补充第一旅只有3个团，另外，红十军团还占有地利优势。

乌泥关是一个山隘口，从乌泥关至谭家桥段的公路两侧，5公里范围内，自南向北都是小山坡，若是打伏击战的话，乃天造地设的绝佳地形。

打伏击战，细节是关键，围绕细节，军事主官之间产生了分歧。

军团长刘畴西拟订的伏击战方案是，以第二十、二十一师为主攻部队，第十九师负责待主攻方向打响后，向乌泥关穿插，以截断王耀武的后路。

寻淮洲和粟裕对此存有异议。道理很简单，第十九师能攻善守，野战经验丰富，当然更适宜于担任主攻。

话丑理端，可惜刘畴西不接受。

刘畴西毕业于黄埔一期。南昌起义时，粟裕不过是个班长，而刘畴西已经是营长，后来他被派往苏联伏龙芝军事学院学习，回国后因作战受伤割掉了左臂，人称独臂将军。

刘畴西的资历是没有问题，但他在中央苏区时的最高军职为师长，来到闽浙赣苏区后才担任军长，时间也不长，与寻淮洲和粟裕相比，缺乏指挥大兵团作战的能力和经验。

作为负主责的军团长，刘畴西不会承认自己的欠缺，对歼灭补充第一旅，他也表现得相当乐观。

硬碰硬的阵地战

刘畴西的乐观，其实包含了不少水分。

你要是仅凭"补充"两字，就认定补充第一旅是一支二流部队，那就完全错了。

除了武器装备较好外，这支部队的兵员素质也很高，士兵多为北方人，作战风格硬朗，军官则大多是军校毕业生，官兵训练有素，敢打且能打硬仗。

1934年12月14日，王耀武率部到达乌泥关。他很快发现乌泥关地势险要，为避免不测，特地留下一个团防守乌泥关及其附近高地，其余人马则继续前进。

红军出没的地带，多为险要区域，王耀武也不会算命，他事前当然不会知道对方要在这里设伏，能以1/3兵力做后手，已经比其他将领要精明谨慎得多了。

眼看王耀武的那两个团就要完全进入伏击圈，这时意外发生了，一名红军战士因过于紧张，枪突然走火。

补充第一旅的前卫部队立即警觉起来，发现有红军埋伏后，他们一边抢占路边高地，一边派人向王耀武飞报情况。

在前沿指挥的刘畴西见状又气又急，只得提前下达出击命令，伏击战也瞬间演变成了遭遇战。

王耀武虽然暂时处于被动地位，但他在很短时间内便判明了战场势态。看出红二十师战斗力并不强，所据阵地又是控制战场的制高点，王耀武便首先集中迫击炮和重机枪对其进行火力压制，同时向高地发起猛攻。

红二十师以前没打过这样硬碰硬的阵地战，一时慌乱起来。王耀武找准弱点后，便不断增调兵力向这个点进行突破，最终红二十师的阵地被撕开了一道口子。

随着补充第一旅的官兵不断涌入，乌泥关及谭家桥高地尽被王耀武所夺，战场主动权完全易手。

按照原计划，当主攻方向的战斗打响时，寻淮洲即率红十九师前去乌泥关抄袭敌军后路，但这时红二十师已呈溃散之状，再抄袭后路已无意义，刘畴西急忙改变计划，令红十九师回援。

遗憾的是，寻淮洲没有遵令，即使方志敏写信去调，也没能调来。

也许长时间的压抑，让寻淮洲分外渴望能出奇制胜，在这关键时刻，他也失去了大局观，失去了智，只剩下勇。

寻淮洲要"单独自打一方"，只是他和刘畴西一样，都太低估王耀武了。

当红十九师到达乌泥关时，王耀武留下的那个团早就占领了制高点，并能居高临下地俯瞰北面低地，穿插行进中的红十九师被隔断在悬崖峭壁之下，兵力难以展开。

寻淮洲杀红了眼，干脆端起一挺机枪，带头发起冲锋。

几经反复，制高点终于拿了下来，但已无实际意义——红十九师伤亡过重，失去了继续攻坚的锐气，也根本起不到断敌后路的效果。

更不幸的是，寻淮洲在冲锋中腹部中弹，受了重伤。在送往茂林的途中，又因山路颠簸从担架上摔下来，导致失血过多，于第二天去世，死时年仅22岁。

谭家桥战斗从早上打到下午，战况异常激烈，王耀武在上报时称："是役也，为本旅各次剿匪战役中最猛烈之战争。"

当战斗进行到下午，红二十一师的阵地也被王耀武突破。补充第一旅一部已攻至红十军团指挥所附近，再打下去的话，整个红十军团就得被人家"包饺子"了。

在败局已定的情况下，方志敏和刘畴西下达了撤出战场的命令，此时王耀武也精疲力竭，无力再进行追赶。

谭家桥一战对双方都至关重要。若是这一战能打赢，红十军团不仅能补充大量匮乏的物资装备，而且能挫灭敌军气焰，真正在皖南站住脚，相反，其处境就变得十分艰难和被动。

谭家桥战后，俞济时不断向皖南一带调集重兵，包括补充第一旅在内，已集结了20个团的兵力。

面对优势敌军的围追堵截，红军只能在寒冷的山区里饥一顿、饱一顿，靠不停地兜圈子来避敌锋芒，部队的战斗意志大为削弱，与此同时，刘畴西也由乐观者变成悲观者，决策时优柔寡断，常常难以下定决心。

红十军团转移时，曾遭遇一个保安团。这时红十军团兵力加一块，仍相当于3个整团，如果刘畴西能审时度势，下狠心全军扑上，是有望予以全歼的，但他能避就避，抠抠搜搜，只派了一个营上去作战，后来发现一个营不行，又派一个营，直把歼灭战搞成了"添油式"的消耗战。

在红十军团，方志敏是项英任命的军政委员会主席，政治权威超过乐少华，但他不懂军事，同时身上又带有很多文人气质，在为人做事的风格上，与乐少华等人迥然不同，即便在这个时候，他也不愿意与刘畴西闹得太僵，因此只好在一旁干着急。

最后刘畴西做出决定，避战撤离，一个拣软柿子捏从而重振士气的机会就这样白白丢掉了。

半个月内，红十军团往返十余县，进行大小战斗十余次，这些战斗大多是遭遇战和消耗战。刘畴西无心恋战，一打就走，什么好处都捞不到，弄得整个军团人困马乏，士气越来越低落。

1935年1月10日，红十军团高层在浙西遂安开会。会上分成两种观点：一种以乐少华和粟裕为主，主张就地分兵游击，以减小目标，保存实力；另一种以方志敏和刘畴西为主，他们提出，应继续大兵团作战，争取早日返回闽浙赣苏区进行休整。

经过争论，方志敏拍板定案，决定采用后者。

与会者都没有想到，正是这个决定，把红十军团送入了覆亡的不归之路。

相差半小时

方志敏和刘畴西一心要打回老根据地，让疲惫的红十军团得到休整，这当然是必要的，问题是，俞济时已在前往苏区的路上设置了十几道封锁线，而且苏区内外地域狭小，实际已无法展开大兵团作战。

从遂安到闽浙赣苏区，不过两百多里路，正常情况下，急行军两天即可到达，但红十军团不是光赶路就行，他们还得和一只接一只的"拦路虎"周旋。

首先遭遇到的是敌方一个步兵团。在前卫部队已与敌军接火的情况下，刘畴西也不通知他们，就率大部队改道夜行，结果大部队是甩开了敌人，前卫部队却就此与军团总部失去了联系。

让粟裕为之扼腕的还是接下来的一幕。

1935年1月12日，红十军团到达杨林。由杨林向南越过南华山，就到达了化婺德苏区，这是闽浙赣苏区北面的一个外围小苏区，方圆约 50 公里，那里仍有游击队活动。

粟裕向刘畴西建议，全军应加速通过南华山，到达化婺德苏区后再休整隐蔽，但刘畴西顾虑主力部队过于疲劳，下令宿营休息一夜，天亮再出发。

无奈之下，粟裕只得和方志敏一起率部先行。

随粟裕行动的，主要是军团机关、后勤人员以及伤病员，加上缺乏弹药的迫击炮连、重机枪连，总共 800 余人。

他们翻过南华山，一直前进至靠近闽浙赣苏区的地方，才停下来休息。

第二天上午，当刘畴西和军团主力出发时，已经被一个保安团卡住了通道。前后仅相差半个小时！

刘畴西指挥部队攻击，但保安团占据着有利地形，且火力密集，以至于屡次进攻均无法得手，这时刘畴西又开始举棋不定，既舍不得立即撤兵，又无决心投入血本，全军压上。

左拖右拖，拖到傍晚，仍然过不去，最终还是不得不绕道而行。

时间越来越紧迫，在俞济时的严令督促下，前来围追堵截的国民党部队全是分秒必争，那个卡道的保安团一夜走了 70 里，才赶在了刘畴西前面。

偏偏这时刘畴西仍未充分意识到事情的严重性，部队还在缓慢行军，整个队伍拖拖沓沓，前后距离足有十几里长。

一直到 1 月 15 日，红十军团主力才大部进入化婺德苏区。

离闽浙赣苏区越来越近，举眼望去，不过一步之遥，方志敏和粟裕看法一致，如今宜快不宜慢，只有进入闽浙赣，才能稍稍松上一口气。

1 月 16 日，仍不见主力到来，方志敏派人送信给刘畴西，让其率主力迅速跟上，并于当晚通过敌军的最后一道封锁线。

下午 6 点，方志敏、粟裕正要整队出发，刘畴西那边传来回话：主力已经到齐，但是人员疲惫不堪，晚上不能再走了。

粟裕一听就急了："情况这样紧张，哪能再迟疑啊。今天晚上我们必须全部通过封锁线！"

方志敏完全赞同粟裕的意见，因为担心刘畴西再犹豫摇摆，他当即决定让粟裕率先头部队立即前行，自己则回去接应大部队。

粟裕指挥先头部队连夜疾行，碉堡里的敌军发现后，立即开枪射击。

这时俞济时虽在两苏区之间建立了以碉堡为主的封锁线，但兵力不足，加上不明红军虚实，不敢轻易接仗。粟裕就派两个战斗班对碉堡进行佯攻，虚张声势，其余人马趁此机会，加快步伐通过。

先头部队上半夜就全部通过封锁线，安全到达闽浙赣苏区，到达之后，粟裕一面同地方人员联系，一面等待主力跟进。

下半夜，没有等到。

第二天，依旧。

第三天，第四天，还是一样。

粟裕组织了大批便衣队，前去联络和接应，可是均未能联系得上。一开始还能听到远处传来依稀的枪炮之声，后来也沉寂消失了。

心一下子就悬了起来，粟裕变得异常焦灼不安。

战场直觉告诉他，情况十分不妙，若是再苦等下去，先头部队也可能自身难保。

粟裕率部离开了原定的会合地点。他的估计没错，方志敏、刘畴西及其主力再也来不了了。

最后一个机会

1935年1月16日，刘畴西接到了方志敏的信件，但在回信中，仍坚持休息一夜再走。

方志敏苦等回信，在看到刘畴西的答复后，他长叹一声，久久无语。

方志敏是一个责任心非常强的人，他本可以去追赶先头部队，但为了再做一次努力，又毅然返身折回，找到了刘畴西和大部队。

刘畴西即将为他连续的迟疑不决付出惨痛代价。当天晚上，共达14个团的国民党部队分路赶到，将红十军团主力紧紧包围在怀玉山区。

红十军团主力这时仅剩2000余人，在7倍于己的敌军围困下，已是弹尽粮绝，基本失去了强行突围的能力。方志敏和刘畴西只能率部在山区里左兜右转，希望能寻找出一条生路。

1935年1月18日夜，在一位向导的带领下，红十军团向金竹坑封锁线发起攻击。

只要冲过金竹坑，便可进入闽浙赣苏区，因此这次刘畴西下定了决心，无论如何要做困兽之斗。在他的指挥下，军团主力蜂拥而上，全力猛扑。

就像粟裕的先头部队通过时一样，黑暗中，碉堡里的国民党士兵搞不清外面状况，能做的只是不间断地朝外开火。

刘畴西一马当先，完好的右臂又中了一颗子弹，警卫员急忙将他扶下来。

刘畴西并未下达撤退令，但后续部队不清楚，见军团长都撤了下来，也就跟着一起撤退。

事后得知，金竹坑的国民党守军仅一个排，而红十军团可投入千余人攻击，如果再咬一咬牙，是完全可以乘着夜色突出去的。

这是最后一次机会，没有了。

随着包围圈越缩越小，红十军团被完全锁于牢笼之中。那些天，怀玉山区雨雪交加，官兵们早已断粮断食，不得不以草根树皮充饥，就连方志敏本人，也整整七天都没有吃上什么东西。

又冷，又饿，加上看不见突围的希望，使得红十军团再也支持不住，内部呈现出明显的崩溃瓦解之状，官兵不断被分割和打散，方志敏和刘畴西就此失去了联系。

虽然已把对手逼入绝境，但参加"追剿"的国民党各部队也已是冻累交加，疲惫不堪，俞济时不断收到要求撤回休整的报告，他这时也认为"追剿"任务已完成，方志敏很可能已经突围，便向蒋介石请求撤军。

就在这时，方志敏的警卫员下山寻找食物，被俘叛变，供出了方志敏仍在山中躲藏的情况。

坐镇南昌的蒋介石得悉后，向俞济时发来电报。这份电报被闽浙赣省委所截获，其内容是：方志敏、刘畴西仍在山上，在搜到以前，凡要求撤军休整者"杀勿赦"。

1935年1月27日，刘畴西被搜出。仅隔两天，方志敏亦被捕。

竞技场上，失败者的结局通常是悲惨的。俞济时与刘畴西同为黄埔一期的同学，两人见面时，刘畴西衣衫褴褛，已是冻得浑身发抖，而俞济时则身披将军大氅，双手还烤着炭火，一副高高在上的样子。

虽为对手，但毕竟曾是同窗，这俞济时却连句寒暄话都没有，就挥挥手，让人把刘畴西给带走了。

后来也是黄埔一期的黄维听到了这件事，很是鄙夷俞济时的为人，当着面数落他："天那么冷，你也该叫人吃顿好饭，穿件棉袄嘛！大家同学一场，你也太狠心了。"

失败者唯一可以坚持和守护的是自己的尊严。作为黄埔生，刘畴西拒绝了来自"校长"蒋介石和其他黄埔校友的劝降，面对死亡，无所畏惧，他说："死是不可避免的，至于什么时候死，我不知道，因为生命已经握在我的敌人的掌心。"

更为人所熟知的，还是方志敏在牢中撰写的《可爱的中国》。在这部感动了很多人的随笔作品中，方志敏总结道：是"政治领导上的错误"，以及"军事指挥上的迟疑"，使红十军团遭到了失败。

被俘了怎么办，方志敏的回答是："现在准备着越狱，能成功更好，不能成功则坚决就死！"

方志敏的铮铮铁骨和硬汉本色，连看守所的所长都被打动了，自愿为他送出文稿。

1935年8月6日，方志敏、刘畴西等人在南昌英勇就义。

第二章
大家拼的是本事

在中共闽浙赣省委截获到的最后一份电报上，粟裕得知，方志敏、刘畴西已在搜山中被捕，这也就同时意味着，红十军团主力已经全军覆灭。

这是一个让粟裕一辈子都为之刻骨铭心、始终无法释怀的大失败。为避免动摇军心，在率领部属离开会合地点时，他撒了一次谎："方主席（方志敏）没有过来，不过我们的主力部队已改编为游击队，回皖南打游击去了，暂时不能回闽浙赣，所以我们不必在这里等了。"

那些日子，到处都是创痛和失败，到处都是凄风和苦雨，但是他必须选择坚忍地活下去，并且勇敢地面对一切艰苦和挑战。

刚入军旅时，教官告诫的那番话从不会过时："艰苦比死亡更难受，如果你们能够战胜艰苦，那么还有什么不可战胜的呢？"

声东击西

1935年1月底，闽浙赣省委把粟裕等人召去，传达了一份中央的重要指示。

按照指示要求，红十军团的突围部队将组成挺进师，由粟裕任师长，刘英任政治委员。挺进师的任务是立即进入浙江境内，在那里建立游击根据地。

上一年，粟裕曾率先遣队进入过浙西，先遣队比挺进师要强上许多，那时都无法立足生根，现在还能再去？

似乎这又是一次失败的延续，可是粟裕却做出了完全不同的判断：可以去，而且能站住脚！

关键还是对时机和方法的把握。

先遣队时期，中央红军尚未远去，参与"围剿"中央苏区的国民党部队也随时可以分兵抽调到浙江，如今则不同，国民党主力都追赶中央红军去了，回调并不容易,从而导致其在浙江的兵力相对空虚。

孙行者要想钻铁扇公主的肚子,正是时候。

钻进肚子怎么办？答案是不能停留在一个地方,要逛遍五脏六腑。

对先遣队乃至红十军团的失败,粟裕总结出的最大教训之一,便是没有分散打游击。过去在浙西,说是打游击,最终还是变成了单纯的运动战,那还能不吃亏吗？

粟裕组建挺进师的思路,就是把它编成游击队,而不是正规军。

能够集结起来的突围部队,连机关和后勤人员在内,一共只剩下400多人,加上闽浙赣独立师编入的兵员,全师为500多人,也就相当于一个满员的营。

正常情况下,师编制下应设旅、团、营、连,不过既然是游击队,就得是另外一种编法,粟裕将挺进师编成3个支队和1个直属队。支队实际上是连的规模,只是由团级干部进行指挥,就连士兵中也有很多是具备实战经验的营连干部,这样队伍显得更为精干和灵活。

挺进师组建时,国民党军队已在苏区周围建立了许多碉堡和封锁线,要跳出闽浙赣苏区,从而挺进浙江,困难着实不小。

粟裕采用了一招声东击西的战法。他首先对进攻闽浙赣苏区的敌军一部发动奇袭,震动一下对方的小心脏,然后突然返回,南下前往闽北苏区。

从闽浙赣到闽北,其间不仅有高山峻岭,还有敌军布置的六道封锁线。粟裕用以闯关的法子也很简单：遇到对方喊话不理睬,开枪不还击,岗哨问话时,一律让乔装改扮的侦察连上前应付。

由于布置周密,挺进师的这次行动非常隐蔽和高效,部队以一夜70公里的急行军速度,顺利到达了闽赣边境。

然而他们尚未进入福建境内,中途就遭到了伏击,周围山头枪声四起,众人很是紧张。粟裕久经战阵,侧耳一听,便判断对方是地方民团,战斗力不过尔尔。

他端起望远镜,朝山头望了一下,然后指定目标,让神枪手瞄准射击。枪声过处,山顶的两名团丁被撂倒在地。

民团毕竟是民团,轻轻一招过去,队伍马上就乱了套。挺进师一个冲锋,就把对方冲得稀里哗啦,四散奔逃。

赶走民团，一检点行李，坏了：唯一的一部电台被打烂了。

别的零零碎碎都无所谓，电台却是宝贝，跟中央联系全靠它呢。自此挺进师和上级的无线电联系完全中断，他们将独立度过未来最为艰苦的三年。

事情开始越来越不妙。在从闽浙赣苏区出发前，粟裕已向闽北苏区党组织通报了进军路线，请求派人接应，但进入闽北后，不仅找不到自己人，还处处碰到敌军。

按照粟裕早已设定好的方案，为迷惑敌军，挺进师故意走了一个曲线，不是直接往浙江，而是先到闽北，再入浙江，所以才有"声东击西"和突然南下。

从现有情况来看，对手似乎已经提前知道挺进师要来闽北，他们是如何做到的呢？粟裕对此很是不解。

几天后，部队从村口和凉亭里捡到了一些敌军的布告，粟裕细细翻阅，从里面找到了一份"劝降书"，上面的署名是"李德胜"。

一看这个名字，粟裕不由得倒抽一口凉气。李德胜是闽北军分区司令员，以他的名义发出"劝降书"，说明这厮已经叛变了，挺进师的整个行动计划自然再无秘密可言。

再回过头一想，挺进师一到闽赣边境就遭伏击，显然也是因为计划泄密。

到了这个境地，已不可能再与闽北党组织进行联系了。粟裕马上改变计划，决定直接率部进入浙西南。

当初先遣队进入浙江时，有两个连与主力失去联系，留在了闽北，此时得到消息，立即赶来归建。粟裕正犯愁呢，出发时纳入的闽浙赣独立师大多为当地人，思乡情重，挺进师一离开闽浙赣，他们就又掉队跑回了老家。

走了100多，来了100多，挺进师，仍为500多人，但这只是就数量而言。从质量上说，归队的两个连要比独立师的那些新兵蛋子强太多了，挺进师的总体实力也因此得到了提升。

1935年3月，粟裕率部跳出闽北，直插敌军大后方——以仙霞岭为中心的浙西南。

野外独狼

不是所有的地方都适合打游击。首先，最好是在各省交界处，那种谁都能管，但谁都懒得管、不肯管的地方。其次，地形得有利，要便于隐蔽和机动作战。

粟裕选择的浙西南，正是二者的最佳结合，除此之外，这里还可以和闽东、闽北、闽浙赣等几块游击根据地互为犄角，互相支援。

地是块好地，但有保安团守着，不买门票是进不去的。

江浙的保安团很强，这一点粟裕早有体会，如果直接攻进去，伤亡一定小不了，那就不好玩儿了，也影响以后的发展。

他所要合计的，就是如何才能做到"不花钱进景区"。

最后研究出的攻略是，自己不进去，把"管景区"的那帮人先诱出来。随后，粟裕便率挺进师在龙泉河以南的浙闽边境进进出出，这里亮个相，那里留个影，从而展开了闪、转、腾、挪的游击战。

挺进师的基础是红七军团，这是一支长于野战的正规部队，现在一下子要分散打游击，官兵多少有些不习惯，很多人都不愿意分开活动。

粟裕曾派一个团级干部带一支小部队出去游击，当时规定至少要在外面兜半个月，然后在预定地点跟主力会合。谁知才过了3天，这名干部就带着部队回来了。

一看，人瘦了，眼睛凹了，胡子长了，整个一副遭罪受苦的样。再让他出去，无论如何不愿意，非要一起行动不可。

打游击，就要培养一只只能在野外生存的"独狼"，老绑在一起怎么行。不过粟裕也意识到，这事不能操之过急，得慢慢来。

半个月受不住，那就先来3天，说好3天后在哪里哪里会合。3天适应了，增加到5天，5天后，再会合。如此一点点累积，从7天、10天一直增加到半个月，渐渐地，一个班长也能带小部队外出活动了。

"独狼"的特性是更为灵活机动，可以不须请示，见到"食"就上，随时消灭敌人和补充自己。挺进师的各个游击小分队从这里钻到那里，先后打了几十仗，把当地的一些小股保安团都给干掉了。

这一番动作，果然让敌军坐立不安。龙泉河以北的浙江保安团纷纷南调，准备将在门外"滋事"的挺进师给消灭掉。

1935年4月，当挺进师在斋郎一带活动时，浙闽保安团及大刀会3000多人，突然从3个方向对挺进师实施分进合击。

敌军事先知道挺进师兵力有限，弹药不多，也无根据地做依托和补充，因此有恃无恐，他们在排兵布阵时，是先弱后强，计划先用大刀会冲一下，对挺进师进行扰乱和消耗后，再把主力派上来作战。

对粟裕来说，对手占着人数优势，若是以一打三，还真有些吃力，现在你们要一个个上，巴不得呢。

大刀会以保家防匪为号召，是一个带有浓厚宗教色彩的民团组织。徒众以大刀和梭镖作战，看着武器很原始，但他们在临阵前念过咒语，喝过符水，上了战场之后就算前面枪林弹雨，也会一拥而上。那种凶猛而疯狂的密集冲锋，胆小一些的，真得被吓倒坐在地上不可。

幸好粟裕率挺进师已在当地兜了一个月的圈子，早就见识过这种阵势，也就掌握了对付的法子。

大刀会徒众之所以表现得跟疯子一样，究其原因，还是临战前吞食了符水的心理作用。不过这种兴奋作用并不能持久。

这样的话，作战地形就要有意选择隘路或水田，同时要用火力阻滞其前进，尽量不让会徒众蜂拥扑来。

半天不到，粟裕就把大刀会给整趴下了。

紧接着是浙江保安第一团，这个挂着"第一"名号的保安团还挺骄纵，因为骄纵，他们被粟裕一步步诱进了预设阵地的前沿。

预设阵地的地形自然是挺进师占便宜。官兵居高临下，想怎么打就怎么打，而保安团1000多号人都挤在一条狭窄山谷里，兵力根本施展不开，优势马上变成了劣势。

保安团连续发动10余次冲锋，全被挺进师给压了下去，团长也被打断了手，最终大败而逃。

第三个轮到的是福建保安第二团，他们上来一看，己方已经败到一塌糊涂。这还打什么打，赶紧撤了走人吧。

斋郎一战，是粟裕挺进闽浙边的关键一仗。这一仗后，保安团开始由攻转守，龙泉河北面的敌军兵力十分空虚，粟裕得以成功地打开进入浙西南的通道。

挺进师的官兵全是江西子弟，要在异地立足，首先必须融入当地，也就是做群众工作。一开始这很让人挠头,听到红军来了,老百姓全都躲进山里,有时挺进师连一个向导都找不到,筹措粮食给养更是困难。

无奈之下,粟裕只好临时想了个招。他让侦察员也化装成逃跑的群众,满山满坡乱跑,一边跑一边喊:"红军来了!快跑啊!"

村民一听,果然都从躲藏的地方跑了出来。侦察员便上去拦人,请他们带路,而且说好不白带——每带10里路给1块银洋!

浙西南一带全是贫瘠山区,农民生活非常穷困,对当地人而言,带路还能得到银洋,不啻于喜从天降。

借着带路的机会,侦察员边走边聊,也就把红军的正面形象给宣传了出去,以后一传十,十传百,挺进师逐渐在浙西南民众中赢得了口碑。与此同时,粟裕和他麾下的子弟兵也开始熟悉当地的风俗习惯,甚至能说上一些浙南方言。

未出一个月,一个崭新的红色游击根据地露出了雏形。

孰优孰劣

粟裕进军浙西南,令国民党浙江省当局大为震惊。时任浙江省主席的黄绍竑亲自到浙西南视察,发现当地有钱人家大多已闻风远避,而经过斋郎一战,保安团的力量已相当薄弱,根本不足以抵御红军。

此时,浙江省保安处处长俞济时被调往汉口,主持保安处的是副处长宣铁吾。他报告的情况,更是令黄绍竑有心惊肉跳之感。

据宣铁吾说,浙西南几县的县太爷怕红军已经怕到了风声鹤唳的地步,每天都有许多电报打来告急,好像不得了的样子。有一座县城的哨兵枪走了火,县长一听,马上抱头逃出了城。

黄绍竑与宣铁吾一商量,这样子不行,一定得"进剿"了。

浙江原有7个保安团,其中3个改编成正规军,由俞济时带走了,还剩下4个。黄绍竑又从全省15个保安大队中抽来11个,加上刚从南京调来的1个税警团,总共凑成八九个团的"进剿"兵力,从四路向挺进师发动进攻。

粟裕将挺进师分成南北两路,南路部队用以吸引对方注意力,他亲自率主力北上。

第一剑刺向汤溪县城，黄绍竑急忙下令巩固城防，但这只是虚晃一枪，粟裕随后就转到了下一个地点，黄绍竑跟在后面跑都来不及。

10多天后，粟裕已经把战火引到了浙赣铁路附近。

不"剿"还好，一"剿"令交通运输线都受到了威胁，黄绍竑急了。

浙江是蒋介石的老家，如果真的让红军捅到血脉之处，他这个省主席没法向上交代。

反正在家里也是坐卧不宁，黄绍竑一咬牙，决定率士官教育团前去堵击。

黄绍竑系新桂系三巨头之一，李宗仁、白崇禧，然后就是他了，也非等闲之辈。他所建立的士官教育团，主要负责对浙江各县保安队的基干队长和常备队长进行训练，这些人是浙江保安队的骨干分子，而且整个士官教育团的装备也很精良，被黄绍竑视之为"怀中利剑"，不到万不得已，是不会轻易挥出的。

剑是好剑，但能不能建功，还得看对手是谁。

粟裕继续沿用了斋郎之战中所使用的"切糕战术"，你的糕再大，我拿刀一块块切。

第一天，歼灭教育团一个连；第二天，再歼一个连。两天之内，就让黄绍竑的"利剑"成了钝剑，这两个连的装备也全部为粟裕所缴获。

黄绍竑看不下去了，再看，他得吐血。几天后，他匆匆跑回了杭州。

与高手的对决，最能看出孰优孰劣。黄绍竑早先也是桂军宿将，但此后便弃武从政，照他的说法是，10多年在行政圈混，只是中间打杂式地临时参与过军事，自然不是长年累月在刀枪中打拼的粟裕的对手。

黄绍竑下面是刚提升为保安处处长的宣铁吾。这位黄埔一期生设立了"浙南剿匪指挥部"，自任总指挥，继续调集"进剿"部队发动围攻。他宣称要用"回环压迫法"，以迅雷不及掩耳之势，来对粟裕进行打击。

会不会打仗，有时跟是不是黄埔，或者黄埔几期毫无关系，那只是一种资历的象征，战场之上，大家拼的是本事。

宣铁吾高调了半天，却仍然只有被狠狠挤兑的份儿。粟裕用了一招声东击西，便引得保安团在黑夜里乒乒乓乓乱打一场，"回环压迫"，压来压去，敢情压的全是自己人。

黄绍竑、宣铁吾发动的"进剿"行动彻底失败了。有了战争的胜利,浙西南根据地发展迅猛,各地都建立了临时苏维埃政府,挺进师也发展到近千人,扩编为5个纵队和2个独立支队。此外,还有千余地方武装。

人逢喜事精神爽,粟裕和刘英决定在"八一"前夕开展一次以"缴枪扩军"为内容的大示威,各纵队开始全面出击,遍地开花。

粟裕盯住了浙西南重镇衢州。这座城市是国民党的军事要地,不仅有火车站,还有军用机场。

1935年7月,按照粟裕的部署,第二纵队翻山越岭,在衢州南面的龙潭山隐蔽下来。

当天深夜,队伍悄悄地下山,奔向火车站。敌军有探照灯扫来扫去,但红军身上都做了伪装,因此直到他们靠近铁路,行动也没有暴露。

接下来便是撬铁轨,撬着撬着,被巡逻队发现了,顿时枪声大作。

二纵队早有准备,他们派人剪断了照明电线。探照灯一瞎,全城俱黯,城内城外慌作一团。

趁此良机,二纵队又派1个排摸到飞机场,一把火将飞机场给烧了。

等敌军接通电源,并调来部队包抄,二纵队早已消失得无影无踪。

夜袭衢州只是"八一大示威"中的一个亮点,其他纵队也展开了各种规模的袭击行动,从而极大地增强了浙西南根据地的影响力。

这时粟裕开始察觉到,敌军即将发动新的"围剿"。不过他对之并没有太过在意,因为他判断这次"围剿"仍是由宣铁吾在指挥。

宣铁吾的水平如何,浙江保安团的战斗力到了何种程度,粟裕心里自有一本账,那种段位级别,揿他们下去是没有多少问题的,但他不知道的是,其实对手已经易人。

那是一个比宣铁吾厉害得多的人,还有身后的军队。

当务之急

蒋介石不用看内部战报,都知道后院在起火。浙江的《东南日报》如此论述:

"浙江素称平安之区，自粟、刘（粟裕、刘英）窜浙后，匪化已波及全浙。"

派保安团"进剿"的绩效，也根本不用去多问，就像是端上来一碗白开水，如果你喝过之后还大喊好酒，那是真的有病。

蒋介石乃知兵之人，他明白需要他花大本钱的时候到了，否则后院的火极可能燃成蔓延之势。

1935年7月至8月间，蒋介石任命罗卓英为"闽赣浙皖四省边区剿匪总指挥部"副总指挥，统一指挥对粟裕所部的"清剿"行动——蒋介石认为主力红军长征后，留在南方的游击队只算是红军"残余"，对其用兵不能叫"围剿"，只能叫"清剿"。

罗卓英毕业于保定军校，他和蒋介石的宠臣陈诚是同学，此人长于谋略，抗战中著名的上高会战是其军事生涯中的巅峰之作，那场战役后来被称为是抗战中期中方打得最为精彩的一战，罗卓英的指挥水准和军事能力可见一斑。

唐僧再厉害也不过是个耍猴的。罗卓英的咄咄逼人，更多的还是来自于那个由他任军长的部队：第十八军。

第十八军系陈诚的起家底子，后来的一大批国民党名将，如黄维、胡琏、霍揆章、阙汉骞、李树森等人，当时都在这个军做师、团长，可以想见，这支部队的战斗力会有多强。

"八一大示威"让罗卓英见证了粟裕和挺进师的潜力，他说："过去粟裕仅有几百人，现在统计数达3000人以上，其进展程度，比江西时期还要厉害。"

罗卓英不敢轻敌，当时蒋介石共向四省边区调集了总计63个团的国民党正规部队，罗卓英拿出一大半来与粟裕进行较量。

1935年8月，罗卓英率部由江西进入浙江。他紧扣住一个"快"字，参照蒋介石"围剿"中央苏区的经验，第一时间就先把浙西南根据地团团包围起来，然后构筑碉堡，将包围圈变成碉堡圈。

浙西南可以和闽东、闽北根据地成掎角之势，必要时能从东南撤退，这一关键细节也没能逃过罗卓英的眼睛，他又用6个团在东南方向构筑了第二道封锁线，以切断挺进师的退路。

罗卓英出手快捷而狠辣，立刻将挺进师和浙西南根据地推入了极度危险的境地。

直到这时候为止，粟裕才知道，原来敌方主将换成了罗卓英，以保安团为主体也变成了以正规军为主体,他开始后悔起来。

"八一大示威"搞得急了点,挺进师的实力也因此被过早地暴露和消耗,这支新兴部队实在还没有能力对抗国民党正规军。

后悔药也没有地儿买去,当务之急是如何打破"清剿"。

一般人会想,你罗卓英可以盗版"围剿"的经验,我们当然也可以沿用"反围剿"的成功做法,尤其是前四次"反围剿",不管它来多少路,我只要集中优势兵力,用运动战来破其一路,整个"围剿"也就被打破了。

可是现在的情况已经有所不同。中央苏区的时候是红军主力,起码能集中到一定的兵力,而挺进师尽管有所发展,但还没能发展到那种程度,部队仍然是游击队性质,一次歼敌,最多也不过歼灭一个营,无法起到伤筋动骨的作用,罗卓英照样可以整师整团地压上来。

当挺进师内部进行讨论时,粟裕说,此一时,彼一时也,运动战不能打,要打,得打游击战。

四周围全是国民党正规军,不是保安团,这游击战该怎么打,众人的目光都齐刷刷地集中到了粟裕身上。

粟裕不紧不慢地道出了4个字,这四个字就是他全部的"破敌要诀"。

狡兔三窟

粟裕说:"敌进我进!"

游击战须以机动为主,若是死守阵地,就不是游击战了,所以很难谈得上防御。

再以进攻来说,虽然游击队有时也主动出击,但它的宗旨是捞一把就走,不可能像运动战一样大量歼敌。

既不能蹲在家里,出去了也不能指望一口吞头大象,那就只有一种选择:你玩你的,我玩我的,这就叫作"敌进我进"。

毛泽东、朱德当年打游击时曾总结出了16字口诀,里面有一句是"敌进我退"。一字之差,看似不同,其实异曲同工,策划者的高明也正在此处。

战争,没有教条,任何时候,你可以把稻草只当稻草,也可以把它当成一把剑。

计议已定，粟裕留下两个纵队在原地游击，自率其余主力向敌军迎面开去。

1935年9月，粟裕由浙西南根据地一路南下，以夜幕为掩护，从敌军接合部偷涉龙泉河，从而一举突破了罗卓英苦心经营的封锁线。

突出包围圈后，粟裕即和刘英各带一部，向南挺进到闽浙边境，在那里大造声势，其用意在于吸引和调动敌军，为浙西南根据地解困。

换一个人，见挺进师主力已突出重围，兴许只会气急败坏，猛拍屁股，并立即倾巢追赶。

可是这个人是罗卓英，他不会这么做。

闽浙边境全是地形复杂的山区，罗卓英虽坐拥几万人马，往山里面一撒也不过是毛毛雨，要分散追捕不足千人的游击队，无异于"以拳头打跳蚤"。

跑得了和尚跑不了庙。罗卓英不受粟裕所诱，他只派5个团前去追堵，剩下的几十个团全都用于摧毁根据地。

在持续长达8个月的紧逼围攻中，纵横达100公里的浙西南根据地被罗卓英死死箍住，两个纵队基本都打光了，能逃出来的寥寥无几。

每一次决策，粟裕都算得很细，但是高手之间的格斗，哪怕出现一点点破绽，都可能会让对手找到机会，从而给自己带来遗憾和损失。

这一次，"敌进我进"是对的，要说失误，就失误在对敌情和罗卓英的指挥特点还估计得不够充分准确，要是早知道罗卓英这么有心机，就不应该留下那么多人。

其实粟裕自己也没有完全摆脱危险。罗卓英派来的追堵部队虽然只有5个团，不及参加"清剿"总兵力的1/6，但仍10倍于挺进师主力，部队活动时，经常被跟踪追击，"尾巴"（指追敌）总是甩也甩不掉。

是不是我还有失误的地方呢？

1935年10月，粟裕、刘英率部与闽东苏区的叶飞会合。

一年前，当粟裕随先遣队经过闽东时，前来迎接他的就是叶飞，两人是老相识了，有的话也可以聊得更直接一些。

挺进师失去了浙西南根据地，但闽东苏区却一直发展得很好，共有4块较巩固的游击根据地，每块根据地都有一个独立团，此外还有大大小小的游击区。

具备这样的规模，必然也会有"清剿"，有"尾巴"。私下交谈时，粟裕就问叶飞："我们的尾巴总是甩不掉，你们是怎样甩掉的。"

叶飞很干脆地回答："像你们那样在白区（指国民党中心区域）横冲直撞，我们没有这个把握。"

据叶飞说，在闽东，党组织是不公开的，也不会公开建立苏维埃政权。敌军要调集兵力来进攻，绝不硬扛，我们不是有4块根据地和很多个游击区吗，轮换着休息好了，他们到那边去，我们就在这边隐蔽，要出来活动，也必须是夜间，一晚上可以走七八十里。

粟裕听得出了神，不由得脱口而出："这办法好，这叫作'狡兔三窟'，窟就是根据地，没有窟，兔就狡不起来。我们如果有窟，就不会这样被动了。"

他终于明白了自己的另一个失误在哪里，除了不应该像过去中央苏区时代那样，继续树大旗、扎大营外，游击战术还可以更灵活、更机变。

比如，留在浙西南的那两个纵队，如果能够实现化整为零，以武工队和秘密工作相结合的方式，也来它个"狡兔三窟"，就不至于受到那么严重的损失了。

压力测试

丧失浙西南后，粟裕和刘英又重建了浙南根据地。这块根据地实际上是由叶飞从闽东的4块根据地里让出来的，此处远离浙赣铁路，国民党统治薄弱，不致引起注意。

尽管已如此低调，但处于罗卓英的重压和追堵之下，夹缝中的游击队日子仍不好过，他们只能苦苦等待出头的时机。

1936年6月，"两广事变"爆发，广东的陈济棠和广西的李宗仁、白崇禧以北上抗日为名，动起了反蒋的心思，国民党阵营内部重又打成一团。

这种时候往往是红军得以发展的良机。蒋介石被迫将罗卓英和第十八军南调，挺进师面临的军事压力得以大大缓和，可以出来活动一下了。

同一时期，游击队内部也产生了隔阂。在失去中央和上级组织领导的情况下，浙南和闽东联合成立了闽浙临时省委，但刘英独揽大权，并欲派他身边的人出任闽东独立师师长，这不能不引起包括叶飞在内的闽东方面的疑虑和反感。

刘英解决矛盾的方法很简单，他几次提出要把叶飞留在临时省委，实际上是要用调虎离山的办法，达到"统"掉闽东的目的。

粟裕知道后甚觉不妥，极力规劝刘英，然而他的意见并没有被刘英所采纳。

刘英在毛泽东、朱德率红四军进驻瑞金时才参加红军。他在党内的地位之所以能高于粟裕、叶飞等人，与他特殊的履历有关：刘英曾先后在红四军军部出任会计、文书，任职机要，称得上是毛泽东和朱德两人早期的账房先生。

资格上，叶飞无论如何敌不过刘英，但是还有比刘英资格更老的，此人就是闽北根据地的负责人黄道。

黄道系由李大钊介绍入党，早在八一南昌起义时，就进入了江西省委的领导层。叶飞认为刘英"欺人太甚"，他去找黄道商谈，并提议请黄道出面领导3个根据地。

当年的叶飞22岁，粟裕29岁，刘英最大，也才31岁，都是血气方刚的年龄，见叶飞要转而"归附"黄道，刘英顿起敌意。

如同《水浒传》等古典小说中所描绘的那样，在刘英的授意和命令下，粟裕只得硬着头皮，给叶飞摆上了一桌鸿门宴。

酒过三巡之后，粟裕掷杯为号，当场将叶飞抓了起来。若不是叶飞在押送过程中借机逃脱，就可能一命休矣。

叶飞自此铁了心与黄道站在一起，而刘英迁怒于粟裕，将他也关起来进行了一个星期的审查，直到粟裕违心地做了"申明"，这才得到释放。

自此以后，不仅闽东、闽北和浙南彻底分裂，粟裕和刘英的关系也降到冰点。当时两人各有化名，粟裕叫"金米"，刘英叫"可夫"，互存戒心的"金米"和"可夫"开始分开活动，每当必须会合时也一定要自带武装，并且绝不同住在一间房子里。

粟裕率领的是"牵制队"，即挺进师的主力，所有军政事务皆由其一人处理，可以不听刘英调遣，这倒反而使他在战场上拥有了更多的发挥空间和余地。

叶飞"狡兔三窟"式的闽东经验显然对粟裕启发很大。他在率"牵制队"单独活动时，除保卫和发展较大块的游击根据地外，还在根据地之外，建立起一些小块根据地和游击基点。

几座或几十座条件较好的村庄相连，就是一个游击基点，隔开二三十里，又可以建一个，这样逐步向外发展，基点密集一些的，便能形成小块根据地。

有了这些公开或秘密的游击基点，游击战可以做到更为游刃有余，部队打仗打累了，马上利用晚上转到游击基点，休整它个三五天，侦察好敌情后再跳出来打。

游击队再次呈现出滚雪球式的发展，挺进师由几百人扩大到一千五六百人，地方游击队达数千人，一度丧失的浙西南根据地也相应得到了恢复。

1936年9月，蒋介石摆平了"两广事变"，马上便动手策划对南方游击区的"清剿"方案，这意味着新一轮压力测试又要开始了。

这年冬天，在江西打游击的陈毅被围在梅岭达20多天，饥渴难耐之中，写下了被称为绝命诗的《梅岭三章》："断头今日意如何。"

写下绝命诗的当天，敌军没有进山搜查，第二天梅岭也很平静。一打听，才知道爆发了"西安事变"，蒋介石在西安被扣，负责在江西进行"清剿"的国民党军队全都急急忙忙地撤出了游击区。

蒋介石虽然被扣，整个"清剿"计划却并没有因此完全停摆。"西安事变"爆发三天后，刘建绪就任"闽赣浙皖四省边区剿匪总指挥部"总指挥，其主要目标指向浙南游击区。

当初罗卓英进攻浙西南时，集中了40个团，刘建绪能调集到的兵力比他还要多，共有43个团，可是浙南游击区的范围已大大超过浙西南，挺进师可以在浙江30多个县境活动，这样一来，网小了，罩不住。

刘建绪于是将四面包围改成层层逼近，即由外围到中心逐次展开，先把挺进师压向东南，最后在浙南包围聚歼。

不过此时刘建绪对浙南游击区的"清剿"，基本上还属于西安事变前的惯性操作，如果粟裕和刘英能避其锋芒，保存实力，就可能等来政治形势的进一步变化。

游击队吃亏在信息不对称。

由于没有电台，粟裕等人得不到中央的明确指示，只是从城里搜集的报纸里，才知道"西安事变"的消息，根本想不到后来那些令人眼花缭乱的政局变化，他们唯一能做的事情，就是在现有实力允许的条件下，兵来将挡，水来土掩。

1937年1月，粟裕指挥挺进师在峰文向逼近的敌军发起主动进攻。峰文是一座村庄，在浙南游击区的中心区域，地势十分险要，挺进师同4个团的敌军打了一天一夜，最后形成了各自据险对峙的局面。

从兵力对比来看，敌众我寡，一旦对方援兵到达，挺进师就可能被包围，这是兵家所忌。也就是说，敌军可以拖，挺进师拖不得，一拖便是输。

经过侦察，粟裕发现峰文村南面的敌军驻兵是一个福建保安团，战斗力较弱。下半夜，他用少数部队迷惑住当面之敌，亲率主力向南迂回，在击溃保安团后，一举突出了包围圈。

峰文战斗展示了挺进师的作战能力，刘建绪一下子跳了起来。

太极推手

峰文战斗的时候，"西安事变"早已得到和平解决，蒋介石被迫接受了"停止内战，联共抗日"的主张，但他要联的是"北"，而不是"南"。

蒋介石的这个策略被称为是"北和南剿"，即一边与陕北红军主力进行合作抗日的谈判；另一边则对南方游击队采取不承认主义，其目的就是趁谈判结果出来之前，将南方游击队予以一网打尽。

有蒋介石的支持，又探测出了挺进师的实力，刘建绪开始向浙南发起大举进攻，粟裕迎来了3年游击生涯中最为艰苦的一仗。

刘建绪实施"拉网式"推进，粟裕就将部队化整为零，以几十人甚至几个人的分队形式相向而进。大家跟太极推手一样，你梳过来，我钻过去，你要我的山头，我去你的后方。

看着"敌进我进"似乎很简单，但如果哪个细节出了漏洞，双方来个脸碰脸，鼻子对鼻子，那就悬了。

为了避免漏洞，粟裕逐渐成"精"。他擅长各种兜圈子、躲猫猫的办法，什么"8"字形、"S"形、电光形、回马枪，总之是飘忽不定，出没无常，让你挖空心思都找不着他。

每到一个地方，粟裕一定要亲自对地形道路进行调查。比如前面有条岔路，左转弯去哪里，右转弯又去哪里，都得打听得清清楚楚，这样即便在路上与敌军不期而遇，也能利用岔路将其甩开。

行军得提着小心，宿营也不能松懈，因为这时候往往更危险。

一般情况下，粟裕绝不会选择大村庄宿营。大村庄道路多，不好警戒。即便是小村庄，也不是每座房子都适宜住宿，得首选那些独立的砖瓦房，有后门的那种，确保一有情况能够马上脱身。

宿营时，分队实行五班制，粟裕自率一班在中间，东、西、南、北各放一个班，哪个方向有风吹草动，就由哪个方向的班实行阻击，以掩护其他班转移。

粟裕自率的那个班其实就是指挥机关，但机关人员全都是一专多能，就算是绘图员、卫生员也都能随时提起枪来打仗。

战场之上，一个优秀的指挥员，必须学会把诈术实施到极致。

某次，有两路敌军逼近，粟裕知道这两路人马还没有联系上，他就借助一座高地，率部向两边射击，等两路敌军发起反击，再从高地的一侧秘密转移，让敌军自相残杀，这叫作"鬼打鬼"。

又有一次，粟裕所率游击分队被追到一条山沟里，前面据点挡着，过不去。千钧一发之际，突然想到了一招。

游击队和一般的国民党保安团在着装上没有什么区别，都是灰军装，只是帽子不同，游击队是红五星八角帽，保安团是"青天白日"徽。

粟裕就让大家把袖管和裤管卷起来，帽子拿在手上当扇子扇风，然后以保安团的名义，大摇大摆地混过了哨卡。

刘建绪属于湘军系统，论名气远不如罗卓英，但他在湖南曾和贺龙领导的红三军打过仗，从中掌握到了红军作战的一些特点，加上他的人多，一把一把梳过来，纵使粟裕再机灵，也有偶尔撞一块儿的时候，由此经常出现令人心跳的场面。

粟裕率分队"敌进我进"时，正好看到龙泉河南岸的公路上开过一辆汽车。汽车上通常会满载给养，既为"独狼"，见到这样肥嘟嘟的猎物就没有不捡的说法，但是没想到汽车还挺贼，竟然让它从网中给溜掉了。

因为这次意外失手，分队暴露了目标，反过来成了对方追逐的猎物。

分队急忙越龙泉河北进，傍晚时到达了一条叫松阳溪的小溪边。这时突然天降暴雨，引起山洪暴发，本来不起眼的小溪瞬间变得又宽又深，根本无法涉渡，再找渡口，天太黑，也不知道在哪里。

一直忙到天亮，分队仍然没能走出迷途，追敌倒是来了。

粟裕马上掉头向南，走了一会儿，再杀回马枪，往北折回溪边。

这下终于找到了渡口，而且正好有条船。

天助我也，众人喜出望外，七手八脚地爬上了船。可是还没等坐稳当，岸上就响起枪声，中埋伏了！

游击队的回马枪并不是第一次使用，敌军也不知上了多少当，再笨也能咂摸出点味道。他们料定分队还要回来，便有意施了一招"请君入瓮"之计：溪边摆条船，人全都隐蔽在岸边的房子里。

真是坏出了水。分队跳下船，沿着溪边，边打边跑。

敌军穷追不舍，而且越聚越多，怎么甩也甩不掉。粟裕后来回忆这段经历时，仍觉得后怕，说："那真是紧张极了！困难极了！"

万不得已，大家只得往山野里的荆棘丛里钻。趴荆棘里虽然不好受，但总比让人逮住强。

敌军追上来一看，咦，怎么人没了，就到处搜，一边搜还一边喊："看到了，我看到你了，赶快出来！"

要是真看到，您直接开枪瞄准不就得了，瞎叫什么叫，显然这是在虚张声势。不过声音能听到这么真切，也说明敌人已经非常接近，粟裕悄悄地把驳壳枪子弹推上了膛准备着，对方不到面前便罢，一到面前便开枪，反正打死一个够本，打死两个还能赚一个。

游击队在暗处，敌军在明处，搜索时就不敢那么大胆，加上天降大雨，夜幕降临，这帮人终于支持不住，纷纷收兵回营了。

他们歇了，游击队还不能停，必须继续为自己寻找生路。

漩涡

分队重又返回松阳溪。

雨虽然很大，但水流已不是很急，可以组织泅渡。游击队员都会游泳，当下便游了过去。

松阳溪北岸也到处都是敌军的游动哨，平均每隔5~10里，就得跟敌人遭遇。粟裕使出浑身解数，绕的绕，兜的兜，冲的冲，一天一夜连打7仗，走了180里路，才得以脱险。

这样命悬一刻的情况非止一次，行军如此，宿营也一样。

浙南很多地方都是山区，不一定有正好合适的小村庄在等着你。没有村庄，就得住到山里。这一次，分队宿在了半山腰，并布置了警戒。

不料敌军对那一带的地形非常熟悉，他们绕过哨兵，爬到了山顶，然后居高临下对游击队进行射击。

粟裕急忙率部往山下走。山下有一条江，分队顺江而下，计划从下游泅渡过江。

这条江差点儿就把粟裕给收了去！

刚刚下水，他就被一个大漩涡给卷了进去。这种江里的漩涡十分可怕，人被裹挟其中，只能一直跟着它旋转。

粟裕来来回回连转了三四个圈，怎么划都划不出来。当他被迫钻进荆棘丛里时，那时候的感觉是"紧张极了，困难极了"，现在则不光是紧张和困难，而是"危险极了"——再划不出来，就会被漩涡吸到水底。

说时迟，那时快，尚在岸上的人赶紧递了个伞柄过来，让粟裕攥住，死活把他拖上了岸。

从阎王殿门口爬回来，还没顾得上喘口气，山上的敌军又追下了山。跑是来不及了，一群人你推我拉，从石壁攀上悬崖，就地躲藏起来。

假如此时被敌军发现，突围或存活的概率就很小了，好在天色已黑，敌军没发现悬崖背后有人，全都呼哧呼哧地从悬崖下面追了过去。

很多时候，这其实就是在一次次地逃命，看上去一点不潇洒，甚至十分狼狈，但生存和战争的智慧也正是从此处得来。

1937年4月，刘英与上海地下党接上了头，了解到中央"联蒋抗日"的新主张，于是以临时省委的名义，向刘建绪发出"停止内战，一致抗日"的电文。

刘建绪经过蒋介石同意，在报上公开答复，表示愿意和浙江红军进行谈判。

连谈 3 天，谈崩了：刘建绪要的是投降和收编；刘英能够答应的是合作和改编。

1937 年 5 月，刘建绪见谈判破裂，再次将大兵压上，粟裕等人所面临的艰苦也被相应放大到了极致。

游击队不得不整日整夜地跑路，几天几夜不睡觉乃是再正常不过的事。曾经有一次，粟裕连走 3 天 3 夜，到了有群众掩护的游击基点后，才一头倒下，足足睡了 40 多个小时未醒。

在此过程中，他的脚踝受了伤，既没药敷，也不能停下来休息，只好用苦菜叶子贴着继续走，过了两个月伤口才痊愈。

1937 年 9 月，粟裕开始收到来源不一的消息，这个说"共产党投降了"，那个说"红军被收编了"，也不知哪个真，哪个假。

在早已失去与中央的联系，甚至与刘英的临时省委也互不通音讯的情况下，粟裕一时有些不知所措，他决定派侦察排出去一探究竟。

侦察排化装成国民党部队，轻车熟路地开进龙游县溪口镇。进入镇公所后，做了个自我介绍："我们原来在山区剿匪，奉上级命令，有急事要和县政府联系。"

镇长见状，连忙叫通了县政府的电话。接电话的是县长本人，带队的侦察人员在电话中故意问："报上都说红军投降了，究竟怎么回事，我们还剿不剿匪了？"

县长的回答道出了真相："现在国共合作了，红军将改编为八路军，要开拔抗日……"

问明了情况，侦察排又拿了些报纸，便返回进行汇报。

伴随着"七七事变"、"八一三事变"，抗战高潮终于到来，其实早在 8 月，刘建绪已亲笔致信刘英，要求重开谈判。

因为与刘英没有联系，粟裕先前并不知道这些情况，闻知后十分兴奋，当即致信附近的遂昌县政府，要求派代表前来谈判。

遂昌县政府复函同意。游击队方面的谈判代表由粟裕亲自指定，他本人虽未直接参与，但一直悄悄地坐在仅一墙之隔的房间里静听。

经过 3 天谈判，双方达成一致，粟裕下山了。

一位老游击队员说起下山时的情形:"每个人都是一头长发,穿的衣服补丁加补丁,破上加破,身上满是虱子。"

艰苦岁月不只给人难堪,还有作为战士所必须经历的磨炼和考验,这样在进入下一个搏杀场时你才不致心虚胆怯。

第三章　偏向虎山行

1937年10月，粟裕和刘英会合，重新集结的挺进师被改编为"国民革命军浙闽边抗日游击总队"（简称游击总队），粟裕任司令员，刘英任政委。

这时候的粟裕和刘英早已冰释前嫌。粟裕左臂残疾，刘英则因负伤同样右手腕致残，在给新兵讲解游击战术时，粟裕就很风趣地说："人们以为刘英和我是三头六臂，其实我们两个人加起来只有一双完整的手。"

1938年3月，粟裕率游击总队开赴皖南，刘英奉命留在了浙江。他们从此再没能见面，直到5年后刘英被蒋介石下令逮捕并杀害。

粟裕非常怀念这位战友。刘英死后，他千方百计找到了刘英的遗孀和遗孤，并主动担负起了抚养之责。刘英的岳母是一个小脚老太太，刘英又留下了两个遗孤，为了保证他们的安全，粟裕专门让人备了一辆马车，遇有敌情便让马车随大部队转移。

与刘英的那段恩怨偶尔还会被人提起，不过粟裕对此更多的已不是抱怨，而是一声轻轻的感慨："那时我们都太年轻……"

年轻意味着不成熟，意味着诸多的缺憾，可是只要搜寻我们的脑海，那些最不能忘怀的记忆，以及最真挚的朋友，往往也正来自于此。

走出青涩的粟裕又碰到了一位故人，在前往皖南的路途上。所不同的是，这位故人过去是敌人，现在是朋友。

他就是粟裕进入浙江时所遭遇的第一个大敌——黄绍竑。

上满发条的闹钟

黄绍竑先前在山西指挥了娘子关战役，但是指挥得很凌乱，尤其是对川军使用了"填坑式战法"，导致最后一败涂地。回到南方后，考虑他曾在浙江主政两年，熟悉当地情况，又娴于吏治，蒋介石便重新任命他为浙江省主席。

这个省主席并不好当，在日军的连续进攻下，包括浙江省会杭州在内的许多地方皆已失陷，溃退部队到处都是，连交通都为之堵塞，种种不利境况，让黄绍竑长吁短叹，彻夜难眠。

与粟裕见面后，大家都不再计较过往。黄绍竑留粟裕吃饭，粟裕则邀请黄绍竑视察教导总队。

这时的游击总队共有500多人，数量上又回到了刚进浙江时的水平，而且红七、红十军团时期的老骨干也不太多了。装备上与国民政府的正规野战军相比，更是显得落后，除枪支混杂、未穿着制式军装外，不少人拿着大刀长矛，有的甚至是赤手空拳。

不过在南方游击队中，游击总队仍称得上是首屈一指的武装。那些不多的红军老兵，既能打正规战又能打游击战，其军事素质与一般的地方游击队不可同日而语，这也是刘英在叶飞等人面前每每会以老大自居的一个重要原因。

新兵主要是临时招募的一些青年学生，他们还没打过什么仗，仅接受过临时性的游击战术训练，但这些新兵有知识有朝气，是部队未来的希望。

视察时，游击总队官兵个个精神抖擞，士气高昂，黄绍竑看了很是高兴。

过去像黄绍竑这样从正规战出来的高级将官，一般是看不上游击队或游击战的，可是抗战开始后，对手变了，在日军面前，即便是中国的正规军主力，装备方面也处于劣势，要跟对方在一点一线上争长短、决胜负，实在很吃力。经历娘子关一役后，黄绍竑对此可谓感同身受。

形势决定战略，持久抗战、全面战、总体战遂成为此时国内最流行的军事术语。黄绍竑由此对游击战产生了浓厚兴趣，他不仅对游击区和游击战进行了研究，还一度向蒋介石打报告，愿意辞去浙江省主席，亲自带一支部队到游击区去活动。

视察结束时，黄绍竑当众承诺拨给游击总队5万发子弹、1000套军装，从而为这支抗日新军助了一臂之力。

度尽劫波兄弟在，相逢一笑泯恩仇，在民族大义面前，曾经的死敌走到了一起，当然是暂时的。

1938年4月18日，游击总队到达皖南岩寺，加入新四军作战序列。

新四军系由南方八省游击队组成，其中叶飞的闽东部队，黄道的闽北部队都已到达岩寺，并合编为第三支队。要论渊源，游击总队与三支队最为接近，可是因为"火并"时候的那点心理阴影还在，要立刻坐一张板凳上共事，多少还显得有些尴尬，最后的结果是：粟裕就任第二支队副司令，游击总队也编为第二支队，为第四团第三营。

粟裕到达岩寺时，台儿庄大战已经结束，徐州会战进入后期阶段，日军正计划南北合击，对徐州实行迂回包围，原驻镇江、苏州、芜湖的主力野战师团因此均被紧急抽调了出去。

新四军的任务是深入敌后，在苏南牵制敌军，毛泽东从延安发来指示，让新四军先派支队到溧水一带进行战略侦察，并强调"须派电台及一有军事知识之人随去"。

新四军军部收到指示后，按照这一标准点兵点将，点到了刚到皖南才几天的粟裕，由他出任先遣支队司令员兼政委。

1938年4月28日，由粟裕率领的先遣支队从岩寺出发，越过日军的公路封锁线，向苏南敌后一路挺进。

先遣支队共有400多人，配置极其精干，成员都是由第一、二、三支队中抽出的团以下干部，下辖的3个侦察连也均为3个支队中武器装备最好的部队。

没有一个不是十年内战中摸爬滚打出来的好汉，但抗战与内战毕竟不同，加上进入的是陌生环境，气氛还是很紧张。时年30岁的粟裕像个上满发条的闹钟，每时每刻都对敌情保持着足够的清醒和警觉。

有一天午夜时分，支队正在皖东南的南陵县城宿营休息，粟裕突然下令紧急转移。

日军来了？没有。

大半夜"折腾"大家，只是来自于粟裕的一个直觉：苏南多为前方溃军，很少有向日军直接开过去的部队，而南陵离日军控制的芜湖很近，支队行踪很可能会被日军发觉。

粟裕对自己的直觉判断也没有百分百的把握，说的是"可能"，但这个可能哪怕只有百分之零点零几，他也绝不容许存在。

4年前，同样是一支先遣队，就是因为军事主官有侥幸的可能，决策时一再迟疑不决，才导致全军覆灭，这是血的教训，粟裕对此须臾不敢忘记。

天刚破晓，日机果然飞到南陵上空，并对支队原有宿营地进行了狂轰滥炸，但这时支队已转移到离南陵不远的山村。

中国军队平时受日军暗算不少，东北军在淞沪会战后期就吃了日机轰炸的不少亏，他们听到这件事后，对粟裕很是佩服，说还是新四军的指挥官有远见，才会让日机炸个空。

军部选择粟裕领兵先遣支队实在是找对了人。遗憾的是，直到5月19日，先遣支队才得以正式进入苏南敌后战场，而徐州正是在这一天失陷，因此没能对徐州会战起到牵制作用。

困难叠困难

先遣支队到得晚，一方面是出于侦察和隐蔽的需要，必须昼伏夜行，即使风雨之夜，亦不例外；另一方面则是让苏皖边境的友军给耽搁了，这些部队都有各自防区，他们不让过，你就只能绕着走。

等到真正进入苏南，困难有增无减。

先遣支队的官兵虽有红军时期和三年游击战的丰富经验，但突然之间，熟悉的山地和森林不见了，到处是一览无余的河汊水网，要找个隐蔽或居高临下的阵地颇不容易。

与"环境关"相应的，是语言关。新四军老兵主要来自于江西、湖南、福建等地，很多人听不懂苏南话，而他们说的，当地人也听不大懂。

士兵奉命前去拜请地方士绅。士绅询问是什么部队，士兵回答："我们是森西滚！"

士绅被这个"森西滚"搞得丈二和尚摸不着头脑，后来才知道士兵说的是"新四军"。

类似笑话还有不少，比如士兵介绍"某某司令"，听在当地人耳朵里，却是"某某西礼"。

客观障碍的存在，容易加深误解。先遣队初到江南，老百姓往往不肯借房子给他们住，官兵便在村外或田野里露营，遇到下雨，靠在屋檐下暂且过上一晚是常有的事。

还有不肯卖粮食的。这时候就只好饿上几顿或靠吃剩饭打发，粟裕本人就经常拿一只茶缸泡上剩饭来借以充饥。

困难叠困难，但所有的困难加一起，敌不过一个最大的：没士气。

苏南是淞沪会战和南京保卫战的发生地，战后日军对其进行了疯狂的烧杀——只要看一看南京大屠杀的资料，就知道当地军民曾遭遇了怎样的浩劫，日军所过之处，真正是"白骨露于野，千里无鸡鸣"。

日军烧杀的目的，不光是报复，还有恐吓，而这种恐吓，在一定时期确实能起到明显的威慑效果。

粟裕到达苏南后，发现江南民众的抗战情绪非常低落，更谈不上有任何抗战胜利的信心。不管先遣支队怎样解释和动员，人家都会反问："既然你说抗战会胜利，敌人的力量在削弱，那为什么政府军队还要从徐州撤退呢？"

还有人说得更刻薄："现在南京也没有几个鬼子，你们为什么不夺回来？"

质疑中，讥讽的意味很是明显，这使先遣支队的宣传就像拳头打在棉花上，一点痕迹都看不到。

当地民众不信任先遣支队，最主要的原因还是看到了支队背负的武器。

苏皖属顾祝同第三战区范围，第三战区共集结了30个步兵师旅，在这些部队中，新四军的装备只处于中下水平。先遣支队已是优中选优，好的武器都给它了，可加一起也仅有两挺轻机枪，其余枪支都是用旧的，有的缺少瞄准器，有的为便于打游击，长枪已锯成了短枪，还有的是埋在地下许久，刚刚才挖出来的。

皖南集结时，各部队一看新四军的装备如此落后，都有些瞧不起。就在先遣支队出发之前，一位友军将领很不客气地对粟裕说："你们军队有良好纪律，作为一支政治宣传队是好的，如果要到东线去打仗，那就只有听下回分解了。"

苏南百姓没有军人的那种鉴别眼光，但也见过世面。在淞沪会战和南京保卫战中，包括罗卓英第十八军在内的"中央军"都曾在苏南与日军鏖战，他们觉得，既然连这些装备优良的"中央军"都抵挡不住日军的进攻，凭先遣支队这么一点儿人，这么差的枪，怎么可能立得住脚。

一些对抗战失去信心的士绅便出面劝先遣支队："你们明知山有虎，何必还要偏向虎山行呢？"

就算前面真的全是虎，粟裕也不可能再退回去，不仅不退，还要到山中去打老虎。

他给先遣支队提出的口号是："一切靠打胜仗来解决！"过去的经历告诉粟裕，在战言战，只要打胜一仗，把士气振作起来，其他困难，不管是"环境关"，还是语言关，都将随着时间慢慢地迎刃而解。

可是他不说打仗还好，一说打仗，反而吓坏了当地人。

苏南的地方武装和"游击队"其实多如牛毛，用老百姓的话来说，自从日本鬼子来了以后，每天就是拉屎撒尿，都能不小心撞到一个"江南游击司令"。

这些"司令"不过是乱世称王，平时拦个哨卡，收收"抗日税"可以，真要他们跟日军干仗，谁都没这个胆儿。即便有那冲动之下想靠打日本来立立威的，往往一打就垮，或者还没打就垮了。

在很多人眼里，"江南游击司令"成事不足，败事有余，他们把粟裕和先遣支队也看成了同一类型。一听先遣支队说要打仗，便连连摆手："不要在我们这个地方打仗，你打仗到远处去。"或者"你们才这几条枪，赶快走吧，鬼子包围过来，你穿便衣都跑不脱！"

最善意的调儿调儿是下面这种："可怜的新四军，无衣无食，还爱打仗，我们得做道场替他们超度超度了。"

粟裕爱打仗不假，可却并不需要别人提前替他超度，而能够为他和他那支"可怜的新四军"正名的，无疑还是战场上过人的表现。

破路就像玩家家

在新四军的东进计划中，先遣支队除了侦察，还起到一个开路先锋的作用，陈毅随后便率一支队开赴苏南。

1938年6月8日，一支队与先遣支队在溧水会师。这段时间，粟裕除将侦察情况向陈毅进行汇报外，也在考虑首仗应该怎么打，在哪里打。

6月11日，第三战区司令长官顾祝同突然向新四军军部下达命令，限新四军在3天内赶到京沪铁路附近，以破坏敌军交通。顾祝同还强调，如完不成任务，将予以"严厉处分"。

三战区以杂牌部队居多，一般情况下，顾祝同不会这么板着脸下死命令，命令如此急促，是因为正面主战场又再趋紧张：当天，总部驻于南京的日本"华中派遣军"已溯江西上，包围安庆，比刚刚结束的徐州会战时间更长、规模更大的武汉会战开始了。

顾祝同既无能力从正面发动进攻，便只有让已深入敌后的新四军来破破路，借以对华中派遣军进行袭扰和牵制。

按照新四军军部的指示，由粟裕率先遣支队具体执行此次破路任务，陈毅又从一支队中挑选了部分官兵，组成一个连与先遣支队一道行动，这样归粟裕指挥的部队一共有4个连。

京沪铁路距驻地有200余里，在限时3天的前提下，任务显得非常紧迫，但粟裕似乎并不着急，他指定的行军路线也与既定目的地不符。

当然，这只是假象。三年内战时期的"敌进我进"，已使粟裕养成了一种固有的生存之道，他要往左进，必先往右拐，反之亦然。

只有当白天谢幕，才能随心所欲。天色一暗，粟裕立即变道，率部直插目的地。

此时正值梅雨季节，乌云低垂，雨点稠密，道路非常湿滑，但对这些经历过三年游击战的老兵来说，不过是小菜一碟，众人脚上都扎了防滑铁丝，即使在泥泞的路上依旧能保持急行军的速度。

部队走得很快，可在第二天进入友军防区时，几经交涉都不让过，一直拖到午后，才予放行。

先遣支队带了一部电台，以便与上级联系，谁知半途电台灯泡烧坏了，反而成了累赘。那时候的电台金贵得很，舍了多少条命也不能丢一部电台，为了便于行动，粟裕索性派一个连护送电台回去，自带3个连继续急进。

1938年6月15日拂晓，经过3个雨夜的连续急行军，先遣支队终于到达了句容至下蜀镇公路以东的徐家边。

经过侦察，发现下蜀镇共有二十几个日军，晚上移驻离下蜀镇以西约两里路的火车站内，周边构筑有堑壕、铁丝网等防御工事。

由于要全力投入武汉会战以及即将展开的惠广战役（又称广州战役），留守苏南的日军兵力严重不足，交通线上相距五六十里才会有一个据点，这样的据点通常情况下只有三四个日本兵，二十几个是最多的了。

如果到一个兵都没有的铁路线上去破路，任务是完成了，风险也会降到最低，可那有什么意思，鬼子连挠痒痒的感觉都没有，还能叫袭扰和牵制吗？

粟裕当即决定，就在下蜀干它一票。

晚上10点，粟裕进行了兵力分配，以一个连向下蜀车站方向警戒，掩护破路，其余部队全部投入破路作业。

新四军没有破坏铁路的经验，随身带来的只有一些铁棍和木棍，大家花了很多时间和力气，仍然难以将铁轨撬下来。

粟裕想了想，派人去铁路附近找来了老百姓，一问，才知道破路有破路的窍门，光硬撬没用，最好的办法是去掉道钉，然后移动铁轨位置。

接下来就顺利了。经过4个半小时的作业，一共破坏了40多米的铁路。见任务完成，粟裕一面命令警戒连向下蜀车站之敌发起佯攻，一面在散发传单标语后，组织部队迅速撤离。

黎明之前，先遣支队安全转移到了下蜀西南的一座小山上。在山上，粟裕可以对铁路线上的动静进行观察。

1938年6月16日上午8点，一列从上海方向开来的火车在下蜀出轨，京沪铁路交通为此中断达数个小时。

苏南交通相对发达，相对发达的交通也为日军快速调集兵力带来了便利。下蜀镇为师团部驻于镇江的第三师团所辖的范围，第三师团随后便派来了整整7卡车的日本兵，其中就含有铁道辎重兵，铁路很快便被修复。

先遣支队移驻的小山坡上有一座村庄，周围是茂密的竹林，官兵都进入村庄休整，准备撤离，但是粟裕却并没有就此罢手的意思。

根据侦察员带回的情报，因为铁路被破坏，各据点的日军驻兵都得到相应增加，而且各据点还将联合起来，于17日，也就是第二天出来进行"搜剿"。

摆脱"搜剿"，对粟裕来说早就是家常便饭，算不上什么难题，他真正在意的不是这个。

由于缺乏爆破器材，路破得快还不如人家修得快，这很让人沮丧——固然给军部和三战区的战报可以吹得漂亮一些，可这从来就不是一个以打仗为本分的军人的风格。

破路就像玩家家，要玩不如玩大点儿，比如痛快淋漓地打上一仗。

兵多不如兵精

到达苏南后，粟裕朝思暮想的就是要先打上一仗，以改变当地军民低落的士气，侦察员带来的另一个情报正好与此对路。

据侦察员说，在镇江到句容的公路上，运输相当繁忙，每天通过的日军汽车多达五六十辆，通行时间多在上午8点到9点，以及下午4点前后。

几天前，粟裕曾亲自到那一带公路沿线进行过侦察，并且当时就对一处地形情有独钟。

被粟裕青睐的地方叫韦岗，位于镇江西南15公里处，属于丘陵山地，南北各有两座近百米高的连绵山冈，公路就像一条狭长的带子，前不见头，后不见尾，弯弯曲曲，夹于其间。

粟裕仔细观察了一下，尽管山上树木稀疏，但有许多高低不平的小土丘，可用于隐蔽埋伏，以他多年从事游击战的经验和眼光来看，这是一个打伏击战的绝佳地形。

到韦岗去伏击日军车队，不仅可以避开日军的"搜剿"，还能借此打开江南抗战的局面，何乐而不为？

粟裕立即召集各连干部到竹林开会。他告诉众人："根据日军车队活动的规律，战斗可能在明天拂晓前后打响……"

粟裕已记不清自己打过多少次伏击，汽车也打过，但通常没有押运兵，只有司机，跑得快的就溜了，反应慢的看到红军便瑟瑟发抖，不用费什么手脚，他自己就会把车停下来。

打日军的军用汽车，这还是第一次。对于粟裕来说，另一个他必须面对的现实是，由于电台损坏，已经来不及将作战方案向上级报告，也就是说，这一战必须完全由他自己策划、自己指挥，当然也要由自己承担后果，无论是好是坏。

在对韦岗伏击战进行部署时，粟裕斩钉截铁地说："一定要把日军的车队截住，否则我们今后在政治上、军事上的困难会很大！"

会议结束，粟裕的视线才离开了地图。

从一支队抽到先遣支队的那个连的连长叫童炎生，三年游击战争时期在湘赣边打游击，此前与粟裕从未谋面，但他和许多新四军老兵一样，对粟裕慕名已久。就在这次会后，他难得地与"粟司令"唠起了嗑儿。

粟裕说的是先遣队，不过不是现在这支，是4年前的那支："4年前，在方志敏同志领导的抗日先遣队里，我被任命为参谋长，但那支先遣队的使命没有能完成，我们在怀玉山上被围困了……"

这是一段不堪回首的记忆，但是粟裕的声音随后便转向激越："4年后的今天，我们又搞出一个先遣队，并胜利挺进到苏南，现在我们面临着一个全新的形势。"

粟裕手握着竹枝，目光停留在青青的竹叶上，低吟起了方志敏在狱中留下了的一首绝句："雪压竹头低，低下欲沾泥，一轮红日起，依旧与天齐。"

形势好，不等于就能打得好。4年前的抗日先遣队，说败，也就是败在伏击战上，那场伏击战没打好，从此一路败下去，直至覆亡。

又要打伏击战了，还是先遣支队出师江南后的处女作，对粟裕来说，它的规模也许不大，但是意义不小。最重要的是，他在这场战斗中决不能败，只能胜。

随着夜幕降临，在粟裕的率领下，先遣支队从下蜀后山出发，插向韦岗。

天正下着大雨，每个人的头上都像罩着一口大铁锅，到处是黑乎乎的一片，能见度极差，只能隐隐约约地看到一些树木、草棚和土冈，这使行军变得非常困难。人们的汗水跟雨水混在一起流淌，还没跑多少路，就个个浑身湿透。

从奉命执行任务开始，先遣支队就这样天天泡在雨水里，加上破击铁路时通宵苦干，官兵越来越疲劳，生病的人增加到10多人，队伍也逐渐拉开了距离。

这当然不是一个好的兆头，粟裕很快意识到这一点。行至中途，他传令停止行军，重新编组部队。

粟裕从各连挑选出精干人员，也就是那些身上还有一股虎劲的官兵，共组成6个步枪班、1个机枪班和1个短枪班，各班均配备了手榴弹投掷手。

兵多不如兵精，他要用这支精兵来打伏击战，以确保以一当十，得心应手。

凌晨两点，编组后的先遣支队分路而行。不参加战斗的人员携带病员和行李，到预定地点集结待命，参战部队则继续往韦岗前进。

在到达距韦岗约8里地的一处小芦苇荡后，粟裕再次下令休息，除分配作战任务外，对伏击战做最后一次准备。

机枪班共有两挺轻机枪，这是先遣支队唯一的重火力，毫无疑问，机枪手将在战斗中起到很关键的作用，机枪手也因此被反复叮嘱："你可要沉着，打得要准，要猛，但不能浪费子弹！"

机枪手是老兵，一拍胸脯："没问题，包在我身上。"

话音刚落，就有人抛出了难题："你先别吹牛，你知道打汽车该打哪里呀？"

先遣支队面临着很多第一次，"打汽车究竟打哪儿"是一个，其他还有"向鬼子喊话怎么个喊法"等等，但是最后的焦点都集中在了打汽车上。

从粟裕到童炎生等连班级指挥员，都没有准备标准答案，他们临时给士兵们开了个"诸葛亮会"，让大家一起想办法。

有人说："把开车子的打死了，汽车不就僵了。"

这个办法马上就遭到反对："光打死开车的，说不定再冒出个活的来把汽车开走呢……"

"那你说怎么个打法呢？"

反对的人自有主意："我说应该打轮胎，把轮胎打漏气了，车不就跑不动了！"

"打轮胎"得到一致同意，部队在完成准备后，即向韦岗猛扑过去。

千钧一发

因为路上多费了一番周折，当先遣支队赶到目的地时，天已经亮了。

1938年6月17日，上午8点，粟裕远远地看到从句容方向开来一辆卡车，但因部队刚到山脚下，还未能进入伏击阵地，只能眼睁睁地让这条鱼给溜了。

8点10分,在粟裕的指挥下,先遣支队展开队形,占领了公路两侧及山口南北两头的有利地形。粟裕自己领了一个机枪手,扼守山口之间的公路。

兵力和火器尚未布置完毕,他突然发现从镇江方向开来一辆卡车,逼近设伏区域。

时间定格在8点20分。粟裕举起左轮手枪,挺身而立,高喊一声:"开火!"

机枪手原本将枪口对准句容方向,此时赶快转身迎敌。一切都太仓促了,根本来不及想究竟是"打轮胎"还是"打开车的",一梭子机枪子弹就飞了过去,把卡车打得啪啪直响。

子弹既没打着轮胎,也没碰到人,但是击穿了车头的汽缸。日军驾驶员像挨了棍棒的疯狗一样,继续拼了命地往前开。

粟裕事先安排了手榴弹投掷手,可惜投掷手的技术普遍不过硬,手榴弹投过去,离卡车还有十几米远,根本炸不着。

在汽缸被击穿的情况下,卡车也没法正常行驶,在摇摇晃晃地冲出一里路后,一头歪倒在路旁。

当支队追过去时,日军已经弃车而逃,车上也没什么好东西,只有一车的邮件,不过这么一打,把大家的信心打出来了。

伏击圈处于两山凹部,没有村落居民,加之天雨有雾,路上也不见行人,枪声不会远传。行动之前,粟裕最为担心的是镇江和句容的日军会迅速闻声赶来,对先遣支队进行夹击,现在看来,至少短时间内日军大部队难以做出反应。

镇江是第三师的团师团部所在地,粟裕判断,从镇江出来的很可能是一支车队,也就是说,在第一辆被击毁的卡车后面,还会跟着第二辆、第三辆。

进入伏击圈的将不只是一条单个的鱼,而是整整一个鱼群,他得拿大网兜住。

粟裕立即穿过公路,登上山坡,通过制高点来监视公路上的敌情。他命令在加强对句容方向警戒的同时,将主要火力全部对准镇江方向。

果然,没多久,第二辆汽车来了。这是一辆黑色包车,一看就知道车上坐的是军官。机枪手一阵猛射,包车被打得周身是火,驾驶员也负了伤。车子先是碰到一块土埂上,又退回来,最终失控翻入公路西侧的水沟。

支队上前搜检,发现已有两名日军中弹死在车底下。粟裕也来到黑色包车旁检查，但就在他即将靠近车辆的瞬间，一个让所有人都始料不及的险情出现了。

一名中弹负伤的日军军官躲在水沟里，这时蓦地跳出，并且端起刺刀向粟裕刺来。

千钧一发之际，周围官兵急忙举枪射击，将这名日军军官撂倒在地，其中致命的一枪来自于粟裕身后的警卫员。不幸的是，由于现场过于慌乱，混乱射击中，一名战士也被流弹误击身亡，成为伏击战中先遣支队唯一的战死者。

后经查证，先前被打死的两名鬼子，一个为驾驶员，一个为土井少佐，而偷袭粟裕的是整个车队仅次于土井的军官——梅泽武四郎大尉。

这辆包车里油水不少，除土井的手枪、军刀外，先遣支队还缴获保险箱1只，内有日钞7000元。

很显然，两名日军军官是这支车队的核心，后面的鱼还得继续跳上岸来。

实际情况正是这样。仅隔5分钟，第三、第四、第五辆卡车接踵而至，车上总共载有日本兵约30多人。

打掉包车后，官兵作战情绪明显高涨，机枪手已能从容不迫地瞄准轮胎开火，打得轮胎上全是洞眼。在先遣支队的猛烈射击下，山谷震响，硝烟弥漫，第三辆和第四辆车先后被击中，一个停于山间公路的中段；另一个停于路口。

大家很快发现，卡车比包车要难打得多。日本人的军用卡车只有踏板，没有拦板，一听到枪声，除驾驶员外，其他人可以全部跳到车下，不会遭到大的杀伤，因此并不能马上将这两辆卡车的日本兵予以全歼。

最大的问题还是出在第五辆车上。

3辆车挨得都很近，第五辆车的驾驶员发现不妙，一个急刹车停在了路口以北。此处在机枪的射程之外，火力够不到，车上的日本兵马上跳下车，潜伏在公路两侧的草丛中，与先遣支队展开对射。

粟裕在韦岗伏击的日军车队，属野战重炮兵第五旅团。该旅团参加过淞沪会战，官兵的军事素养很高，射击技术非常精准，只要在200米范围内，均能命中目标，这使得先遣支队不敢轻易往前冲。

另一方面，先遣支队虽是从新四军内选出来的精兵，如童炎生等老兵也是从正规战中摸爬滚打过来的，但三年游击战争的经历，让他们或多或少对正规战的技术已然有些生疏,加上又没有时间在皖南整训,仓促投入实战,马上陷入了手榴弹投不远、步枪也打不准的窘境。

情况非常危急。

就像叉条小鱼一样

参加这场伏击战的童炎生等人,战后都对粟裕钦佩不已。这种感觉已不光是原先的慕名,而是真正"眼见为实,耳听为虚"式的佩服。

危急时刻,粟裕把支队的另一名机枪手调到路口以北的制高点,对日军进行俯瞰射击。

棋子一动,局面大变,哪怕那可能只是一只小卒。

日军一下子被击溃,无法再发起反击,只能将几个伤兵的尸体拖上车,然后开着车逃之夭夭。

粟裕本来在路口还布置了一个穿便衣的短枪班,但短枪班使用的都是驳壳枪,射击距离有限,无法阻止日军的后撤。

与此同时,对第三、四辆车上的日军的围击也行将结束。只是这批鬼子会游泳,没负伤的大多借助公路旁的水沟逃走了,战场上只剩下几个受伤未死的家伙还在挣扎。他们从草丛里跳出来,一边疯狂叫喊,一边挺着刺刀歇斯底里地向新四军官兵冲了过来。

战斗过于紧张,虽然"向鬼子喊话怎么个喊法"已经解决,日语口号也早就练过几遍,但从始至终都没人记得喊过。现在看这拼命的架势,似乎也用不着再喊了,他就算是能听懂,你的好心也会被当作驴肝肺。新四军仗着人数优势,一群人叉一个,就像叉条小鱼一样,把几个日本残兵全给解决了。

检点战果,击毁四辆汽车,打死13名鬼子,加上日军抢运的伤者,总计有20多人死伤,此外还缴获三八式步枪10余支。己方除误击身亡1人外,还有数人负伤。

卡车上装着食物、被服等军需用品,因为人手少,还要抬伤员,只能取走一部分,其他与车辆一起予以焚烧。

伏击战前后大约经历了半个小时，粟裕估计镇江之敌应该已得到消息，对方有公路运输的手段，机动增援的速度将会很快，因此在匆匆打扫战场后，即下令迅速撤离。

也是过了半个小时，驻镇江的第三师团增派的援兵赶到，共有17辆运兵车和1辆装甲车到达韦岗，不过现场除了残骸，已空无一人。

1938年6月18日，第三师团再次对韦岗一带"搜剿"，韦岗的民房几乎全部被烧毁，不少当地民众遭到枪杀，但日军仍未能发现先遣支队的踪迹，甚至于也搞不清楚这支奇兵的来历。

当天，南京"华中派遣军"司令部接到第三师团传来的报告："一支番号不明的中国军队，对由镇江至句容的车队进行了伏击。"

"华中派遣军"司令部随即向韦岗派去3架飞机，进行低空盘旋搜索，自然也是一无所获。

找得到才是怪事，先遣支队此时已转移至宝埝，宝埝在韦岗以东30多里外。听说新四军击毁汽车，打死日本兵，又看到他们缴获的武器，宝埝人欢欣鼓舞，纷纷走出来欢迎这支凯旋之师。

童炎生说，自进入苏南，他还是第一次经历这种热闹场面，韦岗一战，一下子就把新四军在当地的形象给树了起来。

自南京失陷，苏南民众已有半年多没有见到一支像样的中国军队，更不用说还能打胜仗了。在苏南各个地方，三五个日本兵，甚至是徒手士兵，都可以到远离据点十里八里的村庄横行，老百姓毫无抵抗的能力，敢怒不敢言。

新四军恰如横空出世，逐渐成为敌后群众一种不可或缺的心理依靠。

粟裕为自己，也为先遣支队和新四军开了个好头，韦岗战斗的意义和价值自然非破路可比。陈毅得知后高兴地说："江南处女战打得很好。"他擅长写诗，随即吟诗庆贺："镇江城下初遭遇，脱手斩得小楼兰。"

从新四军军部到三战区，级级上报，国民政府军委会给新四军军部发来嘉奖令："所属粟部，殊堪嘉尚。"

1938年6月中旬，第二支队从皖南出发，到达南京至芜湖铁路以东。经新四军军部指定，第二支队主力由粟裕指挥，完成了先遣任务的粟裕重回二支队。

穷人当家

韦岗伏击战前后,"华中派遣军"的前锋部队已攻占安庆,直抵马当要塞。

1938年6月23日,新四军军部向挺进苏南敌后的各部队发出最新指示,要求继续以游击战的形式,对武汉保卫战进行配合。

这个指示的前提,是新四军能在苏南打游击并取胜,然而事实上,究竟能不能,谁心里都没底。

韦岗伏击战虽然首战告捷,但通过这一战也可以看出来,日军在苏南占有多大优势——被伏击的并不是正规的野战兵,打他们都那么费劲,更别说第三师团等极富作战经验的老师团了,而且江南相对发达的交通,稠密的人口,无险可据的丘陵平原,均跟山地游击战的特点完全不符。

茅山是苏南为数不多的山脉,被新四军确定为游击基地。陈毅没去之前,他想象中的茅山,应该是"崇山峻岭,茂林修竹",哪知道真到了茅山,才发现山上不仅无树无花,连茅草也不多不厚,既藏不下单人独马,也隐蔽不了大部队。这一情景,曾让陈毅大失所望。

如果劣势无法改变,那就寻找优势。陈毅、粟裕都不约而同地看到了这个优势,那就是"华中派遣军"的兵力集中在武汉和广州,即使在韦岗吃了点儿亏,对新四军还是持轻视态度。

打游击最好的时机,就是当对方轻视你的时候,这时候他异常骄傲,异常疏忽,毫无防备,若再不趁机上去占点儿便宜,那就不是他的错,而是你的错。

优势能克服劣势,有的优势还得顺延,粟裕接下来要打的仍然是伏击战,而且又是拿日军运兵车开涮。

打仗经验是个慢慢积累的过程,所有经验和教训都不能白白浪费,他对韦岗伏击战进行了"复盘",从地形选择、火力配备等十个方面,一个个细节抠,抠到手榴弹投掷量应提前多少米,都做了分析。

1938年7月,在粟裕的指挥下,第二支队伏击了当涂至芜湖之间的火车,结果再次获得成功:击毁日军军车1列,缴获大批军用品。

粟裕对江南抗战有自己的观点。

刚刚出山的新四军"家徒四壁",不仅人少,武器差,而且普遍缺乏正规作战的经验。穷人嘛,更得学会当家,日子要一天天过,一年年过,新四军如果一开始就与日军大打运动战,没多长时间就会被打个精光,日子会越来越难过,但要是能够积小胜为大胜,就会越来越好过。

粟裕甚至认为,哪怕战斗中只打死一个敌人,只缴一支枪都是赚了。

第二支队就这样反复"蹭"日军的便宜,他们经常打胜仗,当然这样的胜仗规模都非常小,真的是打死1个鬼子或缴1支三八大盖的那种。

"小小胜"越来越多,直到破天荒地俘虏了日军士兵。

进入7月中旬以后,第三师团等老师团已接到进攻武汉和广州的预先号令,宁沪杭地区的守备将逐渐交由从日本国内调来的新编师团担任,但也正因为处于交接期,"华中派遣军"更不希望院子里老是莫名其妙地飞来各种小石头、小瓦片,多烦人哪。

1938年8月22日,"华中派遣军"从第三师团抽调了4000余人,骑兵500余人,兵分八路,水陆并进,对正在小丹阳地区活动的第二支队展开合围。

能从三年游击战中活下来,粟裕最不怕的就是这种仗势压人的大合围,他祭出了在那些年屡试不爽的法宝:敌进我进。

第二支队主力在小丹阳以西隐蔽,一部与日军相对而进,直接奔袭南京近郊。

当日军到达小丹阳时,没有找到新四军踪影,但却连连接到后方告急电报,说是不用找了,新四军的军旗已经插上了雨花台的制高点。

日军指挥官从没有见识过这种游击战的打法,也不知道粟裕的葫芦里到底卖的什么药,第一个反应就是赶紧撤退回防。

日军一收,粟裕马上把主力抽出来,兜在背后打鬼子的尾巴,前后共毙伤日军50余人,己方无一伤亡。

这样兴师动众的大合围,不是一拍巴掌就能组织得起来,对合围的失败,日军也无可奈何。

1938年9月,武汉会战进入关键时期,"华中派遣军"所属6个师团全部调出参加作战,接防守备任务的为4个新编师团。

这4个新编师团必须占领和警备苏、浙、皖三省,其实也就只能控制一些主要城市和交通线，别说抽出机动兵力了，就连必要的警备兵力都不足。

趁此良机，新四军得到迅速发展，对地形民情也慢慢地熟悉起来。

陈毅眼中的茅山，不再是一无是处，在山里待的时间一长，他发现茅山果然是"名实相符"：山上的茅草不仅多，而且厚，多数的山窝曲折处，远了看不到，近了才能看出玄妙，起码在里面藏几支小型游击队不成问题。

1938年10月25日，武汉会战结束，"华中派遣军"攻陷武汉，但中国政府并未因此投降，那些抽出去的老师团只能继续留在正面战场作战。

这个时候，"华中派遣军"司令部已经开始真正把新四军当回事了，曾经的单纯防御也逐渐转向攻势防御，然而兵力不足仍然是日军难以解决的老问题，即便在部分使用伪军后，仍然显得捉襟见肘，这使得他们不得不尝试改变策略。

鹰抓兔子

日本是一个善于模仿和学习的民族。新四军擅长打游击战，他们就翻抗战前中国的内战史，看国民党部队如何对付游击战。

蒋介石"围剿"苏区用的是碉堡战术，日本人照搬过来，对新四军采用"梅花桩战术"。

"梅花桩"是形象的说法，其实就是指碉堡据点。日军先以交通网为基础构建封锁线，再依据封锁线，在其内部设立"梅花桩"，从而以这样一个个棋盘式的小块来压缩新四军的活动范围。

同是"围剿"，日本人比当年的国民党军队可狡猾毒辣多了，要战胜这样的对手，只有一个办法：

你比他更聪明、更威猛！

第二支队司令部设在小丹阳，日军就在周边拉起封锁线，对第二支队实行压迫和围困。这条封锁线上有一个"大梅花桩"，它在日军盘踞的战略基点芜湖附近，是一座古镇，叫官陡门。

从根据地前往官陡门，必须经过100余里的河网地带，中间各条河沟纵横交叉，深不可涉。在这百余里的河网地带，还有星罗棋布的其他"小梅花桩"，能威胁或截断进攻部队的归路。

官陡门是整个封锁线的中心,纵然新四军能逼近官陡门,日军也能立刻予以援救:半个小时之内,各个"小梅花桩"的增援部队可完全到达官陡门;不用两分钟,飞机便能飞到官陡门上空,对地面部队进行低空轰炸和扫射;官陡门未超出芜湖日军炮兵的射程,只要接到呼救信号,炮兵就可实施火力支援。

正因为如此,官陡门被日军认为是安全系数最高、完全可以高枕无忧的据点。

对手认为最安全的地方,往往正是军事上可以出奇制胜的所在,在对敌情和地形进行侦察后,粟裕果断决定拔除这根"大梅花桩"。

官陡门的硬件似乎不差,它的不足在于守兵不济。

从新四军的实际情况出发,粟裕非常强调打弱敌,这也是他自红军时期就形成的一个经验。他还为此打了一个比方:假如敌人是一只螃蟹,弱敌就是螃蟹的软肚皮,打螃蟹要先捅这个。

日军难打,从一般士兵的技术动作,再到军官的指挥,都具备较高水准,同时日军还有一个特点,就是防御时十分顽强,死不缴枪。

如果驻扎官陡门的全是鬼子,粟裕就要三思而后行了,但守在那里的是300多伪军,则另当别论。

伪军战斗力不强,易于崩溃,被新四军戏称为"豆腐军"。只要进袭过程中不被发现,能够确保速战速决,用粟裕的话来说,就是"鹰抓兔子",手到擒来。

粟裕铺开战争图卷,他写下的第一个字是"奇"。

自1939年1月中旬起,粟裕便在二支队展开了夜间动作训练,大练白刃战、河川战和街市战,不过为了起到奇袭效果,对具体要攻哪里并未透露。

大家只能私底下打哑谜。这个说:"究竟打什么地方啊?"

那个问:"打的到底是哪个呢?"还有人已经在担心:"只怕伪军预先逃走了,那才可惜……"

经过皖南整训和敌后长达半年的频繁游击作战,新四军主力部队的技战术能力已有一定提高,而神秘感则令官兵的求战欲望更加强烈。士兵每天都要自动将步枪擦上七八次,机枪手自己买来生发油,防止机枪在给敌军"点名"时意外卡壳。

1939年1月18日晨,粟裕率二支队第三团离开根据地,冒着寒风冷雨,对官陡门进行长途奔袭。

一个早上走了50里路，到达第一个预定地点时，粟裕传令下午哪儿也不去，就地住宿，并且除少数工作人员外，一律不得外出。

1月19日，原地停留，直到他掐着表，看着到了预定时间，部队才偷偷上船。

晚上9点，弃船翻过堤埂，改乘另一只预先准备好的船。这几只船原先都是用来装肥料的，没有人会注意。

晚上12点，到达第二个预定地点，部队进行隐蔽集结。

曲曲弯弯，绕来绕去，差不多连自己人都已经晕头转向，而这一切对粟裕来说却是太熟悉了，三年游击战时期，那是他的必备功课，每天想的不是要多走多少路，而是如何把追敌给彻底绕晕。

不过那时候是用来摆脱追敌，如今则要用来锁定据点。

1939年1月20日晨，粟裕仍没有宣布作战地点，只是继续做政治鼓动，午饭以后，他的命令是：睡午觉！

在安排士兵睡午觉的同时，粟裕召集排以上干部开会，将作战任务逐一分配下去。

吃过晚饭，粟裕避开当地百姓，召集全军讲话。他察觉到，官兵的情绪已非常亢奋，较之18日清晨出发时，有过之而无不及。

这正是他需要的状态。

粟裕当场宣布了进攻官陡门的决定。在接下来的准备工作中，有人已经在议论："打伪军好像打豆腐，喝米汤一样，别的不怕，就怕他预先逃走……"

晚上5点，三团向官陡门进发。

前面都是围绕一个奇字做文章，从现在开始，粟裕要写第二个字了，这个字是"快"！

三团的出发地点距离官陡门还有70余里，再往前去，很难再保守秘密，他们必须一夜间赶到。

走的时候天还没有黑，以后天色慢慢暗下来，能看见的，只是自己前面的那个人。耳边，除了刷刷的脚步声和远处间或的犬吠声，什么都听不到。

晚上8点，距官陡门还有40里。

现在部队行进在两个敌据点的中心线上，这两个据点可能会截断三团的唯一归路。粟裕按计划派后卫部队逼近两据点，以掩护归路的安全，其余部队则继续前进。

晚上10点，三团被一条河挡住去路。找船，共找到一大一小两只船，小船仅能装3个人，大船最多也只能装十来个，更为棘手的是，小船上没有划船工具。

蛇之七寸

粟裕估算了一下，要按目前的方式渡完整支部队，得花费4个小时，而距离官陡门还有30多里，又要摆渡，等战斗打响，天也亮了。

天一亮，攻击难度势必加大。

必须抢时间。粟裕一边对河对岸进行警戒和封锁，一边把部队中预先选好的一批水手喊出来，让他们帮助大船的船老大划船，以加快渡河速度。至于小船，则用绳索连起来，直接从两岸拖。

部队上下船仓时，粟裕安排了专人招呼，以防止滑倒耽误时间。这样，依靠两条"快速水道"，三团终于在两个半小时之内得以全部过河。

一上岸，部队争分夺秒，急速行军，速度比平常加快了1/3。

1939年1月21日，凌晨2点，距离官陡门20多里。

又被一条河拦住了去路。

三团面临着两个选择，一是坐渡船，但是不知道船是否已被敌军封锁，还能不能找到；二是绕着走，必须多绕十里路，而且要从一个叫头道桥的敌据点的眼皮子底下经过。

前者估不准时间，后者能估算时间，反正左右是那十里路，但风险无疑要大上许多。

粟裕略一沉吟，便决定绕着走。他命令部队跑步前进，"走快点，冲猛些"，这样即使被头道桥发现也不要紧。

话虽是这样说，粟裕自己心里其实也很紧张，因为部队的绕行路线距头道桥不过两三里路，一旦被敌军发现，用电话通告各处，事情就不好办了。

队列中响起急促的呼吸声和脚步声，地上虽然铺满霜雪，又刮着寒风，但大家

第三章 偏向虎山行

仍跑得一身的汗。

就在跑步前进的过程中，粟裕还担心附近敌军会不会从哪里跑出来挡道，以致影响行军速度，他甚至在心里念叨起来："地球转慢一点吧，不要过早天亮才好。"

4个小时后，三团绕过头道桥急进，到达了距官陡门仅3里的地方，这时粟裕的一颗心才落了地。

官陡门据点本身也极其险要，它以河相隔，分东西两岸，两岸街道全建在高高的堤埂上，可以瞰制四周的河网与水田。在据点周围，设置了3道铁丝网和其他障碍物，铁丝网以内还筑有隐蔽战壕。

粟裕分兵两路，自率主力攻西岸，等西岸打响后，东岸部队再行攻击。

部队沿堤埂的倾斜面前进，一里，半里，粟裕命令："停止！"

大家全都蹲下来，队伍一片肃静，静到连呼吸声都低了下来。粟裕派突击队匍匐前行，第二梯队官兵则在背后慢慢跟进。

当突击队接近铁丝网时，正要拉开障碍，警报器响了，伪军哨兵叫道："哪个？"

开火，枪声过处，哨兵被打成了马蜂窝。

哨兵后面约10米的地方，有一座掩蔽所，里面全是伪军，但还没等伪军们反应过来，弹幕便从头罩下。

突击队的"花机关"（一种国产的手提冲锋枪）、轻机枪、驳壳枪同时连发，手榴弹也不停地甩过来。就像是爆竹店里失了火，所有枪声都混杂在一起，听不出明显段落，只有手榴弹的爆炸声能清晰分出个数，知道甩了多少手榴弹过去。

掩蔽所里的伪军，动作快的，钻出来就成了肉泥，洞门被尸体堵住，动作慢的便永远出不来了。

不到一分钟，3层铁丝网被全部冲破，并能听到东岸的机关枪声音，表明东岸部队也开始实施攻击。

突击队和第二梯队全都涌入街口，这时伪军已死伤一片，枪扔得满街都是。新四军装备落后，一般情况下见到枪支就"眼红"，但这次第二梯队对地下的枪支看都不看，就往河边冲去。

在官陡门两岸之间，只有一座宽约一米的小板桥贯通，分配作战任务时，粟裕对西岸部队有言在先：进入官陡门，必须第一个抢占小板桥，抢不到要受处分。

第二梯队到河边，抢的就是那座小板桥。

夺得板桥，第二梯队冲到河东，直接杀入东岸的伪军司令部，协助东岸部队解决了战斗。

奇袭官陡门，从开始攻击到战斗结束，只用了 8 分钟，加上清扫战场，也不过花了 20 分钟。当日军援兵和飞机闻讯赶到时，三团早已撤出官陡门。

战后初步统计，共歼灭伪军 200 余人，活捉 57 人，仅伪军司令一人因在芜湖未归而侥幸漏网。三团方面，只有一名卫生员和司号员负伤，人员方面基本没有损失。此外，缴获到的机步枪、手榴弹、子弹很多，去掉消耗掉的弹药还有很大盈余。

在官陡门之战中，粟裕虽然只是牛刀小试，但其谋划之精，出兵之奇，行动之快，用时之短，都堪称突袭战的经典范例，在这场战斗中，甚至可以依稀见到史书中"李愬雪夜取蔡州"的影子。

"梅花桩战术"的要害在"梅花桩"，这是蛇之七寸，一旦"梅花桩"被拔，日军的封锁线就没法咬人，新四军则可进可出，自由穿插。

粟裕在三战区的名气越来越大，顾祝同因此专门派人请粟裕去教授游击战课程。

粟裕在台上连续讲了几个小时，下面的将领都听得出了神。一名川军师长说："粟司令，我以前还有点瞧不起你们共产党军队，今天听了报告，才知道你们打仗的水平高。"

渐露峥嵘

"梅花桩"是死的，人是活的，还是难以困住新四军。

1939 年 1 月 19 日，为部分缓解江南兵力不足的问题，东京方面将新组成的 3 个独立混成旅团调至苏浙皖，日军机动兵力得到增强，也有能力出动部队进行较长期的扫荡战。

相比于伪军，日军可不是"豆腐"，没那么容易入口，跟他们打交道，自身一定得有两下子。

挺进江南初期，因为环境限制，粟裕主要是采用"以赛代练"的方式，通过实战来练兵。条件允许之后，他开始组建训练队，经常从前线抽出一两个连，来司令部进行一两个月的军事轮训，以此提高二支队的作战能力。

1939年4月10日，日军集中千余兵力，分三路向二支队驻地狸头桥发动进攻。

这是在实行军事轮训制后，二支队所面对的一次较大规模扫荡。粟裕的最初设想，仍是"敌进我进"，从内线跳到外线后，集中兵力消灭或杀伤其一路。

"敌进我进"不是盲目的进，必须知己知彼，知道往哪里进才行，但因为情况突然，在返回的侦察情报上，日军的兵力部署和各路的行动方向说的都不是很清楚。

粟裕于是临时将"进"改为"退"。主力撤退，只留两个连就地进行阻击。

阻击部队首先与第一路日军交火，前后打了5个小时，在确保主力已经安全转移的情况下，粟裕命令阻击部队也撤出阵地。

当天下午，第一路日军占领了狸头桥以西的红杨树，到了晚上，其余两路日军与之会合，在红杨树宿营。

了解了日军的虚实，粟裕随即派部队发动夜袭。红杨树的日军虽有千余，但不熟悉地形，又是在晚上，不敢到处乱跑，只能依托房屋应战。

这次夜袭战，日军被打死打伤70多人，很是受了一番惊吓。第二天早晨便各回各家，撤回了原有防地。

与日军的角力，最能修补自身不足。在实战中，粟裕感觉到光一般性轮训还不行，部队中的连营干部太少了，有的连里竟然只有一个连长在主持。

俗话说得好，"千军易得，一将难求"，没有可用的战将是个大问题。1939年5月，继训练队之后，粟裕又在二支队组建了教导队。

教导队的训练以半年为期，学员至少是班、排长，粟裕亲自审定名单，特别强调"三不要"：体弱多病的不要，表现不好的不要，没有培养前途的不要。

1939年8月，新四军军部决定将第一、二支队予以合并，组建江南指挥部。月底，受军部指派，粟裕负责前往茅山地区组建江南指挥部，去的时候他别的部队都没带，只带了一个教导队。

11月7日，江南指挥部正式成立于溧阳县水西村，陈毅任指挥，粟裕任副指挥，从此成为陈毅身边不可或缺的军事助手。

江南指挥部领导的主力部队及地方武装共计14000余人。江南指挥部成立的第二天，主力部队即在丹阳贺甲村全歼日军一个加强中队，击毙日军中队长以下168人，生俘3人。这就是新四军战史中有名的"贺甲村之战"（又称延陵大捷），此役开创了江南敌后歼灭日军的新纪录，受到延安总部的通报表彰。

延陵大捷是新四军渐露峥嵘的一个标志，仅以第二支队为例，挺进江南不过一年，已经由原来的1700余人发展到6000余人。陈毅有一次做过统计，在一个独立团中，除少数游击战争时期的老兵外，绝大多数是后来参军入伍的江南人。陈毅说"江南人举手"，下面仿佛升起了一座浓密的竹林。

龙如果有飞腾的迹象，它一定会嫌池子太小。

第三战区给新四军划定的"防区"，是一个最长距离不超过30公里的沿江狭长地带，陈毅、粟裕自然不肯困守一隅，他们都一再冲出"防区"，向外延伸扩展。

往东，已接近上海西郊，到了极限，剩下来就只有往北发展。

与东进不同，南北毕竟隔一条江，若要跨江北上，不能没有一个合适的理由。

在陈、粟没有预料的情况下，这个理由突然不期而至。

第四章 / 大海从鱼跃

早在江南指挥部成立前,陈毅曾以一支队司令员的身份,四方拜"神仙",泰州李明扬就是他拜过的"神仙"之一。

李明扬是老同盟会员,论资格,比蒋介石还老,但他混得实在不好,直到抗战开始,才靠桂系支持,弄了一个游击总指挥部的番号,李明扬自任总指挥,他的老部下李长江任副总指挥,二人合称"泰州二李"。

1939年11月11日,李明扬托人给陈毅捎来了一封亲笔信。信上说,他通过老乡关系,从三战区搞到10万发子弹,但是要自己去取,考虑到途中要通过日军控制的重重封锁线,危险性很大,就想找新四军帮忙。

陈毅拿着信去找粟裕商量。粟裕的眼睛亮了,帮啊,这个忙怎么能不帮。

粟裕从二支队中抽出力量,以押送弹药的名义渡江北上,这就是后来的苏皖支队。此后,陈、粟又派叶飞率挺进纵队北渡长江,两支新四军部队在苏北形成掎角之势。

虽然是合作抗日,但是国民党没少惦记着新四军,陈、粟的动向很快就引起了国民党方面的疑虑。顾祝同在一次内部讲话中说:"陈、粟是一群海滨之鱼,稍纵即逝,如果任它们自由游泳,前景是很危险的。"

有人提出,韩德勤是江苏省主席,是否可由他来限制陈、粟。顾祝同听闻后苦笑了一声:"韩德勤现在苏北,他连苏北的治安都管不了,还能顾及江南吗?"

顾祝同要重新找一个他认为可与陈、粟匹敌的人选。

图穷匕首现

冷欣,顾祝同的苏北老乡,毕业于黄埔第一期,在黄埔将领中以骁勇善战著称。武汉会战中,冷欣曾亲率敢死队出击,在鄱阳湖边与日军突击队大打白刃战,

300个鬼子被他及其敢死队捅掉100个，剩下的鬼子被逼得无路可走，全都扑通扑通跳了湖。

冷欣不光是一个血性之将，还文武全才，尤其对史学有专攻，他同文人在一起谈古论今，别人都插不上嘴。

顾祝同任命冷欣为江南行署主任，让他一身兼两任：一边从事敌后抗战，一边监督陈、粟，以限制苏南新四军的发展。

冷欣到江南后，也将自己的行署和总指挥部设在溧阳乡下的一座小村子里，与陈、粟的江南指挥部来了个背靠背。

上任之初，冷欣立足未稳，对陈、粟只能采取守势。

韩德勤在苏北感到手下人员不够用，再三打电话给蒋介石，请求派一批青年军官去苏北。蒋介石就从西安军官学校拨来五十个江苏籍毕业生，由重庆送到位于江西上饶的三战区司令部。

可这批人怎么送到苏北呢？顾祝同把活交给了冷欣，让他负责"护送过江，保证安全"。

冷欣对当地情况还不熟悉，只好把沿江各县的县长、县党部的人找来，问他们能否胜任。这些人或与新四军有联系，或不愿承担责任，都来了个一推六二五，说实在干不了。

冷欣的幕僚建议："不是说新四军有一些部队过江了吗，要不就请他们帮个忙？"

冷欣于是把陈、粟请到指挥部。一听要送人过江，陈、粟一口拒绝：鬼子封着江呢，你以为送个人这么容易。

冷欣急着要把这道难题推出去，再三再四地说好话，陈、粟实在拗他不过，这才勉强答应下来。

商定后，冷欣便把这些毕业生送到江南指挥部，准备等机会过江。

过了一个月，新四军果真一个不少地把人全都送到了苏北，但是过了不久，顾祝同却给冷欣转来一封很长的电报，电报是韩德勤发来的，从头到尾把冷欣骂了个狗血淋头。

冷欣莫名其妙，再看下去，才知道那些毕业生虽然在江南指挥部才待了一个月，但耳濡目染，到苏北的时候已经成了一个个"拥共分子"。

韩德勤对冷欣说，我让你给我护送一批纯正青年，你怎么把他们送去给共产党训练了？

读了这封电文，冷欣火冒三丈，他对陈、粟及新四军的厉害之处也有了切身体会。

冷欣当然不是无能之辈。到任不到半年，他已将江南3大行政区和26县的人事全部做了安排，重新成立各县县政府、县党部，并建立了保安队。

作为军人，冷欣懂得枪杆子的重要性。上任时，他就从后方带来了一批正规部队，这些部队与地方武装结合，编为江南挺进军。

在冷欣自认为站稳脚跟后，逐渐转守为攻，他所掌握的县保安队与新四军不断发生"摩擦"，江南分裂趋势越来越严重，甚至于有人说，江南地区的"摩擦"比任何地方都尖锐，只有十年内战才能拿来相比。

粟裕不得不准备好对日、顽（指与共产党敌对的国民党军队）的两副矛和盾。在原第二支队教导队的基础上，他又建立了江南指挥部教导队，每天亲自督促训练，以备不时之需。

某次射击训练，几个青年学员自认为已达到要求，便悄悄地趴在地上聊起天来。粟裕发现后，也没有训斥，而是一声不吭地从口袋里掏出一枚铜元，放在一名学员的枪上，并下达口令："击发！"

学员扣动扳机，枪身一震动，铜元应声落地。

粟裕拿过枪，一个卧姿趴下，同样在放好铜元的情况下完成击发动作，几次击发，铜元纹丝不动。

粟裕放下枪，走了。

除了口令，一句话都没有说，但是教导队的人都被震动了。

1940年4月16日，苏南新四军主力部队的各级指挥员在江南指挥部集中整训，由粟裕授课。就在这次授课中，粟裕提出了"组织战斗"的理论。

古人作战，兵对兵，将对将，主将在单挑中落马，几万、几十万人马也就败了。现在不同了，兵种复杂，武器精良，线式的战争已发展为面和立体的战争，主将也不能再凭借一夫之勇，而必须善于对部队进行周密的组织部署，这就是粟裕所称的

"组织战斗"。

"组织战斗"的前提,就是冷欣逼得太紧,最后必然是图穷匕见,粟裕直截了当地对指挥员们说:"可能不久以后,我们就要打更大规模的仗!"

这只是准备,因为粟裕知道,此时的部队还打不了大仗。

早在红军时期,粟裕就积累了许多组织大兵团作战的经验。他认为,一支部队要打大仗,至少得具备一天之内连续打三仗、击垮三路敌军的能力,而从目前新四军的编制状况来看,每个步兵连都不满员,一个连才三四十个兵,多的也才五六十个,几仗下来,连长就变成班长,没法再打了。

打大仗,不像打小仗那样,打得了就打,打不了就走。这么多人,如果打得不好,临时想走是走不脱的。

粟裕的计划是,在几个月内,再扩军1万,就可以保证每个连有120人,一天打三仗就没有什么问题了。

然而能不能争取到几个月,还得看冷欣的脸色。

一叶渡江

在江南指挥部高层,陈、粟是默契程度很高的完美搭档。陈毅口舌如簧,会讲,主外;粟裕能征善战,会打,主内。

1940年4月中旬,陈毅主动打破僵局,致电冷欣,请冷欣派大员来新四军指导抗战。

冷欣也很清楚,指导云云,不过是表面话,实质还是陈、粟想借此缓和彼此间的紧张关系,于是就派去了自己的一位亲信幕僚。

这是一次试探性质的会面。幕僚带去了冷欣的原话:"冷副总指挥(冷欣兼任第一游击区副总指挥)说,陈毅可算是一位当代英雄,你的历史、才智、战功,都不在叶、项(叶挺、项英)之下,只要态度再表示积极一些,担任一个军长是容易的……"

这种迷魂汤当然灌不了陈、粟。陈毅哈哈一乐:"我在赣南3年,命都不要了,到现在连家室都没有,哪里会去想什么升官发财。"

陈、粟的要求很简单:"我们希望的是江南大团结,不是七国争雄,更不是摆鸿门宴。"

10天之后,冷欣本人应邀再次做客江南指挥部。经过这两次会谈,总算使原先面对面尖锐对立的形势缓和下来。

这种缓和当然还是暂时的,粟裕要么不扩军,一扩军必然惊动冷欣,最后缓和还是会变成紧张。

在酝酿扩兵备战的同时,陈、粟就做了两手准备,他们建议皖南新四军军部及其主力东移苏南,使皖南、苏南的新四军合二为一,这样将可以在对顽之战中占据优势。

为了迎接军部东移,粟裕亲率战地服务团前往冷欣的指挥部驻地,以汇报和"慰问"为名进行实地侦察。

粟裕将作战参谋化装成随行卫士,在他向冷欣汇报时,这名参谋就利用挂地图的机会,观察墙上的冷欣部队部署图,用脑子强记下来。

粟裕在冷欣那里住了3天。在这3天里,他和参谋每天早晨都会出来跑步,每天各跑一个方向,回来后就把看到和了解到的情况悄悄绘制成图。

粟裕为人心细,他对字纸篓和厕所里的纸片也没放过,特别嘱咐参谋要注意收集。最后发现的一份江南挺进军南调茅山的草图,就是参谋从厕所里找到的。

回到江南指挥部,粟裕根据实地侦察的情况,很快拟订了一份作战计划。根据这份计划,冷欣一旦在苏南对新四军发起进攻,他只要用两个加强团,就可以把冷欣的指挥部给端掉。

粟裕同时还派出侦察组,为军部东移勘察选择了一个合适路线。他算了一下,从皖南军部到江南指挥部,仅需80~150公里路程,互相对进,一个昼夜便可接应上。

可是粟裕的工夫白做了,新四军军部的想法是"向浙闽发展",不愿东移苏南。

这时江南指挥部已经可以与延安总部直接通电,不用再受皖南军部的约束和限制。1940年5月4日,毛泽东起草了一份极为重要的指示,即"五四指示"。在这份指示中,他明确对新四军军部的负责人项英提出严厉批评,陈、粟的主张得到了中央支持。

项英方面还是没有动静。

形势危如累卵。陈、粟每天晚上商讨到深夜，粟裕告诉陈毅，必须跨江北上，否则苏南新四军势必陷入冷欣的包围之中，后果不堪设想。

陈毅表示认同："滞留江南就好像伴着老虎睡觉，总不免要给老虎吃掉的。"

另一方面，冷欣可不好忽悠。陈、粟敷衍他，他其实也在敷衍陈、粟，双方各自都有算盘，冷欣的算盘是乘其不备，来个一网打尽。

粟裕要扩军，他来了个直接增兵。经顾祝同协调，他从三战区调来3个正规野战师，配合江南挺进军，从溧阳的东、西、南三面对江南指挥部形成了合围之势。

陈毅给冷欣的幕僚班子连发两封急电，要求从中协调解决事态，但都遭到了冷欣的拒绝。

1940年6月15日，陈、粟急电延安及皖南，提出目前只有两种脱困途径，一是集中新四军的全部兵力在苏南打冷欣；二是集中在苏北打韩德勤，否则的话将受到严重损失。

为了"不给老虎吃掉"，粟裕率部离开水西村，亲自到茅山地区进行扩军，做好了北渡的准备。

冷欣始终紧盯粟裕的动静，粟裕一挪步，他连夜调兵赶来堵截，实行二度合围。

1940年6月18日，在无法摆脱追击的情况下，粟裕在茅山脚下亲自指挥与冷欣作战。双方进行了几次袭击战和遭遇战，不过伤亡都不大，实际上也都没往死里打，冷欣的正规师配有火炮，但炮一次也没开过。

苏南尚未脱离困境，苏北又响起警报。

日伪军对挺进纵队的驻地吴家桥实施了"扫荡"，吴家桥地区狭小，没有回旋余地，挺进纵队力量也不足，叶飞遂率部转移到了泰州西北的郭村。

郭村距泰州仅六七公里，泰州"二李"又疑又惧，正好韩德勤也向他们下达了武力驱逐新四军的命令。1940年6月25日，"二李"由李长江出面做恶人，向叶飞发出最后通牒，限其在3天内撤出郭村。

陈、粟经过紧急商议，决定由陈毅先行北上，处理苏北事端，粟裕组织部队随后跟进。

1940年6月28日夜，陈毅戴上礼帽，打扮成商人模样，轻装简从，"一叶渡江"，但这时郭村战斗已经提前爆发。

"二李"拥兵近两万，远远超过挺进纵队，即便把陈毅急调的苏皖支队加一起，还是没有取胜把握，更何况苏皖支队尚在皖东，赶到郭村需要时间。

陈毅只好退至长江中的新老洲，他让人带信给粟裕："速派主力部队，克服一切困难，渡江支援。"

陈毅焦灼的心情跃然纸上，如果新四军在郭村落败或被消灭，以后要再想在苏北站住脚就难了。

粟裕加快了北渡进程，可是这么多人马要想突破日军的封锁线北上，并非易事，何况还得把冷欣这个"尾巴"给甩掉。

狼总是要吃人的

郭村战斗本身极富戏剧性，可谓一波数折。

第一回合，李长江占优，一度攻入郭村。

第二回合，苏皖支队日夜兼程400里，赶到郭村分担防务，使战局得到初步缓和，但新四军加起来才3个团，而李长江部队多达13个团。

第三回合，预定增援的淮北八路军、皖东新四军和粟裕的苏南新四军主力均无法如期到达，挺进纵队和苏皖支队不得不独立支撑。

第四回合，李长江以密集炮火轰击郭村，进占外围村庄，看上去已胜利在望。

第五回合，潜伏在李长江部队的地下党员发动起义，反戈一击，新四军转守为攻，李长江傻眼了……

1940年7月8日，粟裕率江南指挥部渡过长江，这时郭村战斗早就以"二李"认输服软了局。

粟裕一过长江，便应了"大海从鱼跃，天高任鸟飞"那句话，华中广阔的疆场将任其纵横驰骋。

1940年7月12日，江南指挥部改称苏北指挥部，仍由陈毅、粟裕分任正副指挥，所辖部队编为3个纵队9个团，共7000余人。

新四军所驻的吴家桥原为"二李"范围，地区狭小，发展空间不大，陈、粟决定东进黄桥。

黄桥镇位于泰州西南，背靠长江，以黄桥建立根据地，便于控制长江通道，与留在江南的新四军相呼应。

1940年7月25日，粟裕以远道奔袭的方式，率部直指黄桥。

对粟裕北渡，冷欣当然是松了口气，认为正是他把陈、粟给"打过长江"去的，可他这么一"打"，把韩德勤给急坏了。

韩德勤与顾祝同不仅是苏北同乡，而且从陆军小学开始，一直到保定军校，均为同期同科同学。由于长期相处，两人的关系已经好到了能同穿一条裤子的程度，甚至于连生活习惯都基本相同。

早在从保定军校毕业时，他们就相互约定，今后不管谁发达了，都要拉对方一把。后来果然是这样，顾祝同首先仕途得意，就一直拉扯着韩德勤往前进，韩德勤能官至江苏省主席，皆得力于他这位昔日的老同学。

顾、韩对彼此的状况都很了解，顾祝同说韩德勤连苏北的治安都管不了，还真是句大实话。韩德勤名为一省主席，实际控制区不过苏北6个县，那才是他的地盘。现在新四军从江南"流窜"苏北，侵入了他的地盘，韩德勤当然不爽。他向顾祝同告状，痛骂冷欣部署无方，围了半天，还是让新四军全部过江了，真够无能。

冷欣则反驳说，围击陈、粟，本来就不光是他的事，必须得南北夹击，结果他这里攻击了，韩德勤在江北却不做准备，以至于新四军过江如入无人之境——"是你自己篱笆扎不紧，还怪我？"

韩德勤在军界混不过顾祝同，不能说是无缘无故，他这个人除了喜欢怪你怪他，就不知道自己究竟该干点儿什么。

"二李"在郭村战斗中吃了亏，向韩德勤报告，希望能予以支援，没想到韩德勤不但不支援，还说"二李"落败乃咎由自取——"你们战前为什么不把作战计划给我审一审？当初为什么放新四军过江？……"

都挺有道理，但说着说着，把"二李"的心都说灰了：那我们以后还是坐着看着吧，何必再做损耗自身实力的傻事呢。

粟裕打黄桥，沿途必须经过泰州，这次"二李"学乖了，韩德勤命令他们派部队阻截新四军，他们却按照与粟裕的事先约定，来了个朝天鸣枪，做戏给韩德勤看，而粟裕则佯装夺路而过。

驻黄桥镇的省保安第四旅平时就只能跟老百姓收收税，混混日子，当新四军攻进来时，身为旅长的何克谦竟然还在打麻将，惊慌失措之下，他连旅部都没回便落荒而逃。

粟裕进占黄桥，并建立以黄桥为中心的大根据地，对韩德勤来说是一个莫大威胁，但韩德勤的主力远在北面的兴化，一时鞭长莫及，只得以高姿态与陈、粟达成协议，即韩不南下，粟也不再北进。

韩德勤会一直遵守这份协议吗？怎么可能！

"狼总是要吃人的"，粟裕在苏南与冷欣打过交道，深知这不过是缓兵之计，韩德勤一定在暗中调集兵力，部署进攻。

假如真的刀兵相见，被冷欣围攻的那一幕可能再次出现。

在苏北的军事力量排行榜上，日军自然排在第一；其次便是韩德勤，仅仅韩德勤的嫡系部队，便数倍于新四军。

延安总部起初也认为，苏北新四军恐怕难敌韩德勤，因此计划让黄克诚率领八路军第五纵队南下增援，并为此警告韩德勤："韩不攻陈（指陈毅），黄（指黄克诚）不攻韩；韩若攻陈，黄必攻韩。"

八路军能远道增援，固然是好，但粟裕计算了一下，判断韩德勤在半个月内便能完成整体部署，如果八路军不能在这半个月内赶到，那该怎么办？

万不得已，只能独自把狼给干掉！

做减法

能不能把狼干掉，既取决于猎手，也取决于狼。

在苏南时，冷欣坐拥3个正规师，还有火炮，粟裕无法与之硬碰硬，这是显而易见的，韩德勤则不同，他一眼看出，韩部除数量占优外，其他方面也有很多不如新四军的地方，他完全可以集中兵力打大仗，同时也具备了取胜的一线希望。

苏北指挥部原先在扬州地区部署了部队，用以与新四军淮南第五支队联络，并在必要的时候接应五支队东渡运河，但同样考虑到五支队未必能赶来参战，为集中兵力，粟裕果断地将这些部队全部东移至黄桥附近。

如同粟裕所预料的那样，韩德勤没歇着，这头狼正在磨砺着自己的牙齿。

粟裕只是判断自己有取胜的可能，韩德勤则是根本没把粟裕和新四军放在眼里。在他看来，新四军在苏北的兵力为数不多，装备差，又立足未稳，之所以还能接连打下郭村、黄桥等重镇，不是新四军的水平有多高，而是苏北诸侯太过不济。

败于郭村，是"二李"的部队烂；而丢掉黄桥，就更好解释了，守黄桥的保安第四旅不仅烂，而且旅长何克谦还不是军人出身，完全不懂打仗。

韩德勤准备动用嫡系的第八十九军和独立第六旅作战。

这两支部队最早也是由江苏保安团升级改编而成，但因改编的时间比较早，无论是官兵的军事素质还是武器装备，都强于一般的地方武装，向有"苏北王牌军"之称。

除了拥有"王牌军"这张牌外，韩德勤还给自己归纳了地利、人和两个优势。

韩德勤过去参加过对中央苏区的"围剿"，不过悲摧的是，他的部队被红军全歼了，他本人也从师长被降为副师长。韩德勤不是不知道共产党部队的厉害，但他认为现在情况不一样了。

抗战前，是在江西的群山峡谷中"围剿"，那是红军的地盘，红军躲在峡谷里，你找他不见，他想打你哪里就打你哪里，同时因远离大本营，给养送不上去，也始终是让"围剿"部队头大的一件事。

苏北是他韩德勤的地盘，此处有的不是令人恐惧的群山峡谷，而是广阔平原，新四军能躲哪里去？至于给养，身在鱼米之乡，完全可以不用操这个心。

这是韩德勤所谓的地利之助。

他还给自己算上了人和之利：韩某身为苏北军政之首，所属军政人员又多为本土人士，不是乡亲，便是故旧。

韩德勤没有马上扑向黄桥，是因为他在坐等"天时、地利、人和"中的第一要素——天时。

最好的作战时间，韩德勤把它设定为9~10月间，那个时候秋高气爽、兵壮马肥，要么不出手，一出手新四军必然是不堪一击。

1940年9月3日，韩德勤准备就绪，调集人马向黄桥方面运动。

粟裕要集中兵力，韩德勤同样想到了这一点。事前他诱捕了不战而逃、丢弃黄桥的何克谦，又扣押一名有亲近新四军嫌疑的保安旅旅长，以此杀鸡儆猴，从而把"二李"等动摇不定的苏北诸侯也都拖上了同一辆战车。

另一个对粟裕极为不利的消息是，韩德勤利用洪水暴涨之机，将老黄河渡口的船只焚烧殆尽，同时加强了对老黄河、运河等水道的封锁，预定增援的八路军第五纵队、新四军淮南第五支队等部均被拖住，无法如期到达。

北渡之前，粟裕在提出"组织战斗"理论时，曾说："可能不久以后，我们就要打更大规模的仗！"如今，残酷的现实就在眼前。

迎战之前，粟裕先做了一道数学题，用减法。

韩部看上去浩浩荡荡，不过这只是表象，其右翼为"二李"、陈泰运，"二李"不用说了，陈泰运在新四军攻取黄桥时就挨过揍，后来陈、粟又做过他的工作，所以他的态度已经基本趋同于"二李"。

"二李一陈"基本上是出工不出力，这样右翼就可以减掉，只剩下左翼，左翼是韩德勤的主力，但总兵力不超过 7 个团。

把这道题做完，粟裕顿觉肩头一阵轻松。

先交点学费

负责指挥左翼的是第八十九军军长李守维。李守维毕业于黄埔第二期，他长期跟随韩德勤，包括当年"围剿"苏区时全军覆灭的一仗，此君也在其中，是韩德勤身边不可或缺的亲信大将。

从那道数学题的结果来看，要打韩部，主要是打左翼的李守维，陈、粟为此确定的战术是诱敌深入，即将李守维诱进来后予以分割围歼。

诱，大家都认同，关键是诱到一个怎样的程度。

1940 年 9 月 5 日，李守维对黄桥以北的古溪发起猛攻。古溪正好处于黄桥和曲塘中间，相距各 20 余里。

曲塘是韩部的后方营地，最初陈、粟的计划是，主动放弃古溪，后退十里，使李守维完全脱离后方再予以反击。

古溪有新四军的医院和修械所，如果再往后撤退 10 里，得搬一大堆坛坛罐罐，部队指挥员也不甘心就这样白白"挨打",有人求战心切,便向粟裕建议提前反击。

粟裕考虑了一下,觉得部队士气正高,这样做未尝不可。接着他又征询了3个纵队司令员的意见,这3个人没有一个反对,都嗷嗷叫,嚷着说出击有把握。

当天晚上,粟裕在古溪前发起反击。这是一个胜仗,李守维被歼灭了两个团,但缺点就是打得太早了些,给了对手退守曲塘的机会。

粟裕后来形容说,李守维是乌龟壳刚刚伸出一小截,一刀砍下去,没有砍到,给他缩回乌龟壳里面去了。

粟裕上一次指挥大兵团作战,还是五六年前的红军时期,他下面的指挥员,包括叶飞在内,连"打大仗"的场面都没经历过,确实得先交点学费。

不管怎么说,韩德勤苦头是吃了。接下来他改变了战术,将主力缩据水网地区暂不出击,只分兵进驻姜堰。

苏北素有"金姜堰,银曲塘"之说,姜堰四通八达,可控制运河粮道,此处一旦被韩德勤卡住,等于间接困死了黄桥。

粟裕要守黄桥,必夺姜堰。韩德勤派去镇守姜堰的是保安第九旅旅长张少华,张少华拥有6个团的兵力,他又依托姜堰南面的运盐河,构筑了以36个碉堡为核心的防御工事,并加装了电网。

张少华有6个团,粟裕的可用之兵仅有9个团,以9个团来对6个团进行攻坚,伤亡必定不小,这种不划算的买卖,很少在粟裕的考虑范围之内。

6个团太多了,能不能继续做一做减法?这次做减法的主角,粟裕希望是韩德勤本人。

他用了一招"调虎离山"之计,命令一个纵队佯攻海安,韩德勤果然中计,将姜堰驻军抽调到了海安。

张少华还有两个团,好打多了,不过要是一个个地打碉堡,36个呢,也挺费劲,粟裕为张少华量身订制了特异战术,取材于《西游记》,叫作"孙悟空钻铁扇公主的肚皮",也叫掏心战。

1940年9月13日,在夜色掩护下,粟裕组织敢死队悄悄涉水渡河。敢死队员人人手持一把马刀,或一把大铁剪,马刀和大铁剪的柄均用胶皮裹紧,用以砍剪电网。

破开电网后，敢死队避碉堡不攻，径直向姜堰街上冲去。张少华的指挥机关设在街上，他做梦也想不到敢死队会跳开先攻碉堡的程序，直接冲着他来，顿时阵脚大乱。

在指挥机关被端掉后，周围碉堡里的敌军也先后缴枪投降。

只有知己知彼，方能制定合适的战术。粟裕能把"钻铁扇公主的肚皮"这一招用到张少华身上，是因为他估计到张少华部队的战斗力不强，打巷战一打就垮。

换一个比较厉害的对手，比如日军，巷战能打，战斗力也极其强悍，你若是不打碉堡就冒冒失失地闯进去，就只能有去无回。

虽然两战两捷，但粟裕也掂出了韩德勤的分量，后者比他想象的要强大得多。

与张少华那样的杂牌部队不同，曾在古溪与新四军交战的韩德勤嫡系部队让粟裕刮目相看，其官兵的训练和军事技术比新四军还要好，相比之下，新四军却暴露出了新兵多、训练差的毛病。

古溪一战，新四军抓获了部分俘虏兵，在这些俘虏兵中，已有两三年作战经验的老兵很多，而在新四军里，有如此资历的老兵，都可以当连、排长了。

新四军在黄桥筑工事，一个纵队靠四五千群众帮忙，连干3天，筑出的工事还让粟裕不太满意，同样的活，韩德勤部队一晚上就能搞定。

古溪战前，新四军各纵队精神抖擞，求战欲望强烈，这也是粟裕同意提前出击的一个重要原因，但在经历两战后，参战部队已普遍非常疲劳，反观韩部，他们有汽艇，不像新四军全靠两条腿跑路，又有良好的通信联络，部队行动起来比较方便，不致过度疲劳。

若是立刻接着用兵，难操胜券，占领姜堰后，陈、粟十几次致函韩德勤，表明"只求救国有份，抗战有地"，又请韩国钧等苏北名士参加调停，但韩德勤不依不饶，回电一句话："只要新四军退出姜堰，一切均可商议，否则无谈判余地。"

韩德勤以为陈、粟必不会同意退出姜堰，他不过是拿这件事来将对方一军而已，出乎意料的是，陈、粟答应了。

退避三舍

"退避三舍"是一个很古老的中国故事，说的是春秋时楚晋两国发生战争，晋国国君晋文公履行诺言，令晋军避让楚军，后退"三舍"。一"舍"相当于现在的三十里，晋军退了"三舍"，也就是退了九十里。

晋文公因退避三舍而有君子之名，陈、粟退出千辛万苦才得来的姜堰同样得到喝彩。

苏北名士朱履先对陈毅说："如果你们退出姜堰，省韩（指韩德勤）还来进攻，则是欺人太甚，万分无理。"

陈、粟一退姜堰，尴尬之人便成了"省韩"。对还要不要再进攻黄桥，韩德勤已经有些犹豫，韩部的一些师旅长对继续作战也无把握，但偏偏李守维犟了起来。

他说："韩主席（韩德勤）主要管行政工作，军事上我要负责，决不能同新四军合作。我要同他们拼一拼！"

有人劝说，新四军到底有多少力量暂时还弄不清楚，但几仗下来，起码知道他们打仗是有一套的，你有多大把握和他们拼？

李守维的犟劲上来便收不住："我不管，成败在此一举，不成功，便成仁！"

在李守维的支持下，韩德勤复电陈、粟，让新四军继退出姜堰后，再退黄桥，直至开回江南。

连吃两次败仗，把姜堰都丢了，这"省韩"竟然还能吃着碗里，看着盘里，想着锅里，参与调停的人们闻知一片哗然，另一位苏北名士韩国钧怒骂韩德勤："小子无义，天必殛之！"

韩德勤迫使新四军退出姜堰，便以为对方好欺负，然而他想错了。

陈、粟退出姜堰，是走了一步以退为进的好棋。

姜堰两翼暴露，西边是"二李"，东边是陈泰运，北边是韩德勤，这三方势力要攻黄桥，随时可以从两翼的任何一个空隙南下。也就是说，掌握在新四军手里的姜堰其实是个"死镇"，它不仅对黄桥起不到应有的屏障作用，还会分黄桥之兵。

在"退避三舍"这个故事中，晋文公是绝对的男一号。从表面上看，他做出"退避三舍"之举，似乎仅仅是要通过践诺来树立个人形象，在政治上收获人心，但此举更深层的意义，其实还是要在军事上实行以退为进，后发制人。

在晋文公看来，"三舍"不过是可以用来换取更大筹码的棋子而已，他把"三舍"一送，楚军主帅便轻敌了，而这正是晋军在后面的战争中能赖以制胜的一个重要条件。

韩德勤和李守维并不比古代的楚军主帅聪明多少，李守维如果不是判断新四军已经怯战，在连战连败的情况下，他那"拼一拼"的劲头就不会如此之大。

陈、粟让出姜堰，可做的文章很多。

给部队争取到了20天的休整和备战时间，这个自不用说，除此之外，还可以换得一个好的筹码，叫作：分而治之。

姜堰不是给韩德勤的，陈、粟把它送给了"二李"、陈泰运（"二李一陈"）。

能轻轻松松地得到"金姜堰"，"二李一陈"自然是喜出望外，乐不可支，马上表示愿意在暗中再次恪守中立，而韩德勤则气急败坏，认为自己受到了愚弄。

1940年9月30日，新四军撤出姜堰，通知"二李一陈"前来接防，而就在同一天，韩德勤对新四军下达了"进剿令"。

这次"省韩"似乎真的气昏了头，他撤走了长江沿岸的所有船只，连退回江南的机会都不肯留给新四军了，只求"把新四军赶到长江里去喝水"。

这个结局，粟裕在占领姜堰那天就预料到了。他当时曾说："15天到20天内，顽军（韩部）将有大动作，这才是苏北命运的决战。"

决战意味着最后的时刻到来，不是你死，就是我亡。

棋输一着

1940年10月3日，韩德勤调集26个团约3万余人，由李守维统一指挥，分左、中、右三路会攻黄桥。韩德勤给李守维下了军令状，限其7天攻下黄桥，歼新四军主力于长江以北。

粟裕把主力都集中在黄桥，外围只有小股部队和游击队，一经战斗，即向两侧后退。李守维由此判断新四军兵力不足，他在电话中向韩德勤报告："新四军就是全部在黄桥也不过五六千人，弹药也少，打下黄桥不成问题。"

他说得没错，韩德勤有3万人，粟裕只有7000人，其中战斗兵如李守维所言，还不足5000人，连人家的1/5都不到，新四军即便是单独对付三路中的任何一路，都不占有优势。

面对大兵压境，有人建议出动一部分主力，先攻海安或向东发展，那样若是黄桥有失，还能找到别的落脚点，粟裕都一一摇头。

他哪儿也不去，就是要在黄桥与韩德勤、李守维死磕到底。

粟裕对官兵们说："黄桥北靠长江，退无可退，只能破釜沉舟，我们这一仗打成平手还不行，或者小胜都太可惜，非要打个干净彻底的歼灭战不可！"

当决战来临，双方都红了眼，那种要一口吞掉对手的心都是一样的迫切。

最早逼近黄桥的是韩德勤嫡系的两大主力之一，由李守维自任军长的第八十九军。

1940年10月3日中午，第八十九军对黄桥外围阵地实施炮击，外围前哨战随即正式打响。

粟裕用于防守黄桥正面的是第三纵队，该纵队的老底子是粟裕从江南带起来的第二支队，一向以作风顽强著称，善于防守，但人数不足2000，因此打得非常吃力。

截至10月4日下午两点，第八十九军已发起7次冲锋，一度冲到了黄桥东门。

几乎所有人都体会到了那种心跳加速的感觉，包括在后方调度的陈毅。

陈毅有一批珍贵的书籍文稿，他从皖南带到茅山，又从江南带到苏北，纵使事态再危险，都不肯舍弃，可是这时也从铁皮箱拿出来准备就地掩埋，显然已经做好了最坏的打算。

即便是这种时刻，坐镇黄桥指挥的粟裕都没有起过动用其余部队的丝毫念头。他以一句古人的警句作为自己的座右铭："泰山崩于前而色不变，麋鹿兴于左而目不瞬。"

黄桥周围全是旱地，高秆作物半割半留，既便于藏匿，又利于迂回突击，除了第三纵队，其他两个纵队都被粟裕隐藏在了这些旱地之中。

他在等待猎物，那个即将露面的独立第六旅。

红军时期粟裕指挥大兵团作战，一般都是集中兵力打歼灭战，在以多打少的同时，先选择打弱敌，现在要反过来，他必须以少胜多，自然就不能再循常规。

这一次粟裕要先打的，是强敌。

独立第六旅绝对配得上强敌这一称谓。它是苏北地区少见的中国精锐部队，旅长翁达毕业于黄埔第四期，其属下军官也多为正规军校生。全旅3000多人，装备清一色的中正式七九步枪，每个步兵连还配备 9 挺捷克式轻机枪。当时人们称翁旅为"梅兰芳式"部队，极言其装备之漂亮和人员之精干。

韩德勤的主力部队一般训练和军事技术都很好，之所以在实战中表现不佳，是因为自徐州会战结束后，这些部队已经很长时间没有打过仗。不打仗，枪和人都会生锈，加上部队又大多驻扎于城市，官兵渐渐忘记了什么叫作艰苦，战斗力自然就会不知不觉地削弱下来。

翁旅与之稍稍不同的是，他们跟日军的周旋次数相对多一些。在日军进攻兴化的战役中，该旅曾迂回敌后，击退日军，确保了兴化不失，为此，翁达曾被蒋介石称赞为"翁虎将军"。

粟裕知道，"二李一陈"的中立带有很多投机色彩，立场是动摇不定的，如果他首战能打掉韩德勤最厉害的这个旅，就能起到敲山震虎的效果，"二李一陈"及其他杂牌部队也就不敢再有所行动了。

"钓鱼"需要耐心，翁达迟迟不现身，粟裕也就始终不肯出手。

直到"浮漂"周围泛起了波纹。

李守维发起的第一次总攻失败后，翁达所率的独立第六旅也已从另一个方向逼近黄桥。

这个时候，"二李一陈"和几个保安旅都还落在后面。韩德勤于是致电李守维，指示于第二天拂晓发动全面进攻，以等待后续部队的到来。

李守维和翁达立功心切，一再向韩德勤强调，离天黑还早，以两部战斗力之强，若再发起一次总攻，拿下黄桥应不成问题，至于那些杂牌，战斗力既弱，打仗又不卖力，早来晚来似乎都没关系，等他们做甚。

两员主将既都如此慷慨，韩德勤也就没有打消他们激情的道理，于是同意开始第二轮总攻。

正是这个决定，让韩德勤过后悔之莫及。

黄鼠狼吃蛇

翁旅开始向黄桥北门前进，得到这一情报，粟裕立即离开指挥所，带着警卫员直奔北门而去。

粟裕技高一筹的地方，不是他没有失误，而是他能时时避免和纠正自己的失误。

古溪战斗，如果说有失误，就失误在出击过早，让对手"缩回了乌龟壳"，这是前车之鉴。打翁达面临着一个同样的问题，出击早了，只能打到他的头，击不中要害，晚了，他会与李守维形成合攻之势，同时在周围窥测动静的"二李一陈"甚至是土匪，都可能借机争着扑杀过来，到时黄桥将面临着一个被众豺分食的可怕局面。

侦察员报告，翁旅从高桥南下，前锋已进抵黄桥以北五六里处。

为了进一步搞清敌情，粟裕亲自登上北门的土城制高点，他看到在北面五六里处的大路上，有许多老百姓惊慌地向西南方向奔跑，由此判断翁旅前锋确已到达。

敏锐的直觉和精到的计算，是指挥者不可或缺的两大技能。粟裕用最短的时间心算了一下：翁旅采用一路行军纵队前进，他们有3000多人，假设两人之间的距离为一米半，将是一个长达八九里的长蛇阵。

翁旅的出发地是高桥，从高桥到黄桥，路程约15里，其前锋既然离黄桥只有5五里，那么后卫团一定也已离开高桥，也就是说，这个长蛇阵完全进入了新四军的伏击地段，此时出击，正好可以予以拦腰斩断。

决心已定，粟裕要通了陈毅的电话："敌人已经进入了我们的伏击圈，我看可以动手了。"

陈毅沉吟着："还是再等一等。"

粟裕坚持："不能再等了，再等就会错过时机！"

陈毅同意了："那就听你的。"

放下电话，陈毅即向伏击部队下达了攻击令。

对翁旅，陈毅采用的是"黄鼠狼吃蛇"战术，即多路突击，将翁旅咬成几段，分开来吃，并首先击其头部。

假如李守维、翁达不急于求成，等到第二天再攻，抑或者，"二李一陈"不存异心，快速前进，这一切原本不会发生，因为"二李一陈"等部原先的使命，就是为第八十九军和独立第六旅做侧翼掩护。

当翁达意识到这一切时，已经晚了。

翁达很有作战经验，在部队被截成几段后，他迅速将能控制的部队收缩到土墩和村庄固守，同时命令后卫团猛扑高桥，试图为全军打开退路。

这是粟裕预料得到的。

新四军一部早就从侧翼迂回至翁旅后方，一举占领了高桥，而后卫团很快也遭到包围，翁旅乱作一团。

按照粟裕的要求，对翁旅旅部的包围圈第一个缩紧，困守村庄的翁达下令架设电台，摇机员却连人带机不知去向。无奈之下，他只好让通信军官带着传令兵去找李守维求援。

1940年10月4日，晚上10点，李守维得到了翁旅被伏击的消息。

李守维久历戎行，与翁达一样有着处变不惊的决断能力。根据战场态势，他立即判断出，粟裕既把大量主力用在翁达方面，黄桥守军必少，正是乘势而攻的好时机。

李守维做出了一个看似反常的决定，他没有径直去援救翁达，而是连夜调整部署，向黄桥东门发起全力一击。

1940年10月5日拂晓，他把军部、师部、旅部的火炮全部集中起来，从各个距离和角度对黄桥进行轰击，第三纵队在东门所筑工事大部被毁，部队伤亡很大。

在猛烈炮火的掩护下，八十九军主力以营为单位实施集团冲锋，其前锋部队突进东门，手榴弹已经能甩到黄桥街头，形势变得十分危急。

粟裕的神经立刻紧绷起来。他的兵力实在太少，所以事先并没有准备预备队，城里只有一些后勤人员和伙夫可用。

对于大兵团作战来说，没有预备队很可怕，这也就意味着在情况危急的时候，你手中空空如也，没有一件可用于反击或保命的称手兵器。

李守维确实老到，在他和翁达都即将走上悬崖之前，他反过来又将对手逼入了死胡同——如果粟裕急调城外的一、二纵队回援，且不说围歼翁旅的计划可能功亏一篑，黄桥也未必就能保住。

望梅止渴

偶然因素在战争中起到的作用，往往会令人瞠目结舌。黄桥地下党的一位工作人员骑着自行车跑来向粟裕报告：江南部队增援来了。

这真是救星，不过作为救星的增援部队离黄桥还有 20 里，而且人不多，只有一个营，即老四团第三营，也就是当年粟裕带到皖南参加整编的游击总队。

老部队给粟裕带来了灵感，他急中生智，赶到东门附近，在激烈的对射中振臂高呼："江南来了几个团增援我们！"

这是一句谎言，但就是这句"望梅止渴"式的谎言，令守军士气大振。有拼命三郎之称的第三纵队司令员陶勇当即脱掉上衣，光着膀子，挥舞着一把缴获的日军指挥刀，率部反击，硬是将敌军驱出东门，然后又用机枪将东门死死封住。

第三纵队仅占粟裕所有主力部队的 1/4，用 1/4 来为其他的 3/4 扛起重担，且无预备队，这是粟裕在黄桥之战中运用最大胆也最冒险的一招，突破了他历次指挥作战的惊险系数，对于粟裕来说，其面临的压力自然也是前所未有的大。

能够闯过这道关，粟裕把它归结为年轻的力量。

新四军阵营，指挥员全都是 20 多岁、30 多岁的人，从基层开始，3 大纵队的几个司令员，叶飞 26 岁，陶勇 27 岁，王必成 28 岁；再到高层，粟裕 33 岁，陈毅最大，也还不到 40 岁。

韩德勤阵营则是另外一种情形，需要从完全相反的方向数：韩德勤已 49 岁，他的两员主将，独立第六旅旅长翁达 42 岁，年纪最小的李守维才与陈毅年纪相当。

搏杀战场，需要激情，需要干劲，需要一大批能够豁出去大干一场的年轻人，从这个意义上说，韩德勤输得并不冤枉。

在东门转危为安的同时，围歼翁旅一役已经尘埃落定。

进攻部队在村庄里发现了一具高级军官的尸体，他手持短枪，枪口朝向自己，看来是自杀的，身边还有一件风雨衣，上面绣着"翁达"二字……

翁旅被歼，使第八十九军完全陷于暴露和孤立，战场局面大变，粟裕完全掌握了主动权，他通过迂回，截断了李守维的归路。

合围已成，粟裕预定于当天下午对被包围的八十九军发起总攻。

就在总攻令下达后，他接到密报，得知韩德勤已派 8 个团前来增援。凭借对韩部兵力构成的了解，粟裕判断韩德勤不可能还有这么多可增援部队，不过在翁旅被歼、八十九军也被包围的情况下，韩德勤舍出老本，派上两三个团还是有可能的。

两个人角力，胜负即将分出，这时候最怕对方的帮手加入，何况还是两三个团的生力军。

最好是提前出手，在援军到达前就实行总攻，但一、二纵队已经出发，再要派人去传令，显然来不及了。

战争的智慧就像打开闸门之后喷涌而出的水，电光火石之间，粟裕突然又想到了一个妙招，他命令三纵队以小部队方式向八十九军实行佯攻。

八十九军已成惊弓之鸟，一有风吹草动，拼命还击是必需的，一时枪声浓密。

战场之上，枪声就是信号。一、二纵队听到后，立即心领神会，提前发起攻击。

粟裕让陶勇率三纵队全部出击，他告诉陶勇："这次韩德勤要输得连裤子都得送进典当铺喽。"

八十九军兵败如山倒。师长孙启人被俘后说："我看过《霸王别姬》的戏，有十面埋伏，四面楚歌，我今天尝到的滋味，比那还要严重得多。"

经过一夜激战，八十九军主力大部被歼，李守维本人也坠马落水，淹死在一座叫作"挖尺沟"（曾被误称是八尺沟）的河中。

黄桥一战，韩德勤的八十九军及独立第六旅几乎全军覆灭，韩德勤只率千余人逃回兴化。作为败军之将，他的地位一落千丈，连蒋介石和何应钦都对他失去了信任，而新四军则控制了黄桥以北直至盐城的全部城镇。

第五章　一物须用一物降

黄桥决战等涉及国共"摩擦"的战役，让国民党吃了大亏，蚀了老本，国共关系也因此降到冰点。

1940年11月19日，设于西安的八路军办事处收到重庆方面通知，从10月份起，他们的经费被停发了。以往，八路军每月可领到60万元；新四军每月可领到25万元，这笔经费随告断绝。

1941年1月6日，爆发皖南事变，留在皖南的新四军军部及其主力9000余人遭到围歼，新四军番号也被取消。

围歼新四军的正是新四军名义上的上级——第三战区，从时间和结果上看，皖南事变更像是国民党方面对黄桥决战的一次报复。

归根结底，他们在骨子里始终都是敌人，这一点从未改变，只是碍于现在还有一个共同的大敌，还没有条件进行全面决斗而已。

撕破脸之后，新四军在发展上反而更放得开手脚。当年一月，中共又在盐城重建新四军军部，新四军及其南下的八路军合编为7个师，由粟裕出任第一师师长兼苏中军区司令员。

过去粟裕都是作为军事副手与陈毅搭档，这是他第一次在脱离陈毅的情况下，独立地组建和领导一个战略区。原苏北指挥部的机关人员大多留在了盐城军部，粟裕的人手包括他自己在内，只有24人。

好男不吃分家饭，靠这24个人，粟裕很快就把班子搭了起来，同时完成了第一师的改编任务，其基本部队仍是原来的3个纵队，只是番号由纵队变成了旅。

在江北各派的实力榜单上，国民党军队已力量衰微，新四军由刚来时候的"老四"跃升为"老二"，粟裕与日伪军的生死较量也逐渐成为苏北大地上的重头戏。

还得谈买卖

最早驻扎苏中的日伪军只有日军一个联队，伪军两个师，翻不起多大的浪。

到 1939 年年底，日军对关内指挥系统进行了调整，苏浙皖地区的"治安"转由驻上海的日本第十三军司令部负责，司令官泽田茂中将把原驻镇江的独立混成第十二旅团调驻泰兴，那个光溜溜的联队被替了下来。

第十二旅团具备单独执行战略任务的能力，在一定时期内，可以出兵下乡对中国军队发动进攻，挺进纵队当初退至郭村，即缘于该旅团对吴家桥发起的"扫荡"。

日军是苏中的"老大"，但对于一个旅团来说，苏中实在太大了，要扫也扫不过来，所以他们其实非常希望中国人"内讧"，以便坐收渔翁之利。

在苏中，如果国共双方发生"摩擦"，日军通常仅作警戒和观察而不参战，郭村战斗是如此，以后的历次作战也一样。黄桥决战时，陈、粟曾担心日军趁机进攻，不过从始至终，第十二旅团都是坐山观虎斗，除派出一部到黄桥附近观察战况外，未做任何其他反应。

两败俱伤，是日军想达到的效果，可惜的是，黄桥决战后，韩德勤确实是败了伤了，而新四军却在苏北迅速扩大，对日伪军的威胁也超过了韩德勤主导时期，这让第十三军司令官泽田茂大感苦恼。

此前，泽田一直计划对苏中进行"扫荡"，黄桥决战后，他赶紧加快实施步骤，以 3000 兵力进行了第一次"扫荡"。

在这次"大扫荡"中，日军率先攻占了黄桥，随后又成功地诱使"泰州二李"中的李长江叛国投敌。

李长江与南京的"和尚"（指汪伪政权派出的密使）其实暗中早有往来，不过最初没有谈妥，此次泽田放宽条件，以 50 万元和 25 万发子弹的代价，终于将李长江拖下了水。

在苏中国民党的敌后部队中，李长江第一个公开投敌，对抗战起到了极坏的影响。有了李长江这个"榜样"，其他的一些国民党保安旅也先后投敌，使苏北伪军迅速增加到 13 个师以上，共达 37000 余人。

如此"榜样"，不揍不行，粟裕迅即发起"讨逆战役"，率部直取泰州。

李长江投敌是背着部队进行的,突然宣布当伪军后,他的部队立刻陷入混乱,官兵们感到当伪军抬不起头,士气极为低落。一师有个老侦察员,骑一辆自行车从姜堰赶到泰州去侦察敌情,车子骑得太快,没留意李长江部队的哨兵,最后竟然单枪匹马地闯进了某团的集合场所。

退是不可能了,侦察员正好看见一个军官在发号施令,他腾地跳下车,把这名军官抓住,并且掏出手榴弹,拉下弦线,大喝一声:"快下命令叫部队缴枪,否则,你死我也死!"

军官吓坏了,乖乖地下令士兵们把枪支堆在空地上,然后集合四五百人跟着侦察员走了。

经3天激战,第一师攻克泰州,李长江翻越墙头才得以逃命。

在新四军发起"讨逆战役"的同时,为接应李长江投敌,泽田集中独立混成第十一、第十二、第十七旅团3个旅团,对苏中发起第二次"扫荡"。

1941年2月19日,第十二旅团突然包围兴化,并于第二天上午攻入城内,韩德勤率部败走。由于兴化失守,重庆政府的苏北行政机关很快丧失机能,国民党江苏省党部迁到了溧阳,半年后几乎完全消失。

泽田对第二次"大扫荡"做了"战果记录":"重庆军(指韩德勤部队)被打死和被俘4000余人,我方战死26人。"

这是一个悬殊极大的对比数字,泽田对此显然极为满意,他随后写道:"此次作战进展顺利,完全如我当初预料的那样完成了。奉谢皇恩。"

可是泽田似乎患了失忆症,他忘记了自己发起"大扫荡"的初衷。"扫荡"之前,他在日记中对作战目的有明确记载:"消灭江北兵匪,尤其是新四军。"

直到第二次"扫荡"结束,泽田也没见到新四军这个心目中最大的敌人。

没有见到,不等于没有。

早在日军进攻黄桥之际,一师内部讨论攻守战策时,有人曾提出要打一场"黄桥保卫战",像黄桥决战那样,与日军拼一拼,粟裕果断地否定了这一建议。

"老二"与"老大"看上去虽然只有一步之遥,实际差距可不只一步。仅以第十二旅团为例,该旅团无联队编制,在日军编制中,仅属警备旅团,级别并不高,但无论武器装备还是战斗力,都比新四军要强。

日军不是韩德勤，你可以跟它拼一拼，但是拼光了怎么办？

打仗不能只谈感情，还得谈买卖，吃亏的事情绝不能干，因此粟裕下令部队撤出了黄桥，"讨逆战役"结束后，面对日伪军的反攻，他又主动撤出了泰州。

不光是黄桥、泰州，除了驻于盐城的新四军军部外，苏中几乎所有城镇里的新四军，都像阳光下的水珠一样，蒸发得无影无踪。

日军找不到，很正常。

游而必击

粟裕去了农村，并且重新捡起了游击战的看家法宝。他为这一选择加了一个精妙的比喻：日军占领苏中城市，无异于把圈套套在了自己脖子上。

泽田真的有了一种要上吊翻白眼的感觉。他好不容易组织两次"大扫荡"，赶跑了韩德勤，代之而起的却是新四军。

泽田向来视苏中为东南米盐的最大供给地，然而就是他自己，把这个好地方双手奉送给了自己最大的敌人，这真是一个让他啼笑皆非的结果。

粟裕说得很对，日军在苏中占领的城市都需要分兵据守，占得越多，包袱越重。

要想卸除包袱，只能再对城市周围的农村进行"扫荡"，泽田把这个挠头的活交给了独立混成第十二旅团。

第十二旅团是新四军在江南江北的老对头，下辖5个步兵大队和一个特种兵大队，共5600余人，粟裕从泰州撤走后，该旅团便将旅团部设于泰州城，一副不达目的誓不罢休的样子。

1941年4月，由第十二旅团牵头，李长江等新老伪军加入，对苏中发动了规模较大的第三次"扫荡"，日军称为七路"扫荡"。

粟裕依旧采用"敌进我进"的策略，当日伪军到目的地"扫荡"时，游击队和民兵就跑了出来，他们像春节放鞭炮一样遍地开花，处处响枪，将日伪军牢牢缠住，从而使"扫荡"的进展不知不觉趋于缓慢。

接着，粟裕派出一个团和独立支队向敌据点发起攻击。

第十二旅团的注意力立刻被其吸引，并判断新四军的主力已经出动，但他们错了，这只是粟裕的疑兵之计，第一次派出的是"伪主力"，攻也是佯攻。

真正的攻击主力被隐蔽在两泰（泰州、泰兴）附近，在日军出现判断错误后，这些部队突然出现在泰兴至黄桥的公路上，并对既定据点展开进攻。

新四军与日军一个中队激战，击毙日军泰兴城防司令以下20余人，生俘日军两名，首开苏中军区俘获日军的纪录。

在这次"反扫荡"中，苏中军区还在兴化附近的一次伏击战中，击沉日军汽艇1艘，歼灭日军1个小队，生俘日军2名。

小仗当然没有大仗好看，可是只要对比一下国民党部队在"扫荡"中的损失数据，就知道在敌我强弱分明的前提下，这种方式还是最划算的。

在苏中军区内部，有些人被日伪军翻来覆去的"扫荡"搞怕了，产生了"恐日病"，极力建议"跑扫荡"、"躲扫荡"，粟裕坚决反对，力主"游而必击"、"扰而必乱"。

战场就是最生动的课堂，你得积极一点，这样才能学到真东西。

新四军在苏南打惯了游击战，挺进苏北后，在与国民党部队的"摩擦战"中逐渐适应了运动战，对于游击战反而生疏了。这还是老兵，加入的新兵更加缺乏游击战的经验和能力。

经过此次"反扫荡"，游击战不用教，大家都会了。

苏中军区在"反扫荡"中得到迅猛发展，仅仅几个月的时间，各县抗日政府相继建立，县级游击队有10个团6000多人，脱离生产的民兵近万，不脱产的民兵达到16万之多。

日军再也没有坐山看虎斗的悠闲了。对消灭新四军，泽田产生出一种深度的渴望意识，俗话说得好，"跑得了和尚跑不了庙"，既然新四军主力捕捉不到，那就直接冲着他们的军部去。

泽田及其幕僚计划举行一次"夏季扫荡"，以便通过"闪击战"来"打击陈毅及其重建之军部"。

为使"扫荡"取得成功，泽田特地调整部署，派其他日军部队接替了第十二旅团在各据点的防务，以便该旅团能将全部兵力投入攻势作战。

1941年7月20日，由第十二旅团长南部襄吉少将担任前敌指挥官，日伪军

17000余人倾巢出动，其中日军7000，伪军1万，分四路向盐城合击。

日军对华中新四军的"扫荡"相当频繁，以前的三次都是规模较大些的，其他局部性、分区性、时间短的"扫荡"层出不穷，但所有这些"扫荡"都及不上"夏季扫荡"，其筹划之周、规模之大、时间之长，均创下了徐州沦陷以来的纪录。

南部是一位典型的日本武士。他曾出重金悬赏一位抗战将领的人头，在这位将领战死后，他又对着割下的人头亲自上香、行礼，并且对别人说："我们是两个国家，他（指战死的抗战将领）是为中国，我是为我的国家，但我崇敬他的英勇，要学习他的精神。"

这样一位东瀛战将，自然要比那些龇牙咧嘴、只知到处杀人放火的"猪头小队长"、"毛驴大队长"要有头脑得多，也狡诈得多，他能攻袭韩德勤的老巢，并非偶然。

在"扫荡"正式开始前，南部曾出动少量兵力，装出要对苏中军区进行全面"扫荡"的架势，他的"虚晃一枪"，确实让陈毅及其新四军军部有所麻痹。

新四军在宁沪地区建有情报网络，所以军部事先对"扫荡"已经有所察觉，但他们对南部的具体目标并不清楚，而且军部机构庞杂，也不是说搬就能马上搬走的。

军部行动慢，南部很快，当时正值雨季，河水上涨，他可以通过装甲汽艇实施快速突袭，因此日伪军当天便占领了盐城。

掩护军部的是新四军第三师，也即黄桥决战前后的八路军第五纵队，以八路军的作战能力，本来大家都认为可以放心，然而第三师再得力，也只能保得军部安全转移。在湖垛周围的部分后方机关来不及撤走，遭到严重损失，其中鲁艺华中分院损失最大，作家丘东平等人都在日军的袭击中不幸遇难。

消息传来，粟裕和他的战将们很是着急。从战报上看，军部显然还保留着过去的大机关模式，不大适应游击环境，显得颇为狼狈。

皖南的老军部让国民党给搞掉了，新军部如果再给鬼子打掉，那可怎么办？

军部与第三师属盐阜区，它与苏中军区在地理上虽南北毗连，但被日伪军分隔封锁，所以实际是相互独立的战略区，而且军部原先给予苏中军区的指示，也只是对盐阜区"反扫荡"进行策应。

现在情况有变，不光是策应，还应主动出手，保卫军部。

围魏救赵

直接增援是粟裕的第一个反应。他将第二旅派去盐阜区，专门负责保卫军部，并协助第三师作战。

剩下两个旅，被粟裕用于"围魏救赵"。

粟裕对众人说，日伪军集中兵力在北线"扫荡"，南线必然空虚，好比光着屁股等挨打，那我们就不要客气，狠狠地打它个皮开肉绽。

第一旅旅长叶飞首先把作战计划报给粟裕，提出要打三分区的中心据点古溪。

古溪靠近黄桥，叶飞相信攻击此处足以触动南部，有使他回兵的可能，但是古溪驻有伪军1个团，1000多人，且深沟高垒，设防坚固，粟裕对这种强行攻坚向来谨慎，认为在准备还不十分充分的情况下，容易遭受重大伤亡。

粟裕不同意硬攻古溪，不过他把决定权交给了叶飞，让他自己"据实定夺"。

叶飞一想，粟裕不是说不要打古溪，而是怕他准备不细，弄得伤亡一大堆，偷鸡不成蚀把米。

给粟裕这么一逼，叶飞认真起来，对这场攻坚战研究得特别细致，设想得特别周到，打得也特别认真，就唯恐哪里出现漏洞。

事实证明，逼逼是有好处的。叶飞用两个小时就攻下了古溪，新四军伤亡不到100人。

打下古溪后，新四军乘胜再攻黄桥，驻守黄桥的伪军急忙撤向泰兴。

粟裕下令叶飞继续追击，并对外宣称要打下泰兴城，在追击过程中，三分区的敌据点大部分被新四军所占领。与此同时，陶勇率领的第三旅也在第四分区大闹天宫，先后袭击多次敌据点，一个月内，作战达10余次。

屁股已经被打得够狠，但南部不为所动。

还得加点料才行，粟裕下令叶飞将泰兴城包围起来，并占领了四关。

泰兴的伪军急了，"皇军"再不来，他们就得跳海了，哪里还有信心再守下去。

南部接到了泰兴方面发来的告急电，不过这厮的定力真的不错，把电报往旁边一丢，继续对盐阜区进行"扫荡"，以便寻找和追歼新四军军部。

粟裕看出南部是个不见棺材不掉泪的家伙，那就让你见见棺材板吧：以分区的地方武装接替包围泰兴，一旅主力抽出来，向第十二旅团部所在地泰州杀去。

泰州被三面包围，这下，南部再也绷不住了，不得不从盐阜区南撤，以回援泰州，军部由此解围。

南部气势汹汹地率部南下，在他离泰州还有半天路程时，粟裕已经撤掉了泰州、泰兴之围，让南部扑了个空。

南部急于寻找一师主力决战，撵在后面不肯放松，粟裕、叶飞顺势跟他玩起"蘑菇战术"。

早在红军时期，中央苏区就出现了"蘑菇战术"的雏形，其特点是利用敌军急于寻求决战的心理，像蘑菇一样跟它躲猫猫，转圈子，最后达到攻其不备的目的。

一师主力先在分区根据地腹部隐蔽集结，等第十二旅团东进追踪过去，马上以夜间急行军的方式，相向而进，转到了该旅团背后。

这是两个正好相反的行军方向，新四军与日军只隔三五里路，甚至是擦肩而过，但日军毫无察觉。

南部扑了个空，得到的消息是，新四军对他在泰兴、黄桥之间的据点进行了奔袭，一个日军小队被打掉了。

南部气急败坏，赶紧掉转头，从东向西追击。新四军再施"转蘑菇大法"，就在日军即将迫近时，夜间急行军向南。

"蘑菇战术"就双方来说，对体力都是一次极大的考验。第十二旅团远道返回，累到口吐白沫，而新四军也是一路行军，一路睡觉，连托运辎重的牲口都是磕磕撞撞，这个时候，谁都恨不得能闭上眼睛在地上睡个十几分钟，但是谁也不敢这么干。

身为旅长的叶飞在带队"转蘑菇"时，因为实在太困，走到一座桥上时，竟然扑通一声，连人带马一起掉进了河里。

新四军到了南面后，并不停留，又重新东返至根据地腹地。

一个圆圈跑下来，让第十二旅团两次扑空，日军已是疲于奔命，再也跑不动了，无可奈何之下，南部只得收兵撤回了泰州城。

在"夏季扫荡"中，南部的头还开得很好，只是中间和结尾被粟裕给搅和了。根据新四军方面的统计，新四军各部通过"反扫荡"，打死打伤日军 1100 人，俘虏 15 人，击毙及俘虏伪军 3800 人，敌我伤亡为 4∶1。此外缴获甚丰，战利品与弹药消耗的比为10∶1。

最重要的还是日军"夏季扫荡"的目的没有达到，新四军军部仍"巍然屹立敌后，不可动摇"。

死缠烂打

如果说前面三次大"扫荡"的不尽如人意，已经让日军见识到新四军潜力的话，"夏季扫荡"的失败，则使粟裕和苏中军区成了他们的眼中钉，肉中刺。

自此以后，泽田茂和南部暂时放弃了摧毁新四军军部的计划，而将进攻重点指向苏中。

1941年8月13日，南部集中1万余日伪军，向苏中发动了报复性"扫荡"，史称"八一三大扫荡"。此次南部来势汹汹，占领了苏中地区几乎所有的乡村集镇，其意图也非常明显：不摆平苏中军区，他就不可能在苏北逞威风。

占领集镇相对容易，因为粟裕早就将运动战退回到了游击战，可是在这之后就不容易了。

南部重新陷入粟裕所说的"占得越多，包袱越重"的怪圈，现在他不光要守城市，还要守集镇，机动兵力立刻减少，再无力量进行万人规模的"大扫荡"了。

南部能做的，只有从各大据点拼凑机动兵力，实行"局部性扫荡"，以控制两大战略要点，一为三仓，一为丰利，它们是当时粟裕和新四军活动的主要区域。

一般性集镇，粟裕就算了，唯有这两处，他决不肯轻易让给南部。

三仓镇北靠盐阜区，南与三分区、四分区接壤，战略位置很重要，而且此处有大片茂密的芦柴和茅草丛，可供新四军进行隐蔽潜伏。丰利镇的地位次之，两镇可呈互为掎角之势。

南部计划在占领三仓和丰利后，打通东西、南北两条交叉的公路，进而对苏中军区形成彻底分割和压迫，如果让他得逞，苏中根据地就完了，粟裕会连块集结主力部队的立足点都找不到。

就像"保卫军部"一样，粟裕提出了"保卫三仓"和"保卫丰利"的口号，不过他的战法不是死打硬拼，而是"死缠烂打"。

南部派出的兵力不多，新四军就在三仓镇及其外围构筑隐蔽工事，待日伪军进入火力范围后，突然开火，打它一个下马威，迫其退兵。

假如对方兵力占优，那就先打一下，然后不待日伪军合围，便用运动防御的方式迅速撤离。

撤完了，再反过来对三仓形成包围。

三仓地方贫瘠，交通不便，所有补给都需要从外部输入。粟裕就利用这个特点，一边进行围困，一边破坏桥梁和道路，以切断三仓与其他敌据点的一切联系。

这种据点，没水、没粮、没军需补充，谁待得下去？日伪军只能又撤出来。

三仓保卫战共经历7次，每次粟裕都派新四军的主力部队全力以赴，日伪军每进攻一次，也都以失败而告终，这实际上是粟裕最早的"七战七捷"。

1941年12月9日，石井大队及伪军700多人进占三仓，粟裕组织3个主力团及抗大九分校学员，将日伪军全部予以包围，这是7次三仓保卫战中的最后一次，也是战斗规模最大的一次，最后由于攻坚的火力不足，日伪军得以乘隙突围，但仍予敌以重大杀伤。

经过反复争夺，仅有20多户人家的三仓镇被夷为平地，但日军始终未能在三仓安下据点，更不用说修筑公路了。粟裕在发给新四军军部的电文中说："我们七次保卫三仓，终于使敌人无法在三仓站住脚。"

丰利保卫战也先后打了5次，其中一次，新四军曾将进犯的日伪军予以全部歼灭，南部特派的督战代表被击毙，一名日军分队长主动举枪投降。

除了两大战略点，寻歼粟裕和苏中首脑机关，也始终是南部的重点。

对捉迷藏这一套，粟裕已经熟到不能再熟，早在三年游击战时期，"敌进我进"就不知道操练多少次了。

五次丰利保卫战结束后，已近年关，本来准备好好过个节，黄昏时得到情报，日军在几条线上都增兵了，预计到"扫荡"可能又要开始，粟裕马上率领机关及警卫部队向敌人来路出发。

第二天拂晓，机关到了一条小河边，河南岸有一条通向敌据点的小路，粟裕一想，前来"扫荡"的日军很可能要经过这条路，河边不能待。

当时大家已经走了一晚上的路，很累，但是没有休息就过了河。

机关人员刚刚过河，鬼子就来了，警卫部队跟日军乒乒乓乓打了起来。因为早有准备，部队通过交替掩护，也得以全部过河。

目标已经暴露，只能尽快北移。中午到了一个地方正埋锅造饭，饭菜还没熟，又响起枪声。

日本人也最会玩诈术，他们分路行动，前边的假装从河边走过去，后边的却紧跟着新四军追了过来。

粟裕拉起队伍就走——当然，还得把饭菜给带上，好歹得吃晚饭。

晚上到了第二个地点，刚要吃晚饭，北面又出现敌情，于是再回头向南，直到凌晨到达第三个地点，得知日军刚刚从这里袭扰而去。

日军已经"扫荡"过了，照理是没事，但这么多年来，粟裕已经养成了异常谨慎小心的习惯，他一面传令机关和警卫部队休息，一边派侦察员向几个方面进行侦察。

一名侦察员跑回来报告，说鬼子正集合在场上，由指挥官训话，而一部分鬼子兵已把抢来的东西装上车，看样子是要押回据点去。

同样的情景，粟裕的判断却完全不同：日军要返回据点，没必要天黑了还要集合训话，这不是回据点，而是要杀"回马枪"，其目标正是他们所在的第三地点！

一分钟都不能停留，赶快走。

继续往南，来到了公路边。在公路上会不会遇到敌人，谁都没有把握。

粟裕对周围进行仔细观察，他发现路边有一堆人的粪便，用树枝一挑，还是软的。再看过去，马路上尚有许多皮鞋印。

根据这些迹象，粟裕估计日军以黑夜为掩护，偷偷地向"扫荡"区域增兵了，一股日本兵刚刚从马路上通过，粪便和鞋印就是明证。

如此说来，后面还有跟进的鬼子兵，暂时不能通过。听完粟裕的分析，众人就都屏住呼吸，伏卧在了公路边。

果然，有后续日军来了，假使机关人员急于穿越马路，就可能与日军碰个正着，那是极其危险的。

这股后续日军通过后，粟裕抓紧间隙率部越过马路，并于第二天清晨全部跳出了日军的合击圈。他这时得知，从第三个地点通过的日军如他所料，真的杀了个"回马枪"，当然是扑了空。

一天两夜，反复行程200多里，有的临时转移来的人员还多走了一天，这样的艰苦行军，野战军也许不算什么，但对于机关人员来说，实在是非常了不起，表明粟裕所领导的指挥机关已经完全实现战斗化和游击化。

粟裕和苏中军区机关始终是南部寻歼的主要目标，但在整个抗战过程中，他们一次都没有遭遇到日军袭击。

1941年12月上旬，南部对苏中实施"冬季大扫荡"，粟裕为确保两大战略点，也调动10个团，向日军守备薄弱的据点主动出击，称为"十团大战"。

事后，中共华中局书记刘少奇在一份大会报告上总结道："在我全军（新四军）中，以第一师部队作战最多，战果最大。"

智力的较量

1941年12月8日，太平洋战争爆发。从这时候起，中国的敌后抗日战场开始进入困难时期，而苏中的困难时期比全国还要长一些，这是因为日军为支持其太平洋战争，更加紧了对苏中地区的控制和掠夺。

粟裕的直接对手还是第十二旅团长南部襄吉。

南部最大的苦恼就是兵力不足。兵少，机动性就要好，南部在交通上打起了主意。

苏中一带主要为水网、半水网地区，在很多地方，缺了船就哪里也去不了。南部便把河流当成他的水上公路，大量使用装甲汽艇。

这些汽艇的速度比普通木船要快得多，当"敌进我退"时，难以摆脱其追击，轮到"敌退我追"，就是坐着木船也撵不上它。南部突袭盐城新四军军部，就利用了汽艇之便，以后的历次"扫荡"，汽艇也都给新四军和根据地造成了不小的困扰。

在智力的较量上，粟裕从来不会落于下风，他发动军民对地形进行改造，在河道上构筑了或明或暗的各种堤坝。

木船吃水浅，船底平，可以从坝上一拖而过，汽艇却做不到，而如果舍汽艇上岸的话，条条河流又反过来成了日军前进中的障碍。

交通也不行，南部再思良策。当时针对游击战，一南一北的日伪军都在试用新战术，苏南是"清乡"；华北是"铁壁合围"。

"清乡"吸取了曾国藩、蒋介石的经验，对农村根据地实行逐段的分片压迫。此前日伪军已在苏南实施"清乡"，苏南新四军也因此蒙受了很大损失。

"铁壁合围"又名铁桶阵，即用"铁桶"将对手围住，处于"铁桶"之中，打得赢就打、打不赢就跑的游击战术往往难以发挥，八路军副参谋长左权便战死于日军的"铁壁合围"之中。

南部要是单用"清乡"，条件尚不具备；单用"铁壁合围"，兵力也凑不齐，于是他就将两个战术合二为一，名之为"清剿"（又名"机动清乡"）。

第一期"清剿"的对象是第四分区。"清剿"开始之前，南部准备修筑一条横穿公路，以便将第四分区的根据地一分为二。粟裕自然不能等闲视之，第三旅第七团奉命出征。

第七团有"老虎团"之称，曾参加过三仓保卫战，是一师的核心主力，粟裕经常亲自予以调度和指挥。团长严昌荣则是粟裕的得意爱将，他原来是延安支援新四军的军事干部，属红二方面军系统，曾给贺龙当过警卫员，打仗非常骁勇。

严昌荣率七团对公路据点上的日军警备队进行了夜袭，警备队据险固守，七团没有平射炮，其他武器弹药又少，战至天亮就不得不撤了出来。

作战中，七团打死打伤日伪军六七十人，应该说打得还可以，但粟裕觉得很不划算：既未抓住俘虏，也没能缴获枪支弹药，而且自身弹药消耗还不小。

新四军的军需供应很困难，子弹除了通过伪军关系花钱购买外，主要就靠缴获。即便是像七团这样的主力部队，士兵一般也只配几发子弹，子弹袋看上去鼓鼓囊囊，其实塞满了芦柴秆。

粟裕对严昌荣说："我们打仗，不能单同敌人拼消耗，要争取多打歼灭战，做到既大量消耗敌人，又大量补充自己。"

接着他告诉严昌荣，不一定要攻坚，也可以想办法将日军诱出来打。

粟裕不会大包大揽，他会在适当的时候"逼"一下，提醒一声，同时也会给麾下战将充分的自主权和想象空间。

以前"逼"成功了叶飞，现在是把严昌荣的聪明细胞全部调动起来，回到军营后，严昌荣就制订了一个"引蛇出洞"的计策。

从那以后，一连很多天，七团都与日军警备队形成对峙，双方驻营地仅隔 3 里路，这边能看到那边，那边也能看到这边。七团每天出操上课，警备队认为新四军缺乏攻坚武器，所以也并不把对方放在眼里，渐渐地开始熟视无睹。

只有一样让日本人不爽，他们急于修路，但七团老是派出小分队在旁边进行"骚扰"。

如是者三，当然影响公路进度，日军警备队终于忍不住了。

1942 年 6 月 3 日，警备队拉了一批民夫出来修路，除 200 多名日伪军跟出据点外，步兵炮和掷弹筒也被抬了出来，就是要应对新四军的"骚扰"。

小分队如约而至，警备队的先头部队见到后火冒三丈，拔足猛追，追到一个叫作斜桥的地方，遭到七团的火力拦阻，过不去了。

带着步兵炮和掷弹筒呢，干什么用的，警备队本队噌噌噌地赶到，架起来对着新四军阵地就是一阵乱轰。

斜桥是严昌荣早就选好的伏击地形，呈口袋形布置。在用 3 挺重机枪封住"袋口"后，其余部队以玉米地和芦苇丛为掩护，从两侧出击，对警备队形成了四面围攻。围攻部队趴在茅屋上，居高临下，对暴露在有效射程中的日伪军进行了猛烈射击。

新四军子弹很少，每人除了几发好子弹外，全是"翻过火底"的子弹，这种子弹外面是弹壳，里面却是土火药，有一半打不响，而且射击精度很低。轻机枪子弹则只有三梭，一梭好的，两梭坏的。就这样，大家还不敢把子弹全部打光，得留着几发肉搏拼刺时用，叫作"救命弹"。

连发根本不能现实，只能像叉鱼一样地进行点射，所以真正能予以击毙的日伪军其实并不多。好就好在，陷入包围中的日伪军心理上崩溃了，一冲就垮，除少数泅水逃脱外，70 多个日军和 130 多个伪军不是被歼，就是被俘。

最棒的还是战利品，除一堆三八大盖外，七团还缴获步兵炮 1 门，八八式掷弹筒 2 具。

粟裕对军火研制很重视，早在组建军区时，就同时建立了军工部。那时他正让军工部着手研制小迫击炮：对于日军掩体后面的火力点，手榴弹投不到，又没有平射炮，你们得弄出曲射火器才行。

听说七团缴到了掷弹筒，粟裕十分高兴，特地下令把掷弹筒调到师部，让军工部研究，以作为设计小型迫击炮的参考。

斜桥伏击战给了南部当头一棒，他的"清剿"还没正式开始哩。

平时日军作战，很少肯在战场上丢下尸体。这次不丢不行，因为连拖尸体的人也被打死了。南部只好觍着脸，给第七团团长严昌荣写信，请新四军把尸体还给他。

还尸体是可以的，反正臭烘烘的也没人稀罕，但接下来的要求就过分了。

南部还希望严昌荣把那门步兵炮也做个顺水人情。据他说，按照日本军律，部队若丢失重武器，指挥官将受严惩。

南部只让还炮，其他两具掷弹筒没好意思提。

还了怎样？南部在信中说："而后贵我两军和睦共处。"

严昌荣差点儿没把下巴笑得掉下来。他把信拿给粟裕看，粟裕也乐了，对严昌荣说："这一下，你们七团可把南部揍痛了。没什么好说的，搬家吧，我和你一起搬。"

有粟裕这样的师傅，徒弟也越来越机灵，严昌荣说："南部急着要炮，那我就拉着他转，转得他晕头转向。"

为了一门炮，南部已经完全丢掉了武士的颜面，乞求不成，他就趁着"清剿"开始，调集400多个日军和1个团的伪军，直接到人家怀里来抢。

在敌后战场上，400多个日军是一个不小的数字，能合上两个加强中队了，这么多人，闹哄哄的，只是为了抢一门炮。所过之处，他们还能厚着脸皮在墙上刷标语："新四军还我炮来，两具掷弹筒不要了。"

严昌荣就像叶飞曾经做过的那样，给鬼子打起了"蘑菇战"，忽东忽西，各种绕圈，绕了一个星期，直到把南部绕得完全没脾气为止。

想吃哪块吃哪块

还是搞搞"清剿"吧，给新四军一点颜色看看。

1942年6月12日，南部着手实施第一期"清剿"。

第五章　一物须用一物降

南部的"清剿"战术一方面吸收了"清乡"的长处，即对根据地不光从军事上围攻，还从政治和经济上予以封锁；另一方面又强调像"铁壁合围"那样，对苏中一个分区一个分区地实行分进合击或多路重围。

南部以第十二旅团各大队为主力，组成了1300多人的机动突击队，并以3000余伪军相配合，进入第四分区的海门、启东，意图对第三旅进行合围。

这种"铁臂"跟华北日军没法比，空隙极多，作为三旅主力的第七团很快就转移到了外线，南部要找他们决战都找不到。

1942年6月28日，南通警卫团深夜奔袭海门茅家镇，毙伤日伪军90余人，生俘日军2人。茅家镇是敌军后方补给基地，南部被迫从"清剿区"内抽出兵力回援。

日伪军顾此失彼，到7月上旬，虎头蛇尾的第一次"清剿"只能以一无所获而告终。

天才的构想没能落着满意的结果，南部当然不甘心，七八月间，他又对第三分区的靖江、泰兴进行第二期"清剿"。

从南部的设计桥段来看，"清剿"要比他以往实施的"扫荡"难对付得多。刘少奇和陈毅几次致电粟裕，认为苏中还要苦斗下去，面对"清剿"，必须保存力量，作战规模不宜太大。

粟裕想的却是不能太小。

一物须用一物降。南部的兵力有限，在他集中精力对分区"清剿"的同时，后方和其他区域必然空虚，正是予以主动攻击的好时候。

为了给第三分区解围，粟裕再次起用得心应手的"王牌部队"第七团，攻击目标定为南通石港镇。

石港是南通、海门的交通枢纽，乃该地区的必争之地，由伪军一个团约600余人驻守。该镇有72座半庙宇之称，镇上庙宇极多，伪军利用这一条件，在镇内广建卫星据点，计有16座大小碉堡。

此外，石港四周河水环绕，河岸上筑有丈余高的围墙，河底还布有竹签，宛如一座四面环水的城池。

伪军在新四军眼中是"黑乌鸦"、"豆腐军"，不难打，难打的是据点。

运用四面围攻的常规打法,也有可能打得下来,但以碉堡的坚固程度,恐怕难以速战速决,而石港距离周围的敌据点又较近,如果短时间解决不了问题的话,日伪军必然会赶来增援,到那时就麻烦了。

七团进攻石港,所用战术还是粟裕在黄桥决战前打姜堰的老办法,即"掏心战"。

1942年8月9日凌晨,七团团长严昌荣以一个连偷袭石港南门获得成功,接着各营各连便按计划分头抢占镇内的各个要点,就像中心开花一样,把伪军一个团切成数块,想吃哪块吃哪块。

与姜堰攻坚战有所不同的是,在伪军团部及主力被打掉后,几个大碉堡里的守敌仍未投降。

七团不愧是"老虎团",严昌荣组织突击队,用打墙洞的办法钻入碉堡旁边的伙房,之后通过手榴弹和机枪,抢先堵住碉堡底层的出入口。

底层被堵,伪军只好退至碉堡的二三层,因为七团突击队员都隐蔽于出入口的死角处,他们既看不见,也打不着,完全成了瓮中之鳖。

最精彩的好戏是火攻。突击队将旧棉被送入碉堡底层,浇上煤油,浓烟由一层直蹿二三层,上面的人被浓烟呛得睁不开眼,张不开口。

依靠碉堡的掩护,伪军本来是想扛着,可人的承受能力毕竟有限,如此烟熏火燎,凭他们那小肩膀,哪里还扛得住。于是一个个把枪扔下来,再从上面往下跳——确切地说,是先跳到房顶上,再跳到地面,这罪受的。

石港一战从开始到结束,计时一个半小时,全歼伪军1个团,缴获轻重机枪7挺,长短枪300余支,手榴弹近万发,而七团无一伤亡,这样的仗最符合粟裕心目中的"划算原则"。

粟裕在石港一打,第二期"清剿"也搞不下去了。

两次"清剿"无果,南部仍然不肯死心,从9月起,他对第三分区启动了第三期"清剿"。

1942年9月25日,是农历中秋节,第三旅主力集中于四分区的二窎镇附近,准备热热闹闹地过个节,休整一下。

谁知道一大早就有人来搅局了。第七团团长严昌荣得到侦察报告:在第十二旅团第五十二大队大队长保田中佐的率领下，日伪军昨晚占领了附近的白龙庙，现在正直奔北新桥而去。

在南部麾下战将中，保田以"老滑头"著称，严昌荣跟他交手3年，几次都想吃掉他，但全部都落了空。新四军内部形容保田："像个玻璃球，滑得没角没棱，要是你手上只有一个套子，是套不住他的。"

这一次，保田又想要什么滑头？

粟裕的判断是："保田要钻我们的空子，他认为我们刚刚攻下石港，兵疲马乏，又是中秋节，想搞我们个措手不及。"

粟裕指示严昌荣："我们也要在这个节骨眼上，给保田一个意外的打击，你要想办法把保田引到二窎，组织部队歼灭之！"

过节的事只好先放到一边，"打好仗再过中秋"。

粽子里的枣子

严昌荣先派一个连前去诱敌，但随后通信员飞马来报："保田没上北新桥。"

"钻到哪里去了？"

"暂时不明，连队正跟踪寻找。"

严昌荣思忖后，下令连队停止行动，只派侦察员继续四处侦察。

再次出现时，保田已经进入了二窎偏南的一座叫余西的村子。这一发现，像锤子似的重重地敲在了严昌荣心头。

余西距离二旅旅部的驻地刘家园非常近，莫不是保田要袭击二旅首脑机关？

不能再按兵不动了，得向余西调动部队，以保护旅机关。

严昌荣正要进行部署，坐镇二窎的粟裕传来了最新指示。

他告诉严昌荣："保田在虚弄刀枪，调虎离山，不要为他迷惑，要稳住。"

粟裕的话，像猛然捅破了一层沙罩，令严昌荣的眼前豁然开朗。

按兵不动，继续观察，发现保田在余西待了一会儿，又向西开了过去。

综合保田的一系列举动，严昌荣终于弄清楚了"老滑头"的如意算盘：他走了一个"之"字路线，佯装往北新桥去，其实是要把第七团从二窎调出去，接着，到余西，再往西，也如出一辙地是在打同一个主意。

严昌荣说："这个鬼东西，就是会给我们涮坛子。"

"涮坛子"是重庆话，意思是骗人。喜欢骗人的人最怕遇到聪明人，保田也许无论如何不会想到，粟裕和严昌荣也一门心思要诱他，而且还提前看穿了他那些不上路的伎俩。

严昌荣估计，保田往西是假的，他一定还会掉回头来进攻二窎。

保田要回头去二窎，必定要取道谢家渡。

指挥员最开心的事，就是对手按着自己的设想走，保田一点不差地到了谢家渡，而七团早就在那里建立了阵地工事。

保田的反应很快，立即聚拢部队，并且做好了两手打算，一边朝他认为的薄弱点发动进攻；一边挖战壕，掏枪眼，准备在攻不动时固守。

从苏南抗战开始，陈毅、粟裕就都做过总结：日军军官指挥和掌握部队，"远非我们指挥员所能企及"，日军官兵的一般战斗动作，不管是利用地形、地物，前进后退的队列姿态，还是射击的准确程度，均"具备着较高的战术性"。

这也是粟裕能在黄桥把韩德勤打得稀里哗啦，但在和数量低于自己的日军作战时，仍感觉吃力的原因所在。

严昌荣的搭档、七团政委彭德清归纳了保田的作战特点，一共三句话："来得刁，打得滑，守得稳。"

谢家渡方向形成了相持战，粟裕获报后，亲自赶到一线进行指挥。

经过观察，粟裕拟订了一个新的作战方案：保田不是要攻吗，那就把攻上来的一股敌军包围住，这样保田就会被切成两截，便于各个击破。

粟裕决定将二窎附近的3支机动部队，第八、第九团和南通警卫团，全部招来参加最后的歼灭战。

他密令严昌荣，要吹三次开饭号，第一次准备；第二次出动；第三次完成包围。

当第二次开饭号吹响时，三支机动部队已经跑步出动，大家就等第三次开饭号吹响。

清脆的号音响了，但不是意料中的开饭号，而是停止前进号。原来严昌荣通过望远镜，看到阵地前沿突然扬起一片烟雾，便意识到保田可能要跑，于是临时改变主意，决定先稳住对方。

他说："大打，保田害怕；小打，他不在乎；我们就来个不大不小，先拉他。"

保田是个玻璃球，如果不小心把他给踢跑了，就不好玩了。

这次，"老滑头"果然上了当。他虚晃两枪之后，不仅没能调开七团的一兵一卒，反倒让自己落了两脚泡，又见周围情况似乎有些不对劲儿，他就想尽快收兵开溜。

突然之间，严昌荣放松了紧压，保田喘了口气，便在谢家渡停住了——其实不想走，其实他想留。

粟裕和严昌荣不会再给他机会。转眼工夫，七团的两个主力连攻占了两座院落，不仅推开了进攻谢家渡的两座大门，而且把保田往西南面的退路彻底切断了。

天近黄昏，日伪军就像粽子里的枣子，被紧紧包住，就等新四军来咬了。

以鬼子兵为核心的粽子，一口是吞不下的，还得慢慢咬，细细嚼才行。

当新四军发起全面猛攻时，保田用密集火力挡住三面，一步不让新四军靠近，只有北面一枪不放，可以让冲锋部队往前攻。

严昌荣与保田连斗3年，保田天天挖空心思要搞他，他也想搞保田，严昌荣知道保田"鬼"，尤其是在狗急跳墙的时候。

当新四军冲锋部队沿北面而上时，正好接到严昌荣的命令。官兵们才停住脚步，天空就突然出现了许多颗照明弹，日军嗷嗷叫着反冲了过来。

保田确实又耍了个鬼点子，他想借此击垮冲锋部队，从而突出包围圈。

冲锋部队奉命堵住北面，这里成了保田拼命要打开的缺口，大部分兵力都压在了这一方向。在激烈的白刃战中，七团营教导员、连长各1名负伤，1名连指导员战死，大家紧张得透不过气来。

严昌荣打仗有个习惯，喜欢卷袖子，而且战斗越激烈，袖子卷得越高。当北面堵击进行到最高潮时，他的两只袖口已经全部卷到了肘部以上，他大声叫喊着，把机枪连和步兵炮全部压了上去。

保田从北面突围不成，新四军机动部队乘虚而入，从侧后实现了突破，日伪军乱成一团。

1942年9月26日凌晨，谢家渡战斗结束。新四军总共击毙保田以下日军82人，俘虏3人，伪军被毙及俘虏300余人，是当年苏中一次性歼灭日军最多的一次战斗。

在缴获的战利品中，仅日军军官随身所用的指挥刀就有4把，另外还有手摇步话机和接收器。

这次战斗结束后，粟裕把保田等日伪军的尸体整理好，装了满满3木船，让人送到了日军据点，并给南部附信一封，警告南部停止侵华作战，否则难逃其部下的下场。

3天后，南部复信，表示还要与粟裕决战，不过他同时也对粟裕送还尸首之举表示感谢，称新四军"宽仁厚德，诚政略之胜利"。

谢家渡一战让南部的"清剿"变得黯淡无光。他的第三期"清剿"一直延长到11月，虽然通过增加据点和公路，使苏中根据地有所缩小，但除了损兵折将之外，既未能歼灭新四军主力，也没能控制战略点，几乎又是白忙了一场。

第六章 两军相遇勇者胜

打破三期"清剿"之后，根据地的局势暂时得到缓和，而这时的国际形势也正朝着有利于盟军的方向发展。

1942年10月，苏中区党委在如东县南坎镇召开会议，会上传达了延安总部的指示："今年打败希特勒，明年打败日本！"

不仅是中央这么乐观，大家都有了一种胜利在望的感觉，然而仅仅几个月之后，苏中形势又骤然紧张起来。

日本人把南部"清剿"的失败，归结为不伦不类——好像"铁壁合围"、"清乡"都能沾点边，可是味道没一个正的。

倘若是纯正的"清乡"，那就不同了。

此前"华中派遣军"已经换成"中国派遣军"，总司令官畑俊六大将为实现"以华制华"、"以战养战"的战略决策，首次提出要了以长江下游为起点，逐次进行"清乡"的方案。

畑俊六定下大纲后，由第十三军司令官泽田茂中将参与谋划，汪伪政府军事顾问晴气庆胤中佐和汪伪"警政部长"李士群共同设计，正式提出了"清乡"计划。

汪伪将"清乡"定为"国策"，首先自苏南开始进行"清乡"。

经过两年多的"反清乡"斗争，苏南新四军的指挥机关、主力部队最终都无法再坚持下去，不得不先后撤往苏中，苏南"清乡"经验由此让日伪军如获至宝，在苏中"清剿"失败后，他们便又祭起了"清乡"这一法宝。

"水师"突击

畑俊六决定置劳师无功的南部不用，改由第六十师团长小林信男中将主持"清乡"。

第六章　两军相遇勇者胜

第六十师团系由原独立混成第十一旅团扩编而成，扩编成师团后，又另外增加了一个由国内新兵编成的旅团。要论战斗力，第六十师团比第十二旅团可能要强，但仍然不及老师团，畑俊六器重小林之处，在于第六十师团常驻苏州，曾是苏南"清乡"的主力部队，有"清乡"经验。

畑俊六将对日伪军威胁最大的第四分区列入黑名单，作为"苏北第一期清乡实验区"，他对小林师团长提出的目标，是在6个月内消灭苏中新四军主力，从而在江北造成"大东亚圣战的华中确保区"。

苏南"反清乡"的挫折和苏南部队的北撤，对苏中造成了一定的消极影响，一听日军将把"清乡"重点从苏南转入苏中，消极悲观者有之，惊慌失措者亦有之。

如粟裕所言，苏中抗战进入了最尖锐、最艰苦的时期，这是"黎明前的黑暗"，而要冲破黑暗，光靠嘴皮子鼓动是不够的，还是得用枪杆子来做宣传。

粟裕发现他有空子可钻：南部走神儿了。

南部到苏北的时候，他的第十二旅团有5600余人，这几年不断地跟新四军作战，部队越缩越小。你别看每一仗死伤的日本兵不多，加起来数字惊人，前后已经伤亡了5000人，经过不断补充，才得以维持3700余人的规模。

挨上司的训斥，那是家常便饭，长时间的受挫，已经让南部越来越不像一个有头有脸的武士，乃至于丢了一门炮，都能让他失魂落魄到恨不能跪在地上求人。

这次畑俊六突然调小林来主持"清乡"，让他的心一下子凉了半截。小林来苏北，那还有他南部什么事，以前他所付出的一切不都泡汤了吗？

抢功劳尚是其次，南部最怕的还是调职，特别是被调到太平洋去作战。当时的日军将官都知道，谁去了太平洋战场，就等于被判了死刑——在美军无情的火力打击下，即便是老师团，都只能落得个灰飞烟灭的下场。

偏偏上司还真的透露了要调他走的意思，这悲催的。

南部人坐在办公室里，小眼神却到处瞟来瞟去，脑子里也全是小孩子游泳，哪里还管得了什么新四军不新四军。

这是一个机会，一个用打胜仗来鼓舞人心的好机会。

"清剿"之后，鉴于主力消耗过大的问题，粟裕对苏中部队进行了整编，每个旅只保留一个经过充实加强的主力团，其余步兵团全部实现地方化，作为地方团的骨干。他另外组建了师教导团，由自己亲自指挥，随时用于对重点方向实施突击。

1943年2月23日，粟裕指挥教导团向曹家埠据点发起进攻，曹家埠只有伪军一个营，但据点有大碉堡，光靠步兵根本攻不下来。

原先通过黄桥决战等战役，粟裕曾缴获到3门山炮，为此成立了一个军区炮兵连，但这3门炮轻易都不会拿出来用。这次粟裕破了例："把大炮用上，可以更加坚定群众反'清乡'的信心。"

炮上来了果真大不一样，几炮，就把大碉堡给轰开了，据点伪军也就此瓦解。

紧接着，粟裕又调用第七团，相继攻克日伪军据点12处，摧毁碉堡40余座，长江北岸用以"清乡"的大批毛竹被烧毁。

第一期"清乡"原定于3月1日开始，因毛竹被烧毁，被迫推迟到了4月10日。

时间进入倒计时，小林要来了。这个时候，南部已经通过向上级申辩，暂时获得了留任，但"清乡"仍然没他的份儿。

南部很生气，强龙还不压地头蛇呢，你小林算老几？

所谓"敌人反对的，我们要坚决拥护；敌人拥护的，我们要坚决反对"，南部在内心里差不多视小林为敌，两人换防时，他不等对方到防，就把部队全部开走了，同时还没忘记破坏据点里的工事和铁丝网，反正就是不想让小林占一点儿便宜。

据点无人，连民兵都收复了许多小据点。

1943年4月11日，小林调兵遣将，从苏南调来有"清乡"经验的菊池联队以及3个伪军师，使参与"清乡"的机动兵力达到15000余人，加上"清乡"所需的警察、坐探和行政人员，其兵力的密集程度为敌后华中战场所罕见。

这些日伪军带着大批毛竹，分成十几路蜂拥扑进四分区，开始了"军事清乡"。

在预定的"清乡区"内，小林首先寻歼四分区主力，四分区的主力团如今只有一支，即"老虎团"第七团，在粟裕的指挥下，他们早早就"敌进我进"，跳到了"清乡区"外面，从而让小林扑了个空。

小林在里面实施"军事清乡"，压缩根据地，第七团在外面展开军事攻击，扩大根据地。

轮到新四军提高机动作战的效率了。在纵横交错的水网地区，部队全部乘小船行军，一般情况下，一个班乘一条船，一个连乘十条船，一个团乘有近百条船，行进在水泊中，长达数里，俨然是一支名副其实的"水师"。

小船比较隐蔽，据点里的日伪军往往只注意防守陆地道路，想不到河沟、河汊中会突然冒出"水师"。各船的进攻方式是，用竹篙快速将船撑向岸边，一经靠岸，一人先跳下水用绳子将船稳住，其他人借助竹篙撑出的那股速度，向岸上之敌发起迅猛冲击。

1943年5月13日，七团实施黄庄偷袭战，仅用5分钟时间便消灭伪军一个中队，整个过程中，只有伪军哨兵胡乱放了一枪，其他人都是还没有反应过来，新四军的枪已经顶到了胸口。

10天之内，七团在偷袭不成的情况下，又用强攻方式拿下戴家窑据点，歼灭伪军1个营。

小林在苏南的"清乡"经验是，不管"清乡区"外如何枪炮声连天，他都充耳不闻，也不肯从"清乡区"调出兵力，因为他知道，跳出外线的新四军肯定是醉翁之意不在酒，如果他调兵，那就上当了。

小林先用竹篱笆把"清乡区"围起来，然后在"清乡区"内遍设据点和"检问所"，三五里即有一处，用于盘查来往行人。由日伪军和警察、坐探组成的"清乡队"，则不分昼夜，挨村挨户地搜捕抗日军民。

苏南"反清乡"遭到挫折，绝非偶然，"清乡"气氛确实非常恐怖。当时日伪军据点纷纷传说"粟裕已经率部北去"、"清乡不需3个月就可成功"。

请他编菩萨

实际上，粟裕从来没有离开过四分区，他事先只将机关转移到一、二分区，自己则率领十几个武装人员留了下来。

粟裕不走，对于"清乡区"内的军民，就是一个莫大的精神鼓舞。

粟裕认真研究过苏南的"清乡"和"反清乡"，也初步琢磨出了一些对付的法子——

小林建立据点，就派地方化主力、地方部队和民兵，昼伏夜行，灵活穿插，专门选择那些防守薄弱的据点打。这里面，最富有传奇色彩的是"短枪队"。

"清乡"开始前,粟裕从苏中军区保安部门挑选了一批人员,再从各分区部队中抽调短枪排,组成了"政治保安队",队员人手一支短枪,因此被民间称为"短枪队"。"短枪队"的队员们不仅有一手好枪法,而且能化装侦察,翻墙过河,在苏中的影响力丝毫不亚于华北的敌后武工队。

日伪军、警察、坐探、汉奸猖獗,除了有"短枪队"上门外,粟裕还发动民兵参与,并且提出口号:"每乡每月捕杀一个敌人。"

一个乡那么多民兵,每月杀一个,不算难。民兵的袭击手段五花八门,包罗万象,包括"背猪猡"、"钓乌龟"等十几种之多。

所谓"背猪猡",就是埋伏路旁,专找零星掉队的敌人,只要用绳子往脖子上一套,背着就跑。

所谓"钓乌龟",是事先割断电话线,敌人一定要来查线,然后……

"反清乡"才个把月,有个乡的民兵就用"三八式拳头"、"五号盒子枪"(即匕首)干掉了50多个敌人。两个月内,苏南调来的"清乡"队员被捕杀一半,原拟开赴苏中的两个"清乡"大队因此吓得没敢再来。

"清乡"队另外一个让人痛恨的地方,是竹篱笆。小林从江南运来500万根毛竹,沿着"清乡区"边缘,构筑了一道绵延200里的篱笆封锁圈。

众人拾柴火焰高,粟裕提出了"不让敌人打篱笆"的口号,动员群众悄悄地破击篱笆。动员的内容,非常通俗易懂:篱笆把你家的田地隔开,让你既收不到粮又采不到菜,不如把这些毛竹拔下来,编篮子,做扁担,用处大得很呢。

老百姓要收粮收菜,还喜欢捡不要钱的毛竹派用场,于是很快就开始自动自发地参加了"破篱笆"运动。

起先是小规模的分散活动,后来便发展到几个乡几个区的联合行动。4月到5月间,总计有10万人次,参加了100多起破击活动。

1943年7月1日夜,在分区部队的掩护下,4万多民兵和群众对竹篱笆展开大规模焚毁行动,但见火趁风势,风助火威,远远望去,宛如一条弯弯曲曲、望不到头的火龙。一夜之间,小林惨淡经营了3个月的封锁篱笆便被焚之一炬。

两个月一转眼就过去了,小林见"军事清乡"没能达到预期目的,急忙实施"政治清乡"。

"政治清乡"就是实行保甲制度，日伪军把"清乡区"内的某一个区域包围起来，将群众拉到一起，强行登记户口，张贴门牌，实行连坐连保。

你有计策，我有对策。粟裕和四分区采取的办法是，敌来我走，只留下老弱进行敷衍，所谓"铁将军把门，灶王爷看家，鬼子编保甲，请他编菩萨"。

鬼子一走，便动员群众烧毁门牌、保甲户口簿、壮丁册，查问起来，就让群众推到新四军身上：新四军干的，你们有本事找他们去理论吧。

编查人员不下乡便罢，下乡还有"短枪队"和民兵等着取他们的项上人头。有人没办法，干脆躲在据点里编假名册，以应付上级，更多的人则请长假，开小差，借机逃离。当时有首打油诗叫作："清乡无把握，生死不可卜，大家捞一票，赶快出苏北。"

"政治清乡"也行不通，畑俊六所谓6个月消灭苏中新四军主力，自然也只能沦为痴人说梦，小林不得不宣布"延期清乡"，以后又扩展为"高度清乡"。

让四分区军民陷入被动和困境的，正是"高度清乡"。

渔人撒网

小林信男毕业于日本陆军士官学校第二十二期，还担任过很长一段时间的军校教官，初来乍到，对苏中的地理人情，他或许没有南部熟悉，但在战术运用上，他却比自己的同事更为狡谲。

"高度清乡"又称"流血清乡"，是"清乡"中的极致手段，也可以解释成是不择手段。在这一阶段，小林除采用常规的"梳篦"、"拉网"战术，对抗战军民进行反复搜捕外，还使出了最厉害的一着撒手锏，即"以游击对游击"。

小林把日伪军和武装的特务人员组织起来，不仅让他们乔装改扮成"游击队"，而且在活动和作战方式上也完全套用游击方式。比如，日伪军以往都走大路，现在全部改走小路；以往白天出来"扫荡"，现在晚上出动，拂晓猛袭；以往大多陆路行军，现在利用水道偷袭。

四分区猝不及防，蒙受了很大损失，内外线压力也都与日俱增。1943年9月，粟裕倚重的虎将、第七团团长严昌荣在一次战斗中阵亡，至1943年年底，第三旅作战部队伤亡官兵近千人，地方干部群众的死伤及损失更是难以计数。

小林刁钻，粟裕也使出浑身解数跟他周旋，其最主要的一个策略便是——"分化"。

畑俊六以为小林有苏南"清乡"的经验，南部有熟悉苏北的优势，二人可以成为他在苏中"清乡"的左右手，但实际上这左右手之间根本一点感觉都没有。

南部换防时使的那股小性子，让粟裕完全看透了南部和小林之间不可道破的隐秘关系。对南部师团和小林师团，他采取了区别对待的策略，新四军打小林师团时不遗余力，但对南部师团却是适可而止，能放他一马就放一马，能多给一点面子就多给一点面子。

新四军打的都是小林，南部比较轻松，在上级那里交代得过去，就不用怕调职了。

不知道南部是不是心里也明白这一点。反正这哥儿们在"清乡"期间非常消极，属于做一天和尚撞一天钟的那种，小林要找他帮忙搭一下手时，他基本都处于失踪或走神状态。

另一个分化对象是伪军。

伪军里面也分派别。李长江等在长期驻苏北的，叫旧派伪军；另有一派从苏南赶来"清乡"的，叫新派伪军。新派伪军是"清乡"的急先锋，受到小林的重视和支持，他们也狐假虎威，对旧派伪军看不起，乃至进行打击和吞并。

粟裕的办法是利用旧派，争取把旧派里的伪军拉过来，为我所用。小林实行"高度清乡"，采用"以游击对游击"，若没有熟悉苏中地理的伪军配合不行，伪军如果"私通"了新四军，就等于给新四军提前通风报信，那些"假游击队"的刀自然会变钝。

小林会制造"假游击队"，粟裕投桃报李，也派去了一支"假伪军"，这便是著名的"汤团"投敌事件。

"汤团"指的是四分区内的通海自卫团，乃新四军控制的地方武装，团长汤景延曾在国民党军队内混过多年，有旧交在汪伪政权任职。

"清乡"开始后，粟裕利用汤景延的这一特殊社会背景，亲自策划，让汤景延率全团诈降，正经八百地当起了伪军。

汤景延当着汪伪的官，做着新四军的事，小林的"清乡"计划、兵力部署、装备给养，各种情报都源源不断地通过秘密电台送到粟裕那里。

小林在实施"高度清乡"的同时，还进行"经济清乡"，也就是对四分区进行经济封锁，以及掠夺物资，根据地的供给因此十分困难。汤景延便以补贴部队给养为名，做起了生意，实际是偷梁换柱，暗中向根据地运送军火和药品。

"汤团"在敌人内部潇洒了近6个月，该拿到的都拿到。后来得知敌人有所怀疑，要予以分割，汤景延才奉粟裕之命，在率部实施"破腹战斗"、摧毁敌据点后，重新回归了根据地。

粟裕评价"汤团"的整个行动是："好比渔人撒网一样，把网撒下去，等鱼进网后，再果断地把网拉上来。"

到1944年2月，小林的"高度清乡"仍然无法结束，他为此不断哀叹，"江北不比江南"，"工作之困难不待多言"。

这边四分区的"高度清乡"完不了工，那边新四军又借机在其他分区快速发展，小林只好再搞噱头，决定着手对一、三分区实行"扩展清乡"，对二分区实行"强化屯垦"。

获悉小林的计划后，粟裕很犯愁。

先前一师主力已跳出四分区，第三分区被"扩展清乡"后，那里的主力和机关也要转移，这样，两股人马就都只能向北移往二分区的三仓。三仓适于新四军活动，可是它的面积很小，东西和南北均不到百里，在如此狭小的区域内集中这么多的人和单位，那正是"塘小鱼大"，万一小林再来个"大扫荡"，躲都躲不开。

得开辟一个没人打扰的新区，这个地方，粟裕选的是车桥。

多算则胜

车桥是淮安城东南的一座大镇，镇前河道上有五座桥梁，可俯瞰全镇，形如一个"车"字，是以得名。此镇地理位置相当显要，日军用以分割了一、二分区，并对苏中根据地和苏北根据地进行封锁，堪称敌人的心脏区域。

粟裕早就留意车桥了。他曾利用去军部驻地开会等机会，对车桥及其附近的敌情、地形反复进行过实地勘察，车桥有多少据点，据点里有多少鬼子、伪军，周围的水路、旱路怎么走，乃至于当地买卖好不好做，都问得一清二楚，了然于心胸。

车桥镇的外围有灌满水的深壕，通过深壕之后，里面有许多大小围墙，沿着围墙仅碉堡就有53座，还有许多暗堡封锁地面，可构成绵密的交叉火力网。

新四军进攻敌据点，如果该据点为纯伪军把守，相对容易攻克，有日军在里面会增加许多难度，这主要是因为日军在防守时一般都比较顽固，极少肯缴枪，而在日本兵的监督下，伪军也不敢说投降就投降。

车桥据点除驻扎一个伪军大队600多伪军外，另有一个日军小队40余人。此外，车桥是驻扬州的第六十四师团和驻徐州的第六十五师团接合部，淮安则驻有第六十五师团所属的独立步兵第六十五大队，这些日军都可向车桥进行增援。

出于这一堆因素，日军一直把车桥视为已经锁在保险箱里的据点，他们给进攻者出的题目实在太难了。

但是这道题没能吓倒粟裕。

5年前的官陡门奔袭战，用事实证明了一个真理，那就是"敌人认为最安全的，往往是最容易得手的地方"。

当然，与官陡门相比，车桥最大的不同，还是内外都要与相当数量的日军对恃。不说倒退五年，即使是黄桥决战前后，粟裕也未必能下得了这个决心。

不过事物是在不断发展的，几年过去，新四军的力量也在突飞猛进，早非吴下阿蒙。截至1944年年初，全苏中的主力部队已达20个团，计3万多人，而且集中进行过冬季练兵，技战术能力都有了新的提高。

只要行动组织策划得当，再坚固的据点都不难攻克。增援方面，两个日军师团部的驻地离车桥都很远，粟裕估计他们不一定来援，主要增援方向可能只会来自于淮安。

粟裕集中了5个主力团，分别为苏中军区教导团、第四分区特务团、第一团、第七团和第五十二团，这些部队均是苏中新四军的绝对主力，像第七团、教导团都可以独立完成一场大的战斗，再加上地方武装和民兵的配合，如此规模的攻势作战，在苏中抗战史上没有先例。

粟裕肯下如此大的本钱，就是顾虑到淮安等地的日军会赶来增援，新四军必须一边攻坚一边打援。

多算则胜，少算则败，一场战役的胜负，往往并不是决定于战役进行当中，而是之前。

自黄桥决战后，新四军跟日军打的都是游击战，现在又要再次转型，在游击战中掺入运动战，粟裕对此不敢有丝毫的马虎，他在前期勘察的基础上，对部队的集中时间、攻击路线一一进行了精密计算。

粟裕"组织战斗"理论的关键点是协同作战，这5个团平时各打一处，作战风格也不尽一致，粟裕就把互相了解、特点相仿的部队，临时编成一个建制，共编成3个纵队、一个总预备队，并适当调整了部队建构和干部。

"老虎团"第七团被列为第二纵队，负责主攻车桥。粟裕专门把七团团长兼政委彭德清叫到身边，斩钉截铁地对他说："成败胜负，关系重大，哪怕敌人筑了铜墙铁壁，你也要给我砸开它！"

官陡门奔袭战的经验表明，大部队行动必须在严格保密的前提下，做到"奇"和"快"。

车桥一带皆为与官陡门相仿的水网地区，粟裕便发动3万多民兵与群众，在车桥周围筑路打坝，共筑起穿越湖荡、绵延达30里的五条大坝，以便于部队隐蔽接近车桥。

此时新四军在苏北已经树大根深，具备相当雄厚的社会和群众基础，可谓是一呼百应，与官陡门时期不可同日而语。筑坝之外，粟裕又组织数以千计的船只，把部队、云梯、担架队运到了车桥附近。

战前的十几天内，粟裕从师部和第七团派出干部，对车桥再次实施侦察，同时通过模拟训练，进行了最后一次练兵。

万事俱备，粟裕突然收到一份敌情通报，日军要向根据地"扫荡"，此时距离车桥战役的预定发起日期仅仅有两天，由第七团组成的第二纵队已经在向车桥开去。

炮群

大战来临之际，怕的是意外干扰，但这个干扰正好被粟裕用来将计就计。

他将师直机关分成前后两个梯队，其中一个梯队北移，他自率一个梯队南移，用来吸引日军的注意力。

日本人果然被迷惑住了，无论是正忙于"清乡"的小林，还是第六十五师团，事先对粟裕的作战意图及部队调动均一无所知。

1944年3月5日凌晨1点50分，二纵队在第三旅旅长陶勇的亲自指挥下，从南北两个方向直插车桥镇两翼。

粟裕事先为二纵队特制了一批攻坚器材，光用于登城的就有连环云梯、单梯三角钩、爬城钩等多种，突击队泅水游过外壕后，便借助这些器材爬过围墙，对通往街心的碉堡展开攻击。

粟裕在车桥战役中采用的仍是一贯的"掏心战"战术，即先进入街心，占领镇内的所有街道，然后四面开花，分割包围，对周围的碉堡逐一攻坚。

官陡门的一幕在车桥再次上演。日伪军被新四军的远道奔袭弄得不知所措，到下午两点，镇内伪军被全部歼灭，所据碉堡也尽遭突破，只剩下日军驻守的被称为是"碉堡中的碉堡"的大土围子。

陶勇决定用"炮群"实施攻击。

新四军原来没有什么攻坚利器，七团通过斜桥伏击战缴到掷弹筒后，粟裕曾把这门掷弹筒调到师部，供军工部研究。一师军工部部长程望曾就读于上海同济大学机械造船系，被称为"军工智星"，是军工制造领域的天才型人物，他最终为新四军研制成功了最新型的迫击炮。

普通的迫击炮，只有曲射功能，但"程氏迫击炮"具有曲射、平射两种功能，在对日作战中令日军瞠目结舌，竟然误认为是"俄国造的新式武器"。

迫击炮在火炮家族中最不起眼，属于小炮，粟裕为此提出了"炮群"概念。

所谓"炮群"，按照粟裕的解释，是将许多炮摆在一起，无论大炮小炮、地面炮或是高射炮，它们有的打步兵，有的打碉堡，有的打飞机，有的打坦克，"分工负责，一扫而光"。

"清乡"开始后，粟裕就决定打造"炮群"，他给程望下达指标，要求军工部批量生产迫击炮。

程望利用地下党及帮会关系，从上海采购到机床和钢管，并先后动员150多名技术工人加班赶制，至1944年1月，已生产各种口径的轻型迫击炮300余门以及大量迫击炮弹，开启了一师军工生产的全盛期。

众多迫击炮和一门日式山炮组成的"炮群"，威力果然不同凡响。陶勇先用迫击炮打掉外围，接着又用山炮干掉了大碉堡，日军小队被歼近一半，不过日军在防守时的顽固也是出了名的，仅剩下不到20名鬼子兵，但他们仍能缩到死角继续做困兽斗。

共产党的思想工作是一绝，日军要么不被俘虏，俘虏了十有八九都会加入"反战同盟"，自觉自愿地对日军展开政治攻势。正当车桥战斗相持不下时，苏中"反战同盟"成员松野觉冒着枪弹，主动上前要求劝降，但在喊话时被子弹击中头部身亡。

日本兵枪法很准，导致新四军在使用步兵冲锋时伤亡很大，炮火又打不到，陶勇一时也没了办法。

与此同时，日伪军的增援部队也到了，这是粟裕早就料到的。他在为车桥战役设计的"围点打援"战术中，围点只用一个纵队，打援用了两个纵队，还加上林林总总的其他地方部队。

正如粟裕所预计，第六十四师和第六十五师团离得远，都能来，变成了谁也不来，来的只是驻扎于车桥邻近据点的敌人。

第一个有动静的是三纵队警戒方向，一共来了百余日伪军，但这批人行到中途，便交了"狗屎运"——粟裕在战前组织民兵，利用黑夜在主要通道上埋了雷，不踩到都不可能。

这批日伪军本来人就不多，来车桥显得十分勉强，加上三纵队又给他们来了顿排子枪，觉得反正尽了义务，可以对上面交代了，也就慌不迭地退了回去。

一纵队方向才是大头。

得知新四军突然进攻车桥，独立步兵第六十大队赶紧在淮安进行了集结。淮北地方不小，据点分散，各个据点又都要安排人手，匆促间其实集中不了多少日本兵，最后还得拿伪军来"兑水"，并且只能集结一批走一批。

1944年3月5日，下午4点，在伏击前线负责指挥的叶飞得到报告，淮安日伪军乘坐7辆卡车，于3点15分到达周庄附近。

这是当天的第一批。

鬼风

叶飞根据车辆数目和每辆卡车的载运量估算，第一批日伪军240余人。

打援地形都经过粟裕的精心选择。三纵队埋伏区域呈狭窄口袋形，南面是一条河，由于水流湍急，河岸险陡，来敌很难徒涉，北面是一片草荡，中间芦苇密布，底下全是淤泥，人走是可以走，只要你不怕陷进去。

卡车能通行的，唯有中间的一条公路，很简单，很明了。

在卡车进至阻击阵地前约500米时，伪装突然掀开，新四军的轻重机枪猛烈开火。慌乱中，日伪军闯入了公路以北的坟地，而那里实际是预设的地雷阵。

触发雷、引发雷，一阵接着一阵爆炸，日伪军被炸得血肉横飞。

打援战斗打响时，似乎老天都站到了粟裕和新四军的一边，车桥一带狂风大作，黄沙满天，更令日伪军魂飞魄散。

这不是在北方，是在南方的车桥，如此古怪的天气变化，在当地极为罕见。若是用《水浒传》的手法演绎，就像是粟裕旁边有个公孙胜在行阵做法，呼风唤雨，连车桥老百姓也啧啧称奇，说："新四军有神灵保佑，所以才会刮起鬼风。"

随后，第二、第三批援兵到达，两批加起来又有300多人，由于被火力所阻过不去，最后全部在韩庄重新集结。

晚上7点，在大队长山泽干夫少佐的指挥下，集结起来的日伪军从正面发动猛攻，但均被一纵队击退。

风沙依旧，杀气如云，一纵队越战越勇，对日伪军进行反冲锋，并从四个方向扑向韩庄。

新四军攻入韩庄后，逐屋争夺，很快便展开了殊死的白刃战，日伪军当场被刺刀拼死的即达60多人。

晚上10点，一名身挂银鞘指挥刀的日军军官被俘。当时他身负重伤，浑身血迹斑斑，但仍在狂呼乱叫，不肯束手就擒。在被抬到包扎所时，该军官已经咽了气。经俘虏辨认，此人正是山泽。

1944年3月6日，凌晨2点，韩庄日伪军已呈溃乱之势，张皇失措之下，有人竟然鬼使神差地逃到了纵队指挥所附近，被叶飞的警卫员和通信员逮个正着。

车桥残存的那20个鬼子命很大，在第四批援兵的接应下，他们还是逃出了车桥镇。不过粟裕的目的完全达到了，战前有人曾提出"攻坚打援并举，以打援为主"，粟裕否认了这个提法，他说他实施车桥战役，就是要拿下车桥，打援不过是附属品。

车桥战役结束后，第六十五师团部得到报告，师团所属第六十大队在车桥共战死69人，其中包括大队长山泽少佐、机关枪中队长金丸中尉。

在这份报告中，记录有14人失踪（实际已被俘），这是大反攻到来之前，敌后战场上一次性战役生俘日军最多的一次。

日俘惊魂未定，感慨万千。炮兵中尉山本一山供认："这次战斗失败，我们犯了轻视新四军的错误。"

说到这里，他的目光中满是敬畏，突然收紧下巴："你们的粟裕了不起！"

当粟裕将车桥战役的经过报到新四军军部时，军部起初却并不认为"了不起"。

此时的军部由饶漱石主持，饶漱石担心这样大动干戈，会不会"过分暴露了自己的力量"。

事实是，饶漱石纯属多虑。

除了分兵据守外，第六十五师团实际可调动的日伪军机动兵力十分有限，车桥一战让它损兵折将，已经没有力量再打一场像样的仗。

徐州的第六十五师团部曾凑了一些部队去车桥"报复"，当部队行至离车桥几里路远的地方时，日军指挥官用望远镜侦察，看到新四军主力正在车桥严阵以待，就不敢再往前进了，唯恐吃更大的亏。

第六十五师团维护面子的办法，只是派几架飞机侦察了一下，然后投了几枚炸弹，就草草了事。

粟裕当初策划车桥战役，仅是想从缝隙里钻出一块可以安生的地方，可以让一师进行休息和整训，连他也没有想到，这一战役所产生的效应，远远超出了自己的预期。

日军内部的士气其实已经非常低落，不过是靠一根火柴棒勉强撑着，外面看不出来而已，车桥战役挪动了这根火柴棒，于是，哗啦一声，惨不忍睹。

车桥战役结束不久，就发生了12名日军集体上吊自杀事件，此后当粟裕挥师进攻车桥附近的日军据点时，战斗都出奇的顺利，日伪军几乎是望风而逃，像车桥那样拼命死守或增援的事再也没发生过。

真相总是会让人吃惊，但这是件好事，起码如果现在再说"明年打败日本"，一点儿不吹牛。

拳头

粟裕不会忘记苏中战场上还有一个人需要他去陪一陪：小林信男。

小林信男履历中的陆军士官学校第二十二期，总计有721名毕业生。那一期正好赶上侵华战争，且毕业军官均属年轻力壮的当打之年，但是经过不断伤亡和淘汰，到1944年，还能在侵华一线指挥作战的已寥寥无几，在中国任师团长的，共有8人，其中之一便是小林。

经过千挑万选的日本军官，才有资格进入士官学校，最后又能在实战中脱颖而出，这小林怎么也能挤进东瀛战将的高手之列了。

当车桥战役进入尾声时，小林对四分区的"高度清乡"已告一段落，开始转为以政治伪化为主，他的"扩展清乡"、"强化屯垦"也准备就绪。

车桥战役让粟裕增加了继续组织主力作战，以打破小林"清乡"计划的信心，他向军部提出："于最近进行一场较大的战役。"

这场即将开始的战役，便是南坎战役。

"清乡"开始之前，苏中区党委召开会议，传达中央"今年打败希特勒，明年打败日本"的指示，正是在南坎。"清乡"开始后，这里成了"清乡区"封锁圈上最东端的一个重要据点，也是"清乡区"内外联络的最重要通道。

粟裕南坎战役的前奏曲，便是攻破南坎，打开封锁圈上的缺口，使主力进入"清乡区"。

粟裕首先想到的又是"老虎"，他让在车桥整训的第七团迅速赶来南坎，并决定继续实施"围点打援"战术：七团攻坚，特务四团打援。

第六章　两军相遇勇者胜

1944年6月23日夜，七团穿过车桥与南坎间的层层封锁线，预定于天亮前在太平庄宿营。

因为估计到路上随时可能发生遭遇战，团长兼政委彭德清对行军队列做了调整：部队不是走一路纵队，而是分成两个梯队，这样一旦遇敌，便可迅速展开兵力，乃至夹击歼敌。

上午6点，团部梯队突然与从据点里出来"扫荡"的日伪军遭遇，彭德清看到，对面平原上黑压压的一片，全部是敌人。

事情是一瞬间发生的，敌我都没有想到，当时彭德清面临的情况是，三营梯队已经走远，一营、二营属团部梯队，但一营在前面两里的地方，作为后卫的二营则还没有上来。

情况刻不容缓，两军相遇勇者胜，彭德清一边用军号和派通信员的方式，急调三营、一营赶来参战，一边率领身边仅有的几个勤杂人员登上民居房顶，就地展开作战。

这支日伪军中，日军占有很大比重，且训练有素，中队长加藤大尉听到枪声响起，立即率部缩进一片乱坟包内，同时派出一个日军小队向团部所在位置冲来。

500米、400米、300米，距离越来越近，彭德清可以清清楚楚地看到，一个鬼子军官正挥着军刀，指着"干沟"，不停地呐喊。

"干沟"是一条横贯东西的沟渠，里面没有水，从军事角度上来说，它既是野战防线，也是安全交通壕。日军占领之后，不仅能进能退，还可以借此把新四军赶到开阔地上。

显然，日军小队意在"干沟"。彭德清往四周围一看，各主力营仍没有上来，而日军已冲到干沟南面，整个场面紧张到让人透不过气来。

焦灼万分之中，幸好团教导队率先赶到。教导队是七团的骨干训练班，成员全是富有作战经验的班长、副班长，虽然只有100多人，但绝对称得上是七团的"拳头"。

"拳头"挥出去后，还是稍嫌晚了一些，日军抢先一步占领了"干沟"，并穿过沟底，从南向北运动，用机枪将教导队压在了开阔地上。

开阔地一马平川，冲上去一次就被火力打下去一次，教导队冲了几次都冲不过去。教导队队长秦镜是一师颇富传奇色彩的战斗英雄，也是个有名的大嗓门儿，他拉开嗓门儿喊："听口令，一起上，谁也别落下！"

随着他惊天动地的一声大喊，教导队亮起刺刀，如浪涛般再次向"干沟"卷了过去。日军惊慌失色，他们从沟里甩出的"甜瓜"手雷跟下冰雹一样，教导队立在沟堤下面，捡起还冒着烟的手雷又重新扔了回去。

依靠教导队，七团与沟里的日军形成了对峙。

拔剑斩蛇

这时加藤最正确的选择，应该是增兵"干沟"，从正面寻求突破，但是这位大尉中队长却做出了一个错误的选择。

他派出的两个日军小队，没有增兵"干沟"，而是分别向西、向南而去，其用意，是要用两个小队进行迂回，抄教导队的后路。

这不是加藤的错，因为每一个日军指挥官都会这么干。迂回作战是日军的金科玉律，并且明确载入了作战条令，你就是让小林来指挥，他十有八九也要这么做，更别说加藤了。

加藤不知道的是，在他被彭德清吸引的时候，三营、一营已经赶到。

这两个营听到团部方向有枪声，而且越打越猛，当即一左一右进行迂回，方向正好是一个西，一个南。

七团"苍龙现身"，已把日伪军这条毒蛇围住，其中，三营掉转"龙头"吃南进小队，一营卷起"龙尾"裹西进小队，教导队作为"龙身"，则把"干沟"里的小队顶在那里动弹不得。

彭德清所要做的，是完成最后一道工序：拔剑斩蛇。

二营上来了，彭德清将该营的两个连作为团预备队，把第六连调上来，命其直插乱坟包，捣毁日军临时指挥所。

六连的出击，是关乎全局胜负的一步棋，双方都很清楚，因此一来上就刺刀见红，大打白刃战。

这场白刃战十分激烈，旷野上，刀光跳动，尘土飞扬，旁人看去，就像是古战场上的两军交锋。

冷兵器相搏，最见一个战士的勇气、胆魄以及技术。新四军著名的战斗英雄、有"飞将军"之称的陈福田一人和三个日本兵拼刺刀。一开始，日本兵还讲点武士道精神，而且也自以为能拼得过，所以没有一拥而上，而是两个助威一个上，一对一地拼。

第一个，被陈福田刺穿了胸膛。

第二个，被挑着脑袋撂倒了。

第三个还没上，已经被吓傻了，急忙推上子弹朝陈福田开了一记黑枪。

陈福田在中弹倒地前的一刹那，还赶上去给了那鬼子一刺刀，来了个同归于尽。

六连很快就在白刃战中把日军打得一败涂地。

冈村宁次记载，他在指挥对国民党军队作战时，往往会根据日军士兵的刺刀伤，来判断对面是正规军还是杂牌军，而在早期的苏南抗战中，新四军一对一与日军拼刺刀，一般很难取胜，所谓"救命弹"正是要用在这个时候。

白刃战中能技高一筹，论的就是能力，说明你的能力已经今非昔比，不一样了。

彭德清斩掉蛇头之后，"龙头"、"龙尾"、"龙身"方面的枪声很快也停了下来，战斗进入收官阶段。

敌人已成惊弓之鸟，但少数残敌，主要是日本兵，仍不肯放下武器投降，其中有一个穿黑色长筒皮靴、拿手枪提战刀的家伙特别凶悍，第六连连长在追击过程中便被他回头打了一枪，成了当天七团战死的第一名连级指挥员。

秦镜热血上涌，立马追了上去，这鬼子越跑越快，秦镜也越追越急。鬼子实在跑不动，只得站住，两人拉开架子，互相足足盯了一袋烟的工夫。

犹如是武林决斗的开场，彼此在气势上先较量一番，较量的结果是，鬼子先憋不住了，抡起战刀，照秦镜的脑门儿就砍了过来。秦镜眼疾身快，往旁边一闪，差点儿把鬼子给晃倒。

本来想抓活的，到这时也顾不得了，秦镜挺起刺刀，从鬼子背上狠狠插了下去，一刺刀就把这家伙给钉在了草地上。

翻开鬼子的军帽，发现后面绣着四个汉字：加藤大尉。

经过3个小时的作战，"老虎团"干净利落地消灭了中队长加藤大尉以下日军

100多人，活捉小队长以下14人，伪军被毙及活捉300多人。

七团在这一仗中也付出不小代价，指挥员中就战死了副营长、连长各1名。太平庄遭遇战打响时，南坎战役尚未开始，但考虑到七团刚刚打完仗，粟裕对七团和特务四团在战役中的角色进行了对调。

1944年6月26日夜，南坎战役如期打响。

南坎据点设有一个大"检问所"，驻有日军一个小队和伪军一个连，且工事坚固，弹药充足，但攻坚的特务四团没让粟裕失望，很快就解决了问题，前来增援的日伪军亦被七团包围歼灭。

失之南坎，得之南坎，以攻克南坎据点为起点，粟裕对"清乡区"发起了夏、秋两轮攻势，在不到一个月的时间里，苏中军区已攻克、包围和逼走大小据点五六十个。

小林未料到粟裕会一下子对他发动如此迅猛的攻势，尽管他还准备"扩展清乡"，但兵力使用上实际早就捉襟见肘，而且老兵越来越少，士气也随之低落，外面又调不进兵来补充，一时间不知如何应付才好。

兵不够，只能靠武器来帮忙。

日军步兵主要使用大正十一式轻机枪，俗称"歪把子"，这种机枪的最大好处是弹药与步枪通用，用步枪弹夹即可供弹，但它的缺陷也同样明显，就是装弹程序非常烦琐，机枪手在瞄准射击前，光装个弹就得忙到满头大汗。

早在长城抗战时，日军就吃够了自家"歪把子"的苦头，很多日本兵情愿扔掉"歪把子"，改用从国民党军队手里缴获的捷克式机枪。以后到了全面抗战，日军内部对"歪把子"的非议更是不绝于耳。

小林给他的部队配备了新机枪，即九六式轻机枪，俗称"拐把子"。"拐把子"采用了捷克式机枪的弹匣供弹方式，相当于"歪把子"与捷克式的混血儿。

为了对付新四军神出鬼没的出击，"拐把子"上还装了夜间瞄准器及其刺刀，当新四军发起攻击战或近战时，此类"拐把子"的威胁很大。

经陶勇倡议，四分区展开了一个多打胜仗、多缴枪的竞赛，陶勇还给部队定了一个指标，要从日军手里缴它一打"拐把子"机枪。

一打就是12挺，不出两个月，12挺"拐把子"就都到了新四军手里，原先一师的轻机枪大多为缴获的"歪把子",现在他们也换上了新装备。

参加夏冬季攻势的,除一师主力部队、地方部队外,还有大量的民兵。

与正规部队不同,民兵多采用"麻雀战"形式。有几个乡的民兵联合起来,围困敌据点达3个月之久,在这3个月里,民兵们不断向碉堡打冷枪,掷手榴弹,还时常把一些死猫死狗扔进据点四周的水沟里……

据点里的日伪军被整得苦不堪言,中队长向上级诉苦:"驻军如失群之雁,煮饭无草,菜肴无盐,难以坚持。"

上级当然也解决不了这些困难,灰溜溜地撤兵走人便成了唯一之选。

粟裕通过发起南坎战役,前后攻克、逼退敌据点60余处,截至1944年10月,不仅恢复了"清乡"以来被日伪军占领的地区,而且使苏中根据地有所扩大,第四分区的"反清乡"取得了决定性胜利。

1944年11月1日,"苏北屯垦总署"被迫宣布取消,"扩展清乡"、"强化屯垦"亦不了了之。

对小林信男来说,更让他沮丧的还在后面。进入1944年年底,日军在太平洋上的战线已接近崩溃,"中国派遣军"、关东军都被调出大量部队进行战略防御,已经没人再对"清乡"感兴趣了。

在这场长达近两年的拉锯战中,他输了,而且再没有机会反败为胜。

第七章 / 真理掌握在少数人手里

谁都明白，日本战败已经进入了倒计时。1944年年底，华中局决定在坚守苏中的同时，挺进江浙。

粟裕请命先遣。这已是他第三次担任先锋重任，第一次的抗日先遣队是北上；第二次的先遣支队是东进，这一次是南下。

4年前，粟裕北渡，那时随其渡江的人员只有2000，4年后重返故地，规模和气象均大为不同。

粟裕把苏中经营成了中央所希望的"汉高祖的关中"，所控制和储备的人力、物力、财力，在华中均居首位。在第三旅主力南下先遣后，苏中仍能留下足够兵力，与此同时，军工部还用不到一个月的时间赶造出500门迫击炮、5000发迫击炮弹，使得南下部队从连到营到团，都得以配置了不同级别的迫击炮。

1944年12月27日，粟裕率第三旅近万人马，分两路行动，出其不意地渡过长江。过江后，近万人马迅速穿过封锁线，到达浙江长兴，与苏南的新四军第十六旅合兵一处。

1945年1月13日，成立苏浙军区，粟裕任军区司令员，统一指挥苏南、浙东部队。

抗战前，江浙是国民党统治中心，这时候又成了日伪的心腹区域，新四军向江浙发展，便构成了三种力量对这一区域的激烈争夺，争夺焦点集中在杭州西北的天目山。

日军日薄西山，虽仍占有城池，却已无能力出来主动作战，真正可以跟新四军一争的，是顾祝同的三战区。

粟裕一入天目山，战区司令长官顾祝同马上调集重兵，抢先对新四军发动了进攻。

在抗战大局已定的前提下，国共终究还是要一争高下，这是历史的宿命。

投石问路

南下之前，粟裕做了各种心理准备，但有一点还是出乎他的意料。

顾祝同在天目山集中兵力之强，超出了他先前的预计。除此之外，顾祝同还有众多的后备部队，而当时的粟裕立足未稳，且手中只握有一、三两个纵队，处于明显劣势。

粟裕为"天目山计划"设计了两计策。

第一计策，直接进入天目山，优点是快，第一时间可达到目标，缺点是敌情不明，掰手腕时能不能一下子就扳倒顾祝同，心里还没底。

第二计策，暂时先进天目山的支脉莫干山，缺点是慢，进占天目山还得等待时机，优点是比较稳妥，可以投石问路，弄清顾祝同的虚实。

粟裕最后决定先采用第二计策，他把两个纵队摆成掎角阵形，一纵队在莫干山内，三纵队在莫干山外。

第二计策其实也是在为第一计策做准备，不过需要顾祝同配合。粟裕相信，顾祝同一定会予以配合。

卧榻之侧，岂容他人酣睡，莫干山就在天目山旁边，站在三战区的角度，又岂肯让新四军待在他们的"卧榻之侧"？

顾祝同等人果然没有逃过这个思维轨迹。查知苏浙军区一纵队全部进入莫干山，"浙苏皖边区挺进军"副总司令陶广下达了动员令："迅将该匪歼灭，务使坐大。"

陶广为湘军老将，早年曾给蔡锷做过参谋，其嫡系的第二十八军为三战区骨干部队，顾祝同即以陶广为将，给新四军下了战书。

1945年2月12日，陶广从第二十八军等部中抽出5个团，突然向三纵的第七支队发动进攻。

支队相当于团，陶广认为凭5∶1的数量优势，可以轻而易举地吃掉第七支队，从而切断一纵队的后路，然而他其实并没有把账算清楚。

首先遭其攻击的三纵，由南下的第三旅改编而成，第七支队的主体即为"老虎团"第七团，要吃它岂是件容易的事。

从局部来看，双方兵力之比确实是5∶1，但在整体上，粟裕拥有两纵六个支队，兵员数不比陶广少。

很快，粟裕将三纵的其他部队也投入正面作战，同时下令山里的一纵队越过莫干山，由东向西切断陶广的退路。

1945年2月16日，三纵发起反击，陶广抵挡不住，又获悉一纵从背后摸了过来，当即全线溃退。

打了胜仗的新四军尚有追击能力，不过粟裕适可而止，没让部队继续穷追下去。

逃敌是进天目山的，天目山易守难攻，国民党部队又有纵深配备，若是强攻，必会遭受较大伤亡。

粟裕不追，他在山外等着，并且预计顾祝同还会二度派兵来袭，因为此君在第一战中受到的打击并不是很大，伤不深就不会长记性。

如粟裕所料，顾祝同真的拿着旧船票，又登上了老客船。他没敢再犯轻敌的毛病，这次集中12个团来攻。

数量上，顾祝同首次超过了粟裕，但打仗不能光看量，还得看质。

第一次天目山反击战对粟裕来说，是一次试探性作战，通过此战，粟裕基本摸清了三战区几支部队的脾性和特点，他印象比较深的，是第二十八军和忠救军。

在国民党各大战区中，三战区被称为是杂牌军的大本营，没有多少纯正的"中央军"，但是杂牌里面也有能打仗的，比如陶广的第二十八军。

第二十八军属于湘军，素来无湘不成军，湘军有霸蛮之气，第二十八军对新四军不服，曾经说如果他们和新四军交手，"两天解决，绰绰有余"。

三战区还有一支特务部队不能不提，它也参加了第一次天目山之战，这就是"忠义救国军"，简称忠救军，其成员大多是江南本地人，有地利之便，动作灵活，惯于爬山，因此又称"猴子军"。

陈、粟在苏南抗战时，多次与忠救军发生"摩擦"，双方各有输赢。在新四军北渡后，忠救军还曾试图闯入苏中，与新四军进行争夺，只是当时粟裕已抢得先机，才不得不作罢。

天目山首次交锋，第二十八军所属第六十二师出了3个团，忠救军出了1个团，他们让新四军付出了不少代价。

此次顾祝同任命第二十八军军长，陶柳为前敌总指挥，兵分四路，但在粟裕的眼里，只有两路值得他一看。首先，左中路最为瞩目，包括第二十八军所属第五十二师和第一九二师各一团，其中第五十二师训练有素，装备也相对好一些，配备了苏式轻重机枪，是各部队中战斗力最强的。

粟裕初步估算了一下，第五十二师一个团的战力，大致与他的一个支队相等，当然还要是比较强一些的支队才行。

其次，就要数左路的忠救军了。忠救军主要装备轻武器，大规模作战的经验不及第二十八军，而且喜欢打滑头仗，但是一旦得势，也非常有攻击力。

只要狠打这两路，其他几路不难对付。

以战教战

与第一次相比，顾祝同增加了 7 个团，粟裕应战，在原来的两个纵队之外，仅仅多了一个独立第二团。

粟裕只能挖掘现有部队的潜力。

两个纵队中，一纵系由第十六旅改编而成，已在江南打了好几年仗，对山地不陌生，唯有三纵来自苏北，长期在平原和水网稻田地区生活作战，绝大多数人过去从未爬过山，甚至有人在南下前还不知道山是什么样。

俗话说得好，"望山跑死马"，因对地形不熟，官兵们看着山不远，真走时要走好半天才能走到山脚下。另外，浙江的山虽普遍不高，但山势陡峭，越往上爬越费力，有时爬了好一阵，以为到山顶了，其实才刚到半山腰。

第一次反击战临近结束时，三纵因不擅爬山，又缺乏山地搜索经验，使得敌军大多在钻入山林后夺路而逃。

粟裕在南方打了三年游击战，完全是个山地战的行家里手。他"以战教战"，亲自给三纵连以上干部讲授山地战术，而且从最基本的爬山要领讲起："你们上山要用脚尖，下山侧身用脚跟，这样不但速度快，而且不会喘大气。"

粟裕告诉众人，山地战跟平原战不一样，攻时，要特别注意左右两面的搜索，以防敌人打埋伏，守时，要把部队放在半山腰，同时派战斗组在山下警戒。

1945 年 3 月 3 日，陶柳率四路兵马杀到，其间，战斗十分激烈，双方围绕山头阵地反复争夺。已经具备一定山地战经验的新四军顶住了压力，连以擅长山地战著称的"猴子军"都没能取得突破。

3月7日，粟裕下令一、三纵队主力全线出击，向左路忠救军当头打来。

忠救军既是"猴子军"，又是"滑头军"，势头好时，可以冲在最前面，势头不好时，也会首先开溜。

忠救军往旁边一闪一逃，让第五十二师和一九二师相继失去了侧翼掩护，结果被新四军打个正着。

关键的两路一失，其他几路连上都不敢上，就回缩逃遁了。

粟裕大破陶柳四路兵马，乘胜攻入并控制了天目山，第二计策完美地过渡到第一计策，"天目山计划"实现了。

粟裕有的不光是喜悦，还有担忧。

两次天目山反击战，其实打得都很窘迫，战果也不多，症结就在于兵力不足。

运动战不是游击战，没有足够的可用之兵，主帅连排兵布阵都会感到困难。实战时粟裕没有预备队，只能将两个纵队靠在一起，"一根扁担挑两头"，把敌军击溃算数，也因此丧失了围歼的机会。

试想一下，如果手里面有三个纵队，两个正面突击，一个后面堵截，大兵团的作战效能就可以完全发挥出来。

粟裕的苏浙军区本有三个纵队的编制，但二纵队系浙东游击纵队改编，一直孤悬于浙东，没办法过来。

经过粟裕的再三请求，一个月后，叶飞率第四纵队渡过长江，南下天目山，使得粟裕的机动兵力达到了三个纵队。

天目山是三战区的门户，这一重要战略点的丢失，令国民党阵营大为震动，不过蒋介石还不太相信新四军已拥有如此强的作战能力，他认为是很多人"夸大了中共力量"。

1945年5月23日，蒋介石下令给顾祝同，要他抢在盟军登陆东南沿海之前，将江南新四军予以全部肃清，时间限定为7月底之前。

顾祝同不敢怠慢，随即任命三战区副司令长官上官云相为总指挥，向江南新四军发起大规模进攻。

上官云相与叶挺是保定军校的同期同学，但也正是他通过"皖南事变"，把自己的同学及其皖南新四军主力推入了陷阱。

上官云相参加过对苏区的"围剿"，又在"皖南事变"中亲自指挥了对新四军的围攻，因此自认对新四军的作战特点有所了解。他曾经特地嘱咐自己的幕僚说："和共产党军队打仗，做计划，拟命令，不能完全照在军校学的那一套。他们的很多惯用打法，在书本上是找不到的。"

顾祝同再次以上官云相为帅，当然有希望他借助以往的经验和运气，"再铸辉煌"的意思。

上官云相知道新四军无论行动还是作战，都非常灵动高效，因此主张"以快制快"，用他的话来说是，"判断敌情就得当机立断，下了决心立即行动"。

敌军来势很快，以至于粟裕一开始并没有发觉，直到上官云相设重兵于富春江一线，苏浙军区对他的具体进攻部署仍不十分清楚。

第四种可能

在富春江一线督战的，是顾祝同任命的前敌总指挥、第二十五集团军总司令李觉。

李觉是湘军名将，军界公认的山地战专家，早在武汉会战时即星光闪耀，他曾在金官桥防守战中挡住日军第一〇六师团的进攻，其构筑的山地工事令日本工兵专家也惊叹不已。

李觉在短时间内便筑成大批碉堡群，并切断了浙东与浙西的枢纽。

这是一枚分量不轻的棋子，粟裕与二纵队联系的渠道也因此被断开，粟裕急忙兵进富春江，一场激战过后，两军伤亡都很大，一纵队还战死了一名支队长，气得一纵队司令员王必成嗷嗷直叫。

不过也正是在这一战中，粟裕通过缴获的文件和俘虏口供，掌握了对方的整个进攻部署：在切断浙东、浙西的联系后，占领天目山，直至将新四军歼灭于江南或驱逐回江北。

上官云相的兵力配备也水落石出，共有14个师，42个团，6万多兵力，其中有许多是三战区主力，除第五十二师外，还有第七十九师，这两个师都是"皖南事变"中向新四军进攻的主角，有一定战斗力。

为确保胜机，顾祝同此次还专门从江西调来了一支非常神秘的部队——国际突击纵队（突击纵队），是上官云相和李觉手中所掌握的最精锐武装。

富春江一带狭窄多山，又筑有大量碉堡，加之上官云相的兵力又如此雄厚，粟裕估计，如继续在富春江与之作战，至少还需付出2000人以上的伤亡，其中干部伤亡将占很大比重，初次交锋已经说明了这一点。

最好的结果，能在富春江击败李觉，顾祝同、上官云相必然还将组织规模更大的进攻，他们无所谓，有广大后方，缺什么补什么，打多久都可以。新四军则不行，天目山区产粮少，军粮完全靠苏南供应，兵越多，粮食越紧张，富春江前线的部队已经连续两天没有吃上饭了，只能靠竹笋、野菜充饥，不少人因为缺乏营养还患了夜盲症。

粮草不足，乃兵家之大忌，粟裕认识到不宜再在富春江恋战，甚至于天目山也不能再死守下去。

1945年6月4日，新四军撤出富春江沿线。6月15日，全部撤出天目山，向孝丰以北地区撤离。

与此同时，日伪军突然在苏南发动"扫荡"，广德、长兴一线被封锁，粟裕一下子被逼到了悬崖边上：要么被李觉追上，就地击破，要么退入苏南，遭日伪军消灭，再或者，前进不能，后退不得，被两大敌人前后夹攻。

三种可能粟裕一个都不想要，他只想要第四种可能：反击李觉并取胜。

这是唯一的选择，唯一的退路。

撤退部队夜以继日地从指挥所前经过，那是一座农家小屋，粟裕有时会到门口看看，路过的官兵也不时会向门内张望，不管认识不认识，彼此的眼神里都充满信任：哀兵必胜！

粟裕将可能集中到的机动兵力全部调动出来，两个支队和一个独立团组成阻击集团，守备孝丰，6个支队组成突击集团，隐蔽集结于孝丰西北地区。

粟裕准备了一只口袋，但李觉不会那么自觉自愿地钻进去。

即便在新四军退出富春江沿线时，李觉仍表现得十分谨慎，他再三告诫各部：

"不要受诱上当,丛林深谷,容易埋伏,务必严密搜索敌情。"

李觉再谨慎,挡不住新四军"伤亡惨重,溃不成军"的报告接踵而至。

这些报告有的是实情,有的却是粟裕故意在演戏,为的是示敌以弱,让李觉相信,新四军已无还手之力。

李觉还没表态,他手下的将官已经按捺不住,接二连三地给李觉发电报,要求提前行动。

到最后,李觉终于也憋不住了,他向顾祝同报告:"18日止,东西天目山已无敌踪,扫荡之战,于焉告终"。

李觉把部队分成东、西两个集团,分路扑向孝丰。他这一脚踏出去,踏向的却是失败:山地战或许是他的强项,但运动战是粟裕的强项。

国民党各部队的脾性都不太一样,西集团的第五十二师性急,走得快;东集团则按部就班,步步为营,于是两集团之间慢慢拉开了约40里的距离,五十二师成了孤军突进。

第五十二师在第二次反击战中吃了新四军的亏,被打掉一个团,只剩下两个主力团。以6个团(支队)围歼两个团,粟裕算了一下,两天差不多了,而以东集团这样的行军速度,绝不可能在两天内与五十二师会合。

五十二师求功心切,气势很盛,喊出的口号是"再打一个茂林"。

茂林是皖南新四军遭覆灭的地方,你当着新四军的面,喊什么口号都可以,不可以喊这个。粟裕也相应提出战斗口号:"歼灭五十二师,为"皖南事变"死难烈士复仇!"

围歼五十二师是整场战役的关键。粟裕亲自在山头进行指挥,通过望远镜,他忽然发现对面山头的敌军正在组织炮击,于是赶紧离开。跑出不远,五十二师的炮弹就打了过来,正好落在他原来站立的地方。旁观者后来回忆说:"这个惊险场面,终生难忘。"

五十二师没有能再打出一个"茂林",它被新四军整建制消灭了,比粟裕的原计划少了一天。

一俟得手,粟裕马上掉转兵力,封住了东集团的退路。由于战场局势变化太快,李觉都不知道五十二师已经不存在,他错误地以为五十二师还在与新四军激战,遂电令东集团连夜向孝丰挺进,协同西集团夹击新四军。

西集团里面得力的是第五十二师，东集团里面耀眼的是突击纵队。

突击纵队是应赴缅抗战需要建立起来的。缅甸过去是英国的殖民地，所以英国人就帮中国训练了这样一支精锐部队。

突击纵队全部英式装备，由英国教官负责训练，下辖5个突击队，一个突击队相当于一个师，其战力超过第五十二师，官兵臂上都佩戴有"奇兵"二字的臂章。

西集团共拥有两个突击队，一前一后，突击一队率先进入孝丰城，马上发现这是一座空城，急忙后撤，但已经来不及了。

新四军与西集团形成了互相分割、互相包围的混战局面，关键时候，粟裕把预先准备好的一个支队从莫干山调入战场，从而把主动权握到了自己手里。

1945年6月23日，新四军发起总攻。一般情况下，新四军都是利用晚上举行总攻，这次粟裕一反常态，将夜晚改成了白天。

白天攻击，一方面可以出敌不意；另一方面是为便于观察，发挥"炮群"优势——仅三纵南下时就带来了超过500门的迫击炮，数量上敌军根本无法与之相比。

经两昼夜激战，第七十九师、突击纵队第一、二队大部被歼，第三次天目山反击战以李觉完败而告终。

限于粮草短缺等原因，粟裕未再乘胜进入天目山，但是他却凭这一战在江南彻底站住了脚，现在谁也赶他不走了。

高手过招，往往几秒之间就可以决定胜负。李觉被击倒得如此之快，不仅出乎蒋介石、顾祝同的意料，连华中局、延安总部也没想到，后者一直担心江南部队的处境，直到战后收到粟裕的报告，他们才如释重负。

当时中共正在召开七大，粟裕被选为中央候补委员，毛泽东对粟裕的评价很高，他说："粟裕将来可以指挥四五十万军队。"

围三缺一

1945年8月15日，日本宣布无条件投降。8月20日，毛泽东赴重庆谈判，在这次谈判中，中共做出重大让步，主动提出从8个解放区撤出机关和部队，浙江和苏南就在这8个解放区内。

10月上旬，粟裕率部北撤。随后，新四军原第一师、四师、六师组成华中野战军（简称华野），由粟裕任司令员。

粟裕是职业军人，平时总是三句话不离老本行，开口就讲打仗，华野组建不久，他就有仗可打了。

当时日军在华中仍驻有部队，即独立混成第九十旅团。该旅团由野战补充队编成，共辖5个独立步兵大队，里面全是缺乏训练的新兵，尽管如此，这些鬼子的态度却很高傲，华野要他们投降，他们说华野没这个资格。与九十旅团驻在一处的伪军也持相同态度，派人去做工作都不顶用。

日伪军要等国民党军队来受降，所谓"缴枪要缴给蒋委员长"。

对粟裕来说，枪还是其次，比枪更重要的是战略格局。日伪军占据着高邮、邵伯，这些地方皆为运河沿岸的军事重镇，易守难攻。其中高邮最为显要，一旦为"蒋委员长"所获，已进驻扬州的国民党军队即可沿运河北上，对华中解放区形成分割，他们也由此认为："运河是道门，高邮是门上的锁，有了这把锁，就可以把共军锁在笼子里。有朝一日，开锁进门，国军便能长驱直入，直捣两淮。"

好好讲不听，就只有打了。

1945年12月19日，粟裕亲自指挥攻打邵伯。

战斗尚在进行当中，他就带着参谋直接进入了邵伯镇，看到日军困兽犹斗，依托工事拼命固守，遂实行"围三缺一"。

第三次天目山反击战的收尾战中，后缩的国民党军队聚集一处，数量远远多于进攻的新四军，粟裕便采用了"围三缺一"的打法，也就是围住三面，故意空出一面，实际是便于部队在运动中轻松歼敌。

这已是同一种战法的第二次巧妙运用。日军不知是计，赶紧沿空出来的一面口子出逃。出逃日军就从粟裕的指挥所门前经过，而粟裕始终守在屋子里，不动声色，等日军离开工事，进入开阔地，他才发出攻击令。

邵伯一战，歼灭日伪军2000多人，其中有日军150多人。邵伯位于高邮和扬州之间，邵伯一破，高邮与扬州的联系就被截断了。

此战结束，粟裕即刻打马前往高邮。

高邮城是全国最后一座还在日军占领下的县城，而高邮战役也实际成为中国军队在本土对日寇的最后一战。当粟裕到达高邮城下时，攻城部队已扫清外围，并将整座城池围得水泄不通。

高邮城内驻有第九十旅团第六二六大队及炮兵中队等部1100余人，伪军5000余人，总计6000余日伪军，由第六二六大队长岩奇学大佐统一指挥。

高邮城墙高大，城内碉堡林立，加上又有这么多的日伪军，攻克不易。粟裕告诉前敌指挥员：别看鬼子还在顽抗，但他们的天皇都宣布投降了，仅仅这一消息，就可以让"武士们"散劲。

从邵伯战斗的情况来看，日军指挥官一定对日本投降的消息进行了严密封锁，士兵还被蒙在鼓里。

粟裕从华中军区敌工部调来了一批敌工干部和"反战同盟"成员，专门制作油印传单，对日伪军展开攻心战。

日伪军缩在高邮城里，华野又没有飞机可用于撒传单，怎么让城里的人看到呢？

敌工部想了很多办法。有人做了一把大弓箭，可以把传单射到城里，但城墙又高又厚，有时射不进去，即便射进去了也射不远。

弓箭做不到的事，迫击炮做得到，有人便用迫击炮将成捆的宣传单打进城里。

人的聪明劲是可以不断被激发出来的，弓箭、迫击炮之后，自制飞机也被提了出来。

当然不可能是真飞机，只会是"土飞机"，实际上是用厚牛皮纸糊成的一块瓦式大风筝，有2米宽，4米长，往天上一放，4个人用粗麻绳也拉不住，只好把风筝线绕在城外的大树上。

风筝上面捆着一包一包的传单，每包传单边上有一根点燃的线香，线香有长有短，当风筝飞临高邮城的上空时，这些线香会将捆传单的绳子依次烧断，然后传单就会落到城里的各个角落。

攻心战起到了一定效果，特别是得知日本投降的消息后，日军士兵的思想开始出现混乱。不久，两个日本兵就利用晚上出城修理铁丝网的机会，跑出来向华野投降。

可是有这样溜出来机会的士兵毕竟不多，日军内部等级森严，士兵普遍对军官有畏惧心理，只要指挥官握着刀站在那里，他们还是会选择继续硬撑下去。

这时粟裕得知，驻扬州的国民党军队已向邵伯出发，并有至高邮受降的意图。

没有时间再耗下去了，必须立即发起总攻。

声东击西

总攻发起之前，粟裕重新视察了一遍地形，他关照各部："力争偷袭，准备强攻。偷袭不成，立即强攻。"

1945年12月25日晚，这是一个漆黑的雨夜。小雨像给大地抹上了一层油，地滑、梯滑，脚底更滑，按照常规来说，本不适合攻城，然而偷袭就是要打破常规。

粟裕下令对东门内进行集团射击。东门内是日军守城司令部所在地，身为高邮城防司令的岩奇学大佐就在那里坐镇指挥，炮击让他意识到攻坚战已经打响，急忙调主力于东门防守。

这是粟裕希望岩奇学做的，因为他的主攻方向并不在东门，而在北门和南门。

千百年过去了，用于城池攻防的基本器械仍然没变，还是和《三国演义》里差不多：攻城的用云梯，守城的用钩镰枪。

为了适应高邮城的高度，登城云梯也有9米多高，人踩在上面吱吱呀呀，摇摇晃晃，而钩镰枪的矛头带有弯钩，能刺能推还能拉，只要给它碰着一下，人就要从梯子上摔下去，纵使刺不到，还可以把竹梯推倒或拉歪。

但是粟裕的声东击西，令北门和南门的守敌措手不及，同时攻城突击队也太厉害："老虎团"第七团。

钩镰枪尚未派上用场，手榴弹就雨点般飞了过来，日军急忙闪避，突击队便跃上了城头。

其间发生了这样一个插曲，冲在最前面的突击班在城头夺得了一块小阵地，但是他们很快发现自己处于日军的东西两面夹击之中，更困难的是，与后续部队也失去了联系，只能孤零零地在城中作战。

这个班的班长叫袁金生，全班11个人，在袁金生派一个人下城联系后，还剩

10个。

袁金生为了守住突破口，用机枪和手榴弹，顶住西面日军的反复冲击。当东面日军冲过来时，已来不及发挥火力，他就带领一众好汉迅速回头，直冲过去拼刺刀。

日军没想到对方的反应这么猛、这么快，一下子被刺倒了好几个，余下的人都稀里哗啦退了回去。

大部队从突破口源源不断地进入城内，日军在城头上的防线土崩瓦解。

第二天拂晓，粟裕也从突破口登上城头，他赞扬七团："不愧为老虎团"，对袁金生说："好样的，英雄啊！"战后，袁金生被授予"华中军区特级战斗英雄"称号。

经过一天一夜激战，岩奇学宣布无条件缴械投降，粟裕指定受降仪式由第八纵队政治部主任韩念龙主持。仪式进行时，粟裕一直在现场，但无论是岩奇学还是韩念龙，都没有发现。

3天后，粟裕接见投降的日军军官，岩奇学才知此事，不由得惊讶异常，当即恭恭敬敬地将自己祖传的紫云刀奉上，以"献给久已仰慕大名的中国将军"。

1946年1月11日，粟裕发起陇海线东段战役，通过这一战役，拔除了陇海线东段的日伪据点。

"不谋万世者，不足谋一时；不谋全局者，不足谋一域。"高邮邵伯战役确保了华中不被分割，陇海线东段战役则打通了华中与山东的交通线，两大战略区由此连成一片。

粟裕已经把大兵团作战的战场已经摆好了，他说："如果敌人大举进攻陇海线，我军就可以一部正面守备，主力摆在两侧。"

说到这里，他两手环抱，做了一个斩杀动作："两侧出击，消灭它！"

自1946年4月起，国内局势转入紧张。在第一绥靖区司令官李默庵的指挥下，苏中南部集结了国民党5个整编师，并计划发起苏皖会战，其第一目标便是攻占苏中、苏北。

这些部队没有一个把粟裕放在眼里。整编第八十三师师长李天霞拍着胸脯对李默庵说："我的部队没有问题，一个团就可以同共军干一下。"

5个整编师多数没有与"共军"作战的经历，李天霞是王耀武的老部下，他倒是与"共军"交过手，但那是随王耀武与北上抗日先遣队作战，他当然不会觉得粟裕有多厉害，过去的手下败将嘛。

只有他们的主帅还比较谨慎。

李天霞是黄埔三期，李默庵则是黄埔一期，也就是说李默庵显山露水的时候，正是苏区发展鼎盛时期，对方的作战水平如何，他已经提前见识和领教过了。

李默庵告诫众将："共军作战一向灵活机动，江北粟裕又久据苏中，熟悉地形，此次进攻，切切不可马虎大意。"

话虽是这么说，李默庵自己其实也有些盲目乐观。

整编师加上其他配合部队，他的总兵力达到12万人，5个整编师又都是国民党主力部队，与过去的韩德勤、顾祝同部相比，可以说不在一个档次。

这么多人，这么好的武器，这么强的战斗力，对付"共军"应该不成问题吧。

在没有对粟裕部队做深入侦察的情况下，李默庵就制订了作战计划，并把进攻时间确定为7月13日。

让李默庵没想到的是，就在将要发起进攻的前一天，蒋介石亲自给他打来电话，要他暂停进攻。

原因是，泄密了。

骄兵必败

粟裕在华野司令部建有代号"四中队"的技术侦察小组，这个小组掌握当时条件下的无线电高科技手段，能侦察和破译敌方的各种重要密令。他们和地下党一起，构成了一个高效而快捷的情报处理网络，被粟裕称为"千里眼、顺风耳"。

李默庵7月9日定下的时间和部署，粟裕第二天就知道了，第三天，美国特使马歇尔也知道了。

马歇尔正在为国共做调解，他马上去见蒋介石："我得知你们要进攻苏中，有这件事吗？"

蒋介石还装傻，马歇尔当场掏出了一份文件，蒋介石一看，竟然是李默庵的油印作战计划，立刻僵在那里。

既然泄了密，李默庵就只好暂时停下手来，另择佳期，但粟裕不让了。

粟裕以往的打法，一般都是后发制人或诱敌深入，然而这次他要反其道而行之，依据就是抓住了对手的致命弱点："骄"。

解放战争初期，国民党部队普遍都是一种表情，那就是"骄"。

虽然粟裕在天目山反击战中3次大获全胜，使国民党方面受到震动，但他当时击败的毕竟是三战区——抗战时期的各大战区中，三战区实力仅为一般。

后来粟裕北渡长江，又被国民党解读为是支持不住及溃退的表现，他在大兵团作战方面的惊人潜力也由此被有意无意地忽略掉了。

粟裕曾参加国共停战谈判，临走时国民党一批飞机降落在机场，声音震耳欲聋，站在粟裕身边的一位国民党高官指着天空说："现代空军的威力真是伟大啊。"

粟裕微笑回答："遗憾的是，天上的飞机还不能到地面上来抓俘虏。"

粟裕不是轻视现代武器装备，相反，他非常重视，组建军工部并实施"炮群"攻击便是最好的例子，但他不迷信武器，而且在那种场合下，也不能轻易示弱于人。

事实上，国民党空军的规模还很小，更不能形成强大战斗力，李默庵要指挥苏皖会战，空军才配了一架小飞机供其使用，这种情况下，又谈何"伟大的威力"？

国民党的自大，只是显示出一种虚骄而已，明明身上没多少肌肉，还非要给人摆造型。

所谓泄密事件，则是另外一种"骄"。事件发生后，李默庵始终没有查清楚秘密是何人所泄，而他对此的解释颇有些让人哭笑不得："抗战胜利不久，各部队指挥机关保密观念很淡薄，泄密事件的发生，并不奇怪。"

世界上的事，成与不成，都在"认真"二字上，军事作战更是如此，因为许多个"并不奇怪"，国民党方面付出了他们难以想象的代价。

第三次天目山反击战时，粟裕曾经"哀兵必胜"，现在他要让李默庵尝一尝"骄兵必败"的滋味儿。

粟裕要打李默庵，而他首先出击的部位，同样令人感到惊讶：整八十三师。

整八十三师配备有半美式装备，原番号为第一〇〇军，抗战后期曾作为远征军赴缅作战，在5个整编师中，它武器最好，战斗力也最强。

"先打弱兵"曾是粟裕固守的一个基本用兵准则，那为什么如今要反过来，先打"强兵"呢？

答案还是那句话，"兵无常形，亦无常理。"

整八十三师最强不差，但也最骄，在军事要点宣家堡、泰兴，李天霞真的只各驻了一个团，而这两个地方正是粟裕要攻袭的首取之地。

宣家堡的那个团比他们师长还狂，说："如果共产党打下宣家堡，那么他们（指华野）可以倒扛着枪，一弹不发进南京了。"

如此入口的一道菜，不打它打谁？

李默庵有12万人，粟裕只有3万，4打1，粟裕出其不意，各用6个团来打宣家堡、泰兴（宣泰），就形成了6∶1的优势，而且这6个团皆为华野主力，岂有不胜之理。

长途奔袭是粟裕的拿手好戏，当华野到达宣泰城下时，城内守敌还一无所知。

李默庵并非没脑子，在黄埔一期生中，曾流传一个说法，叫作"文有贺衷寒，武有胡宗南，能文能武李默庵"，因此也有人把李默庵列入国民党黄埔三杰之一。

可是聪明的头脑，恰恰在关键时候让李默庵上了当。苏中战役打响时，他本应调驻南通的王铁汉整编第四十九师北上增援，但因为不知华野虚实，又素知粟裕喜用声东击西之计，他怕粟裕乘机攻击南通，就把王铁汉缩了回来，后来发现粟裕的真实意图时，时机已经错过。

1946年7月15日，这是李默庵敲定的再次向苏中进攻的时间，但就在这一天，华野攻下了宣家堡，整八十三师被打掉2个团加2个营。

这是苏中战役的首战，也是首次歼灭国民党美械部队。

此前对能不能和美械军一较高下，大家心里都没底，延安总部的原定方略，是依照过去在重兵压境的情况下，"跳出内线，到外线作战"的经验，让华中野战军（华野）、山东野战军（山野）避开强敌，转移到淮南作战。

粟裕坚持在内线歼敌，而且歼灭的还是国民党美械军，让很多人都想不到。此战刚结束，毛泽东即亲自来电向粟裕询问："打的是否是整编第八十三师？消灭了多少？尚存多少？"

李默庵吃了苦头，但他经历过风雨，这点苦头还受得住。

抗战中，李默庵参与指挥了著名的忻口战役，在正面战场上与板垣师团一对一地格斗，后来又在中条山打游击战，在国民党将领中，这样正规战能打、游击战也会的人并不多见。

见粟裕先声夺人，自己兵马未动，却已遭挫伤，李默庵急忙调整部署，他派李天霞整八十三师进攻华野主力，王铁汉整四十九师攻向如皋。

李默庵的这一战术非常刁钻。李天霞看似是主打，其实是配角，仅仅起一个策应作用，王铁汉才是真正的主角。

如皋在宣泰以东，只要华野仍在宣泰，王铁汉一旦占领如皋，就等于截断了华野东去之路。

这是李默庵借以翻盘的大好机会。

没有秘密

王铁汉率整四十九师昼夜疾进，向如皋开去，可是中途，意外发生了。

1946年7月18日，华野主力突然出现在整四十九师侧后。

要知道原因吗，当然是又泄密了。

得知李默庵的最新部署后，粟裕当即以变应变，除留下部分兵力，以造成主力仍在宣泰的假象外，其余部队全部掉转方向，向如皋方向长途奔袭。

王铁汉要断华野的后路，他自己的后路反而被华野给切断了。

粟裕要围歼整四十九师。经过两天两夜的攻击，该师所属的一个旅防线遭突破，仅师长王铁汉率少数直属队突出包围。

可是在打另外一个旅时遇到了麻烦，对方只剩一个团扼守，然而负责进攻的第六师怎么攻都攻不过去。

这时李默庵已把李天霞等部调过来增援，整49师的后续部队也接近如皋，粟裕觉得不能再僵持下去了，当天深夜，他悄然赶到了一线战场。

仗没打好，第六师的副师长王必成、副政委江渭清的脸都阴沉沉的，粟裕看在眼里，但脸上仍然是一副若无其事的表情。进入指挥所后，过了一会儿他才问："对面敌人是一个团？"

"一个加强团。"

第七章　真理掌握在少数人手里

粟裕点点头："打不下，就不要打了。"

一听这话，王必成急了："那怎么行，可以打下来。"江渭清也说："我们打算在拂晓前再组织一次攻势。"

第六师的心情可以理解，可是战机一旦失去，就不能勉强，否则只会打得更糟更坏。

粟裕轻轻地摆摆手："你们怕是打红眼了，通知阵地，停止攻击。"

1946年7月23日拂晓，华野放弃攻击，向如皋以北方向撤离，而整四十九师则乘势进入如皋。

苏中战役的第二战，可以说是各取所需。据华野统计，歼敌1万余人，中央军委专门发来贺电："庆祝你们打了大胜仗。"

对李默庵来说，也不是不能接受，毕竟他按计划占领了如皋，就战略角度而言，处于较为有利的位置。

占据如皋后，李默庵即在城里建立前沿指挥所，同时囤积粮食弹药，以利再战。

李默庵的下一个目标是如皋北面的海安。

海安在历史上就是兵家必争之地，南来北往的粮道都须在此通过，元末朱元璋与张士诚争天下，张士诚守泰州，朱元璋便派常遇春在海安筑城，绝其粮道，结果泰州成为孤城，不攻自破。

李默庵此举，正是要进一步对泰州等地形成封锁，以巩固苏中南部占领区，毫无疑问，这是一步好棋。

为攻下海安，李默庵集中了6个旅，计划分两路夹攻。

李默庵没有秘密可言，因为都被粟裕掌握着。粟裕左想右想，觉得不能硬来，还是以主动撤出海安为妙。

一说这话，许多人都想不通："敌人没有什么了不起，我们已经打了两个胜仗，为什么不敢在海安同敌人决战？打了两个胜仗还要放弃海安，那两个胜仗不是白打了吗？"

有时候真理只掌握在少数人手里，粟裕坚信他的想法是正确的，但是又不能独自做这么重大的决定。当时华中局总部在淮安，只有粟裕一个人在前线，电报上也讲不清楚，他决定立即去一趟淮安。

粟裕喜欢掌握新技能，他不仅会骑马，还会开汽车、摩托车、骑自行车、划船，可以说那时候能接触到的最新交通工具，他几乎都学了个遍。

海安距淮安有 300 里路程，粟裕带着一名警卫员，轮番使用摩托车、自行车、船只等交通工具，一天一夜赶到淮安，最终取得了上级的支持。

华野主力撤出海安后，粟裕依靠一个从地方上升为主力的第七纵队，以海安为轴，实行运动防御战。

围绕海安的战斗，双方的统计口径有很大差异，华野方面认为重创敌军，因此把这一战列为苏中战役的第三捷，但据李默庵回忆："似乎没有花费什么力气，经过两天时间，打了几下，便占了海安和李堡。"

不管怎样，李默庵起码在战略上又一次达到了目的。

自苏中战役开始以来，应该说，李默庵在大的计算上基本没有什么明显漏洞，但他有一个环节一直非常糟糕，而正是这个环节着实害他不浅。

老马熟路

这个环节是：信息。

粟裕有"四中队"，有地下组织，有千里眼，有顺风耳，李默庵只有泄密，不断地泄密。

情报系统的不得力，与国民党军队臃肿低效的体制也大有关联。李默庵统领 12 万人，但这些部队没有几个是他带出来的基本部队，作为李默庵这样级别的高级将领，他也很难做到亲临第一线。

苏中战役从始至终，李默庵一直在常州隔江遥控指挥，有什么情况，只能等下面往上报。像粟裕那样亲自骑车赶 300 余里的事情，在国民党将领中是不可能见到的。

信息已经极度不对称了，李默庵的部下还接二连三地给他发来各种错误的信息。

华野主动撤出海安，基本没有受到什么损失，可是国民党各部在所谓"捷报"上都无不大吹特吹，到李默庵统计时，歼灭华野总数竟然已达到两三万。

华野一共才 3 万人，前面又连打两仗，还能剩下几多？

李默庵由此做出了一个与事实相去十万八千里的判断："苏北共军已经一败涂地，主力第一师、第六师下海北逃。"

就算是粟裕缓过劲来，也不可能是一时半会的事吧，沿着泰州、海安、李堡，一直到海边，李默庵安安心心地建起了防线。

他不知道，华野主力没有下海，第一、第六师正在海安东北休整，进行人员和物资的补给，有的部队距海安仅一二十里。

不知道也情有可原，苏中是新四军的老根据地，当地民兵可以严密封锁消息，国民党的谍报、特工人员根本渗透不进去，李默庵只能可悲地沦为聋子和瞎子。

对李默庵来说，这当然是极其危险的一件事。

1946 年 8 月 6 日，李默庵电令新七旅从海安东进，以接替第一〇五旅在李堡一线的防务，电报当即被"四中队"所破译。

拿到情报，粟裕十分兴奋，几天来，他一直在等着这样一个战机出现。

大兵团作战必须掌握足够兵力，华中三战之后，粟裕已明显感到手中的兵力不足，他曾向山野司令员陈毅发出电报，提出将山野的第五旅调至苏中参战。

陈毅已执行中央关于"外线出击"的计划，率山野主力到达淮北，他回复粟裕，说山野兵力也不足，所以不能将第五旅调出，同时他让粟裕也尽快向淮南转移。

收到陈毅的回电，粟裕索性直陈中央，还是坚持要调第五旅。

战争年代有一个不成文的规矩，下级向上级提建议，同样的内容，只准提 3 次。粟裕连续 3 次上书，最后一次，甚至用了"斗胆直陈"的措辞。

现在战机果然出现了，粟裕急电报告："此乃一良机也，不可错过。"

毛泽东随即指示："尽可能满足粟之要求，集中最大兵力于主要方向（指苏中战场）。"

陈毅复电同意，五旅由此东移，并暂归粟裕指挥。

1946 年 8 月 10 日，国民党两旅在李堡交防。经过充分休整，并增添了新生力量的华野如虎下山，突然向李堡发起猛袭。

敌军猝不及防，一片混乱。新七旅是拼凑出来的地方部队，不同于整八十三师那样的精锐主力，本身就很不经打，而当时交防的电台、电话刚刚拆除，接防的电台、电话又没架好，所以也没法向李默庵告急求救。

奇袭李堡，是苏中战役的第四战，在短短20小时之内，华野便取得歼敌一个半旅的战绩。中央军委专门发来贺电："庆祝你们第二次大胜利（第一次大胜利指的是在如皋发生的战斗）。"

有关华野西移的争论，随着这场战斗的结束暂告一段落，中央军委决定让华野继续留在苏中作战。

李堡一战，损耗了李默庵的机动兵力，也使他不得不暂时放弃在李堡一带建立封锁线的打算。李默庵重新调整兵力部署，退后一步，加强了对海安、泰州以南占领区的"清剿"和防御。

这是一个新的封锁圈，正面兵力很强，弱点在其侧翼，即南通和如皋，那里兵力相对单薄。

这样的弱点，当然逃不过粟裕的眼睛。李堡战斗时，第五旅和苏中军区特务团已经到达，华野兵力增强，完全可以再打一仗，正是见缝就钻的时候。

1946年8月20日晚，粟裕率华野主力由北向南，悄悄向两翼深入。

参与此次行动的计16个团，3万多人，他们进入的虽是敌军薄弱区域，但同时也是封锁圈腹地，倘若稍有不慎，走漏风声，以李默庵的精明，必然会立即抽调重兵包围，到时就有可能是自投罗网了。

粟裕承认他走了一着险棋，说："这个行动好比'孙行者打铁扇公主'的办法，钻到敌人肚子里去打，带有危险性。"

粟裕一向思维缜密，计算精准，如果他走的是险棋，恰恰说明很有把握。

所谓封锁圈腹地，李默庵其实毫无根基，有根基的是粟裕和华野，经过长达6年的抗战，这一带早就成了华野的老根据地，不管去哪里，都跟行走在自家院子里一样。

3万多人夜间行军，老马熟路，沿途连犬吠之声都听不到，整个把国民党军队当成了二傻子。

1946年8月21日晚，粟裕动用第一师、第六师、第五旅三支主力，向丁堰、林梓杀去。

丁堰、林梓是南通至如皋公路上的两座集镇，驻扎着交通警察总队，正在公路沿线进行"清剿",以"恢复交通"。

交通警察总队由抗战时期的忠救军和上海税警团改编而成,名义上归属交通部,装备有卡宾枪等美械自动武器,号称是"袖珍王牌军"。

丁堰、林梓都各有一个总队据守,当受到攻击时,他们还依仗火力强,又有坚固工事,在电话中满不在乎地对李默庵说:"不要紧,可能打上一两个钟头就没事了。"

"一两个钟头"一直拖到第二天下午,阵地被突破了。

粟裕与忠救军打交道不止一次,深知这种部队的优劣所在。简单来说,你让他们去"清剿"或搞突袭,甚至打游击战,都是再合适不过的,但他们没有什么重装备,也缺乏正规作战的经验,碰上以打运动战和阵地战见长的野战军主力,就该吃不了兜着走了。

李默庵再打电话,电话不通,无线电呼叫,呼叫不灵。其实那时候两个总队都已被打垮,余部正在败退之中。

苏中战役第五战收官,华野歼灭交通警察总队5个大队,部队缴获了卡宾枪等最新的美械装备,自此以后蒋介石便被封为了"运输大队长"。

华野士气高涨。粟裕问获胜后的部下:"部队情绪怎样?"

回答是:"从干部到战士情绪好得很。"

粟裕的神情却一点都不轻松:"我现在可是吃不下饭,睡不好觉……"

粟裕心事重重,是因为他知道李默庵绝不是一个低段棋手,并且一定能猜到自己下一步会在哪里做局。

雷公打豆腐

粟裕和李默庵所追求的目标不同,战略打法也相异,粟裕要的是歼敌,多吃掉对方一些棋子,以改变当时敌攻我守的整体格局,李默庵要的却是占地,将华野从苏中完全驱走,从而解除对南京政府的威胁,实际上,他就职时的主要使命就是这个。

两人都坚定不移地奔着各自目标而去。交通警察总队被粟裕横扫一棍,李默庵不心疼吗？当然心疼，但他更在意的是如皋。

丁堰、林梓一战打断了南通至如皋的交通线，使如皋处于三面被围之势。驻守如皋的是王铁汉整四十九师，该师在苏中第二战中已遭重创，兵力较弱，如果粟裕乘胜进攻，城池必定难守。

李默庵一边让王铁汉加强城防，一边急调驻黄桥的整编第九十九旅东进如皋。

整九十九旅是一支比较能打的部队，为保万无一失，李默庵又下令王铁汉出兵三路前去接应。

在李默庵看来，这种部署真是稳得不能再稳，妥得不能再妥了，要是这样还不行，难道他李默庵亲自出马，用八抬大轿把援兵抬到如皋去？

在增援如皋的同时，李默庵还布了另外一步棋，他把驻扬州的黄百韬整编第二十五师派出，沿运河北上，准备攻占邵伯。

这步棋有两手妙用，攻占邵伯是第一手，第二手就是用"围魏救赵"的办法，间接为如皋解围。

李默庵的设想是，黄百韬若攻占邵伯，将会威胁苏中侧翼和两淮（淮安、淮阴），粟裕不能置之不顾，集结于如皋东南的华野主力只能走人，于是如皋得救。

华野尽速西进，就一定能救得了邵伯吗？也未必。

李默庵判断华野不可能从兵力集中的正面核心区走，只能从北面绕，而这需要花费不少时间。有这些时间，黄百韬应该能攻下邵伯了。

可是他忘了，以粟裕所处段位，绝不可能被对手的思维轨迹所左右。

李默庵要救如皋，粟裕也要救邵伯，李默庵用"围魏救赵"，粟裕的对策只差一字：攻魏救赵。

具体来说，就是攻黄桥，救邵伯，兼打援，一举三得。

打黄桥，其实为的是打黄桥后面的泰州。泰州是整二十五师的后方，黄百韬倾巢去攻邵伯，泰州必定空虚，只要一攻泰州，黄百韬前后受敌，就只能回兵援救。

在黄百韬撤回泰州的路上，还可以再打援。

粟裕没有绕路，而是直接插入了正面核心区。

1946年8月23日夜，华野主力穿过如皋至黄桥的公路（即如黄路），正要向黄桥开去，粟裕突然下令停止前进。

第七章 真理掌握在少数人手里

李默庵增援如皋的电文被"四中队"截获了。

粟裕按照电文一算时间,华野与从黄桥出来的整九十九旅正好可以撞个满怀。

打的就是你,你还出来了,不打何待?

1946年8月25日,整九十九旅刚刚进至黄桥东北的分界,就被华野第六师团团包围,而王铁汉从如皋派出的三路接应部队,也在一个叫加力的地方,被华野第一师、第五旅堵截,相互联络因此中断。

不过整九十九旅确实很能打,他们采取集团固守的战法,使得第六师始终无法毕其功于一役。

同一时间,邵伯保卫战也在激烈进行当中,黄百韬已突破外围阵地,令粟裕备感焦灼。

假如还是不能在如黄路战斗中奠定胜局,邵伯守军将继续承担压力,而邵伯一旦失守,整个战局就不一样了。

大兵团作战,胜算与否直接取决于集中兵力的多寡,但粟裕手中的机动兵力已经不多,又无预备队可用,这时他想到了唯一的办法:转用兵力。

粟裕从加力方向抽出一个旅给第六师,使分界方向的兵力形成了5∶1的绝对优势,雷公打豆腐,两个小时之内便打掉了整九十九旅。

分界战斗结束,粟裕马上又把兵力全部调到加力方向,造成15∶1的更大优势,加力之敌又被歼灭。

战事进行过程中,李默庵曾令王铁汉亲自率部前去救援,但王铁汉走到半途也被华野给堵住了,不仅无法帮别人,自己都成了下水的泥菩萨,李默庵深感不妙,急得直跺脚。

无奈之下,李默庵只得让黄百韬派一个旅乘汽车南下增援,未等援军赶到,如黄路战斗已经收场。

得悉整九十九旅等部被歼,黄百韬部深受震动,军心不安,李默庵见侧背受到威胁,被迫下令黄百韬收兵撤回扬州。

苏中战役的第六、第七战分别是指邵伯战斗和如黄路战斗。据华野方面统计,其中仅如黄路战斗即消灭国民党部队两个半旅,创下了解放战争以来一次性歼敌的纪录。

苏中战役由此取得了著名的"七战七捷",不过也有人认为,其中的第三战"海安防御战"、第六战"邵伯保卫战"都属于防御战,并非歼灭战,很难称为胜仗,因此确切地说应该是"七战五捷"。

七捷也好,五捷也罢,在国民党军队尚处于进攻态势的情况下,能有如此高的胜率,粟裕已足以当得起常胜将军的名号,苏中民间盛传:"粟司令打仗仗仗胜。"

消息传到延安,朱德说了一句话:"粟裕在苏中战役中消灭的敌人,比他自己的兵力还要多。"

第八章 棋逢对手

李默庵又被吃掉了一片棋，但是他这个人的好处在于，纵使再伤心，也不会动摇决心。

意识到弱点被粟裕所乘，李默庵开始亡羊补牢，他把主要精力都投入到防区巩固上，在如皋、海安等地设置障碍，构筑堡垒，同时加紧休整和补充部队。期间，李默庵也一改单纯遥控指挥的做法，多次前往各部巡视防务。

作战犹如比武，抓住弱点才能一击而胜，如果对手把弱点都暂时掩藏起来，就只有先静观其变。同时，经过苏中战役40多天的激战，华野也需休息和补充，双方暂时形成对峙。

南京国防部对华中战场的攻略分为一南一北，李默庵在南，薛岳在北。

国民党将帅中，薛岳的名气无疑比李默庵要大得多，不说别的，抗战时期正面战场上的大战役，基本都由薛岳参与或主持，仅他指挥的3次长沙会战就已蜚声中外。

几乎在李默庵上任的同时，薛岳就任徐州绥靖公署主任，并且很快就显示出他极其犀利的一面。

1946年9月10日，薛岳采用"毒箭穿心"战术，派整编第七十四师朝淮阴方向猛袭过来。

两淮（淮安、淮阴）乃华中首府，又是苏中前线的后方，位置极其重要，粟裕在苏中战役中"攻魏救赵"，竭力守住邵伯，也为的是保两淮。

中央电令粟裕"率主力即开两淮"，接到电令，粟裕立即收拢部队，昼夜兼程北上。

顶级王牌

华野出发地距两淮约500里路程，沿途全是水网地带，苏中战役时，粟裕能够

第八章 棋逢对手

一天一夜赶到淮安，那是因为只有他和警卫员两个人，现在几万人马，又碰上大雨，连找条船都不容易，行军自然不可能快得起来。到最后，只有作为先头部队的五旅率先赶到，参加了守城。

在华野主力到达之前，防守淮阴的是陈毅所率山野主力。

此前，山野已经碰了颗硬钉子，在泗县吃了败仗。泗县一战，"陈老总袖子里的小老虎"第八师伤亡达2000之众，预期中的歼灭战变成了消耗战，泗县也没能拿下，全军士气大受影响。

事后总结教训，其中一条就是选择的敌军不当：防守泗县的是桂军第七军，这支广西部队战斗力强，且善于守备。

桂军第七军被称为"钢军"，可与北伐时代的"铁军"第四军相媲美，这样的部队当然不好打。

作为薛岳手中的撒手锏，整编第七十四师比"钢军"还钢。

该师的原番号为第七十四军，它的前身和老底子，正是在谭家桥战斗中令粟裕刻骨铭心的补充第一旅。

补充第一旅在谭家桥崭露头角后，便得以升级为第五十一师，成为第七十四军起家的基干部队，旅长王耀武也随之晋升为师长，后来又升任第七十四军第二任军长。

第七十四军真正的辉煌期，还是在抗战阶段。从淞沪会战开始，这支部队几乎经历了抗战中所有重大战役，其中以它为作战核心的就有万家岭战役、上高会战、常德会战、雪峰山战役，基本胜多败少，且每一次重创的都是日军师团级主力，也因此被日军称为"虎部队"，即中国的顶级王牌军。

抗战胜利后，国民党军队进行缩编，第七十四军缩成了整编第七十四师，辖三旅六团。人少了，但是它的装备得到了加强，成为一支纯美械部队，除配备山炮、迫击炮、战防炮外，还拥有相当数量的美制冲锋枪、卡宾枪和春田步枪，无线电报话机配备到连。

整七十四师现任师长，为原七十四军第四任军长张灵甫，他所领衔的这支部队，位列国民党"五大主力"之首，过去是顶级王牌，现在还是。

辉煌的战史，超强的实力，使得七十四师上下都非常自负。

背水而战素为兵家所不取，项羽的破釜沉舟只是特例，但张灵甫在进攻淮阴时，就采取了这样极为冒险的战法,而且成功地使城内守军陷入了被动状态。

陈毅压力倍增,他在给粟裕发去的电报中有"五内如焚,力图挽救"之语。

1946年9月18日,张灵甫亲临一线督战,于午夜时派一个营轻装潜进,从山野五旅和九纵队的接合部钻入,从而一举攻进淮阴南门,与城外主攻部队形成里应外合之势。

9月19日,山野被迫撤出淮阴,这时粟裕才率领华野主力赶到,但已于事无补。

张灵甫继续南进,3天后整七十四师又攻占了淮安。

两淮战后,徐州绥靖公署副主任李延年说:"国军像整编第七十四师这样的部队不要多,只需10个,就安邦定国了。"

两淮一失,华中局面为之大变,薛岳从北,李默庵从南,南北合击,对山野、华野形成了半包围,苏中完全成为敌后,华中部队回旋的余地更小,困难也更多了。

有人在一篇文章中用文学化的语言描述道:"有如红日当空的华中局势,转眼间,变得乌云满天,风雨飘摇起来。"

泗县没有打好,两淮又没能守住,山野高层的军事指挥能力不能不受到质疑,山野参谋长宋时轮不久引咎辞职,身为山野司令员的陈毅也成为众矢之的。华中分局召开了"七人批陈(陈毅)会",陈毅当时还担任华东局副书记、新四军军长、华东战区最高指挥员,受到下属如此严厉的批评,是比较罕见的。

华东局书记饶漱石在返回华东后,甚至向中央提出了"以粟(粟裕)代陈"的建议。

陈毅为此很苦恼,有一天,他心情沉重地对参谋说:"我将来还是搞我的文化工作去好了……"

陈毅的性格一贯乐观开朗,此言既出,令身边幕僚也感到十分震惊和难过。

以粟裕一贯谦逊和低调的处事态度,他绝不会想到要在这种时候取代自己的老上级。

当年成立华中军区,中央的最初提名,是由粟裕担任军区司令员,张鼎丞任副司令员。张鼎丞比粟裕大9岁,粟裕在新四军二支队时,张鼎丞就是他的上级。粟裕得知后,死活不肯就职,并向中央和华中局连发两份建议电,要求改任副职,这就是传为美谈的"一让司令"。

粟裕脑子里想的全是如何反败为胜，尽管没能救得了两淮之急，但他发现，华野和山野却因此得以集中靠拢，具备了大兵团作战所必需的雄厚兵力，这正是他一直想要的。

淮阴失守的第二天，粟裕就向陈毅提出建议：集中山野、华野一起作战，以改变当前局势。

相关电报发往延安，毛泽东复电同意，山野、华野由此合并，暂称华东野战军指挥部，陈毅被任命为司令员兼政委，粟裕为副司令员。

悍将

1946年10月初，南京国防部下达苏北作战第二期计划，要求薛岳、李默庵"南北会师，占领山东，打通津浦线"。

10月6日，薛岳动用两个整编师，率先出兵进攻鲁南解放区，两天后便相继占领峄县、枣庄。

粟裕马上集中华野、山野主力，准备北上威胁徐州，以迫使鲁南之敌回援，可是他刚刚调动了一部分部队，张灵甫就从南面来了个贴身紧逼。

高手通常都喜欢找高手切磋，那种棋逢对手的快意，只有当事人才能领略和享受得到。

张灵甫应该能当得起一个高手的名号。这位北大历史系的高才生不仅骨子里有一股军人的悍勇，被人称为"猛张飞"，而且熟读史书，写得一手漂亮书法，在他的卧室内，常年悬挂着成吉思汗、拿破仑等人的画像。

第七十四军在抗战时的出名作是万家岭战役，在这一战役中，张灵甫效仿三国邓艾偷越险道的例子，摸到日军背后发起猛袭，仅那场偷袭战，他和部下就消灭了1000多精锐日军，一时名扬天下。

张灵甫作战大胆，用粟裕的话来说"越是你放心的地方，他就越爱钻"，偷袭淮阴，张灵甫选取的其实是山野防守阵地的中央——看来最坚固的地方。

这样一位悍将，任何人都不敢轻视。

淮阴一战是硬仗，整七十四师伤亡不小，共阵亡团长2名、营长6名，本拟调回南京休整，但此时正逢苏北作战第二期计划启动，张灵甫又留了下来，打算"结束苏北战局"后再回南京。

就在薛岳起兵进攻鲁南的前一天，张灵甫北上涟南，与华野形成对峙。

粟裕判断，张灵甫是在打涟水的主意。涟水位于淮阴东北约40公里，是苏北门户，也是联系山东解放区和苏中解放区的枢纽，张灵甫东犯涟水，将直接威胁到华中后方。

粟裕由此盯住了张灵甫，他向陈毅建议，暂缓向北行动，在南面先歼进犯涟水之敌。

陈毅同意华野南移，但同时又决定将山野撤回山东，以保卫鲁南解放区。

陈毅此举立即引起了华中分局张鼎丞等人的反对，他们认为，山野、华野本已合并，现在又分开行动，"对将来战局无法改变，对全国战局亦有害处"。

张鼎丞等人还向延安总部发去电报，"坚决反对陈（陈毅）这种处置"，官司一直打到了毛泽东那里。

其时粟裕已率华野主力南移，但是他一到涟水，张灵甫马上就暂停不动，只派些小部队在涟水附近进行活动，活动也仅限于打黑枪，袭岗哨之类。

两个回合一过，粟裕和张灵甫都摸清了对方的心思。其实大家采取的是同一战术，张灵甫打涟水，和粟裕兵进徐州一样，都是在运用苏中战役中的"攻魏救赵"。可以设想一下，只要华野主力离开涟水，张灵甫就还要卷土重来。

这真是件令人头疼的事。

更头疼的还有，薛岳在徐州见华野主力南移，马上改被动为主动，调集兵力东犯沭阳。

为迎击薛岳东犯，粟裕不得不将南调涟水的华野主力再往北调，对涟水的防守兵力也做了重新部署。

粟裕现在很着急，他已经知道了华中分局与陈毅之间的争议，他所要面临的问题是，一旦山野去了山东，仅凭一个华野，将无法在淮北实施理想中的大兵团作战。

在军事问题上，粟裕素来直率坦白，他致电中央，在保鲁南还是保华中的问题上，阐明了自己的观点——

"鲁南不保，华中固然难以坚持，但华中如果不保，不光鲁南，还将给鲁中乃至整个山东造成莫大困难。"

中央就此征询陈毅，陈毅不仅不同意粟裕的想法，还提出了山野、华野全部入鲁作战的主张。

争论中，大家都很真诚很认真，也都有各自的思考角度和出发点，只是战机稍纵即逝，不能再等下去了。

关键时候，中央支持了粟裕。

就在华野主力再次北调的当天，毛泽东以中央军委的名义致电陈毅，提了一个问题："假如山野、华野全军入鲁后，仍感作战困难，打不好仗，而苏北各城尽失，那时结果将如何？"

经过反复商谈，陈毅终于与华中分局取得一致意见，决定暂缓去鲁南，而首先在淮北打上几仗。

1946年10月15日，在收到陈毅与华中分局的商谈结果后，中央复电："决心在淮北打仗，甚慰。"这份电报还明确："为执行此神圣任务陈、张、邓、曾、粟、谭团结协作极为必要。在陈的领导下，大政方针共同决定（你们六人经常在一起，以免往返电商贻误战机），战役指挥交粟负责。"

河套套

正如粟裕所料，华野主力往北一调，张灵甫立即乘虚而入。

1946年10月17日至18日，张灵甫指挥本师三个旅及整二十八师的一个旅，兵分三路向涟水进发。

张灵甫胆大，但并不盲目，他在涟水安排了潜伏特工，此人化装成天主教堂的牧师，随时将侦察到的情报，用无线电方式传送至淮阴。

10月18日中午，这名特工发出了最后一份电报，告知张灵甫：涟水城内只有一个团！

1个团挡4个旅，还是打下过两淮的顶尖王牌，开玩笑吧？

10月19日，张灵甫正式发出进攻命令，所部朝涟水外围迅速推进。

张灵甫并不知道，特工电报其实是粟裕事先设下的一个局。涟水保卫机关早就掌握了特工的材料，好几次都想动手抓人，但都被粟裕给阻止了。

粟裕叫留着，不让抓，为的就是加以利用，直到特工发出的最后一份电报被"四中队"破译后，这才传令逮捕。

城里的确只有一个团，粟裕亲自部署的李士怀团，可是城外却不止，城外还有大半个纵队，也就是李士怀所属的成钧纵队，掌握着三个团，它们被粟裕作为机动兵力，随时进行包抄或增援。

当粟裕离开涟水时，他还曾对照涟水的地图，对张灵甫的主攻方向进行过一番分析。

粟裕一直把熟悉地图和地形，视为指挥员的基本功，曾经说过："不谙地图，勿以为宿将。"

随粟裕征战的作战经验回忆，在他所接触到的军事指挥员中，像粟裕这样精通地图又熟记地形的，绝无仅有。

从周围地形上看，涟水城被两条河相夹，南面是老黄河，北面是盐河，按照常规，敌军一般不会从南北两面进犯，否则的话，就要渡河，而且渡河之后还要再冒背水而战的风险。

粟裕希望张灵甫从城西进攻，那样对成钧纵队来说最为有利，因为那样的话，整七十四师的侧背就会完全暴露出来，便于城外的机动部队出击。

当然，有淮阴的前车之鉴，其他地方也没有被粟裕所遗漏，比如城南。试想，整七十四师有大炮和工兵，淮阴那里可以都背水攻城，涟水这里怎么就不可以呢？

成钧纵队的机动部队控制于涟水东南的茭菱镇，背靠老黄河。粟裕预先为纵队司令成钧设计的战策是，只要张灵甫真的北渡老黄河，就把老黄河做成一个"河套套"，机动部队从茭菱镇以东渡河，大举出击，将整七十四师套在"河套套"里。

1946年10月21日，整七十四师向涟水发起进攻，让成钧备感郁闷的事发生了，他竟然难以判明张灵甫真正的主攻方向。

城西、城东、城南，包括他所在的茭菱，哪一面都有敌军，哪一面敌军都在进攻，看不出哪是重点。

这是张灵甫特意使用的一种战术，叫作"宽大正面进攻"，也就是看上去不分重点，但又似乎处处都是重点的全线进攻。

重点当然有，只是藏在了里面，不为外人所知而已。

当天，远在沭阳的粟裕做出了反应。此时他已握有山野、华野指挥权，麾下拥有足够的机动兵力，乘薛岳暂时还无法发动大规模进攻，粟裕立即调兵遣将，亲率重兵回师南下。

粟裕的兵力将远远超过张灵甫，张灵甫的机会，是在粟裕援兵到达之前，就攻入涟水。

他抓得住这个机会吗？

整七十四师有三个主力旅，依次为第五十一、五十七、五十八旅，其中，第五十八旅在淮阴之战中受损较重，被张灵甫作为了预备队，基本完好的第五十一、五十七旅成为进攻部队。

城内的李士怀像成钧一样，也搞不清张灵甫的主攻方向，它给指挥员造成的最大困难，就是无法调整防守重点，哪里都要防，哪里都要兵。

战前，李士怀把防御重点放在了城西，连筑三道工事，轮到南门，就只能派一个营，这一个营的人散布在足足4里长的战壕里，真是勉为其难。

涟水全城只有一座渡口，就是南门渡口，李士怀在渡口安排了1个排，外加3门迫击炮。

李士怀不会想到，城南正是张灵甫选择的主攻方向，他没有按照粟裕最希望的程序走，而是再次复制了"淮阴之战"的模式。

擦肩而过

1946年10月22日，第五十一旅占领涟水城南的老黄河河堤，建立起炮兵阵地。

一般部队开炮时，上来总是要进行试射，以调整炮距，有人戏称为"下请帖"。"请帖"一来，你可以从容应付，比如隐蔽部队，因为猛烈的炮击会安排在后面。

整七十四师不同，一上来连前奏都没有，"请帖"也不发，便进行长时间猛轰。一顿炮击之后，应该是步兵冲锋，但他们不出步兵，还是轰，继续轰，炮弹不停地落在阵地的前、后、左、右。

在确证已对防守阵地进行覆盖式炮击后，张灵甫才实施了两次小型进攻。

两次进攻都被打退，但这些只是试探性的，张灵甫借此摸清了北岸虚实，并选准了突破方向：南门渡口。

更大规模的炮战开始了，张灵甫实行单点突进，集中全师火炮，盯住渡口猛袭，以掩护五十一旅的突击强渡。

一位在城内亲眼目睹这一情景的新四军老兵多年后仍不能释怀。他说，这是他在解放战争中所见到的最猛烈炮击，以前没有，后来也从未见过。

整七十四师计有各种火炮300多门，而南门渡口才200平方米的面积，炮弹如雨飞来，地堡、胸墙全被炸翻在地，凌空飞溅的泥沙把战壕都给堵塞了。

南口渡口的大地和天空，仿佛被卷进了一个疯狂的大旋涡和大风暴中，又好像火山突然爆发，世界即将沉陷。

此轮炮击过后，防守渡口的那个排伤亡殆尽，当剩余的伤员抬起头来时，他们看到老黄河的河心里，已经密密麻麻地布满了登陆橡皮艇，艇上全是戴着暗绿色钢盔的国民党官兵……

实施强渡的是第一五一团，登岸之后，先头部队像一股冲决了河堤的洪水，顺着突破口漫溢过来，随着突破口越撕越大，新四军的防守阵地很快就被淹没了。

驻渡口的那个排只活下来一个人，一个返回城内报告的战士。

李士怀把预备队紧急派到渡口增援，但还没接近渡口，就受到浓密炮火的拦阻，根本过不去。

涟水之战的开篇，几乎与淮阴之战一模一样，接下来张灵甫要做的，就是下令给第五十一旅旅长陈传钧，让他连续作战，以扩大既有滩头阵地，向纵深推进。

在陈传钧的指挥下，第一五一团先头部队连夜向两翼展开，师属工兵团则迅速搭起浮桥，以供后续部队推进。当夜，第一五一团全团通过浮桥到达了滩头。

彻夜的炮击，不可能不惊动城外的成钧。在仍然无法判断张灵甫主攻方向的情况下，他决定还是先保涟水要紧。

白天，成钧已经向城内调去了独五团，深夜他又将第十三团派去进行紧急增援。那边，李士怀早把独五团派到南门进行反击，而当他的告急信送到成钧手上时，十三团也已经出发了。

1946年10月23日晨，独五团向滩头的第一五一团发起反击，双方练上了，城南上空浓烟蔽天，炮声震地。

十三团见状急忙跑步前进，到达城边后，唰地摆开队伍，加入反击。

新四军两个团的反击，并没能把第一五一团赶下河滩。经过激烈厮杀，第一五一团逐渐占据上风，两团均被其击退。

到上午11点，第一五一团全部控制住了第一道河堤。

此时李士怀团已伤亡大半，整个团都被打残了，驻守南门的那个营只剩下50余人，增援的两团被击退后又立足未稳，如果第一五一团趁此机会，一鼓作气冲过第二道河堤，然后直叩城门，胜利就属于张灵甫，攻取淮阴的那一幕也将完全复现。

天平已经倾斜，可惜的是张灵甫一方自己没有珍惜。

在前沿进行指挥的陈传钧看到第一五一团伤亡也不小，谁的兵谁心疼，攻占第一道河堤后，他便没有立即发起连续冲锋，而是决定按部就班，先巩固阵地，再发起下一轮攻势。

一五一团花了点时间，对原有阵地工事进行改造。这是整七十四师的拿手好戏，一个严密的火力网很快就构筑出来。

可就是这一点点时间，把张灵甫给生生耽误了。

独五团和十三团退守第二道大堤，他们同样筑起防线，将一五一团压在了第一道堤岸下的沙滩阵地上。

一个最有利的战机由此擦肩而过。

犹豫是指挥者的大敌。抗日先遣队时期，就是刘畴西一再犹豫，走走停停，反而把部队带入了绝境，这个教训粟裕永远都记得，而且他自己后来再没犯过类似错误。

所谓"慈不掌兵，情不立事"，善战之将，平时有哪个不爱兵，可作战时如果有太多的恻隐之心，就会耽误事。粟裕在大兵团作战时就曾有过一个规定，即当激战正酣时，不允许各级部队长报送伤亡数字，以免部队长一时心软手抖，作战命令执行不下去。

当然，要是按照军校课本或操典，陈传钧所做决策无可厚非——登陆作战，无论兵力多寡，夺取登陆滩头阵地后，一定要先预先巩固，站稳脚跟后再向纵深发展。

然而陈传钧忘了，他的上司张灵甫背水作战，本来就是在冒险，既然要冒险，就不能事事求稳妥，或拘泥于军事公式。

张灵甫功亏一篑，事后把陈传钧叫去狠狠地训了一顿，当着面对他说："五十一旅不行！"

张灵甫认为陈传钧指挥有误，倘若换成淮阴之战中的第五十八旅，情况也许就不一样了。

一切覆水难收。

一步之遥

1946年10月23日下午，一五一团完成工事，开始进攻第二道河堤，这时双方又都各自添加了力量。

成钧终于搞清了张灵甫的主攻方向。见李士怀团伤亡惨重，他下令李士怀收容部队向西南收缩，正面阵地由独五团和十三团接替，同时再调十四团入城防守，准备一旦城破，就地展开巷战。

成钧纵队主力西移城内，使得进攻茭菱的五十七旅变得相对轻松，张灵甫于是从五十七旅中抽出一七一团，用于南门主攻。

双方的战线一下子都缩短了，大家的锋芒和争夺的焦点，全部集中在南门一线。

七十四师的突击战术很有特点，主要表现为步炮协同相当紧密。与常规攻击方式不同，该师炮兵没有预先射击的铺垫阶段，开炮的时候，步兵也开始攻击前进，当步兵到达一定位置时，炮火再转向纵深及两翼，以便最前沿的步兵发动冲锋。

步兵也不是一窝蜂上，而是编成一个个冲锋组，每组不过4~5人，呈"梅花"或"三角"队形。别看一个组没几个人，但是他们手里握的是汤姆式冲锋枪及手榴弹，开道火力已经足够。

许多冲锋组形成一个冲锋批次，前面的一批垮了，后面的一批马上跟上，一批接一批，反反复复进行，到最后，防守部队就看不见具体的人了，眼前只有一片由暗绿钢盔汇成的狂涛巨浪。

这是一种具有极度疯狂力量的冲锋，没有亲历的人，很难体会出它的可怕之处。

战场上存活的新四军老兵承认:"要想阻挡住这样的冲锋,几乎是不可能的。"

1946年10月23日晚上8点,七十四师突破防线,冲过第二、第三河堤,直奔涟水城内而来。

涟水河堤高于城墙,河堤一旦全部失守,城内就很难防守。十四团在城南的防线被冲垮,再反击,反击部队又被击溃,部队开始出现混乱和溃散,有人干脆丢弃枪械,往后逃跑了。

阵地中央出现了一个大缺口,缺口上方的城墙上已是空空荡荡,七十四师的突击分队借助夜色掩护,翻过城墙进入城内。

这是七十四师攻城的惯用战术,曾在淮阴一战中成功实施,张灵甫似乎已经看到了淮阴南门被突破的那一瞬间。

失败的阴影,逼向了坐镇城北的成钧。

因为缺少睡眠,成钧的脸早已异常苍白,当听到防线崩溃的消息时,他的脸立刻紧绷起来,冷汗不断地从额角和鬓边涔涔渗出。

纵队的4个团已经全部用完,成钧手里没有预备队了。胜败乃兵家常事,一个优秀的指挥员不会惧怕失败,他害怕的是当失败降临时,却没有用于还击的任何力量,那是一种足以碎胆锥心的痛楚和悲哀。

仿佛神从天降一般,一股灰色人潮进入涟水,挽救了这座城和这座城里的人们,也挽救了这场战役。

时间是晚上9点。

成钧纵队原属山野编制,服装为草绿色,穿灰色的是华野。

粟裕指挥的南下援兵到了,首先到达并入城的是第六师先头部队——饶守坤旅。

生力军的到来,把城内守军从失败边缘拉了回来。

两军合兵一处,先将已入城的突击分队予以歼灭,打破了张灵甫里应外合的计划,接着冲向南门,将阵地中央的缺口重新封闭起来。

在向南门出击时,成钧与饶守坤挨在一起,用望远镜紧张地观察着战场变化,直到确认摆脱险境,他们才同时长舒了一口气。

成钧握着饶守坤的手,久久不肯放开,一再说:"谢谢你,谢谢你们!"

饶守坤精神抖擞，指挥全旅继续收复第二道河堤，但这时七十四师再次崭露出其凶猛的一面。

七十四师官兵多数使用汤姆式冲锋枪，反正黑夜里也不用瞄准，可以闭着眼睛连续不停地朝前进行射击，又是据堤阻击，也就相应把这种美械近战武器的效用发挥到了极致。

饶守坤旅反复冲杀，都被强大的火力网所挡，难以冲进战壕，且部队也遭遇了很大伤亡。

1946年10月24日拂晓，饶守坤被迫停止进攻，将主力后撤整理，成钧也急忙收容溃散的十四团，以做巷战准备，但是直到当天上午，十四团仍未能全部收拢，城南的中央防线重又变得薄弱异常。

七十四师的机会来了。

这是最后一次机会，但是七十四师又与之失之交臂，而这一次要为此负责的，恰恰正是张灵甫自己。

张灵甫曾经责怪陈传钧不能一鼓作气，现在他的气也不是很足，因为部队伤亡实在太大，尤其是后来加入南门主攻的一七一团更是叫苦连天。

张灵甫决定缓一缓，让部队喘口气，他把一七一团抽回整理，用一七〇团进行替换。

如果张灵甫知道城内守军的情况比他更糟，他会怎么想呢？

"更糟"是指张灵甫临阵换防之前，之后就完全不一样了。

1946年10月24日上午10点，不仅成钧已将十四团收容完毕，华野主力也陆续赶到涟水，并及时弥补了城南防线上的全部漏洞。

增援部队源源不断，接踵而来，一共达到了28个团，统率他们的是主帅粟裕，后者在盐河北岸建起野战司令部，与张灵甫展开了面对面的交锋。

张灵甫临阵换兵之后，即下令一五一团、一七〇团轮番冲击涟水防线，但时机已过，防线很难被突破，双方形成了拉锯战。

与此同时，粟裕也调兵遣将，他派第十纵队、淮南第六旅向茭菱镇袭来。

驻守茭菱镇的原为一七〇团，被张灵甫调至南门主战场后，接替其防务的是整二十八师所属的第一九二旅。

整二十八师还不算弱旅，尤其在两淮战役中表现很顽强，新四军俘虏它一个，往往要付出伤亡三四个人的代价，但这还要看什么场合，以及跟谁比。

跟七十四师比，它又显得弱了。这支部队怕打苦仗，在战斗中老是担心伤亡，进攻压力一大，防守的阵地便会出现动摇。

茭菱镇在七十四师右侧，一旦有失，七十四师的右翼会直接暴露出来，并可能导致整师被包抄。张灵甫急忙做出调整，一边从正在全力攻城的一七〇团中抽出部队，撤回南岸，以巩固后防，一边让作为预备队的第五十八旅做好准备，随时接替一九二旅防地。

张灵甫的调整，正在粟裕意料之中。

1946年10月24日晚，粟裕下令全线反击，华野第一师、第六师主力奉命出击。两个师联手上阵，兵力优势得不能再优势，张灵甫的北岸河堤防线悉遭突破，直至被压至河滩阵地。

距歼灭仅差一步之遥，但就是这一步，迈过去却比登天还难。

阻挡华野进攻脚步的，是七十四师出色到近乎完美的步炮协同。

一五一团的炮兵观察员不断呼叫炮火拦截，南岸炮兵根据观察员所指示的坐标方位，迅速变换射击方位，向华野进攻部队进行齐射。

炮弹准确地落在进攻部队的前方和两侧，部队无法前进，粟裕被迫鸣金收兵。

这次炮击，使华野蒙受了重大伤亡，比如在饶守坤旅的伤员中，就有接近2/3的人是被炮弹所伤。

经此一战，七十四师的五十一旅、五十七旅均疲惫不堪，很难再发起有效进攻，张灵甫决定投入新的攻击力量。

坚决守到底

1946年10月25日，张灵甫从茭菱镇抽出第一九二旅，用于渡河作战。

此时第十纵队等部正直奔茭菱镇而来，张灵甫将第一九二旅抽出，是利用了中间的时间差，同时也因为他事先已经对兵力做了调整，有备无患。

这其实就是粟裕在苏中战役时曾使用过"转用兵力"。

但是粟裕达到过的效果，张灵甫却达不到。

以华野的实力，第一九二旅在它面前并无多少用武之地，攻了一上午，都难见进展。

张灵甫对一九二旅的实力心中有数，兵进涟水之前就曾说过："打涟水，我们去打，拿下来，他们（指一九二旅）进城守就行了。"

投入一九二旅只是一个铺垫，拿来一锤定音的，还是他自己的七十四师。

黄昏时分，张灵甫把一七〇团中的老兵和士官集中起来，组成突击队，队员全部手持冲锋枪，大喊着向大堤发起强攻。

这次突击非常迅猛，七十四师得以重新占据第一、第二两道河堤。

既然是对手戏，便要一着不让，粟裕不会容许张灵甫到他手上来占便宜。

晚上，华野不顾伤亡，冒着炽烈的火力网发起大举反击，又将七十四师逐回河滩阵地。

此时成钧纵队等部已从茭菱镇方向切入七十四师侧后，逼近张灵甫的指挥所，时间差用完了，张灵甫连夜将一九二旅移向茭菱镇，以加强其侧翼防守。

从10月21日七十四师向涟水发起进攻算起，已历5个昼夜，国共两支大军都黏在城南狭窄的河堤上，双方每天都有新的部队增添上来，每天都有大批伤员被运送到后方。

这里的每一寸土地都被炸得稀烂，到处都是未干的血渍、子弹铅头和炮弹碎片。涟水城里原先有大片黑压压的瓦房，如今不是坍塌就是烧毁，剩下的只有满目疮痍。

华野也好，七十四师也罢，都无一例外地进入了极度消耗自身实力的苦战。

自从在涟水与七十四师交火之后，华野司令部内一直弥漫着一股忧郁和焦躁的情绪。

大家都感觉到七十四师确是难以对付的强敌：以为老黄河会形成天然障碍，但七十四师轻易渡过，一直打到涟水城下；七十四师背水作战，而且稳定使用的兵力一直没有超过两个团，华野有多达28个团，主力全在其中，竟然还是不能予以歼灭，连把对方赶出北岸都很困难。

谁都想在涟水打一场痛痛快快的歼灭战，可是看此情形，已经变成了一场巨大的消耗战，杀敌一千，亦自损八百，实际还远远不止。

即便是粟裕本人，也知道战事继续发展下去，极大的可能还只会是消耗战，而不会是他所期望的歼灭战。

这仗似乎变成了深不见底的泥坑，为什么不赶快把双脚从泥坑里面拔出来呢？

一位高级指挥员由此提出建议，既然双方都打得筋疲力尽，阵势处于僵持，不如放弃涟水，以摆脱这场恶战。

粟裕作战，喜赚不喜赔。除了必不可失的战略点外，他并不爱争一城一池的得失，更不会"死要面子活受罪"，天目山反击战时，他曾退出天目山，苏中战役时，又退出海安，如今似乎也完全可以从涟水退出。

然而他最终做出的决定，却出乎人们的意料："坚决守到底！"

在做出这个决定前，粟裕进行了通盘考虑。

撤与不撤，其实很有讲究，假如前面一直是胜仗，再做必要的战略撤退，大家都能理解，但在两淮失守，军心民气已受到严重挫伤的情况下，这时候的撤退往往会被解读为打了败仗，如此，形势可能会变得更加恶化。

山野、华野合并后，中央一再给粟裕发电报，提出要打胜仗，不许再打败仗，也正是此意。

除此之外，促使粟裕一反常态，坚决打到底的原因，还有高手决斗心态。

从有关的敌情资料中，粟裕已经了解到张灵甫及其七十四师的历史，知道了它在国民党全部军队中占有的特殊地位，而前面的两淮战役、现在的涟水战役，更让他透彻地看清楚了这支部队的面目。

那的的确确是一支骨干兵团，身上具有精锐之师所必备的各种特点：行动大胆、企图心强、战术灵活、战斗力凶悍。

这些指标，拣其中的任何一项，都能让人刮目相看，偏偏合成在一支部队身上，这是以前从来没有见过的。

一支如此出众的骨干兵团，在战役中能起到多大的作用，兵团作战经验已经相当丰富的粟裕，比谁都明白。

淮阴失守后，陈毅曾当着粟裕的面说过，如果不设法寻找有利战机，将七十四师加以歼灭的话，不知道它还会在未来的岁月里，给己方造成多少祸害。

粟裕一直在寻找这样的机会，为此哪怕付出更多代价，他也在所不惜。

一蹶不振

那句"双方都打得筋疲力尽"确实是大实话。

张灵甫还想待机再战,但在连续受挫之后,官兵们已像卷了刃的刀锋一样,普遍丧失再次冲杀的勇气和锐气。

战后打扫战场,几乎每隔三五米的地方,就有一具七十四师官兵的尸体,真可谓是尸横遍野。

华野方面同样伤痕累累。在现有华野部队中,成钧纵队以战斗力强著称,六师在老华野里面声名赫赫,这两支劲旅均无法再战,不得不暂时撤后整理。

刚刚参战的部队也多有伤亡。第十纵队连纵队司令员谢祥军在战斗阵亡了,谢祥军也由此成为解放战争时期,华野战死的最高级别指挥员。

皮定均旅(皮旅)原属八路军系统,是中原突围的功臣,素来骁勇,且上阵时间不长,可是按照旅长皮定均的统计,第一天晚上伤亡了300多。第二天晚上又伤亡了300多。也就是说,仅仅两个晚上,该旅就死伤了600多人。皮定均在日记中说:"敌人的确很骄傲,我们也吃了他们不少的亏。"

粟裕比张灵甫强的地方,是他拥有优势兵力。七十四师明显低落的士气,终于让他等到了那个比金子更宝贵的东西——战机。

1946年10月26日,粟裕转守为攻,发起第二次全线大反击,第一师、张震纵队、皮旅等新参战部队均参与了此次反击作战。

在华野的猛烈攻势下,七十四师丢掉了北岸仅有的桥头堡阵地,两个营遭歼灭,七十四师在北岸的部队被杀得片甲不存。

花了这么大的力气和代价,粟裕的目标当然不会仅仅止步于两个营,他要围歼七十四师。

可是对手已经提前猜到了这一意图。

第十纵队迫近茭菱镇,已让张灵甫感受到了可能被包围的威胁,粟裕发动的第二次大反击,则使他确证了自己的判断:粟裕在涟水投入的兵力,是之前预料的许多倍。

攻城围城,兵力都要大大超过对方才行,兵法有云"十则围之",现在反过来了,粟裕的兵力比他多得多,别说围了,战都战不了。

第八章 棋逢对手

"少则能逃之，不若则能避之"，快跑吧。

张灵甫果断决定收兵，他下令第一九二旅在茭菱镇顶住侧翼，掩护七十四师从涟南正面逐次后撤。

1946年10月30日，粟裕下达了向涟南出击的命令，华野主力先后渡过老黄河，但七十四师已经往淮阴一线收缩。

11月2日，粟裕召集指挥员们开会，征求众人的意见：还要不要继续与七十四师打下去？

涟水战役打了将近半个月，华野各部已是人困马乏，处于强弩之末。指挥官们都表态说，想停下来休息，不愿意再打下去了。

于是粟裕决定停止追击，进行全军休整。

华中当时确需一场大胜仗来鼓舞人心，因此涟水战役曾被宣传为"涟水大捷"，可与苏中战役的"七战七捷"相提并论，但粟裕本人并不满意。

战役结束的当天，他就向中央做出检讨，承认自己在前期"部署欠妥"，无论战役还是战斗，都显得很被动，到后期，也未能达到大量歼敌的目的。

这场战役确实打成了一场消耗战，华野损失包括1名纵队司令员在内的6000多精兵，又未能歼灭七十四师，粟裕素以算账精细著称，你要说这样他还不懊恼、不沮丧，或许也太过神化了。

比他更懊恼、更沮丧的是张灵甫。

这倒不全是指伤亡数字，七十四师在此役中伤亡2000多人，加上一九二旅，一共4000多人，还少于华野，虽说没能攻下涟水，怎么样也算打个平手吧。

关键还是七十四师的元气和自信心被打伤了。一年后，爆发孟良崮战役，七十四师的老兵都不约而同地提到了涟水战役："涟水一仗，本师元气亏损，一蹶不振……"

涟水战役，要论自认的绝对赢家，大概只有一位：薛岳。

南京国防部要他占领山东，于是徐州绥署的关注焦点全部都集中在鲁南，张灵甫进攻涟水，吸引华野和山野主力南下，正好策应了他在鲁南乘虚而入，从而控制了陇海铁路东段的大部分地区。

可是他也把张灵甫和七十四师给害苦了，涟水战役自始至终，都是张灵甫在单打独斗，几乎是以一师之力与整个华野相抗，薛岳和李延年从来没想到过要派兵配合或增援一下。

七十四师能打，反而使这把刀无形之中成了最容易磨损的一把，致使七十四师"北调援鲁，南调援两淮，伤亡过半，决战不能"。

李延年说过，国民党军队要是有 10 个七十四师就好了，可七十四师真有 10 个吗，不过一个而已，如此超负荷使用，也就只有打掉的算数了。

从这时候起，张灵甫对自己和七十四师的结局突然有了一种奇怪的预感，在给其他将领的电报中，他说："再过年余，死无葬身之地，吾公以为如何？"

古塔神话

解放战争进行了将近一年，国民党部队始终处于攻势，占领了解放区 150 多座城市，但这也给它们带来了沉重的包袱，因为每一座城市都得分兵把守，相应能用以作战的机动兵力也就越来越少。

兵力再不够用，华东战场都得管饱给足。华东解放区的战略地位太特殊了，这里直接威胁宁、沪、杭，等于是在南京政府的卧榻边上放了把枪，蒋介石如何能够睡得着觉。

国民党军队在华东战场上投入的兵力最多，光整编师就有 25 个，居全国各战场之冠。

1946 年 11 月底，南京国防部制订了迅速结束苏北战事的计划，薛岳、李默庵一北一南，分四路进兵，对山野和华野形成半包围进攻态势。

张灵甫再次向涟水进发。旧地重游，张灵甫对涟水志在必取，他已经意识到，一战涟水对他的部队造成了怎样的挫伤：除了实力损耗，还有巨大的心理阴影。

一个微小的细节，足以反映七十四师上下心态的变化。

在涟水城内的西南角，有一座石砌的七层舍利塔，叫妙通塔。塔既小，又没百姓信奉的"神灵"，所以缺乏香火，远近都不知名。不过这座石塔却是全城的制高点，居高临下，视界开阔，可俯瞰老黄河大堤。

守军在部署城防时，觉得妙通塔可以利用，就在塔上架设了重机枪。战斗过程中，塔上的机枪手以重机枪进行扫射，阻断了攻击部队的前进之路，成为克制整

第八章 棋逢对手

七十四师的一颗锐利钉子。

发现这个火力点之后，七十四师立即用密集炮火进行封锁。守军见状，便把重机枪撤下来，换上了两挺轻机枪，轻机枪移动起来比重机枪更加方便，当炮火指向古塔时，机枪手就抱着机枪到塔下隐蔽，炮火一停歇，再爬上来猛射一通，由此形成了具有一定战术价值的机动火力点。

战后妙通塔突然一夜成名，成为七十四师内部议论的焦点。在三三两两的闲谈议论中，涟水城里的塔经常被提及："我们每次从老黄河大堤发起冲锋，都满以为能成功，可就是因为有了这个可恶的火力点，以致所有冲锋部队都被它压倒在地，冲不进城去。"

除了亲身经历外，说的人免不了还要再予以添油加醋，弄到活灵活现、耸人听闻的地步："炮兵曾对着妙通塔发射了上百发炮弹，整座塔身都被打得千疮百孔，可它愣是不倒……"

真正经历过南门攻守战的军官和前线老兵，大多只会一笑置之。要说妙通塔火力点对七十四师的威胁确实存在，但绝对没有传说得那么神，到后来，华野能够守住涟水，也不是单纯因为这座塔，而是有了大批兵力增援。

可对于那些没亲眼见到过的人来说，"古塔神话"简直比真的还要真——原来妙通塔是座神塔，我们攻不下涟水，不是进攻不力，是得罪了神仙。

起初，只是下层官兵这样议论，很快，中上层也开始传播开来，连那些幕僚都认为言之有理，开始引经据典，加以发挥和论证。

张灵甫听到之后急了。

任何一种迷信都不是空穴来风，它来自于人们心底深处的恐惧和无所适从，说明你怕了，顾忌多了。这还是过去那支"天下无敌，见谁都想灭"的王牌精锐吗？

这颗内心的毒瘤一定得铲去，哪里生的，就从哪里铲。

在一次军官集会上，张灵甫发了个誓："下次进攻涟水，一定要用1000发炮弹来打碎这个可恶的石塔。"

你们不是说上百发炮弹奈何不了它吗，我就用上千发！

国民党军队的装备和补给虽说比新四军要强上许多，可实际上也很紧张，有那1000发炮弹，完全可以对涟水进行全覆盖式轰击了，怎么会用在一座战术价值有限的火力点上？

张灵甫这么说，不过是借此宽解和释放众人内心的恐惧而已。

嘴上虽然气势汹汹，实际用兵时却格外慎重小心。涟水战役之后，张灵甫总结教训，"上下轻视匪军（指新四军），对可能增援之匪军，未加计算在内"被列为第一条败因。

二攻涟水，他不再像以往那样横冲直撞，而是稳扎稳打，谨慎稳重了许多。

1946年12月3日，五十七旅和一九二旅奉命从淮阴出发，向涟南发起正面进攻。

在涟水地区组织防御的，是华野政委、第六师师长谭震林，辖有第六师、淮南第六旅等部共10个团的兵力。

谭震林按照涟水战役时的经验，判断张灵甫仍旧会主攻城南方向，因此也把第六师配置于南线。

第六师由副师长王必成直接指挥，涟南缺乏老黄河河堤这样的有利地形，经过两日激战，第六师未能守住涟南，阵地全部为五十七旅所占。

退至老黄河南岸后，王必成依托河堤阵地，对第六师实行梯次配合，一共5个团，他每次都只用一个团与敌作战，打到一定程度再换一个团上去，运用这种车轮战法，成功地阻止了七十四师的继续进攻。

除涟水外，其他三路，粟裕率华野的12个团在盐城以南迎敌，陈毅将山野的27个团放在鲁南，又亲率24个团南下沭阳设防。

四路之中，以从宿迁东犯沭阳的这一路威胁最大，防守上也最没把握，因此陈毅提出了一个作战方案：集中山野、华野，全力夹击沭阳之敌。

中央军委由此电示粟裕，让他等盐城作战结束后，尽快率华野主力赴沭阳参战。

解决盐城战事，变得十分迫切。不过粟裕已经设好一个套，这个套，他要等着李默庵来钻。

老水手

1946年12月8日，李默庵以李天霞整八十三师为主力，已逼近盐城以南的伍佑场。

第八章 棋逢对手

伍佑场是座有 2000 余户人家的小镇,镇东南环绕一条河流,粟裕便利用这条河流,在北岸布置了牢固工事。李天霞集中炮火,组织兵力强攻数日,始终不能奏效。

1946 年 12 月 11 日,李默庵赶到前线坐镇指挥,除督促李天霞继续从正面进攻外,他还将李振第六十五师投入右翼,以加强攻势。

但是随后李默庵就发现事情有些不对劲儿,根据空军传来的侦察情报,大量新四军正在朝盐城方向移动。

为查明情况,李默庵亲自坐小飞机到盐城上空察看,发现确实如此,而且新四军已经在盐城东南的河流上架起了几座浮桥。李默庵浑身一个激灵:粟裕增兵绝不仅仅是为了固守,他是准备对进出盐城的第八十三师、第六十五师实施包围。

回到指挥所,李默庵立马接通李天霞的电话,问:"你有没有把握迅速拿下伍佑场?"

李天霞老实承认:"没把握。"

李默庵又问:"你部队的粮食够吃几天?"

李天霞说:"仅够吃两三天的。"

李默庵已调黄百韬增援,但算算时间,黄百韬到盐城还得两天,而以粟裕的作战风格,新四军当晚就可能行动。

第八十三师、第六十五师总计 4 万余人,处在四周河港交叉的不利地形之中,很容易被新四军吃掉,见情况紧急,李默庵不待请示,即下令迅速撤退。

用以撤退的公路只有一条,两支部队没法同时行动,李默庵对这两支部队的特点都很了解,他知道李振第六十五师是粤军,粤军的特点是两条腿利索,进攻时冲得快,撤退时跑得也快,于是就传令李振先撤,李天霞随后跟进。

李默庵退得很及时,粟裕果然是要调兵在晚上"包饺子",因为李默庵撤得快,他只尾随其后打掉一个营。

李默庵的这一决策,马上为南京国防部所知。国防部参谋次长刘斐当即与李默庵通话,质问他为什么不经请示就撤退。

对方已经张开了口袋,不跑,难道等着被吃?

看似不可理解,但只要对照一下刘斐的真实身份,一切便迎刃而解——刘斐是当时中共在国防部内职位最高的秘密特工,连毛泽东后来都说,"其实今天我们能够解放全国，刘斐同志是立下了大大功劳的。"

李默庵答复"刘斐同志"，他这不是撤退，而是调整进攻，电话里说不清楚，国防部可派人调查。

国防部随即派来汤恩伯。汤恩伯是军事行家，一听就明白了，连连点头表示赞许，认为李默庵的处理既及时又准确。至此，刘斐才没法再追究下去。

黄百韬援兵一到，李默庵决定再次对盐城发动进攻，华野的12个团脱不了身了。

部队走不了，只好粟裕一个人去，中央军委的指示是"望粟即日北返，部署沭阳作战"，于是粟裕从盐城出发，只身赶到沭阳，对宿北战役（此战在宿迁以北进行，故名）进行指挥。

粟裕说过，解放战争中有三个战役让他最为紧张，第一个便是宿北战役。

直接参加宿北战役的全是山野部队。山野由新四军叶飞纵队和八路军山东军区一部共同组成，其中的叶飞纵队在抗战时期曾是粟裕的部下，不过抗战胜利后，他们就去了山东，其间已经相隔了一年多时间。

部队是如此，指挥机关也一样，粟裕等于是空降到了山野司令部。

除此之外，还有新的战场，新的对手，这些都要在最短的时间内予以掌握，他不可能不紧张。

然而当一走进作战室，面对熟悉的各种地图时，他又立刻变回了那个在大风大浪中始终镇静自若、不动声色的老水手。

进犯沭阳之敌有两支部队，一支是胡琏整编第十一师，与七十四师一样排在国民党"五大主力"之列，自然不弱。

弱的是左翼：整编第六十九师。

整六十九师战斗力一般，师长为戴之奇。戴之奇辖有三个半旅，这三个半旅中，只有一个半是原建制部队，另外两个都是外调部队，指挥过打仗的人都知道，这样的混编配置，会给指挥带来很多不便。

戴之奇依靠的实际是胡琏，如果他们两个师完全搅在一块儿，要打的话还是很困难，所幸二将上面还有个"帅"，正是这个"帅"出了个昏招。

瓮中捉鳖

"帅"是徐州绥靖公署副主任吴奇伟。吴奇伟对战场形势的判断和洞察力,明显不及李默庵,他不知道沭阳也驻有山野的重兵,还以为山野、华野主力都在鲁南和苏北,沭阳兵力空虚呢,因此不仅大步前进,还把自己所辖部队分成了左右两翼。

整十一师虽是王牌部队,但它刚从中原战场调来,对淮北地形、民情不熟悉,所以前进时很是慎重,渐渐地就落在了戴之奇后面,而且越往前进,间隙越大,最后形成扇状辐射,为粟裕割裂他们的队形创造了条件。

1946年12月15日晨,粟裕在指挥所里一手按地图,一手拿话筒,完成了整个前方部署。

与他在一起进行指挥的陈毅转过身来,对自己的部下说:"这次我们布了一个口袋阵,六十九师已经被我军完全包围。"

自泗县、两淮战役后,山野还没有打过一场像模像样的大胜仗,陈毅曾经当着部下的面,不无郁闷地说过"三个会":仗要打赢了开"庆祝会";打不好开"斗争会";我打死了开"追悼会"!

终于有机会打上一场胜仗了,陈毅长期抑郁的心情为之一扫,重又恢复了以往乐观开朗的性格,一边说一边哈哈大笑,并且用右手指指军装上的口袋:"这一仗是瓮中捉鳖,我们完全有把握在一周之内消灭它。"

官兵们也都十分期待,他们说:"我们部队正要吃点补药(指歼灭战),怕吃泻药(指消耗战)。"

粟裕将给山野带来的,是一帖大补膏。

黄昏,随着粟裕一声令下,叶飞纵队以神速的动作,向敌后猛插,一度突至胡琏师部附近,从而切断了胡琏与戴之奇之间的联系。

胡琏、戴之奇措手不及,被打得晕头转向。

天一亮,前线报务员就从报话机中听到了来自敌军高层的声音——

有人急叫:"你应倾全力夺回峰山。"

另一人听到后也急叫:"快向峰山打炮。"

……

所有声音里面,有一个地名被频繁提及:峰山。

这是战场上的制高点,已被山野所占领和掌控,如果戴之奇拿不下来,他将失去退往宿迁的后路。

在戴之奇的指挥下,六十九师向峰山发起猛攻,整个山头都沉没在烟火之中,但终究没能打开这一救命通道,于是报话机里传来了新的对话。

吴奇伟呼叫胡琏"向戴先生(戴之奇)靠拢",胡琏的回答却是失声惊呼:"戴先生不堪设想了。"

胡琏很清楚,六十九师已陷入覆灭境地,自己不靠拢便罢,一靠也是个死。

1946年12月16日,山野完成对六十九师的分割包围,将其切为数段,并从17日起,逐段展开围歼。

12月19日,六十九师师部所在地遭到突破,戴之奇和他的部队大限已至。

戴之奇系黄埔二期生,他对蒋氏父子很是愚忠,在最后关头选择了开枪自杀,这是解放战争时期的华东战场上,第一个执行蒋介石"不成功,便成仁"训词的国民党高级将领。

整六十九师完了,但整十一师还没事。不管吴奇伟怎么千呼万唤,胡琏都按照自己的那一套打,退到有利地形后,便躲在里面死活不出来,使得粟裕也无法对他成功实施"切割手术",最后只得收兵作罢。

在华东战场上,宿北战役首开全歼国民党军一个整编师的纪录,战役结束,陈毅的情绪特别好,高兴到把头上的帽子都甩了。

所谓"失之东隅,收之桑榆",宿北战役进行的前后,张灵甫也在涟水同时发力。

一战涟水之前,张灵甫对新四军多少有些轻视,之后他对粟裕和新四军刮目相看,认为自己是棋逢对手,并且曾直言不讳地说:"匪军(指新四军)无论战略战术战斗皆优于国军。"

除了过于轻敌,未计算华野的援兵外,张灵甫总结自己的另一个败因就是主攻方向选择不当,背水而战的地形太不利了,一遭反击便无立足之地,当然这其实也跟轻敌有关。

他要重新选择主攻方向,换句话说,南线早已从张灵甫的选项中被剔除了出去,可他为什么还要派五十七旅从南线进攻呢,疑兵之计耳。

第八章 棋逢对手

战场之上，高明的对手就是最好的老师，张灵甫在叹服于粟裕战术之妙的同时，也从中学到了东西。

虚虚实实是一种，迂回包围是另一种。

1946年12月14日，粟裕在宿北包围戴之奇的前一天，张灵甫指挥七十四师的五十一旅、五十七旅及桂军第七军的一个旅，突然启动，他避开正面防御，向侧面的城西带河镇发起猛攻。

带河镇正是张灵甫选定的新主攻方向。一战涟水前，粟裕判断张灵甫的主攻方向，最担心的就是这里。因为带河镇两面都是河，不便于新四军机动部队出击，正面守军将非常艰苦。

李士怀部署城防，粟裕曾特地要求他把战斗力最强的部队放到带河镇，要构筑最坚固的工事，而且必须有二线、三线。

张灵甫对涟水城防是进行过精心研究的，他引用了管仲的一句话，叫作"攻坚则瑕者坚，攻瑕则坚者瑕"，意思是攻打对方强的地方，对方弱点也会变强，但如果攻打对方弱的地方，那么对方强的地方也会变弱。

这就是粟裕经常放在嘴里讲的"打弱兵，打弱点"，现在张灵甫也体会到了。

在布防上，谭震林没有像粟裕那样，设重兵于带河镇，倒是王必成和江渭清有所警觉，他们数次电告谭震林，认为从张灵甫往正面投入的兵力来看，这次不太可能再以南线为主攻方向，很有可能采用声东击西的战术，从西线发起攻击。

两人建议，应把防御重点移到西面，但这个意见未能得到谭震林的足够重视。

带河镇防守比较薄弱，被张灵甫抓个正着，当天黄昏，七十四师就攻下了带河镇。

之后张灵甫同样是吸取涟水战役时的教训，一改白天进攻的常规，毫不停顿，连夜即向城西的第二道防线发起猛攻。

见城西多处阵地遭突破，谭震林急忙向王必成发出紧急调令，抽十六旅至城西进行增援。

1946年12月15日，宿北战役打响的那天，十六旅与七十四师已经围绕西门外的大堤阵地在进行反复争夺。

谭震林判明了张灵甫的主攻方向，不断调整部署，晚上，他又从王必成那里抽回十八旅参战。

可惜已经晚了。

第六师全在老黄河南岸，因缺少船只，足足花了9个小时，才把十八旅渡完，根本不可能在第一时间参与城西防御。

12月16日拂晓，粟裕在宿北实行分割包围，张灵甫亦在涟水城西发起总攻，老黄河南岸的七十四师炮兵阵地则以全部炮火相配合，不停地用排炮轰击新四军城西阵地。

此时，十八旅还没有渡完，十六旅孤军作战，两面受敌，战至下午，防线再次被突破，七十四师从西门、北门分别冲进城内，涟水当天下午即告失守。

华野二战涟水，仅第六师就损失了4000多精锐，此外，涟水的失守还产生连锁效应，南面的盐城因失去侧翼掩护，加上李默庵又从正面厚集兵力，亦只能选择退出。

华野与七十四师的恩仇录上，从此又多添了一笔。

将计就计

1946年12月19日，宿北战役结束的当天，粟裕得到情报，薛岳下令张灵甫由涟水向北进攻。

假如张灵甫不折不扣地按照薛岳命令执行，势必孤军冒进，这将是复制宿北战役，找张灵甫报一箭之仇的好机会。

粟裕摩拳擦掌，准备调集主力南下，可是他很快发现，事情并没有想象中那么顺利。

张灵甫站在原地一动不动，即便有薛岳的严令也一样。

经过涟水战役，张灵甫的确是学乖了，他不会再冒进，他就像李默庵一样，非得等到周围援军靠拢，聚成雪球状，才肯把屁股往前挪上一挪，而且其队形密集，想分割都很难。

粟裕明白，要想干净彻底地消灭七十四师，击败张灵甫，不是一下就能如愿的，但他又非常渴望在两淮再与张灵甫一决雌雄。

围绕"在哪里打，打谁"这个关键问题，野司高层内部又像以往一样展开了激烈争论。一位见过这一场面的高级参谋记述，其激烈程度，与一般参谋在讨论会上的面红耳赤、唇枪舌剑相比，还要有过之而无不及。

粟裕和华野想在两淮或苏北作战，山野一方则倾向于回师鲁南，而此时鲁南的形势也的确非常紧张：鲁南之敌一路往前推进，距离山东解放区首府临沂已仅有30公里之遥，如果按照敌方快速纵队的机动速度，一两个小时即可到达。

还是得延安总部来裁决，裁决结果是两军北上鲁南，组织鲁南战役。

指挥鲁南战役，粟裕已不像指挥宿北战役那样紧张，但他更慎重了。

这是华野、山野第一次合并作战，参战的兄弟部队之间互不熟悉，仗打好了当然是皆大欢喜，要是打糟了，不免要相互埋怨，甚至引起矛盾。

依旧是许胜不许败，而且不能是小胜，得是大胜，可是鲁南大胜的难度，又要比宿北高出很多。

从南京国防部当初制订的作战计划来看，李默庵主要负责攻占苏中，打到盐城一线，他就算成功了，所以尽管李默庵在苏中战役中损失了不少人马，但蒋介石对他的表现基本上是肯定的，没有怪罪。

薛岳不同，除了两淮外，占领山东也是他的分内活，所以他对鲁南一路非常看重，配置兵力不少。

从枣庄一直摆到徐州附近，薛岳摆了个"一"字长蛇阵，各部成掎角之势，便于相互策应，其中的核心是马励武所部，为鲁南敌军中最强部队。

"先打弱敌"是粟裕的一个基本用兵原则，但对于鲁南之敌，如果你先打弱的，基本解决不了问题，也难以缓解山东战场的紧张局势。

粟裕决定反常用兵，先打强敌。

既是奇招、险招，当然不能经常使用。粟裕上一回在大战役中"反常"，还是黄桥决战的时候，先打独立第六旅，最终大获全胜，时隔6年，他要在鲁南再来一次，首先歼灭马励武。

奇和险，说的只是出招方式，如果指挥员一点儿没把握，那就不是出奇兵，而是骑瞎马了。

粟裕的把握是，华野、山野合力，他可以集中27个团作为机动兵力，而马励武所部只有6个团，山野兵力4倍半于敌。

还有一个利好：马励武很"骄"。

马励武的整编第二十六师和第一快速纵队均为美械部队，其中最唬人的是以坦克兵等多兵种合成的快速纵队。组建于抗战时期的快速纵队，曾在缅甸战场上征战3年，据说连美国人都很看得起，因此号称"国军精华"和"金刚钻"。

马励武自恃装备精良，且有"金刚钻"在手，根本不把新四军放在眼里，结果一味突前，犯下了孤军深入的兵家大忌。

1946年12月下旬，粟裕下令分布在两淮的部队昼夜行军，以最快的速度开进鲁南，中间连元旦也不准休息。

陶勇第一师在跨过陇海路时，被侦察飞机发现，陶勇便请示粟裕，问是否还要昼夜兼程。

粟裕回答："为什么不？这叫'将计就计'。"

新四军一向都是昼宿夜行，如今忽然一反常态，竟然大白天行军，薛岳在得到这一情报后，马上形成错觉，断定粟裕是"败退山东，不堪再战"。

薛岳的战将比薛岳更麻痹，马励武对粟裕的作战意图毫无察觉，新四军大部队不动，他还以为要过几天才会有仗打，优哉得很哩。

粟裕不过元旦，马励武要张罗着在后方过元旦。离开前线之前，他还拍着胸脯说大话："再过3天，我可以打赌，国军一定能进临沂城，进不去，砍我姓马的脑袋！"

在将前方指挥任务交给副手后，马励武便回到位于峄县的后方司令部，参加元旦晚会，看起了京剧《风波亭》。

正看得高兴呢，接到电话，前方起"风波"了。

1947年1月2日晚，粟裕比原计划提前两小时，分两路对第二十六师发起突然进攻，当晚就完成了战役合围。

马励武欲回前方指挥，但这时道路已被阻断，过不去。

1月3日，新四军攻入第二十六师师部。马励武一语成谶，不过首先被砍掉的不是他姓马的脑袋，而是第二十六师的指挥中枢。

失去指挥的第二十六师大半覆灭，残部与快速纵队退缩到了一个狭小区域。

天害人才死

打美械部队，新四军已不陌生，陌生的是打快速纵队这样的特种部队。

第八章 棋逢对手

快速纵队其实不过才拥有区区几十辆坦克，但从当时的情况来看已经很了不得，因为大多数新四军官兵别说打坦克，根本连坦克什么样都没见到过。在此前的交战当中，山野就至少吃过它的三次亏。

粟裕战前的一项重要准备工作，就是研究如何把"乌龟壳"（坦克）变成废铁堆。

部队想了很多招式，防守上预先挖反坦克壕沟，再不行的话，打算用稻草来缠绕履带，或者看到坦克接近时，把稻草堆起来放火烧，以阻滞其前进。

进攻上，除使用少量反坦克的战防炮、火箭筒外，还计划组织特等射手来射击坦克瞭望孔，以及用集束手榴弹炸坦克履带。

真正打时，这些招式多多少少都有些用，但不治本，所以只能先把快速纵队包围起来再说。

基本歼灭第二十六师后，前沿部队士气旺盛，上上下下都充溢着一股完全彻底摧毁敌军的气概，在这种情况下发动总攻极为有利，但粟裕迟迟都没有下达总攻命令，其中很大一部分原因，就是忌惮于快速纵队的坦克和榴弹炮。

1947年1月4日，突然雨雪纷飞，满天纷纷扬扬地飘起了雪花，这是入冬以来少见的天气。

雨雪之后的道路变得泥泞不堪，粟裕见之大喜："这是老天爷在帮我们的忙。雨雪交加，道路难行，敌人的重装备必然会陷在里面，快速纵队难以逃脱了。"

"人害人不死，天害人才死，"快速纵队偏偏又在这个时候选择了突围西奔，粟裕下达命令：全线出击，歼敌于突围途中。

快速纵队本来要从公路走，但公路已被新四军挖断，路上到处坑坑洼洼，而且遍地都是燃烧的秸秆稻草，驾驶员的视野受到很大影响。

千不该万不该，晕头转向的快速纵队冲下公路，想另外再找一条可行的道路。

道路找着了，却是一条毁灭之路，因为他们误入了漏汁湖。

一般分省地图上很难找到漏汁湖这个地名，它名为湖，实际上并不是湖泊，而是一块极易积水的沼泽洼地。

漏汁湖的地面平时像海绵一样松软，被雨雪一泡，更是泥泞不堪，如同一锅糨糊一般，坦克和辎重卡车全都深陷其中而不得自拔，完全失去了攻击能力。

至下午3点，除7辆坦克突围逃往峄县外，第二十六师和第一快速纵队全军覆灭，马励武哀叹："此乃带兵以来对外对内作战损失最惨痛之一役也。"

战后的漏汁湖内，遍地都是坦克、汽车、榴弹炮，一眼望不到头。新四军缴获到17辆较为好的坦克，另外，美械榴弹炮1个团，以及配有辎重汽车的机械化步兵2个团，这些装备也全都落入陈毅、粟裕囊中，成为后来组建特别纵队的家底。

陈毅亲自巡视战场，他越看越高兴，哈哈大笑，即席赋诗一首"坦克都成废铁堆"，还纵身跳上一辆坦克，在高高的炮塔顶上坐下，一脚踏着炮身，和同行人员合影留念。

在他之前，粟裕已经来过，不过既未留影也没欢庆，主要是带领参谋人员察看现场，总结经验。

鲁南战役只开了个头，他需要把第二阶段的作战方向勾勒出来。

强的打掉了，接下来就要打弱的，粟裕本来是准备找冯治安第三十三军，但冯治安原属地方军，保存自身实力的思想根深蒂固，见马励武兵败，立马便退缩到了运河以南。

锤子已经举起，既然砸不到冯治安，便朝峄县、枣庄而去。

1947年1月9日拂晓，粟裕率领一个轻便指挥所，到达峄县、枣庄前线指挥作战。

当晚，由第八师对峄县发起总攻。第八师将缴获的4门榴弹炮临时组建成炮兵连参战，其中的炮长、炮手、计算兵、驾驶员全都是"解放战士"（即经过突击教育和训练的俘虏兵），由懂炮兵的干部规定射击目标。

这是华东新四军第一次使用榴弹炮配合攻城，榴弹炮的齐射，成功压制住了城内的炮兵阵地，对马励武的指挥所和屯兵区造成不小打击。

在炮火急袭的掩护下，第八师又实施连续爆破。

鲁南地区工矿企业较多，第八师系原八路军山东军区一部编成，很多官兵就是鲁南矿工出身，擅长爆破技术，峄县南门很快便被炸开，攻城部队突入城内。

峄县城里尚有从漏汁湖漏网的7辆坦克，因城内火力不足，马励武便把这7辆坦克都开到城头上去，想用坦克炮帮他守城，结果弄巧成拙，等到巷战开始，他想发起反击时，坦克车一辆都开不下来，被第八师轻松缴获。

事后有人嘲笑马励武，说他连指挥机械化部队的常识都没有，坦克车怎么能那样用呢，其实马励武也是有苦说不出。

1947年1月11日凌晨，第八师攻克峄县，马励武亦成阶下之囚。

在围攻峄县的同时，粟裕派陶勇第一师攻打枣庄，防守枣庄的整编第五十一师原为东北军，战斗力一般，但他们依托的工事很坚固。

枣庄系工矿市镇，日伪时期就开始修筑防御工事，仅城墙就有一丈多厚，五十一师在此基础上，又构筑了许多集团地堡，形成了核心阵地与外围阵地紧密相连的防御体系。

第一师为华野主力，擅长野战和运动战，但对攻坚缺乏经验，不懂得爆破，攻城时采用的还是野战时那种猛打猛冲的办法，结果屡碰钉子，两次攻城均告失利。

枣庄这里拿不下来，那边胡琏等部已进至台儿庄、韩庄一线，张灵甫也正向徐州以北急进，鲁南战局重又变得微妙起来。

粟裕麾下战将性格鲜明，比如王必成比较内向，平时不苟言笑，落落寡合，而且易生闷气，在有些人看来，甚至显得有些孤僻，陶勇与之不同，即便在生死相搏的战场上，他也一样爱说笑话，喜开玩笑。

就是这么一个豪爽开朗、幽默乐观的人，一下子变得沉默寡言，心事重重。

1947年1月14日，粟裕下令停止攻击，重拟对策。除增加兵力外，他又将八师中擅长爆破攻坚的部队调到第一师，供陶勇调遣。

陶勇将被认为最有把握的爆破人员挑选出来，组建了一个攻城先遣组。先遣组采用类似于太平军的"穴地攻城法"，专门挖出一条地道，直通枣庄城墙下，然后通过连续爆破，终于打开缺口，进入枣庄市区。

1947年1月20日，巷战结束，五十一师被全部歼灭，师长周毓英以下官兵3700余人被俘。

至此，历时18天的鲁南战役全部结束，在华东战场上，鲁南战役又创下了一个新纪录，那就是一次歼灭了国民党军2个整编师和1个快速纵队。

第九章
砸碎珍珠换玛瑙

对陈毅、粟裕和华东部队而言，鲁南的春天已经到来。

1947年1月23日，经过长达4个月的曲折，华野、山野正式合编为华东野战军，陈毅为司令员兼政治委员，粟裕为副司令员，谭震林任副政治委员，华野下辖11个步兵纵队，1个特种兵纵队。

华东野战军（亦简称华野）被列入解放军序列，新四军、山东八路军的番号从此停止使用。

自苏南抗日起，陈毅与粟裕就是很好的搭档，如今他们又组合到了一起，而且随着胜仗连连，两人无论私下关系还是工作配合，都日益达到了完美的境界。

攻克枣庄，第一师缴获了一辆周毓英乘坐的美式吉普，陶勇把它送给粟裕乘用，粟裕又转送陈毅。

两军合编以后，原华中部队按照老习惯，仍称粟裕为"粟司令"，粟裕马上纠正："我现在是副司令员，怎么还叫粟司令？华野只有一个司令员，没有两个司令员，应当叫我副司令员。"

后来还是华野参谋处的人聪明，给华野首长一人编了一代号，比如陈毅是501，粟裕是502，谭震林是503，粟裕觉得这个法子不错："很好，又顺口，又保密，又好写，以后就叫我502好了。"

在军事指挥上，大政方针主要由陈毅决定，具体战役指挥则交粟裕负责。战役一打响，陈毅就常常离开指挥室，还说："我离开这里很必要，免得粟司令事事向我报告，延误时间。"

一旦粟裕在指挥上遇到什么故障或困难，只要跟陈毅一说，陈毅就拿起电话："粟司令的意见就是我的意见，你们坚决执行。"

后来毛泽东在延安面告饶漱石："陈粟不可分，陈粟合则胜，分则败。"他交代饶漱石要亲自向下传达。

由陈、粟联手指挥的华野越来越强，仗也越打越大。

烂葡萄里夹硬核桃

宿北和鲁南两役，在让薛岳损兵折将的同时，也把陈诚的目光完全吸引过来。

有"小委员长"之称的陈诚时任国防部参谋总长。仅在抗战时期，他就指挥过淞沪会战、武汉会战、鄂西会战等超大规模战役，要论大兵团作战的能力和经验，他并不输于薛岳，而其所处职位和经历，又使他有着薛岳所不具备的战略眼光和视野。

陈诚多次到前线视察，逐渐看出津浦、陇海两线的交叉地带，也就是山东解放区，已成战事重心。

这当然是因为位置太过显要之故。

津浦、陇海两线是联合海陆，贯通中国南北东西的两大动脉，谁只要控制住这两大动脉，就能做到进退自如，可攻可守，即便其他地方"小有疾患"，也不影响大局。

延安总部对此洞熟于心，投入这方面的兵力也特别多，除陈毅、粟裕的华东野战军外，还有刘伯承、邓小平的晋冀鲁豫野战军，兵力配置已占到解放军总数的一半以上。

陈诚自然不肯相让，在他的建议下，蒋介石亲自主持制订了"鲁南会战"计划，提出要"15天澄清鲁南局势"。

鉴于薛岳已连败两阵，"声名低落"，蒋介石派陈诚飞赴徐州督战，并代替薛岳进行指挥。陈诚一到徐州就说："党国成败，全看鲁南一役（指"鲁南会战"），只许成功，不许失败。"

陈诚以临沂为轴，组织了南北两个突击集团，南线由他亲自指挥，以欧震集团为主突击集团，从陇海路向北攻，北线由王耀武指挥，以李仙洲集团为辅助集团，从胶济线向南攻，两个突击集团南北对进，以夹击集结于临沂的华野主力。

此外，陈诚又把王敬久集团调到鲁西南，以隔断华野与晋冀鲁豫野战军的联系，并伺机加入鲁南、鲁中作战。

参与"鲁南会战"的国民党部队总计74个整编师、旅,其中仅南北两线集团就有40个整编师、旅,集中兵力之多,是解放战争开始以来空前的一次,山东由此成为全国的主战场。

1947年1月31日,欧震集团率先北进。

早在"鲁南会战"开始之前,粟裕已经得到了相关情报,他预先集中了50个团的兵力,并制订了先打欧震集团的初步方案。

欧震兵分三路,从实力上判断,其右路较弱,且侧翼暴露,按照先打弱敌的原则,右路敌军当然是首选目标。

可是右路敌军走得很慢,老是不上来,又考虑打左路,也一样慢,没法下手。

不是快不起来,是故意的,两次失败给陈诚提了醒,使之重新制定出有针对性的战术和打法。

鲁南战役,败在孤军突进,双拳难敌四手,陈诚为此把推进阵形改为"稳扎稳打,齐头并进"。欧震集团的三路你看好我,我看好你,肩叠肩地往前行进,每天平均才走6公里,简直跟乌龟爬差不多。

2月3日,粟裕再次变招,他派一个主力纵队从正面阻击中路之敌,同时通知华野其余部队,适当放松阻击,诱使两翼敌军放胆前进,以便可以寻机歼其突出的一路。

可是左右两路不但不肯冒进,反而立即向中路靠拢,相互紧紧抱成一团,跟只刺猬一样,让你想下嘴咬都找不到缝儿。

粟裕还发现,即便不搞"乌龟"、"刺猬"这一套,要打三路中的任何一路也并不容易,而这又跟陈诚吸取宿北战役的教训有关。

宿北战役,败在强弱分离,结果弱的就被吃掉了。陈诚采取的办法是"烂葡萄里夹硬核桃",欧震集团的每一路都会插进一支精锐主力作为骨干,比如中路里夹了张灵甫,左路夹了胡琏,右路算是最弱的,但也夹了一个黄百韬。

陈诚对此很是得意,说:"即使全是豆腐渣,也能胀死老母猪。"

因为有了陈诚的这一说法,陈毅便诙谐地称之为"豆腐渣胀死老母猪战术"。

1947年2月4日,乘华野全力对付欧震,李仙洲集团又从胶济路南下,进占莱芜，威胁到了华野的后方。

陈毅、粟裕急于打掉北犯之敌，为此设下一箭双雕之计，一面对起义后复叛的郝鹏举实行讨伐；一面借以调动欧震增援，以创造战机。

让陈、粟都想不到的是，欧震并不上当，甚至于连郝鹏举的死活也不顾，他们仍然向临沂齐头并进，华野在临沂外围歼敌的打算再次落空。

正在骑虎难下之际，华野类似于"四中队"的技术侦察部门通过破译敌方电报，查明了李仙洲集团到达的确切地点。

陈毅首先拿到这份情报，看后喜不自胜，当时夜已经很深了，众人都已熟睡，但陈毅还是让人把粟裕请来商议。

根据情报，陈毅产生了一个"舍南取北"的全新构想：既然能准确察知李仙洲的行踪，与其在南线等得太久，不如索性抛开南线，转兵北上，先把李仙洲给打掉。

粟裕听后也很振奋，当即表示同意，他的眼前豁然开朗。

空城计

华中部队已经一退再退，从苏中退到苏北，再从苏北退到鲁南。

华中部队的官兵大部分是南方人，即使是在苏北长大，相对山东来说，也还是南方。那时，南方人吃大米饭，山东人吃高粱面煎饼，很多人到了鲁南后生活不习惯，加上对北撤有情绪，于是编出了一个发牢骚的顺口溜："反攻反攻，反到山东，光啃煎饼，外加大葱。"

南征转为北战，看上去又是在撤退，而为了保守秘密，隐蔽作战意图，暂时还不能将作战计划公之于众。

不仅不能说心里话，还得继续装。

粟裕要对陈诚施以疑兵之计，第一步就是摆出"决战之形"。他先在临沂及其以南构筑了三线阵地，主力北上后，又特地在临沂地区留下包括两个纵队在内的18个团，由这18个团"扮演"华野全军，对欧震集团进行阻击和钳制，以造成华野主力仍在临沂的假象。

陈诚的"稳扎稳打，齐头并进"固然稳妥，但到这时又变成了一种缺陷，因为它为粟裕移兵北上提供了时间。

主力北上的前一天，粟裕再次得到了一个重要情报。

即使不破获电报，华野也能通过另外的特殊渠道掌握李仙洲动向，原因是在李仙洲集团高层，还潜伏有更隐蔽的内线。

根据这份最新情报，李仙洲集团正往蒙阴进发，所摆阵形亦为薛岳那样的一字长蛇阵，从地图上看，就好像是从胶济线上倒垂下来的一串葡萄，正是予以各个击破的极好目标。

1947年2月10日，在粟裕命令下，原先分布在南北线的7个纵队向李仙洲集团所在莱芜地区隐蔽开进。

主力全部集结之前，还需要有人先出手挡上一把，陈、粟召来了鲁中军区二分区司令员封振武。

给封振武的任务是，阻击李仙洲集团，而且至少需阻击5~7天，使其不能迅速占领蒙阴。

封振武一共只有3个团的兵力，多数还是新建的，武器装备也很差，战斗力当然不会强到哪里去。

听完分配给自己的任务，封振武整个人都待在那里，一句话也说不出来。

陈、粟都看出封振武面有难色，陈毅笑着对他说："当年诸葛亮大摆空城计，身边只有2个老兵，1个琴童，还迷惑了拥有重兵的司马懿。你拥有3个团的兵力，还不能同敌人周旋一番吗？"

空城计毕竟是舞台表演，而且孔明也就待了半天，现在不是待半天，得5~7天，"司马懿"能看不出来？

陈毅平时就喜欢开玩笑，粟裕不会，可他也对封振武说："阻击5~7天不成问题。"

何以见得？粟裕给封振武提供了依据。

特殊渠道传来的那份情报显示，李仙洲"一字长蛇阵"的前锋是桂军第四十六军。粟裕说："敌人这个部队同它的上级有矛盾，对进犯蒙阴不积极，正处在进退两难之际。"

第九章 砸碎珍珠换玛瑙

粟裕不会把全部的秘密告诉封振武。事实上，第四十六军可不光是"同上级有矛盾"那么简单，其军长韩练成早已与中共建立了秘密联系，并酝酿过起义，他也由此被称为中共的"隐形将军"，陈、粟得到的最新情报就是韩练成派人所提供的。

韩练成等于是自己人，但他在第四十六军并不能完全随心所欲，否则早就起义了，同时他也得给上级一个合适的理由才行，所以封振武又从粟裕那里得到了一套空城计的唱法。

封振武依计而行，明明只有3个团，他打出3个主力纵队的番号，在每一个宿营地，都会特地多搭一些草铺，多砌一些锅灶，转移时一个不拆。

这些都成为韩练成迟滞不进的充分理由，结果整整一个星期过去了，第四十六军还在蒙阴以北30里的地方。

南线欧震集团仍在缓步推进中。

1947年2月15日，欧震进占临沂，随之而来的便是你吹我吹大家吹，最后传到蒋介石和陈诚案前的战报是："在临沂外围歼共军16个旅。"

临沂失守，当然是因为华野主力已不在附近，但粟裕正好借此对王耀武示以"失利之形"，给他造成华野主力连战疲惫，不堪再战的错觉。

我已经不能打了，你快来抄我的后背吧。

这是粟裕对王耀武的暗示，可他没料到的是，王耀武不仅没往前进，还向后缩了。

王耀武是谁，可以说粘上毛比猴子还精。这个十几年前就击败了寻淮洲、粟裕，并在后来的十几年中，一手缔造出国民党顶尖王牌军的人，又岂是随便能蒙得住的。

王耀武从攻占临沂和"围歼共军16个旅"的背后，发现了一个一般人不注意的细节——按照战报所述，欧震集团在占领临沂之前，并未经过激烈战斗。

临沂是山东解放区的首府，华野主力要是仍在临沂，一定不会让临沂轻弃于人，双方必然要大打，战斗怎么可能不激烈呢？

最大的可能，就是粟裕改变了作战方向，有可能北上来包围李仙洲了。

王耀武调阅近期的空中侦察情报，果然发现华野有频繁移动的迹象，他当机立断，自行命令李仙洲全线后撤，同时电告陈诚，要求"准予机动作战"。

鱼溜掉了。

要钓的是大鱼

疑兵之计说白了,就是在玩诈术,要心眼儿。

粟裕放弃临沂在前,他确实得给陈诚和王耀武一个交代,即华野主力此后究竟到哪里去了。

粟裕让地方部队进逼兖州,在运河上架设浮桥,又在黄河边筹集渡船,做出华野正要西进与刘、邓晋冀鲁豫野战军会合的样子。

这是"决战之形"、"失利之形"之后,疑兵之计的第三步——"西进之形"。

"西进之形"非常合情合理,陈诚没看出一点假,另外,他跟王耀武所处位置和责任不同,王耀武只需调度李仙洲,因此很顾及李仙洲集团的安全,陈诚还要统筹南北,为"鲁南会战"的效果负责。

"鲁南会战"的最终目的,就是要南北对进,把华野给夹住,现在他这边已拿下临沂,王耀武却反而还在往后缩,请问怎么个夹法?

陈诚严令王耀武回到原地,不得擅自撤退,王耀武只好又命令李仙洲返回。

李仙洲进进退退,完全在华野的行动计划之外。很多人都担心计划要落空,有的纵队司令员直接建议提前出击,这样纵然不能全歼,还能切个"尾巴"。

粟裕则认为王耀武如此反复,恰恰说明对方还没有真正掌握华野的企图,不过是心里没底,比较谨慎罢了。

他要钓的是大鱼,放的是长线,在主力全部到达预定集结位置之前,鱼竿决不能动上一动。

当李仙洲再次返回时,华野各部已基本到齐,并迅速向莱芜的东西两边进逼。

1947年2月19日,包围之势已成。同一时间,王耀武完全判明了华野主力的真实动向和企图,于是急令李仙洲集团往后收缩,处于后卫位置的一个军由此脱离了包围圈。

粟裕后来坦承,他没想到王耀武会如此大胆果断,命令说下就下,也不向蒋介石和陈诚请示,就让后卫部队一天一晚后撤数百里。如果早知道这样的话,他就会插到济南附近,让整个李仙洲集团无一得逃。

后卫漏网,李仙洲本部及两个军也没有马上被抓住,全都收缩到了莱芜城里。

第九章 砸碎珍珠换玛瑙

1947年2月20日，粟裕正式发起莱芜战役，至21日，华野部队已全部展开，在莱芜地区形成了兵力对比上的绝对优势，基本完成对莱芜城的战役合围。

王耀武原来想要李仙洲据守固守，后来看到李仙洲实已处于孤立无援的境地，危殆万分，又觉得不如索性冒险向北突围，这样不仅李仙洲自身可摆脱困境，还可以加强济南防卫。

为了取得蒋介石的认可，王耀武派他的副参谋长携其亲笔信前去南京，当面向蒋介石报告。蒋介石鉴于"敌前撤退不利"，内心并不同意李仙洲弃城而退，怕因此在城外遭到解放军的攻击，但见王耀武说得有根有据，也只好点头答应。

王耀武的险冒得实在不值，有韩练成在李仙洲身边，这一情报当然又毫不意外地落入了粟裕之手。

粟裕立即采取"围三缺一"的战法，将北面的口子让出来，预先布置成口袋阵。

接到王耀武的电令后，李仙洲召集官佐们一起研究。李仙洲性格非常逞强好胜，他主张固守而不主张撤退，认为在解放军包围下，撤退很不利，如果不撤，只要临沂的欧震集团跟踪而来，便可起到内外夹击之效。

除了李仙洲，其他人都嚷嚷着要撤，理由是两个军挤在一座城里，城小人多，军心慌乱。

李仙洲听来听去，终于也动摇了，赞成撤退，可是在何时撤退这个问题上，大家又意见不一。李仙洲提出宜快不宜迟，韩练成独表异议，说他的部队来不及，需要一天准备时间。

最后撤退时间便以韩练成的为准，就这么一天，让粟裕把口袋阵完全扎严实了。

1947年2月23日晨，李仙洲北撤突围，被粟裕兜头套个正着，莱芜城也被解放军趁机抢占，李仙洲部队陷入了进退两难的窘境，人马车辆挤成一团。

在这个关键时刻，韩练成在地下党的协助下，悄悄离开指挥岗位，使第四十六军率先陷入混乱之中，华野担任突击的各纵队趁势发动猛攻。

李仙洲有五万之众，但华野更多，是李仙洲的四倍有余。李仙洲被包围的区域东西仅三四公里，南北仅一二公里，随着包围圈越缩越小，他的兵力难以展开，战斗力也发挥不出，相反华野火力却能发挥出最大威力——只要记得往人堆里送，一发炮弹就能炸死好多，甚至一颗子弹也能杀伤三四个人。

2月23日下午，李仙洲所部2个军被歼灭，李仙洲以下17名少将以上的将领被俘，创造了解放战争以来华东战场的空前纪录。

在莱芜战役中，华野还缴获了大量装备，主要是各种山炮和野炮，后来华野各纵队都成立了炮兵团，其火炮大部分为这一战役中所得。

鲁南战役送了粟裕一个特种兵纵队，莱芜战役又送来了许多炮兵团，蒋介石"运输大队长"的名号自此是实至名归了。

莱芜战役进行过程当中，王耀武曾出现多次犹豫反复，敌情也不断变化，非常考验具体指挥者的意志、决心和应变能力。事后，当记者访问，提及宿北、鲁南、莱芜三战时，陈毅对粟裕赞不绝口，称他"愈出愈奇，愈打愈妙"。

莱芜战役的胜利，不仅宣告"鲁南会战"计划土崩瓦解，而且在国民党阵营内部引起极大震撼。战役结束的当天，蒋介石即亲飞济南，召见王耀武。

过去两人见面，蒋介石都是满面笑容，这回铁青着脸，把王耀武狠狠地骂了一顿："这样的失败真是耻辱，你是不能难辞其咎的。莱芜既已被围，你为什么又要撤退？这次你选派的将领也不适当，李仙洲的指挥能力差，你不知道吗？"

王耀武有苦难言，只得把一腔愤恨发泄到了李仙洲身上："5万多人，不知不觉在3天就被消灭光了，老子就是放5万头猪，叫共军抓，3天也抓不完哪！"

李仙洲出身黄埔一期，资历比王耀武还高，身为王耀武的部下，他一度还挺委屈哩，可就这位仁兄，因为一场惨败，竟然就被贬到了如此一无是处的地步。

可叹的是，就算到这个时候，不管是蒋介石，还是王耀武，都还不知道李仙洲旁边有一位"隐形将军"，更不知道，正是这颗定时炸弹，把李仙洲的指挥能力炸到了零。

在写给老部下李天霞的信中，王耀武忍不住发出哀叹："莱芜战役，损失惨重，百年教训，刻骨铭心。"

北线骂了，南线同样要追究责任。徐州"绥靖公署"的牌子被拿了下来，随着机构的撤除，薛岳亦遭免职。在国民党将领内部，薛岳与陈诚的私人关系一直不错，摘了薛岳的乌纱帽，毫无疑问也是间接给了陈诚重重一击。

新挂上去的牌子是"陆军总司令部徐州司令部"，蒋介石任命陆军总司令顾祝同坐镇徐州，统一指挥徐州、郑州方面的部队。

顾祝同是粟裕在3次天目山反击战的对手，也是他的手下败将。在对华野全军讲话时，粟裕说薛岳用兵"尚机敏果断"，称得上是军事干才，而顾祝同只是个庸才，现在老蒋以庸才代替干才，对解放军而言，实在是再好不过的事。

黄河战略

莱芜战役让蒋介石最受伤的地方，就是损失了两个军，他对王耀武说："这仗以后更不好打了。"

蒋介石一辈子征战，同样具备他这个层次所需要的战略眼光。先前他最看重的是攻城略地，但莱芜战役让他意识到，一个空城临沂，远远抵不上五六万兵力的消减。

占地并不是越多越好，"占地愈多，则兵力愈分，反而处处被解放军牵制"。

"鲁南会战"集中了他可能集中的最大兵力，今后不可能再做到了。为了解决兵力分散的问题，蒋介石设计了"空心战术"，即在大后方只留3个正规军，大部分主力都调到前线投入作战。

对解放区的全面进攻也被改为重点进攻，蒋介石要进攻的重点目标一共两个，除了以延安为中心的陕北解放区，剩下来的就是山东解放区，他将这一战略称为"黄河战略"。

1947年3月13日，"黄河战略"正式启动，蒋介石实行"堵黄复故"，堵塞了黄河决堤口，迫使黄河改道，流入豫鲁两省故道。

通过"黄河战略"，在限制刘邓大军活动、切断两大解放区联系的同时，得以把王敬久集团正式调到山东战场作战。

"空心战术"和"黄河战略"的实施，使集结于山东的国民党军再次突破上限，共计有84个整编师、旅，比"鲁南会战"时还多出10个师、旅，接近重点进攻总兵力的1/3。

除以往的张灵甫整七十四师，胡琏整十一师外，这些部队中还包括邱清泉第五军，国民党"五大主力"一下子聚齐了仨，成为进攻山东解放区的"三大主力"。

用将方面，老蒋同样动足了脑筋。

蒋介石对他那些将帅的特点非常了解，据说连很多人的生日都能熟记于心，他所任用的顾祝同当然绝非庸才。

顾祝同在天目山曾败给粟裕，抗战时的战绩也无法与薛岳相比，这跟他所在战区的实力太过一般有一定关系，作为蒋介石身边"五虎上将"中的一位，他还是有两下子的。粟裕说顾祝同"庸才"，同样也有鼓舞全军士气的用意。

更何况，这次蒋介石还特地给顾祝同找了一个主将——时任陆军副总司令的汤恩伯。

因豫湘桂大溃败，汤恩伯也曾被骂得狗血淋头，然而很少人知道，在抗战时期的正面战场上，他却是为日军所惧怕和担心的少数中方将领之一。从早期的南口战役，到后来的台儿庄会战，汤恩伯皆起着一锤定音的作用，冈村宁次在回忆录中多次提及汤恩伯，并把他作为自己一个值得尊重的对手。

汤恩伯有能耐，作战有一套，但他的缺点也很要命，那就是总跟顶头上司不和谐。台儿庄时期的李宗仁，河南时期的蒋鼎文，汤恩伯和他们的关系都闹得很僵，豫湘桂会战失败的一个重要原因，就缘自于此。

顾祝同在国民党将领中有"军中圣人"之称，特别善于搞人际关系，跟谁都能嘻嘻哈哈地凑一块，顾、汤配，应该是蒋介石能想到的最佳搭配了。

顾祝同到任后，即延续了陈诚"烂葡萄里夹硬核桃"的战术，他以"三大主力"为骨干，将入鲁部队编为三大兵团，分别是汤恩伯兵团、王敬久兵团和欧震兵团，每个兵团中夹一个"主力"。

1947年3月下旬，顾祝同开始发动进攻，其部来势汹汹。到4月中旬，他已完全占领鲁西南，并打通津浦线上的部分交通，对华野形成弧形包围态势。

莱芜战役时，粟裕还啃不动欧震兵团这样的大兵团或"三大主力"，但莱芜战役后，情况已大为不同，经过为期半个月的整训，华野兵强马壮，只愁没东西吃，不愁牙口不好，消化能力不济。

只要三大兵团稍稍拉开距离，或者再来个南北合击什么的，就能像对付李仙洲集团那样，围而歼之。

可是粟裕没能找到这样的战机。

顾祝同把前任陈诚的战术全部继承过来，"稳扎稳打，齐头并进"也是一种，同时鉴于莱芜战役中，北线的李仙洲集团遭到了意外打击，他又在此基础上做了改进。

合击、夹击之类是再不搞了，顾祝同把三大兵团都放在一面，进行纵深梯次部署，进攻时"两臂横兜，中间挺进"，让粟裕无法分割和各个击破。

顾祝同并不比他的前任好打发。

耍龙灯

在暂时无缝可钻的情况下，只有一个办法：待机而动。

有一个寓言，讲到有两只刺猬，到了冬天要互相靠近取暖，可是太近了它们又把彼此都给刺痛了，最后只好分开。

三大兵团和兵团内的各支部队，就像是一只只刺猬，它们怕被华野各个击破，所以得聚拢在一起，但这样一天可以，两天可以，十几天，半个月以后就未必了。

须知这些军事主官大多各怀私心，而私心正是他们身上的刺。

陈诚曾经剖析说，解放战争时期的国民党军事主官，凡军师长以上，多半是历年征战晋升上来的，平均年龄已在45岁以上，这种现象与北伐时期正好相反。

"45岁现象"带来的最大弊病，就是主官们作战时普遍缺乏勇猛精神，衰弱、拖沓、低能、企图心不强，甚至爱财怕死者，随处可见。

陈诚注意到了解放军阵营的不同，他认为解放军指挥员"莫不年轻，能吃苦耐劳，活跃于第一线"。

陈诚看到了这一问题，可惜他力不从心，根本改变和纠正不了。

陈诚能看到的，陈毅、粟裕也早就瞧得分明。他们知道对方内部有着层出不穷的各种矛盾，在指挥和行动上，若说在短时间内协调一致，是可以做到的，时间一长就不行了，到那时，怕死的、畏难的、投机的、犹豫的，全都会陆续浮出水面。

队形一乱，必然有机可乘。

陈毅、粟裕不再围绕城镇与顾祝同硬碰硬，他们率部进入了鲁南和沂蒙山区。

蒋介石闻之喜上眉梢，认为这次总算把华野逼入了死角："陈毅钻进沂蒙山，以山大王战术与我周旋，我们就在沂蒙山区把他一扫而光！"

蒋介石说了大话，"一扫而光"，哪有那么容易。

陈、粟的"山大王战术"早已是炉火纯青，尤其沂蒙山区乃山东解放区腹地，华野占有地利人和之便，其部时南时北，忽东忽西，三大兵团喘着粗气都撵不上。

陈毅把这套战法称为"耍龙灯"：华野挥舞彩球在前，逗引得三大兵团像长龙一般回旋翻滚。

还有人形象地将之比喻为"鹞子捉鸡"。陈、粟一边"耍龙灯"，一边紧盯着身后的"长龙"，第一个被他们盯上的"鸡"是汤恩伯兵团。

汤恩伯兵团与其他两个兵团渐行渐远，而且兵团各师之间的间隙也开始变大，便于分割。

随陈、粟在沂蒙山转悠的其实只有10个纵队，华野主力始终集结在机动作战位置，粟裕立即率主力南下，准备歼灭汤恩伯兵团大部于临沂。

就在这时，意外发生了。

1947年4月1日，当陈毅、粟裕的野指机关南移进入一座村庄时，突然遭到飞机的轰炸扫射。还好，机关保卫部门有防空意识，事先挖了防空洞，因此没有造成人员伤亡。

此次空袭，针对性极强，显然就是奔着野指机关来的。让粟裕感到疑惑的是，他们在根据地里面行动，沿途又很注意隐蔽，敌人怎么会这么快就知道机关的动向呢？

事情来得过于蹊跷，不能不查。

一查，发现野指直属队失踪了一名"解放战士"。当时因为部队战损的缺额大，俘虏兵经过突击教育和训练后，马上就大批大批补充到各部队，这些"解放战士"有的思想不稳定，"开小差"溜号是常有的事。那名"解放战士"其实早就偷偷地跑走了，只是起初没引起保卫部门重视，这时才想到，很有可能就是他返回敌营报告了机关行踪。

机关暴露了，也就等于暴露了部队南下的意图。汤恩伯是个极警醒的人，他立刻反应过来，将兵团主力调到临沂，实行密集靠拢，倘若华野再硬凑上去，势必打成毫无油水可捞的消耗战。

粟裕只好放弃原订计划，北上另寻战机。

当家花旦

"龙灯"足足耍了半月有余，功夫不负有心人，粟裕终于再次抓到对方一个薄弱环节。

刚调来山东不久的王敬久兵团内，有一个整编第七十二师，该师的前身是川军王陵基集团军，即便在川军中，其实力也仅属二流。

在粟裕把七十二师划入自己菜单的时候，七十二师正据守泰安，因为山川相隔，一旦华野对其发起攻击，周围敌军来不及迅速增援。

1947年4月20日，粟裕发起泰蒙战役。在战役的前期，他采取类似于山东人吃大饼的办法，走一步啃一块，每次消灭几个营，七十二师被逼得步步后退。

4月24日，粟裕完成对泰安的四面合围，开始发起总攻。

川军一般有个特点，就是运动战和阵地战的能力差一些，但是擅长山地战，泰安的地形和工事又利于固守，所以华野在攻击时也是困难重重，其中最大一个难关就是泰安城外的嵩里山制高点，老是拿不下来。

随军督战的华野参谋长陈士榘为此发了火，连声责怪主攻部队动作迟缓。

华野部队，要论攻坚战，以三纵第八师最负盛名，于是粟裕将主攻任务另外移交给第八师，同时将华野唯一的特种兵纵队（简称华东特纵）增援泰安前线。

粟裕一向重视技术兵种，但在骑、炮、装、工这四大兵种中，他最看重的还是炮。这是因为大兵团作战越来越频繁，对步炮协同的要求也越来越高，炮在其中的地位称得上是举足轻重。

在炮的方面，粟裕也做了一个区分，轻型的为山炮，主要装备于各纵队的山炮团；重型的为榴弹炮、野炮，主要就装备于特纵。

特纵由粟裕直接主管，下辖榴炮团、野炮团、骑兵团、工兵团以及坦克大队、汽车大队等。它的家底，就是在鲁南战役中从快速纵队手里缴获的那些装备。

野炮由骡马牵引，榴弹炮由汽车牵引，汽车的机动性当然要比骡马强，粟裕由此又把榴弹炮作为重点。

缴获的美式榴弹炮共有48门，本来可以编成两个团，为了提高效率，粟裕只编了一个团，他又把各纵队的炮兵牵引车全部调过来，把一个榴炮团塞得满满当当，让这个榴炮团成了特纵的"当家花旦"。

装备是没问题了，还得找到合适的人手。特纵组建前，陈、粟曾致电中央军委，请求支援炮手等技术人才。

让延安总部支援步兵人才还可以，这么多特种兵人才，一下子到哪里去找。陈、粟只好"就地取材"，先从俘虏兵中进行挑选。

坦克手、汽车驾驶员，可以暂时由"解放战士"充任，但炮兵如此重要，要是全让"解放战士"来把控，当然不能让人完全放心。

粟裕为此想了一个办法，他从步兵团中抽调出一些打过仗又有点文化底子的班长，让这些班长来担任炮兵团的各级指挥员，具体控制火炮的鸣放，"解放战士"和从地方部队中升级上来的士兵则充当炮手，以此确保不出任何岔子。

这是短期的，粟裕还有长期规划，他以华东军政大学炮兵大队为基础，组建了特科学校，专门培养自己的特种兵人才。

特纵司令员是陈锐霆，粟裕让他率特纵的"当家花旦"榴炮团前去泰安助战，陈锐霆还有些担心，主要是榴炮团组建时间不长，训练不足。

粟裕告诉他，泰安方面急需增援，只能"赶急火"，实行"以战教战"。

陈锐霆原在国民党商震部队担任炮兵团团长。早在抗战前，他就是中共秘密党员，"皖南事变"后，发动起义参加了新四军，此前担任新四军军部参谋处长兼联络处长。

陈锐霆是黄埔毕业生，有一定的文化功底，在那时候的解放军指挥员中实属凤毛麟角，以至于有人还误以为陈锐霆是清华大学毕业的。

让众人交口称赞的，还是这位特纵司令员的炮战功夫。

一鸣惊人

陈锐霆对炮兵业务很在行。榴炮团虽然是初出茅庐，但在他的指挥下，炮火组织得非常出色，所有火炮按照各自诸元，向规定目标进行射击。

华野的一位高级参谋在场观战，不由得大开眼界。他认为，这场炮战比他以往见到过的任何一次战斗都更正规，效果也好得多。

炮弹如雨一样的飞向嵩里山制高点，阵地上的敌军被打得哇哇乱叫，犹如热锅上的蚂蚁，在山上无法立足，很快就丢下阵地，向城内溃退。

用步兵攻嵩里山，久攻不下，用炮兵几下就轰垮了，这就是重武器在现代战争中的威力。

拿下嵩里山，榴炮团又转向泰安城。八师的连续爆破突击，特纵的步炮协同技术，都达到了前所未有的高水平，城内守军彻底陷入梦魇之中。

1947年4月25日，解放军突入泰安。七十二师师长杨文泉用报话机向南京呼救，要求增援。

南京的答复是："顶住，顶住！"

杨文泉哭笑不得："顶不住！共军有大家伙！"

杨文泉所说的"大家伙"就是指榴弹炮。七十二师也有榴弹炮，不过跟特纵的没法比，只有4门，在遭到榴炮团的压制后，它们很快就被取消了发言权。

听了杨文泉的话，南京那边还不信："共军是土八路，小米加步枪，哪里来的大家伙？"

杨文泉气不打一处来："共军的大家伙，还不是你们在鲁南送给人家的！"

讨不来救兵，杨文泉只好在城内就地组织反击。川军作战的韧劲很强，前后反冲锋达20次之多，但这些反击都毫无例外地被榴炮团拦阻和轰垮了。

1947年4月26日上午10点，巷战结束，七十二师遭到全歼，杨文泉手下一万多人被俘，4门榴弹炮及40余辆汽车也成为解放军的战利品。

这是华东特纵的第一次公开亮相，可谓一鸣惊人，炮火在攻坚中的作用也被发挥到淋漓尽致。杨文泉在被俘后感叹："你们有这么多大炮，完全出乎我们的意料。你们的炮兵火力组织得这么好，步炮协同得这样密切，更是我们没有想到的。"

粟裕围点，必然配合打援，但是你还真得相信国民党将领们的觉悟，泰蒙战役从发起到结束，也有将近一周时间，在这一周时间里，愣是没有一个人肯上来救一救杨文泉，有两个整编师距泰安仅有一日行程，却愣是动都不动，眼睁睁地看着自己的同僚翻着白眼沉入了水底。

援兵不来，粟裕也就不能扩大战果，这让他很感遗憾。

遗憾的事情还在继续。从4月初到5月初，陈毅、粟裕耍了一个月的"龙灯"，除了逮住倒霉的七十二师外，再没有能抓住任何一条大鱼。

有七十二师的遭遇在前，这伙人又跟冬天的刺猬一样紧靠起来，粟裕几次组织试探性进攻，都因敌方密集靠拢或增援较快而夭折。

在山里"耍龙灯"并不如比喻中那么有趣，部队连续行军，跋山涉水，动辄就要走百余里，官兵的两只脚板所过之处，几乎把沂蒙山新开的几条公路的路面都给磨亮了，那真是又苦又累，上上下下都十分疲劳。

耍来耍去，要是有七十二师这样的猎物跳出来倒也罢了，偏偏又没有，徒劳而无功，免不了生出怨气。

几首顺口溜开始在华野内部不胫而走。

"陈司令的电报嗒嗒嗒，小兵们的脚板嚓嚓嚓。"这是一个。

"机动机动，只走不打，老'耍龙灯'。"这是另一个。

听到这样的顺口溜，说陈、粟身上完全没有压力是不可能的，其实他们也急，只是不好放在脸上罢了。

得再干点什么了。

陈、粟计划以两个纵队南下鲁南，一个纵队南下苏北，以威胁敌军后方，吸引其回师或分兵。

最沉得住气的，反而是在延安运筹帷幄的毛泽东。在收到陈、粟的电报后，毛泽东综合各方面的情报，做出判断："目前形势，敌方要急，我方并不要急。"

他电告陈、粟："第一不要性急；第二不要分兵，只要主力在手，总有歼敌机会。"

有那么多明的、暗的信息来源，毛泽东把蒋介石的处境看得透透的，他知道蒋介石的日子不好过，那种四平八稳的方步就快迈不下去了。

的确，如今的蒋介石浑身都是包袱，自己就把自己给捆住了。出师以来，他一直想给后方舆论以及各派系以交代，但前方缓慢的进展实在是没法应付这种需要。

蒋介石、陈诚给顾祝同发去严令，要求加快"进剿"，并限定于5月初"打掉陈、粟主力"。

这样一来，无异于又弄乱了顾祝同的心神，增加了他的失误概率。

还差一步，眼瞅着就要掉坑里了。

按照毛泽东的指示，陈、粟中止了原订计划，为了"配合"敌方心理，华野主力又后退了一步。

一步就够，蒋介石和陈诚立马掉坑里，他们由此判断华野"攻势疲惫"，在向沂水一线撤退，正是实行"鲁中决战"的好时机。

南京政府的新闻局局长在答记者问时就说："相信该省（山东省）大规模战争不久可以结束。"

错判和失误由此翻起了跟头，顾祝同决定实行"跟踪进剿"，并且把"稳扎稳打"改为"稳扎猛打"，"逐步推进"改为"全线急进"，他打算这次要一鼓作气，即使不能把华野主力围歼于沂蒙山区，也要赶到黄河以北。

1947年5月10日，在顾祝同的命令下，三大兵团同时向沂水一线推进。

对粟裕而言，一个重大的战机即将出现。

猛虎掏心

即便到这种时候，顾祝同还保留着必要的谨慎，要求三大兵团统一行动，可是汤恩伯不等另外两个兵团到齐，就指挥本兵团率先向沂水攻去。

蒋介石急，陈诚急，顾祝同急，汤恩伯急，几个"急"串成一块，至此，战机完全成形。

1947年5月10日午夜，华野经侦察得知，汤恩伯兵团的第七军和整编第四十八师已进至沂水以南。

这两支部队都处于侧翼，又比较孤立，陈毅、粟裕决定集中兵力，将他们歼于沂水。

1947年5月11日晚，当参战部队正向沂水集结时，华野指挥部又得到了一份十分重要也非常关键的绝密情报。

这份情报所揭示的，是汤恩伯制订的具体作战计划，而只有看过它，你才会知道汤恩伯为什么那么急于出兵。

原来汤恩伯早已侦知了华野指挥部所在地位于坦埠，他不肯坐等其他兵团，就是嫌那些部队动作太慢，兵贵于神速，他要出其不意，先一拳打掉华野的指挥中枢，陷华野于混乱和四面包围之中，然后聚而歼之。

汤恩伯实施了中央突破战术，主要突击力量就是张灵甫七十四师，矛头直指坦埠。第七军、整编第四十八师，以及汤兵团的其他部队，其实都只是在策应七十四师的行动，放烟幕弹而已。

汤恩伯名不虚传，用计确实够毒。

情报让大家看得一头冷汗。华野指挥部立即举行紧急会议，商讨对策。

既然已经了解了汤恩伯的意图，也就避免了最大风险，同时能在第七军和整编第四十八师身上捞一把，也算够本了。

大部分人都是这种想法，粟裕不一样。

粟裕说，改变原订计划。

之所以要改变计划，是因为在这种情况下，跟第七军和整编第四十八师缠在一起，已经没有太大意义了。即便那两部受损，汤恩伯也能照旧利用七十四师实施中央突破，华野将因此陷入两面作战的困境，最后的结果，不是主动后撤就是被突破。

粟裕接下来的一句话令在场所有人都感受到了震撼，粟裕掷地有声："不撤，也不退，就打七十四师！"

众人内心的震撼可以理解。自两淮战役、两战涟水以来，整个华野对七十四师的心理非常复杂，一方面是恨之入骨，要"灭此朝食"；另一方面，很多部队又都怕跟七十四师硬碰硬，不想和张灵甫交手。

粟裕当然知道七十四师有多难打，但他等这一天，实在已经太久了。

与豪放开朗的陈毅不同，粟裕平时较为沉静内敛，这在一定程度上遮掩了他性格中的另一面。

骨子里，这个人依然保持着孩童时代的梦想，他是一名剑客。

作为剑客，只要你还站在那里，手里还有剑，就必须要用尽一切努力去获胜，一次不行，两次，两次不行，三次。

两战涟水之后，粟裕对张灵甫始终念念不忘，几乎变成了一种"思念"。战前部队整训，陈毅看粟裕老是待在作战室看地图，怕他太闷，就硬拉他出来，一起去野外打猎散心。陈毅举枪打中了一只野兔，高兴地对粟裕说："502（粟裕代号），你看这只兔子该怎么个吃法？"

粟裕心不在焉，竟然脱口而出："这是蒋介石五大主力中的王牌，硬吃不行，必须智取，而且一定要全歼。"

在场的其他人听后都莫名其妙，只有陈毅心领神会，哈哈大笑："好啊，这只兔子身价不低，成了张灵甫。看样子，这个张灵甫命里注定要成为我们庆功宴上的下酒菜喽。"

现在未来的"下酒菜"就在眼前，他等到了。

粟裕是一个成熟老练的智将，他有足够的热血和激情，但早已与冲动莽撞无缘，若不是有一定把握，绝不会想到要选择这个时候与张灵甫一决雌雄。

与张灵甫决斗，必须有兵力上的成倍优势。恰恰七十四师担负了中央突破之责，进入的是华野主力集结位置的正面，而仅仅在这个位置上，粟裕就有 5 个主力纵队的机动兵力，他在部署上不需要再做大的调整，便可以在局部对张灵甫构成 5∶1 的绝对优势。

粟裕把他的战术概括为：猛虎掏心，以中央突破对中央突破。

他慨然对陈毅说，七十四师与其他敌军不一样，作为"五大主力"之首，它是蒋介石手中的最大王牌，把它打掉，可以给敌方阵营以实力和精神上的最沉重打击——七十四师都能歼灭，还有什么部队不能消灭？

听粟裕讲完，陈毅也十分激动，马上拍案而起："好！我们就是要有百万军中取上将首级的气概。"

陈、粟决心已定，作战地点定于坦埠以南、孟良崮以北，因此称为孟良崮战役。参战部队共有 9 个主力纵队，其中 5 个主攻，4 个阻援，华东特纵集结待命，随时配合主攻部队。

在各纵队领导人参加的干部会上，陈毅一再强调，这次打七十四师，是在"百万军中取上将首级"，就是要从"百万军中"把七十四师这个"上将"给剜割出来，然后围攻上去。除此之外，在七十四师背后，还有大批敌军，必须予以阻击。

都知道孟良崮战役极其艰苦，华野要付出的代价不小，但只要能打掉七十四师，多大代价也是值得的，这叫"砸碎珍珠换玛瑙"。

要饭官庄

汤恩伯无论如何也不会想到，他制订的具体作战计划，会以那样一种奇怪的形式，完完整整地出现在陈、粟面前。

如果不泄密，汤恩伯的作战计划可以称得上是既大胆又周密。七十四师是蒋介石的王牌，也是他汤恩伯的王牌，为了确保七十四师旗开得胜，他除部署第七军等部进行策应外，还派两支部队一左一右进行掩护。因此就兵团中的位置和阵势而言，七十四师只是稍显突出，并不是完全的孤军突进。

两支掩护部队也并非俗物：左为黄百韬整二十五师，右为李天霞整八十三师，在国民党军队中都是主力。

1947年5月11日，在陈、粟还没有得到那份至关重要的情报之前，张灵甫正奉命从垛庄出发，经由孟良崮西麓，向坦埠以南急奔。

其间还发生了一个插曲。七十四师曾住在一座叫"要饭官庄"的村庄里。这村名怎么听怎么别扭，有一名军官便说："要饭官庄，要饭官庄，我们这些人迟早都得要饭拉倒，这和三国时庞统凤雏先生死于落凤坡一样不吉利。"

另一名军官听了不乐意了，认为出师前不应该说这样晦气的话。两人发生了争吵，吵着吵着便动起手来，最后全都搞得鼻青脸肿。

这对张灵甫来说，自然不是一个好兆头，他很清楚，涟水战役给七十四师造成的心理阴影从未能够真正消除，军官之间的争执，其实就好像这支军队的正负两种能量在争斗一般。

强行制止是没有用的，军人的伤口，只能通过胜利一点点去痊愈，占领涟水，他可以让部下从对妙通塔的恐惧中解脱出来，而攻下坦埠，关于"要饭官庄"的流言必然也会不攻自破。

晚上，汤恩伯又给张灵甫发来电报，限令张灵甫于5月12日攻占坦埠。

张灵甫早就憋足了劲，收到这份电令，立刻快马加鞭，七十四师陡然增速，以至于黄、李二部都被落在了后面，黄百韬还好，只略落后一点，相差二三十里，李天霞就离谱了，竟然隔了100里路程。

当七十四师渡过汶河，其左右两翼均已暴露，只是当时张灵甫还没有察觉到危

第九章 砸碎珍珠换玛瑙

险的到来。

汤恩伯随后也根据张灵甫的汇报，对目标进行了临时调整，将攻占坦埠的限定日期改为5月14日。

1947年5月13日，七十四师对华野的杨家寨、水塘崮阵地发起进攻。

根据张灵甫以往与解放军作战的经验，当七十四师主力向单个阵地进攻时，对方一般不会进行硬碰硬的抵抗，但这次不同，战斗整整持续了一天，阵地都拿不下来。

到黄昏时分，前线部队在电话中告知："当面之敌，相当顽强，攻击尚未奏效。"战场这一新的变化，开始引起张灵甫的疑虑和不安。

晚上8点，攻击终于奏效，七十四师完全占领了杨家寨、水塘崮。杨家寨、水塘崮都是海拔千米的高山，山上设有山东军区的印钞厂，前线部队把从印钞厂找到的一些"抗币"送往师部，但张灵甫并未从中感到任何欣喜。

经过侦察，他发现解放军部队正源源而至，约有两个纵队连夜赶到，分别向七十四师的左右两翼间隙急进，来势非常凶猛。

事实上，从黄昏开始，粟裕的战役计划就已经开始启动，叶飞纵队从左，许世友纵队从右，分别向七十四师的两翼楔入。

当两纵队进行纵横穿插时，与七十四师其实靠得很近，华野在山坡，七十四师在山冈，叶飞甚至能亲眼看到山地敌军的运动，只是因暮霭浓重，视线不清，七十四师却并不知道他们是"共军"，还以为是黄百韬或李天霞所部，因此起初既没吆喝口令也没打枪。

等到发现，已经晚了，两纵队割断了七十四师与左右两翼的联系。

尽管如此，张灵甫并没有表现得慌乱无措，他相信以黄、李的能力，分别对抗华野一个纵队应该可以，用不着过分担心。

在将相关情况向汤恩伯进行汇报后，张灵甫仍表示，他有决心在明天早晨夺取坦埠，为此还会把指挥部前移。

刚刚表完态，张灵甫就得到消息：许世友纵队占领右翼的马牧池。

他立刻坐立不安起来，感到右翼有问题。

固守待援

右翼的问题就出在李天霞身上。

李天霞与王耀武是黄埔的同期同学，他当过张灵甫的上司，比张灵甫的资格老，但是后来在仕途上，一直被张灵甫所超越，因此他对张很忌妒，两人的私下关系也出现了裂痕。

张、李的性格脾气也不同，张灵甫为人较为耿直，打仗不会投机取巧，李天霞正好相反，打仗时惯于保存实力，自诩为打巧仗，不打硬仗，早在苏北作战时，就因此受到过撤职留任的处分。

按照汤恩伯的部署，李天霞应以一个旅进出沂水西岸，以确保七十四师右侧的安全，但李天霞并未按照命令行事，仅派一个连，带着报话机，冒充旅部番号在沂水西岸"打游击"。

这就等于说，七十四师的右翼是空的，李天霞主力距离七十四师还远得很呢！

粟裕抓住右翼的空当，不断插入部队，至5月14日凌晨，右翼已被塞3个纵队，对七十四师形成半包围态势。

张灵甫立即向汤恩伯请示撤退，得到同意后，他派一个营抢占右翼的850高地，以掩护主力部队后撤。

不料850高地已被华野提前控制，这个营冲上去时几乎被全部打光了。

七十四师主力尚在杨家寨、水塘崮一线，当他们后撤时，解放军完全可以利用850高地进行侧击，到时七十四师就几乎只有被动挨打的份儿，损失肯定小不了。

出乎意料，解放军既未侧击，也未追击，使七十四师得以顺利地撤回汶河以南。

张灵甫那时候当然不会知道，粟裕的胃口大得很，他要的是七十四师这整条大鱼，而不仅仅是其中的一块鱼肉，暂时的"放虎归山"，只是因为整个包围部署尚未完成，怕打草惊蛇，导致七十四师过早脱离战场。

张灵甫知道的是，他遇到了劲敌，华野主力上来了。

对在沂蒙山区遇到的困境，张灵甫不是没有准备。早在莱芜战役结束后，他就说过"本师装备不适合山地作战"，并且第一次提出要求休整。

当然这个要求不会得到满足。能者多劳，他还得继续干下去，而且仍然是七十四师最不适应的山地作战,他甚至连对七十四师进行山地战训练的时间都没有。

再好说话的人,被驱使到这个份儿上,也不免会生出怨怼之心,张灵甫曾对好友说:"我是重装备部队,如果在平原作战,炮火能发挥威力,陈毅二三十万人都来打我,我也力能应付。可是现在却逼我进入山区作战,等于是牵大水牛上石头山。"

最后张灵甫愤愤地说道:"有人跟我过不去,一定要我死,我就死给他们看吧!"

张灵甫所说的"有人"不知道究竟指谁,那种焦虑和无奈的情绪却已经再明白不过地显露出来。

另一方面,张灵甫也并不是一个肯认怂的人。

撤到汶河以南,七十四师还没有脱离华野的包围,张灵甫完全可以继续往后撤,但他没有这么做。

不管他私底下如何抱怨,在内心深处,他同样期待着与对手以剑相搏的机会。

孟良崮战役之前,张灵甫曾提笔给蒋介石写了一封亲笔信,措辞十分激烈。张灵甫说在山东战场上,国民党各部将领之间是"勇者任其自进,怯者听其裹足,牺牲者牺牲而已,机巧者自为得志",他认为这是一个月来各兵团被华野"耍龙灯"耍得团团转,从而进展缓慢的重要原因。

张灵甫能说出那番慷慨激昂的话,当然是把他自个归入了"勇者"之列,为了能够反败为胜,这次他准备充当一下"牺牲者",以七十四师为饵,吸引华野主力与之决战。

"鲁中决战"不就是要想方设法找到华野主力吗?现在不用找,人家主动上门来了,那就痛痛快快决个胜负吧。

张灵甫把这一战术命名为"固守待援,中心开花",并且与汤恩伯达成了一致。

既是"固守待援",就需要寻找一个合适的固守点。摆在张灵甫面前的地点一共有二:一为垛庄;一为孟良崮。

垛庄四山环抱,无险可守,华野控制了四围的山头,就可以居高临下对七十四师进行打击。

苦思之后,张灵甫采纳幕僚建议,选择了孟良崮。

据说黄百韬曾劝告张灵甫不要固守孟良崮,对他说:"你的装备重,车辆多,怎能上得山？而且山上如果没有水，你怎么办？"

张灵甫的回答是："置之死地而后生，机不可失。"

没有人能够真正透视未来，他们只能根据当时的判断，做出当时的决定，至于这个决定到底是对是错，直到翻开底牌的最后一刻，才能知道。

隐形部队

在给蒋介石的那封信中，张灵甫对自己同僚的刻画可谓入木三分，他说这些人莫不是"彼此多存观望，难得合作，各自为谋，同床异梦"。

到了沂蒙山，李天霞算是完完全全地对上了号。

除向沂水派了一个冒充"旅"之外，他最靠近张灵甫的部队是位于七十四师右后方的一个团，而且还是八十三师里战力最弱的团，其前身曾在苏北两度被华野歼灭，整个团装备不全，士气颓丧。

该团前任团长已被俘，由师参谋长罗文浪临时接任。张灵甫给罗文浪打了个电话，问八十三师在沂水西岸究竟有多少部队。

罗文浪不能直说，只得支吾其词。张灵甫确认李天霞给他出了幺蛾子，顿时愤怒异常，由于右前方无兵遮护，七十四师不仅损失了一个营，五十七旅也因此只能拖后掩护，到这时候为止，都尚未撤回，他很担心解放军从右翼包抄，再切断五十七旅的后路。

张灵甫咆哮着对罗文浪吼道："你们搞的什么名堂？现在右翼出了毛病，我们有一个旅没有下来。共军大部过了河，已对我们形成包围。"

他在电话中大声发出警告："我已向国防部告了状，出了事，你们要负责！"

发了通火之后，张灵甫又冷静下来。他很清楚自己政府的办事效率和官僚程度，眼下又在打仗，就算追究责任也只能是战后进行，心里就算再有气，都只能先忍着。

张灵甫放缓语气，对罗文浪说："霞公（李天霞）是我的老长官，他上次在苏北作战中受了处分，我心里也非常难过，但他现在又来耍滑头，你要告诉他设法补救。"

张灵甫的这些话，罗文浪一个字也没转告李天霞，原因很简单，李天霞要是真的对张灵甫还有些情谊，就不会派他带着这个破团来掩护七十四师了，自己捎了话，不但不会起什么作用，反而还可能因此得罪李天霞。

果不其然，李天霞随后打电话给罗文浪，指示："夜间作战要多准备向导，特别注意来往的路，要多控制几条。"接着又说："你是很机警的。"

说话听声，锣鼓听音，罗文浪一听就明白了，这是李天霞在暗示他，战斗一打响，马上就开溜。

李天霞这人不是一点点滑头，暗示之后，他又让师部传达公开电话命令，要罗文浪确保七十四师的右翼安全，实际上是为了事情一旦露馅儿，可以摆脱自己的责任。

你怕担责任，别人也怕啊，罗文浪就去请示汤恩伯。汤恩伯的回答很简单："所有部队都不许动，我已令各师分途出击。"

七十四师的右翼这才有了这么一个团保驾。

让张灵甫感到庆幸的是，五十七旅基本完整地撤了回来。他于是将步兵集中到孟良崮，五十一旅、五十七旅在山下，五十八旅在山上，形成掎角之势。

七十四师退守孟良崮，与左右两翼的黄百韬、李天霞应在位置（实际仅为罗文浪团），相距不过十来里路，且有通讯联系，加上汤恩伯在后面不停地催促各部前推，使得张灵甫对"固守待援"又多出了几分把握和信心。

可惜，他还是走错了一步棋，这步棋的位置在垛庄，不久以后他所有的部署都将被这步错棋所搅乱。

与此同时，粟裕却走对了一步棋。

华野跟七十四师一直是死敌，而在所有纵队中，最恨七十四师，也最想打七十四师的，又非王必成纵队莫属。

二战涟水，王必成指挥的第六师不仅损兵折将，还丢了涟水。打了窝囊仗，谁都会积一肚子火，当时兼任第六师师长的谭震林打电话给江渭清，毫不客气地说："第六师保卫涟水城不力，是华野的耻辱，全军的耻辱！"

陈毅更是怒不可遏，当即下令将王必成予以撤职，直到江渭清替自己的搭档申辩，说明错不在王必成，而且他和王必成还对谭震林的防守部署提出过正确意见，陈毅这才收回成命。

王必成其实是一员非常能打的战将，苏南抗战中一次性歼灭日军数量最多的延陵大捷，就是由他直接指挥的，苏南老百姓称其为"王老虎"。"王老虎"性格内向，不善言辞，这事曾把他委屈到不行。

后来谭震林在大会上公开作了检讨，承认第二次涟水战役没打好，不是王必成和六师作战不力，是他指挥不力。

将帅间尽释前嫌，王必成自此便铆足了劲，一心要找七十四师算总账。

在10天前，王必成纵队奉命南下鲁南。鲁南是敌后，王必成不怕危险，他怕的是错过打七十四师的机会，因此走之前提出的唯一要求是："打七十四师，绝对不要忘了我们纵队。"

解放军能愈战愈强，就在于有这么一股子虎劲。粟裕非常欣赏，他立即给了王必成一个满意的答复："你放心，打七十四师一定少不了你们纵队，到时候，你不想打也得打。"

粟裕本拟用王必成纵队去诱敌，因毛泽东提出"不要性急"和"不要分兵"，中途又取消了这一计划，但他随机应变，没有将王必成纵队撤回，而是让他们在鲁南就地隐蔽。

在这10天里，王必成按照粟裕的要求，暂时停止攻击，只进行隐蔽战备，行踪从来没有暴露过，从顾祝同到汤恩伯、张灵甫，都不知道鲁南还潜伏着这么一支"隐形部队"，更不知道它会成为粟裕在孟良崮战役中的必杀技。

全盘皆活

1947年5月12日，王必成收到华野指挥部的电报，电报由陈毅、粟裕、谭震林三位华野最高首长共同签发，十万火急。

粟裕兑现了对王必成的承诺。在电报中，他要求王必成纵队以急行军速度，在48小时内赶到前线，并抢占垛庄，切断七十四师的唯一退路。

接到电报，王必成立即率部出发。

从鲁南回师垛庄，有200多里，沿途重峦叠嶂，道路崎岖，有的士兵鞋子走烂了，就用破布和烂草包着脚行军，途中来不及做饭，就以地瓜充饥。

纵队急行军速度超过粟裕的要求，用王必成后来自己的话来形容，是"飞兵激渡"，前卫提前8小时便到达垛庄以南。

第九章　砸碎珍珠换玛瑙

垛庄是七十四师的后方补给点。在垛庄的两翼，各有黄百韬、李天霞部队，前面又有七十四师主力在孟良崮守着，看来是没有多大问题，因此张灵甫开始只留了一个辎重连进行守备。

倒是汤恩伯看出有些不保险，提醒张灵甫加强防守，但随着五十七旅的后撤，七十四师的秩序已经很紊乱，兵力一时调整不过来。

王必成纵队有2万余精兵，并且还是从根本没有预料的后背袭来，一个连的辎重兵又岂能招架得住。当张灵甫好不容易集中1000余人，赶到垛庄加强防务时，王必成已提前一小时攻下垛庄。

王必成一动，华野全盘皆活。

七十四师唯一的后路被截断了，张灵甫面临着进退两难的境地：七十四师如果往垛庄攻击前进，必然要遭到后背夹击，何况王必成也已打通与周围其他纵队的联系，收回垛庄没有一点儿把握。

张灵甫唯一可以利用的防御地形，只剩下了以孟良崮为中心的狭长地带，他被包围了。

在以往粟裕指挥的战役中，只要对敌军完成战役合围，基本就可以收工吃饭了，但这次情况不一样——蒋介石亲自调度，包括第五军、整十一师在内，三大兵团中的10个整编师已向孟良崮战场逼近，对七十四师进行增援。

在所有增援部队中，距离最近的黄百韬、李天霞自然首当其冲。

李天霞的整八十三师在苏北刚亮相时还很神气，但在屡遭华野打击后，战斗力已经转弱，而且李天霞对援救张灵甫本身就不太积极，这时出兵只是怕挨老蒋的手板，因此其增援的势头并不猛，根本不用粟裕担心。

可是黄百韬不同，他能打仗，而且打仗的风格与张灵甫一样，向来不计工本，能玩儿命。早在苏北时，他就和张灵甫一南一北，被称为国民党进攻苏北解放区的两把尖刀。

尽管有叶飞纵队进行阻击，黄百韬仍然一路猛冲，不顾一切地向七十四师靠拢，已经冲到了距孟良崮10里的黄崖山附近。

一旦黄百韬越过黄崖山，他的部队将与七十四师连成一片，王必成见状急忙插上，与黄百韬抢夺黄崖山。

王必成和黄百韬都派出了擅长山地作战的部队，两军几乎同时赶到山脚下，一个在西坡，一个在东坡，展开了令人窒息的登山竞赛。

解放军先一步占领制高点，往下一看，敌军离山顶也仅有四五十米了。

就是这四五十米，把黄百韬给挡住了。之后，黄百韬下达了"只准进不准退"的命令，仅集团式密集冲锋就组织了十几次之多，正面不行，迂回，白天不行，晚上，上一个营不行，上一个团，然而他再未能够如愿登上黄崖山顶。

黄百韬是张灵甫身边唯一一个肯为他两肋插刀的同僚，连黄百韬都进不了孟良崮，其他援兵可想而知。

但这只是暂时的。

10个整编师，多数距孟良崮仅一到两天路程，最近的如黄百韬、李天霞，只有十几公里甚至几公里距离。光凭黄百韬当然没法一下子夺取黄崖山，要是第五军、整十一师赶到呢……

更加不堪设想的事还在后面，假如粟裕不能在短时间内消灭七十四师，战场将会出现极不寻常的态势，即这10个整编师反过来把华野的参战部队全部围住。

后面这一点正是张灵甫"固守待援，中心开花"的最终目的。他之所以退守孟良崮，就是要以自己为"磨心"，拖住华野主力，并将对方"碾碎"。

战场风云瞬息万变，不到最后一刻，谁困住谁，谁吃掉谁，都是件很难讲的事。

仗打到这个份儿上，已没有一点讨巧的可能和回旋的余地，胜负之机，只取决于一个字：拼。

粟裕将指挥所前推到离第一线最近的地方，同时下令，各级指挥员全部到第一线督战，竭力压缩包围圈。

血战到底

一夜之间，解放军像汹涌的怒涛一般，将七十四师淹没在了重重包围之中。

在一般史料的记载中，七十四师退守孟良崮，已将所有火炮辎重都抛在了山下，但也有参加过战役的七十四师老兵证实说，其实孟良崮有一些上山的平坦道路，而且七十四师有少量装甲车，可以将山炮、迫击炮、战防炮拖拽上山。

第九章　砸碎珍珠换玛瑙

即便这样，因垛庄失守，得不到弹药补给，在后来的几天，七十四师传统的步炮协同也难以发挥出以往的威力。

更何况，步炮协同早非七十四师一家专利。1947年5月14日，粟裕集中特纵及各纵队的火炮，对孟良崮进行猛烈轰击，顿时山鸣谷应，震耳欲聋。

孟良崮是石头山，难以构筑步兵掩蔽所，七十四师只能被动挨打，人马被炸得到处乱窜。

这是大浪即将卷起的前奏和铺垫。

1947年5月15日上午，解放军继续炮轰孟良崮，并开始为总攻做准备。

除包围孟良崮的5个纵队外，负责打援的4个纵队也不同程度地抽调主力参加总攻，仅阻击黄百韬的王必成纵队就调来了两个师，集结的进攻部队密密麻麻。

下午1点，粟裕正式下达了总攻令。

总攻令下，各路解放军如同开闸的潮水一般涌向孟良崮，战场进入了最紧张也最扣人心弦的时刻。

张灵甫选择孟良崮进行固守，确实是出于实战需要。

沂蒙山有七十二崮，孟良崮是这七十二崮中最大的一个崮。所谓崮，是说山的形状奇特，一般山的山顶是尖的，崮的山顶却好像是平的，犹如被什么东西削去一样。

不过这只是站远了看，接近以后你才会发现，上面怪石嶙峋，龇牙咧嘴，一副要吃人的模样，而崮的四周，则是悬崖峭壁，陡不可攀。

显然，对进攻一方来讲，它绝对不是一个理想地形。

孟良崮主峰有五百米高，解放军必须从下往上仰攻，往往经过数次乃至十几次的反复冲锋，才能攻下一个点。

山上都是坚硬的花岗石，而且大多"比门还高"，守军以这些巨石为掩护，不仅可以居高临下地对进攻部队进行大量杀伤，还能不断发起反冲锋，解放军好不容易攻下的点，一个反冲锋之后，又会得而复失。

攻守双方，一个是针尖，一个是麦芒，在战斗过程中均以硬对硬，以狠对狠。

由于战况过于激烈，素以悍猛著称的七十四师也出现了一线士兵偷偷往回溜的情况，五十七旅一个士兵溜下来恰好被旅长看见，这个旅长当即命令警卫抓来枪毙。

士兵见势不妙,赶紧又回头往前沿阵地跑去。

华野进攻部队亦前仆后继,刺刀见红,拼死搏杀,有的连先后换了7个连长。

仗还没有打完,孟良崮的主峰山顶已经被削去了好几尺。

大地在颤抖,灵魂在战栗,无数个生命瞬间便消失在一个原本名不见经传的山地。

陈毅、粟裕经历过的大仗数不胜数,但是在观战中,两人也都有了触目惊心的感觉。

粟裕评价这是一场血战到底的恶仗,其激烈程度,为解放战争以来所少见。据说,陈毅也发出了感叹:"今后永远不让儿子当兵!"

总攻一直持续到晚上,在付出惨重伤亡代价后,华野终将七十四师压缩到东西3公里、南北2公里的狭窄山区。

可是这次总攻毕竟没能彻底解决问题,与此同时,阻援部队因抽调主力参加总攻,也多次险象环生。

黄百韬还在拼命捞张灵甫,除争夺王必成纵队驻守的黄崖山外,他还向叶飞纵队驻守的天马山一线发起猛攻。

在有可能救援七十四师的国民党将领中,黄百韬可算是最没私心杂念的,他已经到了砸锅卖铁的地步。尽管遗尸遍地,但他仍不惜采用人海战术,组织整团整营往解放军阵地撞,炮火不分间歇,部队不分队形。

叶飞率部分主力去参加总攻,所遗空缺,只能用刚刚升级上来的地方部队填补,由于力量变薄,前沿的多处阵地遭到突破,随后,天马山一线全线告急,黄百韬的部队已攻上天马山山腰。

天马山一线部队与前沿指挥所失去联系,担任前沿指挥的廖政国当时身边只剩七八个警卫员,手里再没有预备队,调别的部队又来不及,眼见得阻击圈就要被打破,情况危在旦夕。

事有凑巧,正好粟裕在增加总攻部队,陶勇纵队的一个营奉命前去,路过天马山时被廖政国看到了,他赶紧上前拉住带队营长,命令该营立即赶赴天马山增援。

这个营长告知他们责任在身,另有任务,廖政国急了,向天马山一指说:"天马山阵地的得失,关系重大。如果被敌人打通,全局皆输。所以我只有使用所有到达这个地区的部队。"

营长考虑了一下，决定执行廖政国的命令，奔赴天马山增援，这才将敌军击退。

一山之隔，黄百韬终于还是没能挤进孟良崮，但是第五军等部也越逼越近，粟裕预计，如果到第二天拂晓前，还不能歼灭七十四师，华野将陷入重兵包围，并可能被敌消灭！

粟裕的计算很少出错，硬仗、恶仗转眼又变成了险仗，华野指挥部内的气氛由此变得十分紧张。

煎熬

粟裕决定再发动一次总攻，假如这次总攻再不能"取上将首级"，就不得不下令撤兵，在某种程度上，也就意味着他在孟良崮战役中失利了。

1947年5月15日，晚上10点，陈毅、粟裕商量一致后，由陈毅亲自打电话给叶飞，授权叶飞统一指挥纵队突击。

陈毅在电话中沉默半晌后，对叶飞说："叶飞啊，无论如何要在16日拂晓前拿下孟良崮。为此，不论付出多大代价，哪怕拼掉两个纵队，也要完成任务！"

粟裕接过电话问："什么时候可以将各纵队组织起来？"

叶飞回答："需要两个钟头。"

这两个钟头的时间里，对作战双方而言，都是一种煎熬。

白天的大规模血拼，已经让七十四师筋疲力尽。华野兵力是七十四师的许多倍，粟裕可以采取疲劳战术，利用交换攻击的间隙，让参战的各纵队轮番进行休息，但七十四师几乎无喘息之机。

张灵甫据守孟良崮，本身有利有弊，有利之处是便于防守，不利之处则如同黄百韬曾担忧过的——此乃不毛之地，除了石头还是石头，看不见一根草木，更无水源。

没有草木，就不能烧火做饭。这还只是次要的，少吃几顿尚不至于饿死，最重要的是饮水困难。

张灵甫本来在山下控制着两个水塘，但在解放军加大围攻力度后，已无法再从水塘取水，官兵渴得不能忍受。此外，七十四师所配备的重机枪许多都是水冷式的，因无水制冷，也打不响了。

当然还有弹药，到晚上10点时，七十四师的步枪弹药、手榴弹都快用完了，许多士兵的步枪里只有1个弹夹、8发子弹。

张灵甫曾急电南京方面，要求空投粮水和弹药。可是空军胆子太小，飞行高度过高，加上七十四师的对空电台已被击毁，导致投掷极不准确，许多物资都空投到了解放军的阵地上。

七十四师官兵苦不堪言，有些军官已在私底下抱怨张灵甫不该听信幕僚建议，退守孟良崮，以至于犯下兵家大忌，重演了"马谡拒谏失街亭"的历史故事。

马谡失街亭还有撤退的机会，诸葛亮还会帮他唱空城计，张灵甫连这个机会也没有，他已经感觉到了不妙。

白天战斗结束后，有些作战参谋误认为，解放军伤亡过重，可能不会再攻了。张灵甫则知道，以粟裕和华野的作战风格，决不会善罢甘休，晚上很可能还会发起大规模进攻，他下令各旅将非战斗人员全部组织起来，并临时教授作战方法。

除了山上的五十八旅外，山下的五十一旅与师部的联系已经中断，能与张灵甫保持指挥联络的只有五十七旅。

深夜，当陈毅、粟裕给叶飞打电话时，张灵甫也亲自给五十七旅旅长陈嘘云打去电话，命令他于第二天拂晓前，将部队全部撤至孟良崮高地，末了，他说了一句："嘘云啊，我们最后也要死在一块儿了。"

陈嘘云心里"咯噔"一下，明白七十四师已面临绝境。

陈嘘云先行上山，来到位于孟良崮山顶的师部指挥所。进入指挥所后，他看到张灵甫斜坐在地铺上，情绪很稳定，并没有明显的惊慌之色。

陈嘘云认为援军已经无望，就算他的部队撤上山来，也没什么用。不如沿山向黄百韬部突进。

没有人赞成，张灵甫亦默不作声，此议只得作罢。

陈嘘云以为，张灵甫的一条腿有残废，如果随部队突围的话，会很困难，这是张灵甫没有拍板的主要原因。

陈嘘云当时的想法是，张灵甫还是私心重了。

但其实，在 5 月 15 日白天的交战中，张灵甫已经做了突围的所有尝试，向南，向西，又向东，不仅没有任何一个方向能突出去，还遭到惨重杀伤。

陈嘘云不知道粟裕布于四周的"铁桶阵"有多么严实，张灵甫知道。

七十四师锐气尚在的时候仍无法突围，现在已经筋疲力尽，出去了更等于自己找抽，若说放弃险地，全军突进，又无异于步了莱芜战役时李仙洲的后尘。

陈嘘云太理想化了，他的话音未落，粟裕发动的第二次总攻已经开始。

1947 年 5 月 16 日，凌晨 1 点，华野对着孟良崮又是一顿猛烈炮击，炮声惊天动地，炸得孟良崮犹如火山爆发一般。

紧接着，早已蓄势待发的各路纵队朝孟良崮蜂拥而去，整个战场杀声震天，此起彼伏。

五十七旅连撤上山的时间都没有，就被截在了山下。倘若张灵甫选择这个时候放弃阵地突围，全军崩溃将是顷刻间的事。

战斗空前激烈，七十四师全线告急，但是这次总攻并没有能达到一击而中的目的，孟良崮阵地仍在张灵甫掌握之中。

山呼谷啸

粟裕已经连续几天几夜都没有合眼，由于患有高血压和头痛症，整个人脸涨得通红，战后测量血压，竟然达到了 220。

这是意志和耐力的大比拼，只要还有一口气在，就必须撑到最后。

第二次总攻开始以后，粟裕几乎每隔 5 分钟就会给前线打去一次电话，以询问战况，调整部署，指挥所的电话铃声因此响个不停。

随着时间一分一秒的延续，对孟良崮的攻击力度不断加大。

七十四师的防御体系以 540 高地为首，占领它，就可以控制整个山峰和囤积兵马的山谷，张灵甫亦知此地之重要，曾亲临高地督战。

双方都集中了远近距离的各种轻重兵器，机关枪、迫击炮、掷弹筒，武器挤着武器，向对方进行密集射击。

短兵相接处，士兵们直接抱着机枪和冲锋枪对射，子弹打光了，就把枪扔掉，互扔手榴弹和拼刺刀。

1947年5月16日，凌晨4点，经反复10次冲锋，华野终于攻克540高地，七十四师的防御体系被撕开了口子。

双方前线部队都到了疲惫不堪的地步，但这还仅仅是开了个头，没有生力军补充上来，就可能一步不能动。

粟裕把预备队派了上去。

如果说把孟良崮阵地比喻成一只狼的话，540高地是狼的脑袋，芦山则相当于狼的身体，这是孟良崮的南面屏障，也是七十四师布防的腹心区域。

芦山守军都躲在了石缝中，要靠人冲，根本接近不了，上多少，死多少。现场调度的叶飞迫不得已，把迫击炮调集过来，打了100多发炮弹，将防守的300多守军全部炸死，才得以攻入芦山。

时间停留在上午10点，又攻不动了。

继续抽调兵力，组织第三次总攻，这是粟裕唯一能做也必须做的。

前线伤亡实在太大了，当粟裕电话打过去，要某纵队全部压上时，这个纵队的司令员渐渐表现出不满情绪，说着说着，竟然还在电话里朝粟裕叫嚷起来。

声音很大，陈毅听到了。

陈毅见粟裕碰到了"障碍"，便主动走上前来接电话。

他一面走向电话机，一面问接电话的是哪一位，然后拿过话筒就问："你现在在哪里？你们几个师长都到了什么地方？"

对方回答后，陈毅查看了一下地图："你们几个师长都要到山顶去。怎么，还要讨价还价？刚才粟司令的意见，就是我的意见。我们是经过研究的，你们要坚决执行，不要讲什么价钱！"

对方不吭声了。

陈毅又接着说："部队伤亡大一些，不要紧，我手里还有预备兵力，你伤亡多少，我给你补充多少。"

陈毅比粟裕会讲，恩威并施，几句话便把这个纵队的司令员给说服了，马上答应投入总攻。

1947年5月16日，下午2点，第三次总攻的号角吹响。

第九章　砸碎珍珠换玛瑙

炮弹从四面八方飞向孟良崮山顶及七十四师仅剩的 600 高地，石头被炸得一块块凌空飞起，山上一片火海，血肉横飞，七十四师的战斗队形变得混乱不堪。

等到叶飞发起纵队突击，进攻部队仅用 10 分钟便冲上了 600 高地。

无粮无水又无援军的七十四师终于垮掉了。

下午 3 点，王必成纵队特务团突破孟良崮西侧，逼近山顶的七十四师指挥所。

张灵甫在指挥所外只有一个师警卫连，他情知大势已去，用电台发出了绝命书："今弹尽援绝，水粮俱无，我决定……战至最后以一弹饮诀。"

下午 4 点，华野突破了七十四师在孟良崮的所有阵地，师指挥所亦被攻占，当时在指挥所内的张灵甫及其几个七十四师高官都"饮诀"了。

张灵甫怎么死的，却成了个谜。

按照绝命书的内容，以及国民党阵营提供的说法，应该是自杀，但华野方面则认为系击毙。

江渭清回忆说，他在把纵队特务团拉上去投入总攻时，曾专门交代一条，即尽量争取活捉张灵甫。因为华野能够截听七十四师的电台，曾听到张灵甫呼救，所以他确认张灵甫还活着，而能够活捉张灵甫，其意义之重大，不言而喻。

没有料到的是，在押送过程中，特务团的一名排长出于对七十四师的仇恨，突然对张灵甫开枪，将其打成了重伤，急忙送到野战医院急救时，已经无效死亡。

不管怎样，张灵甫是死了。一个带兵之人，能在绝境中打到战无可战，就已经算是条汉子，一定要人家自杀，那只是东方式战争伦理的过度要求。

江渭清接到特务团的报告后，很恼火，说我活要见人，死要见尸，你们马上派人把尸体抬回来，保管好。

第二天开祝捷大会，陈毅见到江渭清，第一句话就是："张灵甫的尸体在哪里？"

陈毅下令将张灵甫的尸体擦洗干净，换上干净服装，又弄口好棺材，入殓之后，通过各种关系运回南京浦口。

陈毅是有雅量的，尽管张灵甫曾打败过他，让他蒙受羞辱，事业也一度因此跌入低谷，但他知道，这是一个值得尊重的对手。

战场之上，只有厉害的军人和军队，才能赢得别人的尊重。就在孟良崮战役接近尾声时，粟裕突然接到华野情报处的报告，称孟良崮还有电台在联络救援。

粟裕警觉起来，命令缓发捷报，重新核对歼敌数和七十四师的编制数，核来核去，发现少了7000人。

粟裕说："狗急了要跳墙，弄不好会被它反咬一口。"他立即下令对孟良崮进行严密搜索，结果让他大吃一惊。

7000人实际就是没能上山的五十七旅余部，弹药已所剩无几，在无人指挥的情况下，他们悄悄地躲在一个山涧里，静等解放军撤离或趁其不备发动突袭。

7000人不肯投降，粟裕只好把华野3个纵队都派上去，予以全部消灭。

在国民党阵营中，很少有军队具备七十四师这样的单兵作战能力和困兽犹斗的意志。七十四师一名被俘的营级军官说："如果七十四师被歼灭了，就没有任何部队能抵抗解放军了，解放军不仅可以收复一切失地，就是要到南京，也没有人能够阻拦。"

1947年5月16日，傍晚6点，七十四师成编制地消失掉了。

孟良崮战役前后长达4天4夜，这4天里，没有下过一滴雨。然而，仗一打完，天空却下起了大雨。一名被俘的七十四师军官仰天长叹："天也要灭七十四师了！"

战役结束，叶飞忽然听到垛庄方向传来一片枪声，他赶紧派人前去查询。垛庄由王必成纵队所把守，纵队司令部的参谋给叶飞写了一张回条："万枪齐鸣，山呼谷啸，并非敌骑进攻，而是我军战士胜利后略表狂欢之情耳。"

据华野方面提供的数据，孟良崮一战，华野伤亡高达12000人，但这个代价是值得的，"砸碎珍珠换玛瑙"，他们从此少了一个最大劲敌。

华野从孟良崮撤走以后，那些奉命增援的国民党部队陆陆续续都来了，可还有什么用呢。

"鲁中决战"计划鸡飞蛋打，七十四师的覆灭，让蒋介石痛心疾首，一再说"伤心不已"、"真是空前的大损失"。

国民党阵营里，除了蒋介石，最难过的人大概要数王耀武了。他军旅生涯中的一大半辉煌，要依靠七十四师，可以说这是他的一大精神支柱。国共谈判时，王耀武在济南会见陈毅，曾不无炫耀地说过，国民党军队中，只有他苦心孤诣，一手培养出来的七十四师能打仗。现在起家的老底子没有了，王耀武有如丧考妣之感：

"七十四师之失，有如丧父之痛。"

战后追究责任，汤恩伯撤职，陈诚降为东北行政公署长官，李天霞送军事法庭，连其实已经很尽力的黄百韬也落了个"救援不力"的处分。

第十章

不是冤家不聚头

蒋介石很希望能有一个高手指点迷津，帮他走出连续受挫的困局。

早在苏中战役开始之前，蒋介石就曾读到一份机密材料，名叫"从敌对立场看中国军队"，读完之后，他击节叹赏，认为切中利弊，把中国军队的缺点都讲清楚讲透彻了。

材料中的中国军队，主要指的是抗战中的国民党军队。国民党军队存在的问题，蒋介石多少也心中有数，只是内部矛盾错综复杂，积重难返，而且大战频仍，短期内他确实没有时间也没精力去予以纠正了。

他现在更想了解的，是如何对付共产党军队，这个已经和他角逐长达20多年的老对手。

在这方面，他有过堪称成功的经验，只是如今随着对手的迅速强大，似乎已经过时，而那份材料的作者，可以为他提供另一个观察角度和办法。

作者是日本人，"中国派遣军"最后一任司令官冈村宁次。

冈村在担任华北方面军司令官期间，主要对手就是华北八路军，以八路军那样强韧的生命力，在冈村的进攻下，也曾处于极度被动的境地——经过"五一大扫荡"，华北根据地缩小一半，主力部队减损10万，还战死了1名参谋长。

时任八路军副总司令的彭德怀评价："冈村宁次是历来华北日军司令官中最厉害的一个。"

抗战刚刚结束，延安总部即将冈村列为第一号战犯，直到1949年年初，与李宗仁进行谈判时，作为谈判条件之一，中共仍要求对冈村予以引渡。

此时，冈村被软禁在南京，除协助遣返日军、日侨外，他还充当着一个不为人知的秘密角色：蒋介石的秘密军事顾问。

滚筒式战法

"鲁中决战"失败后，冈村更成为蒋介石的座上宾。

冈村对共产党军队的认识是，长于谍报，而且作战灵活，尤其善于集中优势兵力歼敌。

谍报方面，蒋介石暂时还无从着手——他当时并不知道延安的谍报网竟然会深入国民党军事决策的最高核心层，而在有"特工王"之称的戴笠死后，国民党在特工情报战方面的能力已经相当薄弱，根本组织不起防御。

对于其他方面，蒋介石都是感同身受，且竭力想要弥补。

正是为了避免部分被歼，国民党高层在战术设计上已经是绞尽脑汁，从最早的"长驱直入"，到"齐头并进"，再到"中间挺进"，花样不断翻新，但翻来翻去都没能翻出如来佛的手掌心，最后连"五大主力"的头牌都被粟裕抠出来给打掉了。

说到底，还是战术不够高明啊。

从冈村那里得到启示后，蒋介石重新检讨战局，提出了一个全新的战术思路："并进不如重叠，分进不如合进，以三四个师重叠交互前进。"

1947年6月下旬，经过长达40多天的调整期，蒋介石正式推出新一期"鲁中会战"计划。

汤恩伯已被撤职，蒋介石任命陆军副总司令范汉杰为前线指挥官。

按照蒋介石制定的新战术，范汉杰一改以往齐头并进，肩膀挨肩膀，胳膊靠胳膊的阵形，代之以重叠交互的前进方阵，采用"滚筒式战法"，逐步向鲁中山区"滚"进。

1947年6月28日，由9个整编师组成的范汉杰兵团已"滚"至南麻一线。

面对"滚筒"，粟裕起初确实有些挠头，分割肯定不行，寻歼侧翼或直取中央吧，一时又缺乏条件，若是往后退，后面是大海！

国民党中央社天天广播："共军背靠大海，海水是喝不干的。"

只有往前，朝敌后，继续"耍龙灯"。

粟裕本来的打算，是以3个纵队出击鲁南，以迫使范汉杰回援，华野主力则集结于沂水一线待机，但恰在这个时候，他接到了中央军委发来的电报。

电报上说，刘伯承、邓小平将率晋冀鲁豫野战军南渡黄河，掀起全国性的战略大反攻，为此，毛泽东希望华野能够分兵鲁西、鲁南，以打开与刘邓会师的通道，"如动作迟缓，则来不及"。

要不要分兵，粟裕当时做过一番推敲。按照军委部署，刘邓在6月底一定要南渡黄河，如果华野不分兵，集中力量在鲁中打一场类似于孟良崮那样的大仗，也同样可以起到牵制敌军，配合刘邓南渡的目的。

问题是，大仗需要寻找合适的战机，孟良崮战役前，足足"耍"了一个月"龙灯"，才诱到了七十四师，就剩这么两天工夫，谁能肯定战机必会出现呢？

守株待兔这样纯靠偶然的事，粟裕是从来不会去想的。

在华野首长共同协商后，最终定为三路分兵：一路向鲁西；一路向鲁南；一路继续留在沂水待机。

原定从鲁中分出去的3个纵队变成了5个。这便是华野战史上的"七月分兵"。

刘邓南渡，华野又有重兵前去接应，蒋介石、顾祝同急忙调整部署，从鲁中山区抽出7个整编师，分路增援，至此，范汉杰在鲁中的整编师只剩下了4个。

蒋介石的这一兵力调动，让粟裕一度认为"鲁中会战"已被粉碎，留在鲁中山区的敌军也势必相继西撤。

然而范汉杰没有走，也不打算再走。

范汉杰毕业于黄埔第一期，但与大多数黄埔生不同的是，他在报考黄埔之前，就已经担任上校团长，在粤军中具有相当地位。

有一段时间，蒋介石在粤军总部代理参谋长，范汉杰是兵站站长，所以范汉杰曾经笑着对别人说，"蒋老先生"虽是校长，但我们两人还做过同事哩。

范汉杰考入黄埔时已将近30岁，在黄埔一期生中，像他这样的"大龄青年"还有几位，不过戴着上校军衔上学的就他一个，所以当时的黄埔教官对他的印象都很深，周恩来在很多年后还能从人堆里一眼把范汉杰认出来，说那个瘦高个子，当年比我这个教政治课的老师年龄都大。

粟裕是智将，能跟粟裕对阵的，绝不能没有脑子，否则就会被立斩于马下，而在国民党将领中，范汉杰恰恰以老谋深算著称。

他竟然也起了引诱粟裕上当的念头。

陷阱

要引诱别人，必须有别人看得上眼的东西。

范汉杰这4个整编师中，能够让粟裕的视线停留片刻的，非整十一师莫属，那毕竟也是"五大主力"之一。

另外还得搭配一个地方：南麻。

南麻位于沂蒙山根据地的腹地，自抗战以来，就是根据地首府。蒋介石把南麻的地位等同于延安，他曾经说过，共产党在江北有两个"老巢"，"政治老巢"是陕北的延安，"军事老巢"就是鲁中的南麻。

向南麻挺进时，范汉杰将整十一师作为攻势楔入的锥端，攻占南麻后，又将它作为守势诱敌的诱饵——除整十一师外，其他部队都远离南麻，有意显示整十一师的孤立。

"前车之鉴，后车之覆，"可是范汉杰所摆出的，偏偏就是一个孟良崮战役的格局。

他有自己的想法。在孟良崮战役中，七十四师之所以覆灭，不说明"固守待援，中心开花"不对，而是汤恩伯、张灵甫事先没有做精心准备，临时想出了这一招，加上张灵甫把部队拉上绝地，这才导致走了麦城。

如果有所准备，也许结果完全不同。

范汉杰所布下的这个陷阱，始终没有能够被粟裕所识破。

孟良崮战役结束后，华野在欢庆胜利的同时，虽然口头上都要求戒骄戒躁，然而上至陈、粟、谭等华野首长，中至各纵队司令员，下至基层官兵，普遍都存在着较为明显的轻敌情绪，"都想再打一个孟良崮，再来一个空前的空前"。

延安的"战略反攻"，刘邓的南渡黄河，无疑更加重了这种过于乐观的氛围。

作为常胜将军，粟裕有着超常的谨慎和智慧，但他也是一个有七情六欲的人，而不是不食人间烟火的神，百密之中亦可能出现一疏。

在发现范汉杰兵团还未全部撤走后，粟裕决定追着尾巴打，歼灭位于南麻的整十一师，同时截断其他敌军的退路。

粟裕可用于进攻的兵力，有4个纵队外加华东特纵，整十一师只有5个团，另外，从情报上看，整十一师在南麻虽然修筑了工事，但并不坚固。

事不宜迟，正是乘势猛击、打一个类似于孟良崮战役那样漂亮大仗的时候。

1947年7月17日黄昏，粟裕发起南麻战役。按照"围点打援"的惯例，由1个纵队和地方武装负责打援，另外3个纵队分路开进，完成对南麻的包围。

7月18日晨，在特纵的火力掩护下，华野3个纵队向南麻连续发起逐波冲锋。

战役一打响，粟裕就发现不对劲儿。

整十一师战斗力强，这一点倒是可以预料。该师由第十八军改编而成，是陈诚的老部队。淞沪会战中，有"血肉磨坊"之称的罗店一役最为激烈残酷，中方主角便是第十八军，到抗战中后期，有一个被称为"中国斯大林格勒"的石牌防守战，第十八军仍是主角。

承继于第十八军的整十一师为美式装备，又有显赫家史，这支列于"五大主力"的部队能打仗，并不奇怪，让粟裕感到不对劲儿的地方，是南麻的工事非常坚固完备，哪里是没有筑好？

情报有误！

整十一师师长胡琏因石牌防守战而成名，此人被毛泽东称为"狡如狐，猛如虎"，换句话说，他比张灵甫更精明滑头，但又比李天霞辈要勇猛善战。

胡琏与张灵甫是老乡、同窗好友、黄埔同期同学，张灵甫命丧孟良崮，等于给他敲了一记警钟，让他在行动上变得更加诡谲小心。

被范汉杰拿来南麻当诱饵，就要准备着死，但胡琏并不想死。

他一占领南麻，就把阵地前500米内的树木、庄稼一律砍光，驻地村民一个不留地赶走，甚至于，胡琏不允许指挥所外面有供人辨认的任何标志，师部则真真假假设了不止两处。

不到半个月的时间，整十一师的所有工事及外壕就都相继修好了，但由于消息被严密封锁，华野始终未能得到相关的准确情报。

胡琏的防御战术与一般国民党军也完全不同，采取的是"大纵深弹性防御"，整十一师有前哨连，前哨连游移不定，对华野的进攻部队进行引诱，想办法使其扑空，不过只要一接触，便迅即后撤，退入核心阵地。

胡琏在核心阵地周围设置了许多铁丝网和鹿寨，其中仅鹿寨就多达3层，这些障碍物不仅阻碍了华野向前推进，而且整十一师突然发起的火力袭击，还会给进攻部队造成很大杀伤。

南麻战役从一开始即异常激烈，经过18日一天的冲击，华野终于占领了南麻外围的大部分警戒阵地。

1947年7月19日，下午3点，在粟裕的亲自指挥下，华野向南麻的核心阵地发起了第一次总攻。

胡琏放出了一道闸：子母堡，这是他用以扼守南麻的撒手锏。事后，华野战史上这样记载："所有参加南麻战役的华东野战军部队，都不承想到子母堡竟如此难攻。"

子母堡

胡琏利用他所控制的村庄和山头，构筑了大大小小1200多座地堡，其中大堡叫作母堡，小堡叫作子堡，每1座大堡和20座或30座小堡便组成子母堡，数个子母堡以交通壕相连，又形成了纵横交错的堡群。

母堡中驻有一个班，子堡里面只有两三个战斗兵，但这些像触角一样分散在母堡周围的子堡，能够迫使进攻部队在到达母堡前就不得不提前展开兵力，从而丧失其进攻的突然性。

子堡一触发，母堡马上启动，为子堡提供强大的火力支援。

打攻坚战，一般可以用火炮将堡垒先行予以摧毁，但子堡矮小，且数量太多，犹如是在用炮弹打苍蝇，效果不明显不说，对于弹药大部分必须依靠缴获的华野而言，这样使用炮弹也无异于是在暴殄天物。

当天的总攻起初只能完全依靠人海战术，华野各纵队组成密集队形，向堡群猛打猛冲。在子母堡密集火力网的拦截下，部队伤亡十分惊人，而且冲锋仍旧一次又一次失利。

粟裕在前线观察所看到，一线部队被子母堡死死封锁，举步维艰。他问身边的作战参谋："攻打子母堡的战术动作以前训练过没有？"

参谋回答："攻打地堡训练过，但是攻打这样密密麻麻的子母堡，没有训练过。"

粟裕为之扼腕："这是一个教训啊！"

华野偶尔也能攻下一座地堡，但却平均要付出伤亡数十人乃至上百人的代价，而整十一师方面的损失，不过是子堡中的两三个士兵，或是母堡里的一个班。

粟裕赶紧改变战术，除用炮火射击外，又组织爆破小组进行爆破——爆破小组先用炸药包炸掉地堡，然后突击组发起迅猛冲锋，一拥而上。

进攻部队的伤亡因而减少了，但地堡不是城墙，炸完一道就没事，这么多密密麻麻的地堡，爆破很费时间。

胡琏也针锋相对地制定出防御战术。粟裕有突击组，他有反击组，反击组全部配备冲锋枪和卡宾枪。

解放军那边爆破，反击小组会同时出击，从不同方向对准爆破口猛射，将随后冲上来的突击小组打死打伤在突破口附近。

就在双方拉锯的关键时刻，突然下起大雨。

因缺乏防潮设备，华野的弹药都被淋湿了，赖以爆破攻坚的炸药包也大多失效，大雨还引发了山洪，道路变得泥泞不堪，重炮拉不上前线，难以再对地堡进行轰击。

老天是公平的，不会永远偏向于战场上的任何一方。孟良崮战役一滴雨没下，直接导致七十四师覆灭，在这节骨眼上，它又意外地拉了整十一师一把。

胡琏乘势组织兵力进行反击，将华野打开的缺口又一一予以封闭。

1947年7月20日，战斗进入最为紧张的阶段。华野全力突进，整十一师一线部队的弹药都快打光了，虽然他们有空投弹药补充，但那点弹药还不够部队晚上两个小时的消耗。

胡琏急得没办法，把师部传令兵的弹药都搜集起来，送往第一线。

经过苦战，华野将整十一师压缩到纵横十里的区域，不过并未能攻入并巩固南麻的任何一座主阵地。

1947年7月21日晨，粟裕采用正面佯攻，侧面偷袭的办法，从整十一师阵地的薄弱处切入，终于攻下马头崮。

马头崮是十一师师部南面的屏障，巩固之后即可扩大战果，可是给粟裕的时间已经不多了。

南麻枪声一响，蒋介石就接到了范汉杰发来的报告，急令黄百韬整二十五师、邱清泉第五军等部迅速向南麻攻击前进，对华野实施反包围。

记取了孟良崮的教训，蒋介石这次下达的命令极为严厉，警告说整十一师如果像七十四师一样被华野消灭，将按照连坐法，对各师军事主官处以严惩。

老头子搬上了虎头铡，又有李天霞的例子在前，解围部队没一个敢不卖力。

离南麻较近的3个整编师已与打援部队发生激烈交火，粟裕计划于21日当晚再发动一次总攻击。

战役胜负往往取决于"最后5分钟"，孟良崮战役也是经过3次总攻，在敌军援兵到来前的最后一刻，才将粮弹两绝的七十四师拿下。

可以预计，整十一师的弹药库也要空了，华野有望重演孟良崮的辉煌。

就在这时，战事突然发生转折，"狡如狐，猛如虎"的胡琏率先出手了。

胡琏已能听到援兵的枪炮声，他知道，援兵越近，粟裕可能攻得越急，为了争取防守时间，他索性转守为攻，把空投和库存的最后一点弹药都用上，对华野实施了反攻。

华野猝不及防，阵地一度失手，粟裕的总攻击计划被完全打乱。

与此同时，黄百韬已突破华野阻援阵地，邱清泉逼近南麻，其他各路援军距离也越来越近。

粟裕手中没有预备队了，无法增加阻援兵力，如再不撤出，就可能被反包围，以致歼敌不成反被敌歼。

1947年7月21日黄昏，粟裕当机立断，下令撤围，各纵队分别朝东北方向撤退。

可是他们已经进入了范汉杰的包围圈。

天时

范汉杰当初设定的方案，就是要以胡琏为饵，通过南麻坚固的工事和整十一师较强的战斗力，来消耗华野的有生力量，等对方力竭之时，再对其实行反包围。

除从各个方向直接增援南麻的国民党军外，李弥整编第八师已星夜赶到位于南麻东北方向的临朐，以截断华野的退路。

临朐是连通鲁中解放区和渤海解放区之间的咽喉要道，华野要退入渤海解放区，此城乃必攻之地。

粟裕临时得到的侦察情报是，整八师远道而来，主力尚在半途中，前卫虽已入城，但还没来得及修筑工事。

尽管部队还很疲劳，伤亡也未能得到补充，且野外仍是暴雨连绵，粟裕仍决定于7月24日黄昏发起临朐战役，用速战速决的办法攻克城池。

可是这次情报又失误了。

1947年7月23日，也就是预定发起战役的前一天，李弥已率主力入城，当天便控制了临朐城周围各个制高点。

整八师虽非"五大主力"，却也并非无名之辈。该师前身第八军在抗战时期为滇西远征军主力，在时任第八军副军长李弥的指挥下，这支部队曾为攻克松山立下过汗马功劳。

在国民党内部，李弥被认为是一名"胆识具备，身经百战，善于统御指挥之将才"。他在进入临朐城后，同样没忘记先建造子母堡，而且建的速度奇快，进城后仅4个小时，每班即完成至少一座地堡。

这些情况粟裕都不了解和掌握，失去情报战方面的优势后，华野反而成了聋子、瞎子。

1947年7月24日下午，从南麻撤出的华野主力，加上渤海军区的3个团，冒雨行军，将临朐围了起来。

晚上，三军按计划在城外展开队形。

粟裕定于晚上进攻，就是要体现攻坚的突然性，然而恶劣的天气依旧在扯着他的后腿——暴雨令河水猛涨，致使王必成纵队无法按时到达指定进攻位置，特纵也因道路毁坏而无法参战。

再进行调整已来不及了，粟裕下令部队先行发起攻击。

此时城外已经是一片汪洋，水深过膝，解放军的几次进攻都未能逾越城壕。

1947年7月25日，特纵、王必成纵队赶到，华野拿下了部分外围阵地，但攻城时还是困难重重。

临朐城墙牢固，城外地势开阔，守军易于发挥火力优势，仅靠人海战术，连城墙都很难接近。

1947年7月26日，粟裕指挥特纵榴炮团，先对城内的南北大街进行远距离急袭，接着再压制其炮兵阵地。

在炮火的掩护下，攻城部队第一次对城墙实施爆破，但因雨天受潮，炸药包失效，爆破没能成功。

当晚，组织第二次爆破，终于在西门附近的城墙上打开了一个约百米宽的突破口，有7个连得以先行攻入城内。

李弥慌忙堵漏，派部队从两翼将突破口重新封闭起来。

在守军浓密的火力封锁下，解放军后继部队伤亡过大，未能源源投入，城内城外失去了联系。

西门内是一片开阔的空地，周围全是整八师临时修筑的梅花式子母堡，失去后援的7个连难以突破，全部当场战死，场面极为惨烈。

1947年7月27日，粟裕再从城防上寻找薄弱点。

临朐城外有南关和北关。南关外原有一片靠近城墙的房屋，攻城时可作为依托，但它们已被李弥用大炮炸毁，相比之下，北关有三面是略低矮些的土围墙，架梯进攻尚具备条件。

进入解放战争后，华野已很少使用架梯方式攻城，这也是雨天作战环境下的迫不得已。

上去后才发现，还是被老天给坏了事。

土围墙整天浸在雨水里，土成了泥巴，没能架梯子，就是勉强爬上去，腿也会陷在烂泥里拔不出来，难以行动。

北关仍然攻不进去，攻守双方形成胶着状态，短时间内很难分出输赢。

粟裕需要更多一点的时间，能不能得到，全看打援部队的坚持程度。

这次担任阻援的华野四师表现异常出色。在临朐战役结束前，他们独立阻击国民党军7个旅的援军，长达6个昼夜，可谓是"打得最苦，守得最好"。

粟裕得到了宝贵的时间，他继续组织兵力，对城内发动猛烈攻击，整八师伤亡惨重。

截至7月29日，华野占领了南关和北关的大部，整八师被压缩到城内狭小地区，李弥弹尽粮绝，已经出现被歼前的惨淡景象。

看到对手摇摇欲坠，粟裕把3个纵队的兵力全部集结起来，当天晚上便对临朐发动总攻。

整八师就像是南麻的整十一师一样,到底都是从死人堆里爬出来的精锐之师,即便快要断气了,胳膊上都还有那么一把子力气,而华野各纵队从南麻战役开始,连日苦战,部队十分疲劳,冲劲狠劲大减,粟裕又没有新的生力军和预备队能够投入,结果解放军仍未能突破城垣。

1947年7月30日,雨过天晴,对攻城一方来说,本来是利好,但自南麻以来,天时似乎真的一边倒了,最早从中尝到甜头的竟然仍是守城一方。

灾难月

天气条件的好转,为国民党空军的行动带来了便利。

在整个解放战争中,因其规模和能力所限,国民党空军对陆军的支援一直十分有限,有时甚至还帮倒忙。不过这一回,它的飞临,倒真是给城内的李弥来了个雪中送炭。

临朐地势平坦开阔,且城外已尽被华野所据,飞行员无论是寻找目标还是空投物资都比较容易。

大量弹药物资的补充,令整八师很快恢复了士气,同时空军战机也给毫无防空能力的华野攻城部队带来了威胁。

这时国民党援军也改变战术,利用阻援部队之间空隙较大的弱点,突破了华野四师的一线防守。

若再拖下去,华野不仅没法攻下临朐,还可能如在南麻那样,再一次陷入包围。

1947年7月30日晚,粟裕决定放弃临朐,同时改变撤退路线,向临朐的东南方向,即胶东半岛转移。

这也就意味着,华野被迫放弃了经营十几年的沂蒙山根据地,而后者曾经是华野在山东的主要根据地。

据华野战史所载,在南麻、临朐两战中,国民党军伤亡18000人,华野自身伤亡达到21000人,另有专家推算,华野的实际伤亡数字,可能不会少于26000人。

歼灭战终于还是打成了得不偿失的消耗战。

第十章　不是冤家不聚头

华野自身并无稳定和充裕的后方基地，其物资补给，除一部分由东北解放区通过海路供给外，大部分都要依赖战场缴获。

对于这样一支主要靠缴获生存的野战部队而言，发起一次战役，若不能彻底消灭对手，从中获得物资和人员（俘虏兵）补充，以便进行良性循环的话，其后果将极为严重，这也是粟裕打仗，客观上就只能胜不能败的重要原因。

战后，仅华野四师所在纵队就减员了6000余人，人员无法补充，只得进行缩编，其中的一个师被迫缩成了2个团。

华东特纵在孟良崮战役中打掉了前面战役中缴获的部分炮弹，但又从七十四师手里缴获了一批汽油和炮弹，结果所有这些汽油和炮弹在南麻、临朐战役中都全部消耗掉了，以致出现了有车无油、有炮无弹的尴尬局面。

蒋介石亦清楚华野的状况，他在日记中写道，经过南麻、临朐两战，华野"半年来所获得我军之炮弹枪械，已消耗殆尽"。

国民党方面由此视南麻、临朐战役，为孟良崮战役之后的"翻身仗"、"打气仗"。

在这一轮较量中，粟裕确实忽视了"天时、地利、人和"中的一个重要条件：天时。

每年的七八月份，南麻、临朐一带均为雨季，常有暴雨和山洪暴发，对缺乏雨具和防潮设备的华野来说，必然影响作战效能。事实上，早在一年前的泗县攻坚战中，陈毅就已经吃了一次亏，只是当时大家都把失利原因归结于守泗县的桂军较强，没有能够再从中汲取其他教训。

鲁中下着雨，鲁西、鲁南也一样，大小河沟水位猛涨，地势低洼的地方，已经被淹成一片泽国。进入鲁西、鲁南的陈唐叶陶5个纵队因连降暴雨、兵力分散等原因，攻击滕县、邹县等地亦未得手，反陷入敌军包围，用刘伯承的话说，是"五个手指按五个跳蚤，结果是一个也抓不到"。

陈唐叶陶南下西进，本为配合刘邓南渡黄河，到最后实际上变成了刘邓要策应他们向鲁西南突围。部队赤着脚，在大水和泥泞中连续行军作战，情形十分狼狈，非战斗减员也相当严重，很多师都只能缩成一个团。

国民党军在电报和报话机中，给两大华野主力各取了一个他们认为很爽的绰号，一纵（叶飞纵队）称为"面包"，四纵（陶勇纵队）称为"西瓜"，这帮人只要一打开报话机，就是一迭声的"吃面包"、"啃西瓜"，犹如将要举行宴会一般。

陶勇谈起这次突围的艰难和困苦，说即使与二万五千里长征相比，也"有过之而无不及"。

这个7月简直可以说是华野的灾难月。

粟裕的心情无比沉重，在部队转移途中，由陈毅、谭震林提议，他起草了一份给中央的电报稿，称南麻、临朐等役均未打好，影响了整个山东战局，"言念及此，五内如焚"。

电报稿是粟裕对南麻、临朐的检讨，他从战略战术两方面剖析了失利原因，但粟裕终其一生，始终未能发出这份电报稿。

因为对电稿内容，华野内部还存在着严重分歧。

一将难求

当时华野高层的分工是，粟裕主要负责战役的组织和指挥，陈毅主要负责战略的设计和规划，虽然中间大家会协商，但最后定调裁决，还是各负其责。

问题就出在一个"责"字上。

战役刚刚结束，陈毅在给部队做动员时说："我们什么时候都要抱有积极的态度，不要长他人志气，灭自己威风。"

他强调："南麻、临朐战役不是败仗，我们不仅没有被敌人整营整连地消灭，还捉了俘虏，杀伤了敌人，又是主动撤出战斗，败仗何从说起？"

陈毅这么说，很大程度上是为了给失利后士气陷入低迷的部队鼓鼓劲。20年后，他在政协接见整十一师的原国民党将领，当再次谈到南麻、临朐战役时，他的态度就变得坦诚多了："那次战役我们被你们打败了，我打了败仗，撤到黄河以北整理，我给党中央、毛主席打电报，请求不要撤我的职，让我再干干看。"

陈毅是华野最高首长，他当时身上所背负的压力可想而知，偏偏在粟裕的电报稿中，"过分乐观"、"七月分兵"都被列为失利原因，而这些无疑都属于战略范畴。

陈毅、谭震林不同意电稿内容，认为战略上没有问题，失利是因为"军事部署上的错误和战术上的不讲究"。

在没能取得一致意见的情况下,粟裕另行起草并发出了一份内容简短的电文。

电文一发出,大伙儿炸了。

粟裕在电文中引咎自责,请求处分,但他说他只能对战役方面负全责,同时没有排除失利还有战略方面的因素。

谭震林立即写了一封长信给粟裕,从苏中战役开始,列举了粟裕指挥过的一系列战役,说粟裕"在军事上常常粗心大意,缺乏远见","常常只看到一二步"。

按照谭震林的说法,粟裕起码有五仗都没有打好,"如果把五仗没打好的主要原因,放在乐观这点上去检讨,是不能把问题彻底弄清的"。

在打仗这件事上,粟裕向来都很较真,较真倒像一个孩子。他给谭震林写了封复信,他一方面承认自己"战术上确很低劣";另一方面仍没有放过"过分乐观"。

粟裕甚至提到:"这种乐观,我也是其中的一个,但我觉得你(指谭震林)比我和陈军长更乐观,而有过分乐观的表现。"

温厚沉静的粟裕,和执拗倔强的粟裕,是同一个人,低调谦逊的粟裕,和认真到不懂转圜,不看脸色的粟裕,也是同一个人。

中央则有中央的考虑。

毛泽东已将大别山选定为战略反攻的矛头,并做出了"三军配合,两翼钳制"的战略部署:以刘邓为主,直趋大别山,粟裕为左后一军,陈赓为右后一军,三军互为掎角,逐鹿中原。

从粟裕"自请处分电"发出的当天起,延安总部连续两天,连发四电,要粟裕速去鲁西南,指挥陈唐叶陶5个纵队,以策应刘邓千里跃进大别山。

在"三军配合,两翼钳制"这个战略构想中,毛泽东对华野在鲁西南的配合寄予厚望,特地电告陈、粟:"刘邓南下作战能否胜利,一半取决于陈唐叶陶5个纵队是否能起大作用。"

到第三天,中央对"自请处分电"做出正式回复:"几仗未打好并不要紧"、"请安心工作,鼓励士气,以利再战"。

千军易得,一将难求!

同一天,陈毅致电中央,对粟裕做出了极高评价:"我认为我党20多年创造的杰出军事家并不多，最近粟裕、陈赓等先后脱颖而出，前程远大，将与彭（彭德怀）、刘（刘伯承）、林（林彪）并肩前进……"

由于作战方向和重点发生变化，华野一分为二，陈毅、粟裕在鲁西南指挥的部队为西兵团（此后也称陈粟野战军），随谭震林留在胶东的部队为东兵团。

1947年8月8日，粟裕率领王必成纵队及特纵，准备渡过黄河，进入鲁西南。

打了败仗谁都提不起精神，加上远离老根据地，随粟裕行军的部队在纪律上都不同程度出现下降，各种消极埋怨情绪也开始抬头。

一些人甚至对全国性战略反攻的大形势也感到怀疑——怎么全国都反攻了，山东老家反倒保不住了。

一个顺口溜在行军途中不胫而走："反攻反攻，丢掉山东。"

已提前一步进入鲁西南的陈、唐、叶、陶5个纵队也够呛，自"七月分兵"以来，他们已经一个多月没有打过一场像样的仗，就是整天被敌军追在屁股后面跑。

比之于正在行军中的纵队，陈、唐、叶、陶纵队的思想更乱，有的干部直接就说："这样下去，只有拖死，与其拖死，不如打死。"

5个纵队中，宋时轮纵队已经被迫退到黄河以北，此次粟裕南渡，才重新加入行军队列。

思想混乱，当然可以进行思想教育，但在战言战，最有效的药方，无过于打一场解气的胜仗。

还没有渡过黄河，粟裕就下定了这个决心。

他所要权衡的，是过了黄河休整一下再打，还是渡河次日就打。

新科倒霉蛋

粟裕出发后不久，就接连收到中央军委和毛泽东的急电，告知刘邓南进后处境日益困难，"情况异常紧迫"。

1947年8月30日，粟裕再次收到毛泽东亲自署名的急电："刘邓有不能在大别山立足之势"，毛泽东要求粟裕立即渡河，以全力配合刘邓。

刘邓的处境，让粟裕做出了选择。

第十章 不是冤家不聚头

在鲁西南作战，与以前的苏中、苏北，以及后来的鲁南、鲁中都不一样，因为已经离开了根据地，成了蒋介石所说的"流寇"。此外，还有一个"天时"作怪——雨季仍在继续，到处一片汪洋，机动作战不易。

不过这次对手出现的漏洞，足以弥补所有困难。

在对南麻、临朐两役进行检讨时，粟裕看似执拗，不懂变通，其实他的认识很认真很深刻，"过分乐观"也就是轻敌，确是失利的主因，抑或至少是主因之一。

正是因为有了轻敌这个前提，才会有急于求胜、情报失误、准备不足等漏洞，而这些漏洞中的任何一项，在粟裕以往的计算中是很少出现的。

骄兵必败是军事学上的一个大魔咒，什么时候你忽视它，就会在战场上受到惩罚。

7月以后，华野已远离了"骄"，现在这个魔咒将要应验在国民党军身上。

华野既成"流寇"，蒋介石的重视程度明显下降，跃进大别山的刘邓成了他新的心腹之患。在国民党阵营内部，也普遍认为"山东共军溃不成军，不堪再战"，"鲁西南共军陷入绝境……四面被围，无路可走"。

国民党军在与华野打交道时向来比较谨慎，到了鲁南鲁中，更是一步一个小心，没有几个整编师在一起，绝不敢紧随追击，但是自从华野主力移师鲁西南后，他们就变得骄狂起来。

在鲁西南，有时一个团竟然也敢自成一路尾追，要说这些追敌是整十一师那样的精锐主力倒也罢了，让华野将士几欲吐血的是，里面很多还是杂牌部队，比如素为华野所看不起的"泥鳅部队"吴化文部。

把我整个华野当痴子、呆子、大傻子了！

当然，一堆杂牌里面还有亮着光的，比如邱清泉整编第五师（由原来的第五军改称）。

在实力确已大损的情况下，粟裕暂时不可能去碰最硬的，他只会先拣软的捏。

被粟裕选中的新科倒霉蛋是整编第五十七师。

整五十七师为日式装备，比较陈旧，本就属于二线部队。早在宿北战役时，它又被华野歼灭1个旅，实力更遭削弱，这样的"食材"，正合粟裕的胃口。

整五十七师早先傍着整五师一起追击，但是追着追着便放松了心情，逐渐与整

5师拉开足有20公里的距离。

有20公里，够了。

可供粟裕指挥的机动部队，除华野西兵团的6个纵队和特纵外，还有晋冀鲁豫野战军的第11纵队，面对敌军的一强一弱，兵力上很充裕。

1947年9月6日晚，在南渡黄河之后，粟裕迅即下达作战命令，发起沙土集战役。

9月7日上午，华野集中3个纵队向整五十七师发起攻击，整五十七师见势不妙，急忙向沙土集收缩。

就兵力数量而言，解放军主攻部队是整五十七师的4倍，因此很快就将整五十七师包围起来。

沙土集是一座小集镇，有围墙和外壕，整五十七师进驻后又挖了一些地堡和掩体，但是这个地方好就好在，土质较为疏松，容易实施土木作业。

交通壕很快挖到地堡近前，就在总攻即将发起前，粟裕对战备情况再次进行检查，一看，他皱起了眉头。

鲁西南与鲁中山区不同，这里属于平原，更适合于炮兵作战，如果有一定数量的炮弹，攻击地堡不在话下，可现实情况是，特纵"车没油，炮无弹"，其他参战纵队除王必成纵队有一些迫击炮弹外，也是两手空空。

刘邓在大别山困难重重，缘于是纯外线作战，完全脱离了后方，陈粟要比他们好得多，尽管西兵团脱离了山东根据地，但还背靠晋冀鲁豫解放区，实际是半外线作战，并没有远离后方。

粟裕赶紧让留在黄河以北的后勤部送来炮弹，越快越好。

1947年9月8日晚，华野发起总攻。经过半小时的炮火轰击后，进攻部队用连续爆破的办法炸毁了地堡。

至9月9日晨，整五十七师遭到全歼，师长段霖茂以下8000余人被俘。

打败仗不怕，怕的是非过场，不好好总结。粟裕引以南麻、临朐战役为鉴，对沙土集战役的各个环节都进行了精心设计。

南麻、临朐时，没有配备预备队，这次他配了1个纵队做预备队，当时的阻援部队过少，这次他用了3个纵队加1个师阻援，阻援部队比主攻部队还多。

华野围攻沙土集期间，整五师虽欲出手援救，面对这么多阻援兵力却也无能为力。

沙土集战役是华野进入鲁西南后的开门红，也是这支部队在解放军转入战略进攻后打的第一个胜仗。这样的胜仗对于"以战养战"的华野来说，犹如久旱逢甘露，自此，人员、武器、弹药都得到了补给，仅从整五十七师缴获到的火炮就有20余门，轻重机枪数百挺，还有大批弹药和军需物资。

战役一结束，蒋介石就不得重新谦虚下来，从山东和大别山战场调重兵来援，刘邓、华野东兵团所面临的压力均因此有所缓解。

西兵团压力变大了。

中原逐鹿

蒋介石共调集了4个整编师增援鲁西南，让华野吃了大亏的胡琏整十一师即在其中。

仇人眼见，分外眼红，粟裕曾计划集中主力，歼灭整十一师于运动之中，但胡琏反应很快，在华野集结之前，即迅速加修工事，据险固守。

粟裕连攻两日，均攻不上去，只得停止攻击，退出战斗。

此后，除留两个纵队在鲁西南牵制外，粟裕率其余华野主力跨过陇海线，继续挺进中原，以进一步实施"三军配合，两翼钳制"计划。

1947年10月上旬，粟裕、陈赓会师。在中原战场上，刘邓的晋冀鲁豫野战军，陈赓的太岳兵团，粟裕的华野西兵团，形成了"品"字形的战略格局。

中原鹿正肥，国共角逐的主战场已从山东转移到中原，中原战场的胜负，成为交战双方关注的焦点。

蒋介石要"确保中原"、"肃清中原"，毛泽东也要经略中原，他说："中国历史告诉我们，谁想统一中国，谁就要控制中原，今天中原逐鹿，就看鹿死谁手了。"

一打下来，解放军很被动，其中又以刘邓最为困难。大别山战略地位重要是重要，但那里都是山区，不利于大兵团作战，更主要的是没有后方，粮草弹药的补充以及伤员的安置，都非常成问题。

粟裕和陈赓也是在外线作战，处境同样不容乐观。

自孟良崮战役后，粟裕一直想打大歼灭战。打大歼灭战，必须在兵力上首先占有优势，然而国民党军在中原集中了6个机动兵团，仅靠华野或三路大军中的任何一家，都难以单独取胜。

倘若三路集结，又往往失去战机，只能打中小规模歼灭战，而由于敌军增速很快，大多时候连中小规模的都打不成。

粟裕觉得，这一切急需改变。

当时毛泽东主张不要后方的战略跃进，刘邓千里跃进大别山，即缘自于此，粟裕的想法是，还是得有后方，否则难以在大兵团作战中占得先机。

战役规模上，因认为中原无大仗可打，中央军委主要强调打中小规模歼灭战，粟裕则认为，应该依托根据地，集中兵力打大歼灭战，这样才能确保解放军在数量和技术上迅速取得优势。

显然，粟裕的所思所想，跟中央的战略决策大不相同。为慎重起见，在起草好相关电报后，他又继续观察思考了40多天，最终才把这份分量极重的电报发出。

1948年1月22日，粟裕以"斗胆直陈"的措辞，向中央发出了电文，按照电报日期上的惯例称呼，该电被称为"子养电"。

中央收到"子养电"的时候，陈毅也在陕北杨家沟。

毛泽东电召陈毅到陕北，是因为继刘邓千里跃进大别山后，他正在考虑第二步战略跃进。

毛泽东预计，5年内可以解放全中国。1948年是第三年，战略重点就放在跃进江南的行动上。

中央决定以华野为主，组建东南野战军，陈、粟分任正副司令员。毛泽东与陈毅还共同商定，先由粟裕率3个纵队于1948年夏季或秋季渡江南进。

陈毅兴致勃勃，赋诗一首："五年胜利今可卜，稳渡长江遣粟郎。"

然而就在这个时候，"子养电"来了。

围绕"子养电"，中央军委进行了复议，复议的结果，决定维持原议不变。

5天以后，中央将"跃进江南行动"电传粟裕。

渡江南进，还是无后方作战，而且比刘邓跃进大别山走得更远。当收到中央命令的时候，粟裕又想到了他一辈子都不会忘记的北上抗日先遣队。

当年那支本来很能打仗的部队，也是在做无后方挺进，行程2500多公里，到达皖南时已减员了一半，它后来的覆灭，几乎是可以预见到的。

这次渡江南进，华野要走的路程，比抗日先遣队还多一倍，估计减员也不会少于一半，沿途又得不到补充，前途如何，粟裕心里实在一点儿底也没有。

军人以服从命令为天职，粟裕加紧完成渡江南进的准备，但他并没有放弃过个人的独立思考。

自此以后，粟裕经常手拿中央军委的电报默默沉思，他时而站在地图前比来画去，时而征询众人的意见，翻来覆去地对自己的思路进行推敲。

1948年4月中旬，陈毅由陕北西柏坡南下，对华野各部进行渡江南进的动员，这时粟裕主持的渡江准备工作已经是"万事俱备，只待渡江"。

粟裕两次向陈毅谈及自己的设想，陈毅大感意外，迟疑地说了一句："中央要你过江，你不过江？"

见粟裕仍然坚持己见，陈毅遂同意他将意见直接报告中央。

1948年4月18日，粟裕再次"斗胆直陈"，向中央军委建议，华野暂缓渡江，集中兵力在中原黄淮地区打大规模歼灭战。

3天后，粟裕忽然接到中央电报，要他和陈毅一起动身北上。

军令状

1948年4月25日，毛泽东提议在阜平召开中央书记处会议，"陈粟兵团的行动问题"是会上要讨论的首要议题。

4月30日，陈、粟到达阜平。

毛泽东有个习惯，会见党内同志从不迎出门外，但当获知粟裕前来时，他破例走出门外，并同粟裕长时间握手。

经过中央集体讨论，粟裕的建议最终以军委命令的形式确定下来。

毛泽东不是一个轻易能被说服的人，而敢于对毛泽东反复提出意见并为他所接受的，在解放战争的历史上，粟裕是比较突出的一个。

会议结束，毛泽东突然告诉粟裕，陈毅将不回华野，今后华野全部交给粟裕一个人来搞。

粟裕听后感到非常意外，再三请求让陈毅仍回华野。

毛泽东表示，中央已经做出决定，陈毅去中原局，华野完全交给粟裕。

中央决议无法更改，粟裕只好提出了自己最后的请求：继续保留陈毅的华野司令员兼政委一职。

毛泽东沉思片刻，点头同意了，但是强调陈毅必须马上去中原局，不能再回华野。

1948年5月中旬，中央军委接连发出命令，任命陈毅为中原军区和中原野战军（即原刘邓晋冀鲁豫野战军）第一副司令员，仍兼华东野战军司令员及政委，陈毅不在华野期间，其在华野的职务由粟裕代理。

这就是有口皆碑的粟裕"二让司令"。

中央同意了粟裕留在中原打大歼灭战的建议，不过给他的指标难度不小——要在4~8个月内，歼灭5万~10万敌军，当时华野在中原的主力部队总共才10万，也就是说歼敌数要达到自身体量的一半甚至全部。

粟裕接下的，是一份沉甸甸的军令状，从这个时候起，他在战场上就只能胜，而且必须是大胜。

粟裕有此勇气，是因为他坚定地相信，打大仗、取大胜的时机已经到来。

山东已经大半被国民党军所占领和控制，解放区面积狭窄，能供华野闪转腾挪的余地很小，暂时难以打大仗，中原不同，这里的活动空间大，尤其是粟裕看中的黄淮地区，地势平坦，最适于大兵团作战，另外很关键的一点是，它背靠晋冀鲁豫老解放区，可以得到稳定后援，沙土集战役的胜利便是再好不过的例子。

打大仗，先打谁？

朱德在视察华野部队驻地时，要求华野"钓大鱼"，尤其要"钓"到一两条像邱清泉兵团（以整五师为主）这样的"大鱼"。

这实际上是当时中央的要求，即首战要以歼灭盘踞在鲁西南的邱兵团为主要目标。

在中原战场上，华野跟邱兵团常打交道，相互间非常熟悉。华野指战员一听炮声,就知道是不是邱兵团,邱兵团官兵一听炸药包连续爆炸后紧跟着一排手榴弹,也会立即大呼"华野来了"。

大家都对彼此知根知底。

就粟裕的了解,邱兵团在战斗素质上虽不如整七十四师和整十一师,但兵员数超过那两个整编师,同时该部亦为美械军,有一定的火炮攻击和步炮协同能力。

以华野现有的实力,要想一口吞下邱兵团并无绝对把握,正好粟裕这时又得到了一份侦察情报,情报促使他改变了主意。

无声炮

情报显示,开封守备薄弱。

粟裕立即决定放弃鲁西南的"大鱼",先发起开封战役,钓它一条"小鱼"尝尝鲜。

"钓大鱼"是中央的部署,粟裕又做更改,令很多人始料不及。一位纵队司令员直率地对粟裕说:"502,难怪人家说你跟别人打仗不一样,总是拗着来,还说你从来不打别人想打的那个敌人,从来不打别人想打的那个地方。"

粟裕听后笑了笑:"这没有什么不好。出其不意,攻其不备,为兵家所贵嘛。"

他给出了一句很可玩味的总结:"如果连我们自己都想不到,敌人就更想不到了。"

果然,敌方全都被蒙在了鼓里。即使当粟裕率部到达开封城下时,开封守军仍以为华野在声东击西,为的是调动国民党兵力,以便在鲁西南与邱兵团决战,因此向上报告"开封无真正战斗"。

1948年6月17日,华野突然向开封城发起猛烈进攻,守军这才如梦初醒。

开封是当时河南省的省会,经长期经营,已形成半永久性防御体系,除有深达丈余的外壕、高大坚固的城墙外,城门外和城门两侧还构筑有大量地堡。

又是攻城池和打地堡,对此,粟裕早有准备。

战前华野开展了新式整军运动,即著名的濮阳整训。经历南麻、临朐两役的挫折后,粟裕吃一堑,长一智,意识到国民党军在守备战术方面有了提高,遂利用这次整训的机会,花一个月工夫,对攻坚战进行了专项训练。

根据当初的实践，华野针对性地推出了炸药包爆破技术。

在练兵过程中，大多数官兵都学会了手掷小炸药包，可随时组成爆炸班、排，对数量众多的子母堡进行爆破。后来又发展到可以用迫击炮、六〇炮、掷弹筒发射炸药包，而且越来越纯熟。

解放战争初期，原山野第八师以坑道爆破解决了攻城难题，这种攻坚法在太平天国时代就有，但炸药包爆破却是华野独创，无论在古代兵书还是现代战斗条例中，都无相关记载。

自进入中原后，华野一直受炮兵较弱、火力不强之苦，爆破技术的出现，对此予以了弥补。炸药包爆破也由此成为华野攻城夺地的重要手段，被称之为"无声炮"。

1948年6月19日，在扫除城池外围阵地后，华野组织突击营，对城门进行连续爆破，用11包炸药包轰开了城门，开封敌军的地堡也被"无声炮"全部炸毁。

城垣破了，但是城内还有守军的龙亭核心阵地，邱清泉兵团也正全力西援。

不过粟裕已经不着急了。

粟裕打仗，越打越精，他总结出了一个围点打援的"转折点理论"。粟裕认为，如果敌增援部队是强大兵团，战役的转折点必须来得越早越好，最好是在战役进行到1/3甚至1/4的时候到来，如果做不到，这个转折点也至少得出现在战役进行到一半的时候，否则的话，时间就紧张了，攻城部队到时不得不撤围，仗就变成了"夹生仗"。

开封战役一开始，粟裕督战非常紧迫，对攻城部队的要求是迅速突破城垣阵地。

能够突破城垣，便是开封战役的转折点。粟裕除留下一部继续攻击龙亭外，把其余兵力全部调到城外参加阻援。

攻坚当然是兵越多越好，兵少了会影响攻坚的进度和质量，但粟裕却说，龙亭终究是要打下来的，但迟一点也不要紧。

朱德讲到"钓大鱼"时说过，"钓大鱼"的诀窍，就是不能性急，千万不要一下就扯上来。

不光是"钓大鱼"，钓什么鱼其实都一样。粟裕认为，暂时留着龙亭反而是好事，因为可以作为钓邱兵团这条"鱼"的钩子，你要是马上打下龙亭，邱兵团来援就不会那么积极了。

粟裕从开封城内调出了2个纵队,加上原来负责阻援的3个纵队,达到5个纵队,邱兵团连攻数日,都无法接近开封。

城里这一块,粟裕亲自赶到第一线进行指挥。

自6月20日起,华野对龙亭发动两次攻击,均未能奏效。粟裕见状调整了部署,采用步炮协同战术,将迫击炮、六〇炮推至距龙亭几百米处,进行抵近射击,从而一举摧毁了对方工事。

到6月22日晨,龙亭终于被攻破,开封战役结束。

华野攻下开封后,美联社发出专电:"共军在汴(指开封)所获物资、武器与军火,使其能把华中作战支持到夏季。"

通过围城打援,华野总计歼敌近4万,一个月时间不到,粟裕已接近"军令状"中的最低目标。

占领开封,在粟裕的"转折点理论"中,标志着一个新转折点的产生。

浑身是胆

华野攻占开封时,南京正在召开伪国大。听到开封失守的消息,与会者无不情绪低沉,惊怨交集,特别是国民党的河南省代表,一帮人围着蒋介石又吵又闹,要求蒋介石限期"收复开封"。

蒋介石吃不消代表们如此闹腾,当下就命令各兵团向开封靠拢。

能不能"收复开封",什么时候"收复",得根据战场形势判断,那是军事指挥官的事,哪里能听这些对打仗一窍不通的政客们胡诌。

大战在即,国民党还要搞这种伪民主,当然只会扯着他们自己的淡,因为粟裕已经在开封张开了大网。

发起开封战役之前,粟裕的完整构想是策动豫东战役,开封战役只是豫东战役的第一阶段。

谭震林曾批评粟裕"常常只看到一、二步",唇枪舌剑中,不乏意气成分,但事后粟裕更多的还是总结和提高,他不仅要看一、二步,还要能够预见到第三步。

如果说对开封的围点打援是一、二步；那么第三步就是"二次打援"，而"二次打援"能否实现，就取决于攻克开封这个转折点能否提早出现。

开封战役的结束用了5个昼夜，整个豫东战役耗时20天，它只占1/4。

粟裕的心完全踏实下来。

不过当时对华野还要不要"二次打援"，中共内部仍存在分歧。刘伯承、陈毅、邓小平的中原野战军（即原晋冀鲁豫野战军，简称中野）致电中央，要求华野在攻克开封后，协同中野进攻郑州。

1948年6月22日，毛泽东复电同意。在华野指挥层，也有人认为部队连续作战，过于疲劳，应当转入休整。

显然，如果粟裕这时罢手，上下左右都会满意。

粟裕权衡之后，还是觉得自己的计划无误。

1948年6月24日，他起草出坚持"二次打援"的电报，首先签上了自己的名字，然后请其他表示同意的负责人共同签名，以示负责。

前来"收复开封"的国民党军多达5个兵团，粟裕以签名电的方式，执意打援，不仅需要智慧，更需要胆略，因此陈毅曾评价粟裕"浑身是胆"。

电报发出，粟裕即率部前往隐蔽集结地点。

参谋人员最后出发，第二天他们收到了中野刘、邓、陈致粟裕电，仍要求华野停止"二次打援"。

此时各部正在开进，粟裕和其他首长也都走了，参谋们料定粟裕不会改变决心，也就未对行动做任何更动。

1948年6月26日，毛泽东复电粟裕，批准了"二次打援"。

"二次打援"中的打击对象早已选定。

杀敌一千，自损八百，华野在开封战役中也蒙受了较大伤亡，要歼灭邱兵团这样的强力兵团自然还差着火候，区寿年兵团由此进入了粟裕的瞄准镜。

区兵团是一个刚刚组成的混合兵团，实力较弱，比较容易聚歼，但是它和邱兵团相距较近，要吃的话，得先拆分开才能动筷子。

一年前，粟裕指挥莱芜战役，最大的遗憾是没有掌握王耀武的指挥特性，导致下手慢了一拍，以致未能全歼李仙洲集团。之后他便总结出一点，就是打仗得了解

第十章　不是冤家不聚头

对方主将的性格特征，然后对症下药。比如敌将多疑，就要多设疑兵，敌将悍猛，就要给他来软的一套。

邱清泉和区寿年就是指挥特性完全不同的两个敌将。邱清泉外号"邱疯子"，打仗很凶，行动积极，曾放话出来，要"活捉粟裕"。区寿年是粤军出身，一般而言，国民党地方军出来的将官都会把保存自身实力放在首位，对区寿年而言，进不进开封，拿不拿头功都无所谓，只要不第一个挨枪子就行。

粟裕不想吃邱兵团，就不打算以硬碰硬，他主动从开封撤兵，给邱兵团让开一条道路。

邱清泉果然毫不客气地进入开封，并向华野的诱敌之兵追了过去。

这时候区寿年如果跟着一道往前冲，他就能在关键时候得到邱清泉的一臂之力，很可能没事。

可惜的是，区寿年到睢县、杞县（合称睢杞）之后就徘徊不前了。他的算盘倒是打得挺精，估摸着华野主动让出开封不是什么好事，没准下面还有"大戏要唱"，粟裕要借此机会吃掉邱兵团。

在这种情况下，那邱兵团等于灾星一般，谁靠谁倒霉，区寿年自然不能会再跟着它走。

假使区寿年知道粟裕选定的网中猎物就是他自己，他兴许会把肠子都悔青了。

邱、区兵团逐渐拉开距离，一天之内，两兵团便出现了40公里的间隙。

1948年6月27日晚，粟裕抓住稍纵即逝的战机，不待查明敌军具体部署，即指挥华野迅速楔入两兵团之间，并对区兵团展开围歼。

在睢杞战役中，粟裕一开始就不停顿地对区兵团进行连续突击，不给其以收缩和组织防御的时间，以争取"转折点"及早到来。

作为一支混合兵团，区兵团的弱点之一便是对指挥系统依赖极大，在对区兵团进行穿插分割的同时，粟裕将主要突击方向指向了区兵团部。

1948年7月2日晨，华野突击集团攻入区兵团部，生俘区寿年。区兵团失去指挥系统，陷入一片混乱，其中的整七十五师主力已经被歼，余部不足一个旅。

睢杞战役的"转折点"出来了。

但就在这天早上，赶来援救的邱兵团也突破了阻援阵地的西北角，战局瞬间又变得紧张起来。

以一敌三

区兵团虽弱，毕竟也是一个大兵团，而且配备有大炮和少量坦克，甚至于还有喷火器。睢杞是平原地形，大炮坦克比较容易发挥威力，要围歼并没有想象中来得那么容易，所以华野仅打掉区兵团部，就用了6天，比整个开封战役还多一天。

作为邱兵团主体，整五师的前身第五军因昆仑关大捷而成名，该部最早由装甲兵团扩编而成，是抗战时期中国最早的一支机械化部队，坦克装甲车冲击是它的保留项目。在睢杞战役中，邱清泉为救援区兵团，也采用了步车协同战术。

"转折点"来得晚了一点，邱兵团的冲击力强了一点，两个"一点"汇合，直接加大了阻援难度，使阻击战由运动防御变成坚守防御。

粟裕还没有来得及在西战场增加阻援兵力，东战场就忽然险象环生。

区兵团陷入重围，让远在南京的蒋介石陷入极度的焦虑不安之中，言称"五中惨裂，不知所止"，他以统帅身份两次乘机飞往战区上空督战，催促睢杞以外的其他兵团尽力援救区兵团。

5个兵团还剩3个，其中胡琏兵团（以整十一师为主）、吴绍周兵团为中野所牵制，能赶来的，只剩下黄百韬兵团（以整二十五师为主）。

黄百韬系杂牌出身，一个杂牌出身的将领，能与胡琏、邱清泉等人同殿称臣，本身就是一个奇迹。

在国民党军政大员中，黄百韬的个人品质较为突出，他生活廉洁，能与士兵同甘共苦，在部队中甚得人望。他的整二十五师其实也是杂牌部队，所辖的几个旅不是原东北军，就是原川军，所持武器也是从日军手中缴获的枪械，但这支部队却愣是被黄百韬练成了一支能与整八十三师等美械军比肩的精锐。

黄百韬骁勇善战，毅力强韧，即便在处境异常困苦时，亦不灰心，不屈服，常说的一句话是"能战则战，不能战则死"。在他的训练和指挥下，整二十五师的作战风格与一般国民党军不同，倒与解放军颇为神似，不仅非常机警，善于夜战和近战，而且几乎每战都能往死里打。

第十章　不是冤家不聚头

黄兵团原在山东滕县，奉命之后乘上火车，迅速赶往睢杞。一下火车，黄百韬不待部队完全集结，即下令兵团所属的快速纵队率先西进。

快速纵队到达的帝丘店一线，正好是华野的薄弱点，驻扎部队是粟裕作为预备队的中野第十一纵队。

负责阻击邱兵团的华野部队事先埋了地雷，挖了反坦克壕，有的还在壕内设置了敌人不易察觉的鹿寨，那是知道邱兵团有坦克，中野十一纵原为冀鲁豫军区的地方武装，战斗力一般，而且毫无思想和工事上的准备。当快速纵队的装甲部队突然出现在眼前时，他们猝不及防，一线阵地很快就遭到突破。

区兵团所属的新七十二师（华野攻占泰安时所消灭的整七十二师重建部队）已收缩至铁佛寺一带，听得外面动静后，立即东靠，两部一东一西，仅一庄之隔，彼此之间的联系眼看就要被打通了。

世上的事，无巧不成书，正好华野一师、三师奉命来到铁佛寺，准备进一步压缩对新七十二师的包围圈，一看情况紧急，在没有请示上级命令和集结部队的情况下，即分两路向黄兵团实施反击。

此时此刻，对作战双方来说，快都是唯一要素，也是唯一正确的要素。华野一师、三师通过第一时间进行反击，抢占有利阵地，堵塞了敌军东西会合的必经之路。

解放战争中，在粟裕所指挥过的重大战役里面，有3个战役令他最为紧张，第一个是华野、山野初次合并时的宿北战役；第二个就轮到了眼下的豫东战役。

也就一天时间，华野已由1个兵团对2个兵团，变成了要以1个兵团对3个兵团，一师、三师更要与黄兵团、新七十二师两面作战，竟日处于敌军东西夹击之中。

粟裕红了眼，他偏要以一敌三。

没有多余兵力，粟裕就索性把华野的南下干部队增援给阻援集团，从而堵住西战场缺口，并将邱兵团阻于距区兵团10公里的杞县附近。

在遭华野猛烈反击后，邱兵团伤亡骤然加大，进攻正面缩小，乘此机会，粟裕从阻援集团中抽调兵力，用4个纵队组成新的突击集团，对前来搅局，但长途跋涉，尚立足未稳的黄兵团发起进攻。

1948年7月3日晨，新突击集团完成了对黄兵团的包围。经过两天激战，黄百韬被迫把部队收缩到以帝丘店为中心的狭小地带。

7月5日晚，华野准备再次发动攻击，肃清帝丘店外围。在粟裕的计算中，这是帝丘店战役的"转折点"。假如这个"转折点"能提早实现，他就能把新突击集团一分为二，其中2个纵队用于围歼，2个纵队用于打援，歼灭黄兵团即有把握。

但黄百韬反守为攻，提前发动了逆袭。

意识到自己的兵团处于覆亡边缘，黄百韬不听参谋长劝阻，在4辆坦克的掩护下，亲率2个营发动冲锋，并在作战过程中负伤。这是国民党战史上兵团司令带队冲锋的唯一战例。

当天黄兵团夺回了四五个村庄，华野的进攻势头遭到遏制，粟裕预定的"转折点"终究还是没能出现。

粟裕还想再等一天，以便发动总攻，但这一天他已经等不到了。

一招鲜

1948年7月6日，邱兵团突破阻援集团防线。

邱兵团擅长坦克冲击，邱清泉本人即长于此道，在昆仑关大捷中，正是他亲自驾驶坦克，率部迂回奇袭，以闪电速度截断了昆仑关日军的后路。

见正面始终无法突破，邱清泉故技重施，实行大胆迂回，绕过防守正面，从阻援集团的右侧插入，由此不仅打开防线缺口，而且直接威胁到华野侧背。

与此同时，胡琏兵团也已迫近，大炮可打到华野背后。

当晚，粟裕被迫下令撤出战场。

豫东战役有三个阶段，前两个阶段，开封战役、睢杞战役，粟裕都打得极其漂亮，唯独到了最后一个阶段，帝丘店战役的时候出现了问题。

按照粟裕后来的说明，发起帝丘店战役的原因，是因为华野在战斗过程中已有大批伤员，转移不易，他担心黄邱两兵团会乘势从东西两面夹攻过来，尤其是黄兵团，增援积极，且是生力军，不会那么容易让华野抽身而走。

在粟裕的设想中，组织新突击集团，对黄兵团发起进攻，可以起到既令黄兵团焦头烂额，也使邱兵团不寒而栗的"一箭双雕"效果。

可是实战过程明显偏离了这一意图，为撤退而战变成了要全歼黄兵团。

第十章 不是冤家不聚头

时值炎热夏季,睢杞地区久旱无雨,饮水困难,加上连日苦战,官兵体力下滑很厉害,已成强弩之末,华野突然扩大的胃口,实际已经超出他们当时所能承受的能力范围,这是豫东战役显得有些虎头蛇尾的主要原因。

见华野撤兵,黄、邱、胡兵团紧咬不放,粟裕曾计划以一个纵队的兵力进行伏击,杀一个回马枪,但部队确实疲惫已极,无法再战,只得临时放弃这一计划,原定的向北转移,也改为分兵向南北两个方向转移。

由于撤得过于仓促,华野受到不小损失,连野司指挥部的两名参谋都战死在撤退途中。相比于野战部队,战勤部门得到撤退通知的时间最晚,行动最困难,受到的损失也最大,华野卫生部的部长急得团团转,但也无法把伤员全部带走。

黄、邱、胡兵团一直追到黄河边,华野被俘人员达3500多人,其中大部分都是行动不便的轻、重伤员。在整个豫东战役中,华野伤亡共计33000人,战后华野的三大王牌纵队——叶飞、陶勇、王必成纵队都"残废"了,在后来很长一段时间内,都无法投入主攻,而这3个纵队都是在帝丘店战役中负责围攻和阻击黄兵团的主力。叶飞坦言,当时打得"很艰苦,很吃力"。

对于军事家而言,算无遗策,那只是一种"孔明式"的理想主义,现实中根本不可能存在。

但作为一次战役性的决战,豫东战役在整体上又是成功的。

它是解放战争以来华野所打过的最大规模歼灭战,无论是参战人员数量、持续时间长度,还是战斗的剧烈程度,都超过华野以往的任何一次战役。

这次战役显示出,解放军不仅能在内线大量歼敌,而且可以到外线争夺交通线上的中等城市,并连续歼灭国民党军的机动兵团。某种程度上,豫东战役完全可以被看成是后来淮海战役的一次预演。

在豫东战役中,华野歼敌总数已逾9万。也就是说,粟裕仅用两个月不到的时间,就基本实现了"军令状"中的最高目标。

粟裕曾用"斗胆直陈"的执着,打动过毛泽东,而豫东战役的战绩,更令毛泽东为之动容,他在西柏坡当着华野代表的面,兴奋地说:"我们过山坳了!"

他随后加以解释:"解放战争好像爬山,现在我们已经过了山坳,最吃力的爬坡阶段已经过去了。"

两个月前的中央阜平会议，其实并未改变分兵南渡的决策，只不过是将即刻南渡调整成了推后南渡，即等粟裕在中原打完大仗，开辟渡江通道后再行南渡。

豫东战役令毛泽东的战略思想发生根本性变化。他认为，解放军还是得在长江以北打，因为蒋介石的军事力量80%都在江北，消灭了他的力量，也就算打倒他了。

南渡就此搁下，毛泽东让人转告粟裕，说他已经把黄百韬和邱清泉记在了粟裕名下。

1948年7月14日，中央军委致电粟裕，交给华野一个新任务，要求山东兵团（即东兵团）攻克济南。

守济南的是王耀武，黄百韬兵团、邱清泉兵团、李弥兵团（以整八师为主）则随时往来应援。

王耀武在济南有11万人马，与华野山东兵团基本上旗鼓相当，但若加上可能增援济南的黄、邱、李三兵团，山东兵团则远远不及。山东兵团若攻济南，围点与打援便难以兼顾，因此粟裕判断，让山东兵团单独攻取济南，把握性不大。

但是此后两天，中央军委又连发7次电报，都强调山东兵团必须用10天左右拿下济南。

经过深思熟虑，粟裕致电中央，建议华野东西两兵团同时休整一个月，而后协力攻打济南。

粟裕似乎次次都是拗着来，不过中央对粟裕的指挥已经非常信任和放心，他的建议很快就得到批准。

乘着雨季到来，华野各部先后进入休整期，一直休整到了8月底。

休整期间，经粟裕建议，华野所属的苏北兵团（1948年初南下苏北的华野部队）也被调来参加济南战役。这样，华野的三大兵团——西兵团、山东兵团、苏北兵团均陆续在山东集结，华野参战兵力达到了15个纵队32万人，而国民党济南守军和可能增援之军加一起，也不过才28万，在华东战场上，华野兵力第一次超过了国民党军。

解放军的战术不像国民党军有那么多花样，在进攻战术上，其实就是一招鲜，也就是攻点打援。

如果要说变化，主要是攻点和打援的侧重点不一样。一种叫作"围点打援"，打援是目的，围点是诱敌来援的手段，一般来说，打援的兵力配备多，围点的兵力配备少。

与之相反的叫作"攻点阻援"，攻点是目的，阻援只是辅助手段，因此兵力配备上，大部分兵力用于攻点，小部分兵力用于阻援。

粟裕发起济南战役，对这一战术又进行了创新，他是要鱼与熊掌兼得，既攻下济南，又歼灭一部分援军，二者同时进行，即"攻济打援"。

能做到这一点，当然是因为华野早已今非昔比，集结兵力数量之多，为王耀武所不及。

但对于这一创新战法，一些华野的高级指挥员，主要是山东兵团方面不予认同。他们认为既然是要集中优势兵力歼敌，就得分出用兵重点，怎么能搞得两边的兵都一样多呢。

在讨论作战方案时，不断有人提出，"攻济打援，到底哪个是重点"、"在兵力分配上，如何确保重点"。

按照中央军委的指示，华野参战部队分成攻城、打援两个兵团，攻城兵团由山东兵团司令员许世友、兼政委谭震林直接指挥，打援兵团由粟裕直接指挥。

许世友直接致电中央军委，说他对攻下济南是有把握的，但是部署得有重点，言下之意，就是要把兵力集中到攻城上来。

这是华野各部重新会合后的第一次大兵团作战，也是粟裕首次以代司令员的身份全面指挥华野。当时的实际情况是，华野内部关系尚未理顺，对战法的各种议论，以及许世友的极力反对，都从不同侧面考验和挑战着粟裕在军中的指挥权威。

为打好济南战役，中央选择了力挺粟裕，中央军委在致许世友、谭震林等人的指令中，重申"全军指挥，由粟裕担负"。

毛泽东还亲自出面，对许世友解释道，济南战役的主要目的，的确是攻下济南，可是敌军援兵太多，如果以少数兵力打援，攻城时间就无法保证，则"攻济必不成功"。

许世友最信服的是毛泽东，毛泽东一发话，他也就没意见了，华野内部对战法的不同意见这才平息下来。

"攻济打援"的兵力分配由此形成定局，其中打援兵团18万，攻城兵团14万，打援多于攻城。

在判断华野大兵云集山东战场，且目标直指济南后，王耀武如坐针毡，他必须想办法挽救自己的命运。

难言之隐

早在国共主力涌入中原时，身为山东省主席的王耀武日子就不好过了。

粟裕虽率西兵团离开了鲁中，但邱清泉兵团、胡琏兵团这些精锐部队也跟了过去，山东的国民党军由此变得十分薄弱。偏偏此时蒋介石又在南京当上了"总统"，这下子好，老头子成天跟一帮不懂军事，只知投机的政客和议员打交道，变得瞻前顾后，越来越不知道该怎么指挥了。

一座偌大的山东，这里要守，那里要防，结果处处守，处处守不住，许世友领着一个山东兵团，就能搅得王耀武不得安宁。

1948年3月，山东兵团攻克胶济路上的众多城镇，整三十二师等部3万余人被歼。4月，整四十五师等部4万余人被歼。

在不到两个月的时间里，在胶济路上由王耀武指挥的部队就被消灭了8万多，其中大部分是国民党二、三线部队或地方保安团队、交警总队，济南形势变得十分孤立。

王耀武深感这样下去不行，他专乘飞机赶赴南京，向蒋介石提出自己的建议。

王耀武认为，只靠现有部队无论如何守不住济南，不如干脆放弃，将济南军队撤到兖州及其以南地区，与徐州部队连成一片。

蒋介石根本不可能放弃济南。除了战略考虑外，他还有一大堆难言之隐。

济南是山东省的省会，就跟开封是河南省的省会一样，那些议员政客要知道"总统"主动抛掉济南，那还不得吵翻了天，而且济南不守，青岛必然陷入孤立，那里驻扎着美国海军，蒋介石还指望美国能给予援助哩。

蒋介石要王耀武"发奋努力，坚定意志"，力争守住济南，并且保证："济南如果被围攻，我当亲自督促主力部队迅速增援。只要你守得住，援军必能及时到达，我有力量来解你们的围。"

在谈话进行到末尾时,王耀武从蒋介石那里听到了一声长长的叹息。

王耀武有守城的"坚定意志"吗?如果时光能倒退十几年,他也许是有的,那时候红军将一座宜黄城团团包围,王耀武一守就是20多天。

可是现在他没有了。

王耀武时年才44岁,但在他身上,已经出现了陈诚所称的"45岁现象"。等到济南战役爆发,济南被围,王耀武竟然还在用无线电话跟南京的家人联系,告诉他老婆,家里还有什么事,应该怎样怎样处理,细细叮嘱,长达半小时之久。

这段对话正好被前来增援的黄百韬所截听,他发出了跟蒋介石一样长长的叹息:"大敌当前,身为统帅,指挥之不暇,何能顾及家事?私而忘公,已无必死之心。"

守城者必须有必死的准备和勇气,现在这种勇气,只能在黄百韬、邱清泉等少数将领身上看到一些踪影了。

解放战争进行到1948年,国民党军士气低落,将领们也普遍丧失作战的信心和勇气,对这一点,蒋介石完全能感觉得到,他为此精神沮丧,焦虑不安。

在一次公开讲话中,蒋介石甚至发狠说:"我训练出来的人都是官僚,毛泽东训练出来的人都是革命的,我今天的训练失败了!"

在南京时,时任国防部长的何应钦曾以讽刺的口吻对王耀武说:"抗战胜利后,我们与共产党作战,我们的将领送给共产党的礼很多,你也送了不少……这样下去,真是不堪设想,希望你守住济南,不要再向共产党送礼了。"

王耀武暂时还能守住济南,可他却没有办法不给共产党继续送礼。

1948年7月,在肃清胶济路上的国民党军后,山东兵团又对济南至徐州之间的国民党军展开围歼。第十绥靖区司令部及其直属部队整十二师、保安团队被歼3万人,绥靖区司令官李玉堂只身逃往徐州。

至此,济南与徐州,济南与青岛,各个地段上的国民党军已经全部被解放军一口一口地吃掉了,济南周围600里区域尽为解放军所控制,济南完全陷于孤立。

1948年8月,王耀武得悉,华野的西兵团、苏北兵团正向山东大举北调,而原在山东地区的山东兵团也在加紧练习攻坚战,马上判断出解放军的下一个目标必是济南。

为了增强济南的守备力量，王耀武急忙向南京求援，南京方面则指派"徐州剿匪总司令部"（简称徐州剿总）副总司令杜聿明与王耀武进行配合，以解徐州之围。

杜聿明奉令立即飞往济南，但在如何加强济南守备的问题上，他与王耀武的意见完全相左，简单来说，就是王耀武要添兵，杜聿明却觉得没那必要。

救命稻草

济南守军名义上有11万，可这11万兵中，夹杂着相当数量的保安团队，他们装备差，待遇低，精神涣散，打起仗来不堪一击。即便在正规军中，也只有少数尚可，其他大部分是已被解放军歼灭过，后来才重新建立起来的部队，战斗力很弱。

王耀武认为解放军的力量增长很快，如想守住济南，就必须增加部队，因此他想把驻于苏北、老部属较多的整八十三师或新七十四师（老七十四师覆灭后的重建部队）调来增防。

杜聿明当时负责指挥黄、邱、李三兵团，财大气粗，与王耀武的窘迫形成强烈反差，他对此大不以为然。

杜聿明说，只要加强工事，即便不增加兵力，济南也可以固守。反之，如果本来就守不住，再增加兵力也是枉然。

杜聿明不同意向济南增兵，他拍着胸脯告诉王耀武："如果打起来，只要你们能守15天，我指挥的部队一定可以到达济南，解你们的围。"

王耀武对解放军围点打援的战术很了解，知道援军在途中必遭解放军截击，杜聿明的包票在他看来完全不保险："我看15天绝对到不了济南，还是必须增加防守部队。"

王耀武还说："如再调一个师来，别说15天，我们守20天也无问题。否则济南守不住，到那时增援部队再多，也无济于事了。"

王耀武的参谋长紧跟一句："光靠工事而部队不坚强，是不行的。如不增加部队，济南只打三五天就完了。"

众人不欢而散。参谋长的话，不经意间让杜聿明看出，王耀武及部属并没有死守济南到底的决心，不过在拼命捞救命稻草而已。

杜聿明高不高兴，早已不在王耀武的考虑范围之内，既然杜聿明不肯帮忙，他就直接向蒋介石伸手，因为已吃准蒋介石不肯放弃济南，所以态度上十分坚决。

不出王耀武所料，蒋介石尽管在口头上一再强调"打仗主要是打士气"，但为增强王耀武固守济南的信心，他仍决定尽量满足王耀武的需要。

1948年8月27日，蒋介石分电"徐州剿总"总司令刘峙及王耀武，让刘峙负责将整八十三师集结于徐州机场附近，从9月1日开始空运济南，并限10日内全部到达。

王耀武接到电报很是高兴。

虽无守城的"必死之心"，但王耀武多年征战的经验和功底还在，在求援的同时，他并没有忽视工事的作用。

在他的命令下，济南守军到处征工征料，大量砍伐树木，加强工事，积极备战。

济南城分内城外城，外城挖有8米宽4米深的外壕，架有铁丝网、鹿寨，内城有护城河，城内城外，堡垒据点星罗棋布，既坚固又有纵深，至9月上旬，这些据点又都加筑了钢筋水泥工事。

现在又有了整八十三师，王耀武觉得他跟杜聿明保证的20天应该是不成问题了，视察工事时，他对整七十三师师长曹振铎说："这样坚固的工事，共军就是想攻下其中一个据点，都是件极不容易的事。我们如再守不住，那真太无用了。"

这句话，王耀武更多的是要说给曹振铎等人听。曹振铎一听，也赶紧振作起精神，回答："我在抗战时也没有筑过这么好的坚固工事，我们的工事筑好了，就怕共军不敢来，如果他们敢来进攻，一定会将他们予以击败。"

整七十三师实际上是一个重建后的编制，老部队早在莱芜战役中被粟裕给歼灭了，内心里，王耀武指望最大的，还是整八十三师来援，可最后他却发现，承诺竟然中途被打了折扣。

死穴

王耀武要添兵保他的济南，徐州的刘峙同样也有这种危机感，毕竟在济南战役尚未发起之前，谁也不能保证解放军是不是在声东击西，明里做着进攻济南的姿态，暗里突然杀向苏北一线。

机动兵力一共就这么多，整八十三师俨然已成活宝贝，把它全部调去济南，徐州这里可怎么办？

在整八十三师的一个旅空运至济南后，刘峙向蒋介石提出，要求先向济南运送弹药、通讯器材、铁丝网，剩下的部队缓一缓。

于是济南守军一共只得到了一个旅增防，而周围的情形却是一天比一天紧张，王耀武发现山东兵团正向济南外围移动，同时开始络绎不绝地向济南外围运送粮弹及攻城器材。

1948年9月14日，王耀武鉴于时机紧迫，再次乘机飞往南京，请求蒋介石增拨新七十四师。

蒋介石答应了，可是他这边刚点头，那边济南战役随即打响，解放军用炮火封锁济南机场，王耀武仅多得了一个团的援兵。

在济南战役发起前的第十天，粟裕已进入指挥位置。

十几年前，因为北上抗日先遣队，因为谭家桥战役，粟裕记住了王耀武的名字。

不过当时两人还谈不上真正的走马对阵，他们对彼此的深入了解和熟悉，是从解放战争开始的。通过莱芜战役、孟良崮战役，王耀武尝到了华野的苦头，粟裕也从王耀武一手训练出的整八十三师、整七十四师身上，看到了王耀武确非俗辈。

当然，令粟裕印象最深刻的，毫无疑问还是莱芜战役，从那场战役之后，粟裕即非常注意收集关于敌方战将的各种资料。

在粟裕随身携带的资料中，除华野团以上干部的名册外，还有记载国民党师以上军事主官情况的专用卡片。每次战役结束，他都要亲自找被俘的敌军高级将领谈话，通过询问，竭力掌握包括王耀武在内的国民党将领们的指挥特点。

了解越深入，粟裕越觉得王耀武不简单，他认定："王耀武之指挥，经一年多了解，是蒋军中指挥较有才干者。"

按照王耀武在指挥作战中的特性和习惯，从而对症下药，成为粟裕战前的必做功课。

根据侦察情报，王耀武将济南划分为东西两个守备区，守备东区的主力是曹振铎整七十三师等"中央军",守备西区的主力是吴化文杂牌军,东强西弱,由此可以断定东区是王耀武的防守侧重,也因此,不少人主张对东线用重兵,具体指挥攻城的许世友、谭震林均持这一观点。

大家对王耀武都还不够了解。

王耀武这个人,只要他还没有走上绝路,就有本事跟你一直耗下去,而且用兵上非常大胆果决,若双方以硬对硬,很可能在东线形成相持和拉锯,对于讲究速战速决的"围点打援"来说,这可不是一个好办法。

王耀武的弱点在哪里?在他没有死守的决心和意志,一旦让他感觉到济南守不住,他的阵脚和步骤必会大乱。

心乱,乃高手对阵之第一大忌,也是王耀武的死穴。

西区地形开阔,便于解放军展开兵力,此外,济南机场也在西区,解放军如果能控制机场,就等于切断了王耀武的后路,同样会对王耀武造成不小的心理压力。

当时地下党已经潜伏在西区守将吴化文内部,吴化文战前曾表示愿意起义,这也是有些人认为西线不需用兵太多的原因。

可是粟裕却认为,不能把希望完全放在吴化文自觉自愿起义上。

做出这一判断,同样是缘于对敌将的了解。

杂牌出身的吴化文,没什么固定的政治信仰,唯一相信的是"识时务者为俊杰",他先后投过冯玉祥、蒋介石、汪精卫,军阀干过;"国军"干过;伪军干过;是典型的"三姓家奴"。对于这样一个习惯跟着风头转的角色,让他看清风头朝向哪边,比讲一大堆道理更管用。

粟裕认定,只有动用重兵,立足于打,才能最终促使吴化文选择战场起义。

攻城兵团分为东集团和西集团,粟裕力排众议,把用兵重点放在西集团,并以迅速攻占机场为第一作战目标,为此,他还决定从攻城兵团的总预备队中抽调一个师或更多兵力,随时用于机场作战。

许世友、谭震林对粟裕的部署还是没能完全想通想透,就在战役即将发起前,他们还提出要从西线抽调一个纵队到东集团。

粟裕决心不变,下令参与攻城的各纵队按计划开进,而后再让许、谭直接指挥。

他相信,自己挥出的这一剑,必能击中对手的要害,致其于死命。

宝剑即将刺出，但就在剑光闪烁的那一刹那，对手也看清了粟裕的意图。

王耀武并非浪得虚名，他的战场判断力和超前预感都在一般将领之上。

哪壶不开提哪壶

1948年9月15日，根据解放军的开进和集结轨迹，王耀武判断出华野主力在西线，粟裕的目的之一，是要集中力量拿下飞机场，截断守军的空运补给。

新七十四师还在往济南空运，王耀武急忙从总预备队中抽调两个旅向西增援，以便保住机场，阻止解放军的前进。

王耀武有闪身躲过的机会，只是粟裕手里拿着的，不止一把剑。

不是冤家不聚头，十几年前的那场恩怨，必须在济南城下有一个新的了结方式。

1948年9月16日夜，粟裕一声令下，华野攻城兵团从东西两面，同时对济南外围阵地发起全线攻击，济南战役以突袭方式骤然打响。

解放军比国民党军显得更有朝气和生命力的一个重要之处，就在于擢升机制特别灵活，不像国民党军有那么多条条框框，资格资历绑缚着。

战场之上，前面枪林弹雨，你敢冒着浑身窟窿的危险往前拼命冲，过后没死，也没因为缺胳膊少腿导致不能打仗，那么很快就能入党提干，这不需要很聪明的脑子，只需要有能豁得出去的胆子，所以解放军中以悍勇著称的部队特别多，战斗积极性也普遍非常高。

按照粟裕原先的部署，西集团为主攻，东集团为助攻，东集团的指挥员是聂凤智，战前他在向各部传达作战命令时，自作主张地把粟裕、许世友交给的"助攻"改成了"主攻"，要求部属硬攻、狠攻、强攻。

王耀武在外围防御地带设置了很多支撑据点，单纯地死打硬拼，不仅会造成大量伤亡，而且很难攻得进去，但粟裕抓住了王耀武这种布防的弱点——纵深长，空隙多。

粟裕改变正面平推的一般战法，代之以"穿插迂回，大胆楔入，突入纵深，分割围歼"。

只要够胆，就由着性子往空隙处插吧。

聂凤智以榴弹炮和重迫击炮为掩护，指挥步兵穿过据点间的空隙，直插济南城东郊的茂岭山、砚池山。

东集团对两座敌阵地发起冲锋，在冲锋中，华野的炸药包爆破技术再次发挥出奇效，冲锋战士不停地向堡垒投掷炸药包和爆破筒，有的国民党官兵被炸药的爆炸震晕过去，醒过来后才知道阵地已被解放军占领，自己做了俘虏。

经一夜血战，东集团成功占领茂岭山、砚池山，速度快到惊人。

茂岭山、砚池山是济南城东屏障，地势险峻，工事坚固，王耀武原以为至少能守半个月，结果迅速丢失，令他大为震惊，亲自下令枪毙了失守这两座山头的一名少校营长。

粟裕有智，将士有勇，虽是歪打正着，却一下子擦出了别样的火花，王耀武的参谋长被俘后认为："东面茂岭山、砚池山的陷落，是济南战局失利的重要原因。"

王耀武本来有一个消耗华野主力于外围的计划，至此成为泡影，不仅如此，东集团的迅猛推进，还让他产生了怀疑。

王耀武怀疑的，是他自己的判断力。

王耀武认为自己早先的判断是错误的，看样子，华野的主攻方向不在西线，在东线。

于是他又把调到西线的两个旅抽回东线，原来部署在飞机场以西的一个旅也被调入市区，以加强主阵地的防御。

王耀武还是心态有问题，他太豁不出去了。

比他心态更糟的是吴化文。

早在济南战役发起之前，就有人在吴部驻区内的墙壁上，发现了用粉笔写的标语"打到济南府，活捉王耀武"。

这让王耀武一度生出些疑心，遂用言语对吴化文进行试探。吴化文何其老练，他一眼看穿了王耀武的用心，在平常与王耀武的谈话中，就故意流露出对共产党的仇视情绪，不但如此，他还主动献计献策，向王耀武提供他与解放军作战的经验得失。

王耀武放心了，他对吴化文失去了戒备。

杜聿明到济南时，曾特地提醒王耀武："吴化文反复无常，表面服从而内心诡诈，这人靠不住，要注意他。"

王耀武还不当一回事："从他过去的表现来看，我看他不会有什么问题。"

在战略战术上，王耀武也许够格，但论城府，他就只配给吴化文这个老江湖提鞋了。

茂岭山、砚池山失守后，王耀武焦头烂额，他认为吴化文对解放军作战有些办法，竟然想到要向吴化文讨教如何重夺东区阵地。

这真是哪壶不开提哪壶。吴化文来了之后，得知城东屏障这么快就丢失了，显得惊慌失措，他对王耀武说："茂岭山、砚池山的阵地那么坚固，怎么一夜就丢掉了呢？要拿回来只有派部队冲了。"

派部队冲，如此简单的对策，还要请你来商量？王耀武见问不出个所以然，只好叫他回去了。

吴化文走后，王耀武还对别人说："吴化文被共军吓糊涂了，看他的胆量并不大。"

吴化文是被吓住了，可他并不糊涂，而且有着王耀武并不知道的胆量。

自此之后，王耀武再打电话去催问西区战况时，就再也找不到吴化文了，问起来，回答是去看部队了。其实那时吴化文已经在秘密准备起义。

吴化文在王耀武面前把自己藏得很深，可是粟裕却能把他的五脏六腑都看得清清楚楚，正如粟裕所料，你不立足于打，吴化文就不会真正交出他的底牌。

王耀武从西线调兵这一失策举动，使西区原本增强的兵力转眼又回到原点。华野西集团趁势发起猛攻，西区外围据点被解放军风卷残云一般的予以扫除，飞机场也被炮火所控制，空运被迫中断。

在地下党的不断敦促下，面临覆灭危险的吴化文终于投下了命运的砝码。

马不停蹄

1948年9月18日晚，吴化文派出代表，正式向解放军接洽起义。

粟裕也知道吴化文是一个什么样的人，为防止其中途生变，一方面让他立即撤出阵地；一方面命令西集团继续向吴部逼近。

第十章 不是冤家不聚头

1948年9月19日晚，吴化文率所部3个旅2万余人举行战场起义，将飞机场及周围防区全部移交解放军，使王耀武在西区的防线门户大开。

粟裕抓住战机，将一个纵队的总预备队全部投入西集团，至9月20日拂晓，西集团占领了商埠以西的全部外围阵地。

王耀武的部署被完全打乱，不得不缩短阵地，东集团由此抢占黄河铁桥，攻克燕翅山等要点，主力直逼城垣。

至此，华野攻城兵团只用4个昼夜就扫清了全部外围据点，将济南城予以四面包围。

粟裕能够预想到的一幕出现了：王耀武守城的信心大为动摇，他甚至认为即使吴化文不起义，济南也很难再守得住。

慌乱之下，王耀武一度想借亲信趁乱溜出城去，无奈解放军已把一座济南城围得犹如铁桶一般，插翅难逃。他又分别致电蒋介石和刘峙，提出"济南腹背受敌，情况恶化，可否一举向北突围"，得到的回答都是"固守待援"。

乘着王耀武阵脚不稳，粟裕决定不给对手以喘息之机，他致电许世友、谭震林，下令攻城兵团实行东西对进，以钳形攻势向商埠和城区发起猛攻。

1948年9月20日晚，西集团3个纵队同时向商埠突击，经炮火准备和连续爆破，解放军突破敌阵地，对各据点采取分割包围。

在商埠战斗中，以围攻邮政大楼及原德国领事馆的过程最为激烈。这里是绥靖区司令部所在地，王耀武特地将新七十四师刘炳昆团派来驻守。

王耀武钟情于整八十三师、新七十四师是有道理的，这两支部队虽然老兵已所剩不多，尤其是新七十四师，几乎是推倒后重建，但毕竟还由王耀武曾一手提拔出来的部属控制着，他们中的大多数不仅具备丰富的作战经验，而且仍能做到对老长官忠心不贰。

刘炳昆就是其中之一，他所率的团是新七十四师中唯一一个得以空运到济的部队，一共7个连，来的时候都是徒手，没有携带任何武器，到了济南后才从军械仓库领取到枪支弹药。

解放军将刘炳昆据守的两座建筑围住，用迫击炮、轻重机枪封锁住门窗和大小射击口，掩护部队猛烈攻击。刘炳昆亦不甘示弱，一边还击，一边从门窗向外投掷手榴弹,不断有官兵被解放军打死在射击口边上。

尸体累叠,挡住了射击视线,守军就往旁边一拉,或者直接推下楼去,接着再打,场面至为残酷。

由于伤亡加重,刘炳昆为守住邮政大楼,便把领事馆的部队撤往邮政大楼。在冲过马路时,解放军猛烈射击,国民党官兵被打死打伤很多,马路上到处都是横卧的尸体。

解放军对邮政大楼进行层层包围,战斗越打越激烈,但仍然难以攻克。

1948年9月21日,西集团由南北两面插至商埠与济南外城之间,截断了商埠敌军的后路。

商埠的所有据点,只剩下邮政大楼。

西集团集中炮火进行轰击,大楼门窗燃烧起来,烟雾弥漫,火光由门窗喷出,整座大楼的西半部被炸得仅存钢筋水泥的楼架子。

所有坚固的工事都不复存在,解放军随即冲进大楼。刘炳昆及其残部仍不肯投降,他们把楼里能够利用的东西都利用起来,搭建阻击掩体进行抵抗。

刘炳昆团最后遭到全歼,负了重伤的刘炳昆持"中正"佩剑自杀,所用之剑是他来到济南之后,王耀武亲手所赠。

都到了这个时候,仍有部属肯为王耀武拼命,足见王耀武当年练兵之成效以及在老部队中的威信,只是这些都已是螳臂当车,根本救不了王耀武的命。

至9月22日,西集团完全占领商埠,东集团则肃清了城外地堡群。

攻城兵团占领商埠后,王耀武判断解放军经过6天6夜的厮杀,尤其是商埠一战,必然也人困马乏,要攻城的话,至少还需经过三四天准备。于是他着手调整部署,决定将主力集中于内城,同时外城留置小部队守备,以尽量拖延时间,等待援军。

攻城兵团疲劳是真,有较大伤亡和损耗也不假,可是解放军却有一项国民党军没有的本事。

解放军不仅能大批俘虏敌方士兵,还能迅速予以消化,将俘虏兵改造成"解放战士",这也是同样经历巨大的兵员损耗,国民党军的数量一个劲儿地少下去,解放军只多不少,且是越打越多的原因之一。

在国民党军队中，只有"五大主力"等少数部队的兵员比较顽固一些。南麻战役时，华野从整十一师俘虏了几个炮兵，因情况紧急，没有进行教育和配置，就派去参加炮战，结果其中有一个俘虏兵就冷不防地把炮口掉转，朝解放军轰击起来。

除了个别，大部分国民党士兵都不难改造。见兵员紧缺，攻城兵团马上实行"即打即俘，即教即补"的政策，把经过突击教育的"解放战士"临时补充到部队里，并及时调整战斗编组，因此其突击能力仍然很强。

1948年9月22日黄昏，就在王耀武忙于调整、守军秩序混乱的当口儿，粟裕指令攻城兵团马不停蹄，继续进攻外城，并首次将坦克投入作战。

解放军的坦克来自于鲁南战役时的战利品，当时从第一快速纵队那里共缴获24辆坦克，整修出一部分，组成了特纵坦克队。这次特纵坦克队派出4辆坦克，配合攻城作战，驾驶坦克的坦克手均为"解放战士"。

向堡垒投掷炸药包和爆破筒，还要在接近过程中付出人员伤亡，坦克不用如此麻烦，靠近前去，几炮就能把碉堡和工事给轰毁了。

守军想不到解放军竟然也有坦克，一时军心震恐，争相溃退，连指挥官都无法再对部队进行有效掌控。

经一小时激战，攻城兵团从多处突入外城，与敌军展开巷战。至9月23日上午，解放军占领外城的大部，并逼近内城。

王耀武的心理防线又被敲掉一块。当天上午，刘峙亲自坐飞机飞到济南上空，用无线电话给王耀武打气："你们的困难我知道，不过援军进展很快，几天就可以到济南，你们必须坚守待援。"

由杜聿明指挥的黄、邱、李三路援军，早在9月20日就出发了。按照原计划，援军主力将置于津浦路，一部经由运河东岸北上。

但是援军出发不久，杜聿明又主动改变了计划。

比铁人还铁

国民党通过黄埔军校培养出来的将领，以将才居多，帅才偏少。毕业于黄埔一期的杜聿明除创建第五军外，最为人所熟知的，就是获得昆仑关大捷和首次出征缅甸。尽管一胜一败，但像他这样拥有至少两场大规模战役经验的大将，在国民党黄埔将领中已属难得。

杜聿明为人谨慎细心，出发后不久，他就得到报告，援军主力沿津浦路北上的消息已经泄露，可能遭到截击。

杜聿明于是急忙改用声东击西之计，一面对外宣称原行动路线不变；一面令主力全部改由运河东岸北上。

掩人耳目是掩人耳目了，可是杜聿明并不敢疾行，因为他同时还获悉，华野强大的打援兵团正在前面严阵以待。

粟裕采取的是"夹运（河）而阵"的布兵方式，打援兵团的18万人马被分别部署于运河两岸。这样部署的好处是，无论援军主力是沿津浦路还是运河两岸北上，一旦接触，就可以迅速对其进行分割歼灭。

杜聿明深知粟裕打援的胃口和能力，所以前进时小心翼翼，每天只往前推进一二十里，以尽量避免和打援兵团交战。

当初杜聿明告诉王耀武，他可以用15天时间推进到济南城下，这15天是有讲的。

增援并不一定是越快越好，时机掌握非常重要，15天后，解放军一定已在济南城下受到重大伤亡，被磨得差不多了。到那时，三兵团再从背后发起致命一击，这样才能体现出增援的真正价值。

问题是，王耀武能扛得到那时候吗？

到了这个时候，已无退路的王耀武无论如何得让自己相信，他能。

连打7天，一口气不带喘的，解放军不可能还不觉得累吧，你就算是铁人，也有缺油趴窝的时候呢。王耀武由此判断解放军至少还需进行3~5天的休整，才能继续进攻内城。

内城城高墙厚，城墙上筑有3层射击设备，并筑有消灭死角的侧击掩体，可构成严密的火力网，而且还有一条护城河，河宽水深。王耀武和部属都认为，解放军在"伤亡重大"、"疲惫不堪"的情况下，不可能马上发起第一轮攻击。

可是王耀武这次又错了。解放军比铁人还铁，粟裕对攻城兵团的指示是"不怕伤亡，不怕疲劳，连续作战"。

1948年9月23日，晚上6点，东西集团的山炮、野炮，特纵的榴弹炮，组成"炮群"，进行了长达一个小时的猛烈射击。

在火炮掩护下，突击部队架桥过河，过河之后，即架上云梯，手持装有挂钩的长竹竿登城。

城墙阵地很快被冲破一个缺口。王耀武连忙对部下说："内城城墙是我们最后一道坚固防线，如被打开就无险可守了，必须立即反扑。"

部下即率督战队前去，经过激烈争夺，突入城内的解放军伤亡殆尽，后续部队又为火力所阻，无法立即增援上来，缺口被守军重新堵住，第一次攻城受挫。

直接指挥攻城的许世友不肯放弃，他见攻城兵团虽然伤亡很大，但许多团营建制还在，就下命令继续组织第二次攻击。

1948年9月24日，战事进入白热化。有过攻城经验，解放军在这次攻击的火力配合上比第一次更为巧妙，一上来便先集中火力，将城墙上的3层射击孔死死封住，以确保步兵可以迅速接近城墙。

攻城部队一波一波，前仆后继地爬上城墙。只要先头部队打开缺口，随之而上的后续部队就立即向两侧扩展，不计伤亡，不惜代价。随着解放军攻入越来越多，已形成排山倒海般的攻势，守军再也没办法堵住缺口了。

解放军大批涌入城内，王耀武本应指挥巷战，但他哪里还有这个勇气，早早就换上便衣，扔下残部跑掉了。

粟裕在组织攻城的同时，就防到了王耀武这一着。地方武装和民兵都早已被组织起来，在各地要道和隘口加强岗哨，严密盘查，处于这样的天罗地网，王耀武哪能逃得出去，结果到了寿光县，便被查出捕获。

第8天，华野就攻克济南城，这个时候，援军还没到达济南附近。

3个兵团中，黄百韬最是先知先觉，刚刚出发，当他从无线电话中听到王耀武与老婆的那段对话时，就对身边的人说："济南必失，此行必是白忙一场。"

果然如此，分毫不差。

9月24日，当杜聿明闻听济南被华野攻陷，王耀武被俘，他赶紧下令部队停止前进，掉头转向徐州。

为了取得济南战役的胜利，华野付出不小代价。豫东战役长达20天，伤亡了33000人；济南战役才8天，就伤亡了26000人。

当然战果更大，此役共歼国民党军8万余，俘王耀武以下高级将领23人。济南储备着大量军火，这些军火全都成了华野的战利品，其中包括各种火炮800余门，坦克装甲车20余辆，汽车238辆。

对粟裕而言，济南战役还有更深一层的意义，他为攻城兵团亲自制定了家喻户晓的口号："打到济南府，活捉王耀武。"

王耀武的束手就擒，标志着十几年前的那场沙场恩怨终于画上了句号。

如果说还有美中不足，就是济南战役没能实现打援目标，让3个兵团跑了，原本的"攻点打援"，实质上变成了"攻点阻援"。

还有杜聿明，除了一着声东击西，双方还未有更好的较量机会，究竟孰高孰下，必须到另一个更大的战场上去见个分晓。

第十一章 风头如刀面如割

当初蒋介石坚决不肯舍弃济南,从战略角度上来说,确实是出于不得已。

济南是山东的心脏,国民党失去济南,整个山东就完全成了一盘死棋。陈诚曾经论述说,在解放战争初期,国共在全国有六个战场,在这六个战场上,大家是兵对兵,将对将,虽然不像球赛那样人盯人,但大体上,双方还是相互牵制,旗鼓相当,哪一方都没有明显的压倒性优势。要说不同,就是解放军比较机动灵活,善于避实击虚,往往能占得上风。

可是济南战役后就不同了。解放军可以抽出山东的兵力,加在什么地方,就造成什么地方显著的优势,无论东北、华北、华中,均可以造成国民党军之力日消、解放军之力日长的趋势。

陈诚因此把济南战役看成是解放战争的分水岭,哀叹:"军事崩溃之局,遂更无可挽救。"

打仗就像下棋,有大局观的人,都会提前看到下一步,下一步怎么走,济南战役还没结束,粟裕就已经有了盘算。

没能打到援兵,在略感失望的同时,也让粟裕有了一个新的认识,那就是即便黄、邱、李兵团加一块儿,都不敢与解放军打援兵团面对面交锋。

他们不敢跟你打,说明你可以主动找他们打了。

1948年9月24日晨,济南内城的巷战尚在激烈进行中,粟裕即向中央军委发电,提出了出徐州以东,举行淮海战役的主张。

臭招

粟裕最早提出的淮海战役,在史学界被称为是"小淮海",方案为开辟苏北战场,攻占两淮、海州、连云港等地区。显而易见,这里的淮海指的是两淮及海州。

粟裕发出电文的第二天，即得到中央军委的回复："我们认为举行淮海战役，甚为必要。"

在复电中，毛泽东还为淮海战役添加了一个重要指标：歼灭黄百韬兵团。

黄百韬以往就很显眼，在华东战场上，无论搏命程度，还是战斗成果，都在国民党将官中首屈一指。到了豫东帝丘店战役，黄百韬亲率坦克冲锋，救出新七十二师之举，更把他在国民党军队中的声誉推向了顶峰。豫东战役结束后，蒋介石在南京亲自给黄百韬佩戴上了代表最高军功的"青天白日"勋章，也因此，在毛泽东预设的斩将台上，黄百韬理所当然地拿到了头牌。

淮海战役采取的是华野、中野联合作战方式，在初期参战部队中，华野有16个纵队（其中包括暂归粟裕指挥的中野第十一纵队），中野有4个纵队。

1948年10月下旬，粟裕完成了淮海战役的各项准备。

蒋介石很快发现华野、中野在向徐州方向运动，他认为徐州是"四战之地，易攻难守"，距南京又远，后方补给线长，因此曾计划放弃徐州，以便集中兵力"守淮保江，拱卫京沪"。

恰恰在这个时候，辽沈战役行将结束，东北败局已定，以李宗仁、白崇禧为首的新桂系趁机在幕后"逼宫"，蒋介石面临着行将下野的危险，他又犹豫起来。

放弃徐州，守卫淮河、长江，在当时国民党军已处于全面颓势的情况下，亦不失为以退为进的妙招，这曾经是粟裕所担心的，可是蒋介石自己又给推翻了。说到底，国民党内部那些婆婆妈妈的掣肘和顾虑实在太多，这样的情况下还能打好仗，只有天晓得了。

蒋介石最终采用了"徐蚌会战"计划。该计划由国防部作战厅厅长郭汝瑰主持制订，要点是将兵力集结于徐州及徐蚌（徐州至蚌埠）铁路沿线，作攻势防御。

此计划一出，就引得国民党阵营内议论纷纷，有识之士大多认为这是一个臭招，"未战而败局已定"，"我们在徐州愈久，就中了敌人之计"。

黄百韬与郭汝瑰是陆军大学时的同学，他就此也非常有意见，"作战厅郭汝瑰……做出这样的计划，使人伤心，为陆大同学丢丑。"

黄百韬并不知道，他的"郭同学"与刘斐一样，也是中共在国防部的高级秘密特工，所制订的计划自然只会把国民党往败路上引。

国防部方略已定，南下是不可能了。

黄百韬有侦察电台，也获得了解放军不断向陇海路推进的信息，在向刘峙进行报告后，黄百韬提出，国民党军全都分布于陇海沿线，战线辽阔，且四面八方都有解放军在运动，"备左则右寡，备右则左寡，无所不备，则无所不寡。"所谓"攻势防御"，不要说攻，防都防不住。

黄百韬建议，仿效"拿破仑的团式集中法"，集结各兵团于徐州四周，然后掌握战机，在华野、中野尚未会合之前，予以各个击破。

就军事而言，这是一个极富建设性的意见，可以在很大程度上改变徐州"易攻难守"的困境，但是刘峙久无回音。

当初顾祝同升任国防部参谋总长，考虑让刘峙出任徐州"剿总"总司令。郭汝瑰劝他说："徐州是南京的大门，应派一员虎将把守，不派一虎，也应派一狗看门，今派一只猪，眼看大门会守不住。"

郭汝瑰所说的"一只猪"很明显是指刘峙，但顾祝同斟酌再三，最后还是选了刘峙。

郭汝瑰的秘密身份在那里，他当众说过的很多话，现在都必须反着理解，假如刘峙的智商和能力真的只是"一只猪"，估计郭汝瑰就不会这么说了。

顾祝同与刘峙几乎同时出道，对刘峙的水平算得上知根知底，以徐州地位之显要，他绝不敢真的找一个庸碌糊涂的人来坐镇，而在曾经战将如云的国民党阵营，刘峙若没有两下子，也不可能坐到如今的高位。

这位北伐和中原大战时期的常胜将军，位居蒋介石"五虎上将"之首，若论指挥大兵团作战的能力，被公认还在顾祝同等人之上。

黄百韬的建议没有得到及时回应，并不是刘峙没有眼光，不肯纳谏。

事实上，刘峙刚刚上任就感到了力不能支。他的两大对手，华野粟裕有40万兵，中野刘伯承有20万兵，这还不包括地方武装及民兵、游击队，而归刘峙指挥的黄百韬、邱清泉、李弥、孙元良兵团，总兵力最多也不过20万，只勉强与中野相抵，何况有的军还没有整编完成，不过是个账面数字。

刘峙原计划放弃徐州，退淮以守，被"徐蚌会战"方案否决后，又欲集结兵力于徐州附近。包括黄百韬兵团，他早就想撤到运河以西，可是这些设想都没有能够得到国防部的批准。

刘峙犹如被绑着手脚在跳舞，他自己也非常郁闷，不无怨气地说："我好像是童养媳长大，骨头多大，当婆婆的都摸得清，服从是无条件的！"

由于刘峙及前线将领意见集中，时任参谋总长的顾祝同受蒋介石之托，与郭汝瑰等人专程赶到徐州对部署进行了调整。

1948年11月5日，顾祝同召集徐州"剿总"和一线将领们开会，会上黄百韬再次进谏。

这次他换了个说法，把洋式的"团式集中法"换成了中式的"乌龟战术"，并主张放弃海州，黄兵团由原驻地新安镇全部撤往徐州。他对顾祝同说："不是我怕死，而是只有这样才能持久，海州守不守并无关系。"

顾祝同在请示蒋介石后，终于批准了黄百韬的建议。

黄百韬对此并没有如释重负的感觉，他已经隐隐感觉到，自己所面临的危险正越来越近。

在当天返回新安镇的火车上，黄百韬对第二十五军（即原来的整二十五师）军长陈士章说："可惜我这个计划批准太晚，现在撤退恐怕来不及了。"

已经快来不及了，国防部"郭同学"又不失时机地拖了一下后腿。

原驻海州的第四十四军本拟从海上撤退，但国防部临时改为通过新安镇撤往徐州，同时规定，黄兵团要为四十四军担任掩护，在四十四军还未到新安之前，黄兵团不得提前西撤。

四十四军本身不需要一个兵团为之做掩护，但海安是国民党第九绥靖区所在地，行政人员、学生、商民全都得跟着部队走，所以当四十四军撤出时，拖带了大量非战斗人员，全部加起来有10余万人。

锅碗瓢盆一多，行动必然非常迟缓。按照原计划，黄兵团11月5日就能撤往徐州，就因为要等四十四军，行动便足足延误了两天。

把一个兵团推向末路需要多久？只需两天！

大淮海

粟裕在第一时间便得到了黄兵团即将西撤的情报。淮海战役的初定发起时间为

11月8日，他立即决定提前两天发起战役。

值得注意的是，此重大决定在上报中央军委的同时，就已下令部队执行，如果情报不是绝对的确凿可靠，粟裕是不会这么做的。

1948年11月6日晚，华野在中野的配合下，分三路向南挺进。当天午夜，解放军迫近台儿庄、贾汪一线，直逼黄兵团侧背。

台儿庄、贾汪一线尚有国民党第三绥靖区的部队据守，而且从第二天早上开始，黄兵团就将西撤，但黄百韬仍然脱口而出："太迟了。"

因为这是在敌前撤退，所有撤退，以这种撤退方式为最危险。

留在新安镇打，孤立无援，往徐州撤，到不了徐州便可能遭遇解放军，而所有这些都是拜国防部的一纸命令所赐，黄百韬捶胸顿足："国防部作战计划一再变更，处处被动，正是将帅无能，累死三军！"

黄百韬通过侦察，得知华野有十几个纵队南下，因此预估仅华野就会有30多万兵力参战，而黄兵团只有10多万，若是华野集中来攻，他必败无疑。

说到这里的时候，黄百韬很是激动："这次会战如垮，就什么都输光了，将来怎么办？国事千钧重，头颅一掷轻，个人生死是不足惜的。"

虽然胜负还未分出，但黄百韬已经非常清楚自己的结局，他让人给蒋介石带去遗言，表示自己受蒋知遇之恩，无论如何要予以报效，"临难绝不苟免"。

1948年11月7日，黄兵团开始西撤。

这时的黄兵团包括四十四军等五个军，是关内也是徐州"剿总"序列中最大的一个主力兵团，他们要渡过运河才能前往徐州，可是运河上只有一座铁路桥。此前，黄百韬曾寄希望于徐州工兵团，但后者并未来架设更多桥梁，而黄百韬也错过了自行架设浮桥的机会。

10多万人马，要在短时间内通过一座桥，岂是容易的事，四十四军还拖带着10多余万非战斗人员，这支队伍里面弃斥着大车、小轿、箱笼、行李，一上桥就把桥面给堵得严严实实，部队根本过不去。

在他们后面，追兵即将赶到。

南京国防部为粟裕"争取"了两天时间，利用这两天，粟裕加紧完成了另外一项秘密部署。

国民党第三绥靖区副司令官何基沣、张克侠均为中共秘密党员。早在淮海战役发起之前，粟裕就在争取他们率部起义，并针对第三绥靖区制定了三条原则：一、起义；二、不起义，让开道路；三、既不起义，又不让道，坚决歼灭。

经过紧张策划，何、张决定于11月8日凌晨发动起义，此议一出，便意味着黄兵团难逃生天。

既是囊中之物，就无须多虑，此时此刻，粟裕所想到的，是后面一连串的提前布局。

1948年11月8日，凌晨，粟裕与部将张震联名向中央发出电文，建议在歼灭黄兵团之后，不再向两淮进攻，而是向徐州进击，争取在长江以北打掉敌方更多的主力兵团。

这就是著名的"齐辰电"。

第二天深夜，中央军委复电，同意粟裕的建议，并表示将合华东、华中、中原三大解放区之力，对淮海战役予以强大的后勤支援。

至此，最初的开辟苏北战场发展成为南线战略决战，"小淮海"变成了"大淮海"。

几十年后，当谈到这封复电时，粟裕仍抑制不住激动的心情，说："这封电报虽短，但是字字千钧。"

就在"齐辰电"发出不久，何、张率所部2万多人发动起义，徐州东北大门洞开，华野通过起义防区，迅速朝新安镇开去。

粟裕后来说："如果再晚4个小时，让黄百韬窜入徐州，那仗就不好打了。"

华野各纵队原来的攻击路线，是以新安镇为主要目标，一路自北向南开进，一路进行迂回包围，但前线传来的一个情报引起了粟裕的重视。

山东兵团特务团的侦察员潜入黄兵团驻地，抓到了一些俘虏，经过讯问得知，黄兵团正向运河铁桥涌去。

侦察营将这一情报及时上报野司，粟裕当即调整部署，急令各路纵队全部改向，对黄兵团进行追击和截击。

接到命令，华野各纵队争相向运河铁桥扑去，有的部队一天的行军速度已达到120~140里，正好截住黄兵团尚未过河的后卫部队……

大战的铜锣尚未敲响，黄兵团便已损兵折将，共计损失一军一师，其中作为黄兵团骨干的第二十五军损失了一半人马。

过河得脱的部队齐集徐州以东150里的碾庄，黄百韬面临着两个选项，要么继续西进；要么固守碾庄。

这是一个生死选项，一面写着"生"，一面写着"死"。

迷信

黄百韬把军长们叫到一块，召开阵前紧急会议，商议究竟是进还是守。

多数人主张趁解放军主力尚未通过运河铁桥，尽快兼程赶往离碾庄较近的大许家，只有第六十四军军长刘镇湘一个人表示反对。

在黄兵团中，第六十三、六十四军均为粤军，战前才从南京、芜湖调来苏北。他们以杂式装备为主，许多步兵使用的还是汉阳造，比解放军的装备都要差好多，但这两支部队参加过抗战，部队里有许多是具备作战经验的老兵，用刘镇湘的话来说："我们在抗战中同日本鬼子都敢拼，难道还怕共产党不成。"

过铁桥时，为免拥挤，第六十三军主动要求到窑湾另寻渡口，同时为兵团做侧背掩护。到了窑湾一看，没有渡船，于是会游泳的就先行泅渡，不料华野的叶飞纵队快马赶到，泅渡的大多被打死在河中，未及泅渡的只得在窑湾仓促布防。

叶飞纵队采取急袭战法，集中榴弹炮、山炮等重武器进行攻击，经两天两夜激战，终将六十三军予以全歼，军长刘章负伤后自杀。

刘章调升军长不久，实际上是个替死鬼。在撤往窑湾前，他就知道凶多吉少，拉着同仁的手伤心地说："我们要永别了……我非死不可呀！"

黄兵团中，六十四军第一个得以过河，并在碾庄东端占领阵地，为的就是策应六十三军过来，可是左等右等不来，后来才知道这支同乡部队已被消灭。

广东人很团结，刘镇湘物伤其类，自恃六十四军尚保持完整，便反对去大许家，并且说他的阵地已经构筑成功，不用而走，未免可惜，不如先在碾庄打一下，边打边等援军。

刘镇湘还有一个说不出口的顾虑，就是到了大许家之后，黄百韬预定分配给他的防御阵地是一座土山，那里相传是三国时关羽被围降曹的地方。

关羽威风八面，都吃了败仗，可知此处有多么不吉利，恰好刘镇湘以往在守土山方面又总是吃亏，心里存在很大阴影。

见刘镇湘不愿走，二十五军军长陈士章急了："多走一里好一里！"

陈士章深知解放军作战之勇猛，豫东战役时，他的部队和新七十二师的阵地只隔20里，这边的炮弹可以打到那边，但就是冲不开解放军的防线。

陈士章说："现在留在碾庄，万一被围困，再梦想邱兵团远道来援，恐不可恃。"

对于援军，黄百韬同样不抱任何幻想，他曾经对别人说："国民党斗不过共产党，人家对上级指示奉行彻底，我们则是阳奉阴违。古人说，'胜则举杯相庆，败则出死力相救，'我们是办不到的。"

听完陈士章的话，他加了一句："就是相隔5里，他们也不会来救我们。"

就在争论即将结束之时，黄百韬突然接到国防部电令，上面说黄兵团没过运河，就损失了这么多部队，建制太过凌乱，不如在碾庄略加整顿后再行西撤。

有了这份电令，刘镇湘气壮许多："既有命令，为什么还要走，打垮了敌人之后再走不好吗？反正是要打的，为什么一定要到大许家再打呢？"

众人皆呈仓皇之色，唯刘镇湘还能如此慷慨激越，黄百韬觉得士气可用，遂决计执行国防部命令。

黄百韬与邱清泉同为国民党悍将，彼此存在着一定的竞争关系，特别是豫东战役后，邱清泉自认有功，但功难以抵过，鉴于区寿年兵团损失大半，他被蒋介石处以记过处分，相反，黄百韬却获得蒋介石亲自颁发的"青天白日"勋章，并正式升任兵团司令。

作为黄埔系的天子门生，邱清泉向来看不起杂牌和地方军，跟友军将领难以搞好关系，是他的一个致命弱点。在被杂牌的黄百韬给"比"下去后，邱清泉内心里极不服气，邱、黄也因此颇有水火不容之势，所以陈士章才会说邱兵团不会来援，黄百韬安慰大家："不要紧的，邱清泉不来救我们，还有孙元良、李弥两个兵团，都和我们互相支援过，只要我们守得住。"

李弥兵团驻扎于距碾庄以西仅24里的曹八集（今邳州市八义集镇），那里是黄兵团西撤徐州的必经之地。

有李弥掩护和接应，黄百韬心里会安定不少，但在黄兵团进入碾庄之前，李弥已经撤离了曹八集，随后到达此处的是第一〇〇军所属的第四十四师。

一前一后只有很短的一个空隙，这个空隙被粟裕牢牢抓住。苏北兵团奉命从南面实行迂回，一举突入曹八集，全歼了第四十四师，师长刘声鹤开枪自杀。

1948年11月11日，随着解放军占领曹八集，黄百韬的西撤之路被切断，华野围点部队完成了对黄兵团的全面包围，随即便展开了碾庄攻坚战。

当天，粟裕将野司指挥所设于议堂，议堂离碾庄已经不远，他用木梯子登上古榆树，站在树杈上用望远镜就能观察到碾庄战场。

第二天，粟裕又前进至过满山。过满山离碾庄不足10里，连中央军委知道后，都认为野司位置太过靠前，特地来电要粟裕后撤10里。

于是粟裕在第三天将指挥所转移到了大许家的土山，也就是关云长被曹操围住的那个地方。此地北可眺望碾庄战场，西可与打援部队保持密切联系，是一个理想的指挥位置。

刘镇湘生怕自己也像关羽一样，所以才不肯来土山，无独有偶，黄百韬在碾庄也曾碰到过相同的忌讳，在他将指挥部设于碾庄圩的一座院落内后，看到院里有一棵树。

院中一木，组成一字，即名"困"，黄百韬的副官赶紧上前将这棵树给砍了。

所谓迷信，其实就是一种心理暗示。粟裕当然不会这么迷信，但是那三天，华野在碾庄确实都打得极其不顺。

死亡陷阱

碾庄一带的村落非常密集。由于历年洪水泛滥，每座村庄都会筑起高出地面2米的高台，当地称为"台子"。一座村庄由几个台子组成，台子中间是洼地和水塘，大一点的村庄还修有围墙和较深的水壕。在村庄外围，则是一片平坦的开阔地和墓地。

黄百韬能够下决心在碾庄固守待援，一定程度上也是看中了此处易守难攻的地形。

李弥兵团曾驻防碾庄并构筑过工事，黄百韬在此基础上，把村庄、台子都利用起来，逐村设防，加修工事，以碾庄圩为中心，使每座村庄都成为环形的野战防御阵地，其间子母堡、交通壕、堑壕纵横交错，犹如蜘蛛网一般。

粟裕最初在攻坚战中采用的是急袭战术，想乘黄兵团立足未稳之机，迅速攻入碾庄，因此各纵队都是谁先到谁先打，一路猛打猛冲，结果一上来就遭到很大损失。

在守军的火力阻击下，解放军能通过开阔地和水壕，进入碾庄主阵地，已属不易，但是在里面迎接他们的，却是更多更深的死亡陷阱。

碾庄工事的特点是，进攻方无论从哪一个角度切入，都会立即招致多方向火力杀伤。特别让人防不胜防的是，守军的射击孔大多紧贴地表，进攻时很难发现，就算你匍匐前进，都可能被子弹所击中。

冲锋部队九死一生，把沿途能见到的工事都抛在脑后，正要继续往里村子冲，突然一排排子弹从背后袭来，战士们猝不及防，纷纷被打倒在地。

原来黄百韬还设置了夹壁墙式的工事，外表看不出来，以为就是普通墙壁，而工事里面的守军，就专等解放军冲过去，然后从背后开枪。

从前沿阵地回来的参谋向粟裕报告："黄百韬真难打啊！100米宽的正面就有20多挺重机枪，子弹像泼豆子一样。"

敌方火力如此炽密，粟裕推断，前线部队的伤亡一定小不了。可是从各纵队上报的伤亡数字来看，又似乎与此不符。

于是粟裕亲自到野司附近的野战医院进行了解，了解下来，各个纵队的上报数字都已经打了个很大折扣。

回到指挥所，粟裕首先与陶勇通话，询问陶勇纵队的伤亡情况。

陶勇吞吞吐吐，王顾左右而言其他，实在被逼急了，才将原先的上报数字重新复述了一遍，并且称自己纵队的伤亡并不严重。

粟裕已经心中有数，立即打断他的话："你骗鬼！给我如实报告。"

陶勇无法隐瞒，沉默了好一会儿，才语调沉重地汇报："粟司令，你既然知道了，我也不好瞒你，情况确实很严重，眼下伤亡已经达到4300多人。"

这时华野的一个主力纵队在兵员数量上，大致相当于一个军，在2万~3万之间，但是能够率先冲在前面的，往往都是最勇敢也最能打仗的老兵，所以这个数字非同小可。

伤亡大，进展却很缓慢。

在野司的作战地图上，出现了这样一种情况：很多村庄，上午插代表解放军的红旗，下午就得换上代表黄兵团的蓝旗，到了晚上，又插红旗，而到第二天早上会插什么旗，谁都心里没数。

碾庄战役期间，顾祝同还派出了作战飞机予以增援。为了使地空协同更为密切，空军通讯科科长奉命驾驶飞机，向碾庄空投陆空通讯电台，中途因为飞机发生故障，这名科长被逼无奈，只得随电台跳伞降落碾庄。

黄百韬闻讯立即接见，同时喜形于色："此乃天助我也！"

解放战争以来，国民党军的地空协同战术基本上就是一"花瓶"，中看不中用，有了通讯电台和专家之后，难得地出现了起色——阵地一紧张，轰炸机立刻呼啸而至，反之，空中发现什么情况，黄百韬也能迅速掌握。

这使解放军的推进更加困难。至11月14日，华野除在第四十四军、一〇〇军阵地前略有斩获外，在二十五军和六十四军正面均只能形成拉锯式局面。

徐州和南京方面当然闻之则喜，顾祝同、刘峙对外已经说成是"碾庄大捷"，何应钦（一说是陈诚）更是拍案大叫："黄百韬真英雄也！"

粟裕对黄百韬兵团的战斗力评价，只是中等偏上，而这还是看在豫东战役中黄兵团表现不俗的份儿上。就事论事，在几大主力兵团中，黄兵团的实力也确实很一般，从第二十五军起，没有一个是美械军，其中的粤军、川军在枪械上更是低劣不堪，步枪基本上还是抗战时使用的汉阳造，山炮要么坏了，要么就是没炮弹。

原先黄兵团还有一个优势，那就是兵员数量多，可在被提前打掉两个军之后，这一优势也不存在了。

粟裕意识到，问题应该出在战术方面。

答案找到了，但粟裕此时已无法只顾及碾庄，因为邱、李两兵团也正向碾庄逼近，阻援战场同样打得如火如荼，并进入了关键时刻。

立体作战

直接指挥救援黄兵团的是杜聿明。

第十一章　风头如刀面如割

济南战役之后，杜聿明便作为救火队长，被老蒋派去指挥辽沈战役，然而为时已晚，没救得了火不说，杜聿明自己也被烧得焦头烂额，失魂落魄。

接到蒋介石宣召时，杜聿明正在华北，当他得知何基沣、张克侠起义，以及"徐蚌会战"计划中的主力尚未能集结于蚌埠时，顿时感到天旋地转。

用兵之法，以谋为本，自己这一方棋子都没布好，对方就已经拍马杀将过来，请问下面还会有多少胜算？

杜聿明的恐惧心理直往上涌，徐州战场对他来说，就好像是一个刑场，他到徐州，不是将被打死，就是将被俘虏。

这当然不是怕死那么简单，任何一个成名战将，在走上战场前的那一刻，都想要赢得胜利，谁会心甘情愿地去指挥一场毫无准备，几乎必败的战争呢？

可是不去又不行，杜聿明先前已经应允老蒋，飞机都准备好了，不去的话，不但失信，还会被别人讥笑，这是一个职业军人在公开场合绝对无法容忍的。

1948年11月11日，杜聿明赶到徐州，协助刘峙进行指挥。

这时中野及华野一部正对徐州进行牵制性攻击，但是刘峙、杜聿明依据经验都一眼看出，解放军的真实企图不是攻占徐州，而是消灭黄百韬，因此他们决定大胆抽调兵力，以解黄兵团之围。

刘峙的想法是救兵如救火，不待徐州以西的邱清泉兵团集结完毕，就将其调到徐东战场，来多少上多少，逐次转用。

这种战法的好处，是可以在最大程度上为援救黄兵团争取到时间，按照该方案，邱、李兵团于11月12日即可向华野发起攻势。

可是杜聿明不同意，他主张先集中完毕，再开始攻击。

刘、杜一正一副，按道理是以刘为主，杜为辅，但实践中却完全相反。

在徐州指挥作战，必须能够差遣得动邱清泉等兵团司令。这些少壮派并不容易指挥，李弥、黄百韬还好一些，邱清泉个性狂傲，目空一切，据说豫东战役时连蒋介石的手令都拒不执行，刘峙更不被他放在眼里。

杜聿明在少壮派将领中有一定威信，又是邱清泉的老上司，指挥调遣各兵团运动时要自如得多，这也是蒋介石执意要让杜聿明前来徐州进行指挥的一个重要原因。

最后解围行动以杜聿明的意见为准，白白延误了一天。

1948年11月13日，早晨9点，在杜聿明的指挥下，邱、李兵团开始向碾庄攻击前进。

作为中国机械化部队的最早创始人之一，杜聿明本身也是坦克技术专家，机械化立体作战是他用以压箱底的绝活，这次他毫无保留地全部搬了出来：步车协同、步炮协同、地空协同。

空军轮番投掷轻重炸弹及燃烧弹，炮兵以山炮、野炮、重炮齐发，一时间浓烟弥漫天空，沿途村庄尽成瓦砾，步兵趁势猛冲。

正打得顺手，地空联络突然中断。

杜聿明急忙派人侦察，才知道，在徐州周围的解放军炮兵对徐州机场进行了远程射击。

炮弹落到机场东北跑道附近，国民党空军在起飞时受到威胁，从而导致地空失去联络，陡然失去空军支援的步兵受到了意外损失。

在确定炮击的位置后，杜聿明即把刚刚空运到徐州的一个师派过去，将解放军炮兵压迫撤退。

空军继续起飞，立体作战得以延续。

在邱、李两兵团的重压下，正面担任阻击的华野3个纵队打得十分艰苦，其中仅宋时轮纵队一天就打退了10余次集团式冲锋。

在这场被称为徐东防御战的攻防战中，杜聿明像粟裕一样实行靠前指挥，从他开始，杜集团的各级指挥官也都在第一线进行督战。杜聿明在指挥所看到，解放军斗志顽强，有的村落及其防御体系已被炮火完全摧毁，但解放军士兵在失去统一指挥后，仍不放弃抵抗，还在残壁断垣处人自为战。

国民党军士兵冲进去，就被赶出来，再冲进去，再被赶出来，最后只好再用炮火及飞机炸弹重新覆盖一遍。

对于解放军这种能攻善守的坚忍精神，杜聿明暗暗折服，不过他认为解放军再坚忍，也已经坚持不了多久了。

这来自于他的一个发现：解放军在正面的火力越来越弱。

杜聿明看得很真切，解放军缺乏弹药。从南下追击黄兵团起，华野各部一路飞奔，后勤辎重难以跟上，而打正面防御战，弹药消耗巨大。

当天阻援战场上的很多解放军部队已经打光子弹，营长以下全拼刺刀，有的已经在扔石头。

子弹罄尽，军粮也在告急，部队只能临时找一些红薯和麦种充饥。

这一天，杜聿明占了上风。到晚上，他统计了一天进度，各部队进展少的推进了6~8里，多的已经推进了12~14里。从两兵团的攻击位置到碾庄，只有不到80里的距离，这样算的话，估计一周就可以到达碾庄附近。

杜聿明乐了，来徐州前那种忐忑不安的心情一扫而空。他马上将这一情况向留守徐州的刘峙进行报告，刘峙听了也很高兴。

高兴也就高兴一晚上，到了第二天，出乎杜聿明意料的局面出现了。

毛病

得知阻援部队缺粮少弹，粟裕一边火速向军委发报，要求速送粮食和弹药，一边把机关人员甚至于自己警卫员的弹药都全部收集起来，送往前线。

能够临时收集起来的弹药不多，子弹不超过3000发，手榴弹不到500枚，但已足以支撑一段时间。

1948年11月14日，杜聿明一觉醒来，发现阻援阵地上的解放军并没有垮掉。不仅如此，当天他引以为豪的立体打法还落得了个灰头土脸的下场。

第一个碰壁的是步车协同。邱兵团以23辆坦克在前，排成"一字长蛇阵"，掩护步兵冲锋。早有准备的解放军炮兵待坦克进入射程后，予以猛烈齐射，当即击中4辆坦克，使之无法行动。

其余坦克见势不妙，赶紧回头，连带步兵冲锋也被迫戛然而止。

紧接着，地空协同也中了枪。

按照预定计划，空军先进行轰炸，下面的步骤本应是邱兵团出击，可是邱兵团的官兵在前番冲击未果后已经疲劳不堪，就没有能够立即压上去。

空军认为自己被涮了一把，对邱清泉大加指责，说他按兵不动。等到邱清泉准备好了，再要求空军协助攻击时，空军就负气不予配合。

少了空军支援,邱兵团不仅出击不利,还多受了损失。以邱清泉那火暴脾气,没个不大骂空军的道理,这下好,双方互相指责,闹得一塌糊涂,不可收拾。

由于前一天打得不错,刘峙按捺不住,亲自到前线督战,可他在指挥所能见到的,只是空军和陆军大吵大闹的情景,让他十分丧气。

晚上杜聿明再统计进度,他也无法乐观了:整整一天,邱兵团几乎毫无进展,李兵团也只攻占了两三个村庄。

同样的晚上,粟裕也在忙碌。

参与围点的各纵队指挥员被召集到野司指挥所,粟裕宣布改急袭为强攻,同时在具体打法上进行了全面调整。

鉴于杜聿明在徐东攻势甚急,粟裕决定让谭震林负责指挥围点,自己则专心致志地指挥打援。

他清楚杜集团增援部队的弱点在哪里,并将由此展开反击,以便进一步巩固防线。

杜集团的各兵团里面,只有黄兵团擅长夜战,其他部队都不惯夜战——假如邱、李兵团能打夜战的话,11月13日那天晚上就可以一鼓作气向前推进,杜聿明也不会第二天挨当头一棒了。

国民党军的这个毛病不是原来就有,十年内战,包括抗战的前中期,很多部队也能吃苦,会打夜战,然而自从有了美援,一切就变了,尤其是那些美械军,竟然也学起了美式战术,晚上不打白天打,白天打的话,要是没有飞机坦克支援,似乎也寸步难行。

在解放战争中,国民党军素以美械装备和飞机坦克夸耀于人,殊不知,其实这正是导致他们落败于战场的一个关键因素。

中国的国情,军事上学德国可以,学日本可以,唯独不能学美国,因为你没那本钱。

国民党军拥有的美械装备其实并不多,能够武装出来的也不过是几个美械军,坦克飞机则因数量过少而根本形不成足够的战斗力,最糟糕的是,以当时关内的工业水平,这些装备一件都制造不出来,也就是说,抗战时美国人一共给了多少武器,打完就算完,毫无可持续性。

第十一章　风头如刀面如割

蒋介石和他的国民党阵营似乎从来没能真正想通这一点，或者已经有了依赖性，想摆脱都摆脱不掉，解放战争的那三年，从头到尾都想着让美国继续给予军援，却不知道这有多么不现实。

抗战时人家援助你，缘于中美是盟国，美国必须依靠中国牵制日本，现在抗战都胜利了，凭什么还要这么做，难道美国人制造武器就不花钱不费力？

战场之上，一旦失去最基本的作战手段和能力，也就意味着离失败不远了。

对此，粟裕非常清醒和务实。早在抗战时期阐述"组织战斗"理论时，针对很多部队偏好机关枪，他就强调，机关枪不是越多越好，子弹如果打光了，还没有一支上了刺刀的步枪管用呢，在现实情况下解决战斗，最终靠的也不是机关枪，而是最普通的步枪和刺刀。

当天晚上，粟裕发挥解放军擅长夜战和近战的特点，集中力量进行反击。弹药不足的解放军士兵端着刺刀冲上去，结果邱兵团右翼被解放军彻夜包围猛攻。解放军一度突破了敌方阵地，经过激烈的争夺战，到第二天拂晓，邱清泉才将阵地重新夺回。

眼见得正面陷入了攻不动的僵局，杜聿明和刘峙经过一番商议，也准备调整战术，刘峙下决心将作为总预备队的七十四军（即新七十四师）星夜调出，以供杜聿明指挥。

11月14日一战结束，空军近水楼台先得月，抢先向蒋介石告状，说邱清泉按兵不动，打仗不卖力云云，蒋介石闻讯，在电责邱清泉的同时，又派顾祝同到徐州督战。

顾祝同一见杜聿明劈头就问："敌人不过两三个纵队，为什么我们两三个兵团还打不动？"

顾祝同责怪杜聿明指挥不力，严令他督促两兵团攻击前进。

真是不当家不知柴米贵，杜聿明分析了一番战况，然后说："打仗不是纸上谈兵，画一个箭头就可以到达目的地，况且敌人已先我占领阵地，战斗非常顽强，每一座村落据点，都得经过反复争夺，才可攻占。"

听说仗这么难打，顾祝同又建议从徐州抽调更多兵力进行增援。

杜聿明听后态度消极，这让顾祝同很是不满，他并不知道杜聿明和刘峙早就抽出了七十四军，并且还准备进一步抽调七十二军（即新七十二师）。

杜聿明只是不愿意当着面告诉顾祝同，他所忌讳的自然不是顾祝同，而是站在顾祝同身边的那个人。

对壕作业

这个人就是随顾祝同来徐州的郭汝瑰。

郭汝瑰最早毕业于黄埔第五期，虽在国防部任要职，但黄埔资历远不及杜聿明，加上个头矮小，因此杜聿明私下称他小鬼。

黄百韬只是觉得郭汝瑰水平低，杜聿明却直接怀疑"郭小鬼"就是地下党，认为他与解放军一定有联系，而蒋介石和顾祝同正是完全听信了他的话，才会造成淮海战役前国民党军那样糟糕至极的列阵格局。

为此，杜聿明曾当着面对郭汝瑰说："你郭小鬼一定是共谍，发的命令都是把我们往共军包围圈里赶！"

可是杜聿明手上并无郭汝瑰是"共谍"的确切证据，毕竟他只是一个军人，不是戴笠那样的特工。

杜聿明对着顾祝同说出了自己的怀疑，顾祝同听后还一个劲儿地摇头，说："你不要疑神疑鬼，郭汝瑰跟我来徐州一年多，非常忠实，业务办得很好。"

到郭汝瑰主持制订"徐蚌会战"计划，却又没按计划将国民党军主力撤到蚌埠附近，杜聿明更证实了自己的怀疑。

赴徐州上任之前，他给顾祝同提出的唯一条件就是："我指挥作战的方案，事先绝不能让郭小鬼知道，如果他知道我的方案，我就不照原方案执行。"

解黄百韬之围的战略战术和兵力部署，原本也是由国防部所制定，但杜聿明根本就没照这个方案来，就是因为方案出自于郭汝瑰之手。

顾祝同与杜聿明对话时，郭汝瑰正在旁边，杜聿明便避而不谈抽兵增援的事，等郭汝瑰一走，他才对顾祝同说出实情。

对杜聿明的战术安排，顾祝同十分赞同，杜聿明接着又千叮咛万嘱咐，让他绝对不要向郭汝瑰透露，顾祝同也点头答应了。

顾祝同连夜返回南京向蒋介石汇报。即便到这个时候，他和蒋介石对郭汝瑰都没有产生丝毫怀疑，更不知道身边这位红色间谍将对战局起到怎样颠覆性的作用。

1948年11月15日，按照粟裕的建议，中野从南线对宿县（今宿州）发起总攻，并与第二天凌晨攻占该城。

宿县位于徐州和蚌埠之间，俗称南徐州，是徐州"剿总"唯一的补给线和退路。由于国民党主力未能及时集结于附近，致使其防守薄弱，被中野一击而中。

解放军夺取宿县后，不仅缴获了大量物质，而且通过切断徐蚌线，完成了对徐州的战略包围，这正是粟裕在"齐辰电"和"大淮海"中想要达到的目标。

此时以宿县为界，南线的国民党军被阻隔，北线的国民党军则大多按照郭汝瑰所制订的"徐蚌会战"计划，仍以徐州为中心，呈十字架式散状分布，明眼人都能看出其败相已现，刘伯承对陈毅、邓小平说："蒋介石是信仰上帝的，他终将被钉死在十字架上。"

终于发展到了大决战。

毛泽东推算，淮海战役结束尚需3~5个月时间，包括俘虏兵在内，解放军每天将有80万张嘴等着吃饭，因此必须进行统筹。

1948年11月16日，成立淮海战役总前委，由邓小平、刘伯承、陈毅、粟裕、谭震林5人组成，统一指挥淮海战役。毛泽东给总前委发来指示："淮海战役为空前大战役，此战胜利，不但长江以北局面大定，即全国局面亦可基本解决。"

从这一天起，毛泽东改变了解放战争初期"消灭敌人，保存自己"的策略，提出要"不惜一切代价牺牲，力图大战取胜"。

众人的视线首先聚焦在对黄兵团的围歼上。

粟裕已经调整了对碾庄的攻击战术，开始采用近迫式对壕作业来突破黄兵团阵地。

在黄兵团直接火力控制下的开阔地作业，白天根本不行，只能在夜间隐蔽进行。于是从11月15日凌晨开始，华野在白天就停止了攻击。

一到晚上，官兵们便身背武器，手拿铁镐和铁锹，每人以5步的距离一线拉开，地面上立刻响起一片金属与土石的撞击之声。

对壕作业很有讲究。先要挖成卧式工事，以便避开对方的火力射击，然后逐步加工成跪式，直至立式。按照这种方式继续往前挖，两人一组，相互打通，最后连成一线。

纵横交错的交通壕和堑壕像长龙一般，弯弯曲曲地向前伸去，直至插入各村之间。仅仅两夜工夫，战壕前沿已接近碾庄圩水壕，最近处只有五六十米。

枪炮声突然沉寂，黄百韬还以为解放军撤兵了，派小部队一侦察，才知道对方在挖壕。

他立刻明白粟裕在打着什么主意，以及自己将面临什么样的处境。

11月16日，在战壕前沿接近碾庄圩水壕后，所有已经修好的交通壕、堑壕都被连接起来，构成进攻阵地，解放军又恢复了攻击。

粟裕首倡的对壕作业一问世，即成为国民党军的致命伤。对壕掘成后，解放军攻击部队可以在不受敌军炮火阻击的情况下，沿壕沟攻击前进，到敌方主阵地前几十米处时，便猝然发起冲锋，一举而突破阵地，这样就使得国民党军的所有轻重武器，以至于手榴弹都失去效用。

让国民党官兵最感恐惧的，还不是对壕掘成之时，而是掘壕前进的过程，随着威胁越来越近，几乎能让人精神崩溃。

在炮兵、机枪手的掩护下，华野各战斗小组沿着交通壕，使用小炸药包、手榴弹和冲锋枪，边打边侦察，夺取一块阵地，即巩固一块阵地。

时间分配上，解放军也从全天攻击，改为区分时段，即夜间进攻，用于修建对壕工事，白天固守，以便打退敌人的反击。

黄百韬不反击就只有等死，但是如果白天反击，无异又等于送死，最后双方都被迫打起了夜战——白天基本不打，一到晚上6点天黑以后就大打出手，一直打到第二天早上东方吐出鱼肚白为止。

这边坑道挖着，那边粟裕又把焦点重新转向徐东防御战。

表面上看，华野只有3个纵队进行阻击，但粟裕实际用于防御一线的部队远不止这些，除了正面的3个，侧翼还有5个！

围点部队不过6个纵队，打援部队却足足有8个，做出如此部署，当然不仅仅是阻援这么简单。事实上，它与粟裕在济南战役时采用的"攻济打援"一样，就是要在攻下碾庄的同时，把前来增援的敌军也收入囊中。

济南战役时，杜聿明声东击西，没能被粟裕抓住，这次他决心不留遗憾。

但是粟裕此前一直未动用侧翼的那 5 个纵队，即便是正面都已几乎坚持不住。

近在咫尺

因为他想要扎的，是一只大口袋。

在这只口袋中，正面的 3 个纵队是袋底，侧翼的 5 个纵队是收口袋的。该战术的关键之处，就在于收口袋的时机，不能太晚，但也不能太早。

同样的战术，曾出现在抗战时期的台儿庄战役中。在那次战役中，汤恩伯担任的就是收口袋角色，事后有人骂他在战事激烈时为什么迟迟不现身，其实他要早现身，可能就没有后来的大捷了。

什么时候扎袋口最好？就是要让对方完全进入，且受到足够损伤，即便明知自己已成囊中之物，也难以再钻出的时候，当然它的必要前提是，袋底绝不能先破。

经过 3 天的拉锯，特别是解放军在 11 月 14 日那天晚上发起的反击，邱、李兵团的推进速度已经明显慢了下来，其锐气亦大减，这时候才可以考虑把袋口扎起来。

粟裕在地图上早就选好了一个地方，此地名叫潘塘，位于徐东战场南端，它将成为口袋阵的必要支点。

1948 年 11 月 16 日，凌晨 3 点，5 个纵队悄悄出发，到达了潘塘东南。

只要绕过潘塘，向西不仅可以迂回至邱、李兵团侧背，对杜聿明形成完全包围，甚至还能乘徐州兵力空虚之机，一举突入徐州城。

黑夜中，解放军与一支军队撞了个满怀。

天亮一看，大吃一惊，那赫然是一支国民党军，而且看样子，其使命与打援部队完全相仿。

对方的惊讶有多无少，除了没想到会与解放军在这个地方不期而遇外，他们还惊诧于解放军会有如此之多，竟有 5 个纵队的番号。

这支国民党军就是杜聿明派出的第七十四军。

杜聿明为人谦和，但在作战中亦喜用奇谋、奇兵，平时的口头禅就是"英雄行险道"、"不向虎山行，便打不到老虎"，他对郭汝瑰秘而不宣的那个行动计划，原来也是迂回包抄。

潘塘因其特殊的地理位置,被粟裕和杜聿明同时看中了,作战双方都出奇招,又都把取胜希望凝聚在同一个地方,才使战场上出现了最富戏剧性的一幕。

潘塘纵横不过10里,两军连避让的地方都找不到,就乒乒乓乓地打了起来,其"亲密"程度可以用近在咫尺来形容:解放军的一个团离七十四军指挥所只有3里地,七十四军与华野的纵队司令部也仅一沟之隔。

重建的七十四军虽无法与整七十四师相比,但有一些老兵作为骨干,所以尚能一战,不至于立马垮掉。

邱清泉闻讯,接连在电话中向杜聿明告急,要求调七十二军增援。

七十二军此时仍被解放军所牵制,杜聿明想抽也抽不出来,无奈之下,只好下令邱清泉把预备队全部调上去。

潘塘地域狭窄,华野虽有多达5个纵队的优势兵力,但铺展不开,邱清泉的预备队上来后,经6次反复较量,解放军在潘塘的攻势遭到遏制,被迫后撤10多里。

在潘塘遭遇战中,粟、杜各有得失。有趣的是,他们各自的得,正好是对方的失,而他们的失,又正好是对方的得——自己想一蹴而就的努力全都失败了,不过也都成功地避免了被敌人一蹴而就。

徐东防御战又进入了新的相持状态,这对黄百韬来说可不是好事,因为杜聿明再也无法在短期内为他解围,而碾庄的包围圈却越缩越紧。

1948年11月17日,经过两天准备,解放军对碾庄发起总攻。

碾庄攻坚战开始时打得很乱,几乎是一窝蜂,此次总攻,粟裕在几天前的纵队会议上就定下了战法,即在分区作战的前提下,实行"先打弱敌,后打强敌,攻其首脑,乱其部署"。

"弱敌"是被黄百韬部署于碾庄外围的第一〇〇军、第四十四军。

打的是弱敌,粟裕用的却是强兵。特纵的重炮、坦克全部上阵,先是重炮摧毁了突破口附近的大部分火力点,接着坦克搭载爆破手到达前沿,又将守军的核心工事予以炸毁。

打开通道后,步兵再猛打猛冲就没了顾忌,解放军迅速攻克了碾庄外围的四五座村庄,第一〇〇军遭到歼灭性打击,军长周志道负伤后化装逃回徐州。

黄兵团的处境变得十分艰难,因为原计划不是在碾庄作战,兵团的给养列车均已开往徐州，导致粮食弹药都很缺乏，许多士兵只能靠吃马肉维持。运输飞机用降落伞向包围圈内空投物资，但因为包围圈越缩越小，风一吹，就刮到了解放军阵地。

这时黄百韬仍表现得很镇定，尽管碾庄内的电话线已被解放军切断，他还在通过无线电部署防御，并向蒋介石表示，自己将苦战到底。

不过黄百韬心里清楚，光靠他自个在碾庄撑着没用，归根到底还是援军得给力才行。

徐东方向炮声隆隆，显见得邱、李也没歇着，而且已经比较接近，可是当黄百韬爬上屋顶，引颈西望时，他却看不到一个援军。

天崩地裂

黄百韬不相信以邱兵团那样的半机械化推进速度，会走得如此之慢，唯一的解释就是，邱清泉与他有隙，不肯全力援救，而李弥为什么也快不起来呢？

不用说，当然是实力不济了。

在徐州战区的现有兵团中，邱清泉兵团是唯一的王牌兵团，其攻击和机动能力都相当强，为李弥兵团所不及。

黄百韬愤愤地说："有些人（指邱清泉）眼睛中只看到我黄百韬是青天白日勋章获得者，他们是不会全力救援的。"

说到这里，他不由得摇头叹气："如果李弥有邱清泉的力量，解围还有点希望，现在是无望了。"

黄百韬感到失望，杜聿明却燃起了希望。就在解放军对碾庄发起总攻的同时，他亦在徐东采用"火球战术"，对解放军发起猛攻。

所谓"火球战术"，相当于地空协同、步炮协同、步车协同战术的一个大混合，即在同一时间里，把全部兵种都用上，天上飞机轰炸，中间坦克开路，后面炮群掩护，前沿步兵则发动整团整营的集团冲锋，令战场上造成的声势有如滚动的火球一般。

这些天，解放军阻援部队在粮弹上虽有所补充，但抵不过巨大的消耗，杜聿明的"火球战术"一起，防守上就备感困难。

当天早上9点，解放军实行分路撤退。杜聿明怕粟裕设伏，特地询问了俘虏和居民，得知阻援部队在撤退前，确实已粮弹两空，战士们每天仅能在地里挖几块红薯充饥了。

杜聿明放下心来，下令全线追击。

到中午时分，两兵团先后接近大许家附近，距离碾庄50余里，炮声相闻，这时杜聿明又判断解放军呈崩溃之状，所以他认为解救黄兵团有望。

杜聿明向徐州方面进行了汇报，刘峙听后欢喜若狂，说："这回对得起国人了。"

"徐州大捷"的消息被忙不迭地发布出去，一时间，徐州的大街小巷贴满了"祝捷"标语，鞭炮噼噼啪啪，放得到处都是。

顾祝同闻讯也激动起来，又知道黄百韬在包围圈内苦不堪言，急忙亲自乘机飞临碾庄上空，并用空地联系电台通话，不停给黄百韬打气。

然而他们都高兴得太早了。

杜聿明逼近大许家，华野的处境确实险恶，但是粟裕在布局上的先见之明在关键时刻弥补了这一危机。

别忘了，华野的阻援部队多达8个纵队，其中还有5个是投入战场不久的生力军。

粟裕在大许家一线设置了多纵深阻击阵地，杜聿明看到后，起初还以为是解放军用以撤退的掩护阵地，不曾料到这里的防守兵力会如此厚实。

这下又攻不动了，别说火球，火星都不管用。刘峙到前线督战，严令督促，仍然无济于事。

杜聿明目瞪口呆，他打破脑袋都想不通，为什么在解放军已经"全线崩溃"的情况下，两个兵团还是寸步难进。

于是一个与先前内容完全不同的战报又传给了顾祝同。顾祝同见到后哭笑不得，只得也给黄百韬递上一句大实话："邱、李两兵团在陇海路两侧被堵截，无法前进，你们如能突围出去，去与邱清泉、李弥会合也好。"

参谋总长都撂下了这种话，说明外援确实是无望了。黄百韬当即表示："我总对得起总长，牺牲到底就是了。"

过后他对陈士章说:"反正是个完,突围做什么?送狼狈样子让邱清泉看笑话吗?不如在此地继续打下去,一个换一个,也算够本了。"

当初选定固守碾庄时,他和陈士章就预计邱清泉不肯施以援手,出死力相救,现在似乎应验了,黄百韬对此愤恨不已:"我们最后不过一死,叫黄埔看看,也好鼓励他们以后不要再钩心斗角,只图私利!"

应该说,从徐州出发时,无论邱清泉还是李弥,确实都包藏着一些私心,想保存自己的实力,认为多一些部队就能多维持几天,早消耗,早完蛋。

那个时候,谁也不愿真心实意去救别人。刘峙要邱清泉出两个军,李弥出一个军,可实际上邱清泉只出动了两个师,李弥也仅出一个师,而且越到第一线,兵力配置越少。当时有人将这种情况讽喻为"锥形战术"。

可是仗打到后来,邱、李感觉到了分量和压力,就都不敢再懈怠了,该出的力出,该上的兵也一个不少全部派了上来。

邱清泉就算没有比李弥做得更好,但也没有更差,就此而言,黄百韬还真是有些冤枉了他。

邱、李兵团都在日以继夜地发起攻击,然而两人连会师大许家都难以做到,解放军的阻援阵地愣是屹然不动。

1948年11月18日,杜聿明以大许家为重点,实施中央突破战术。激战一天,两兵团依然攻不进去,全线进展收获寥寥,有的村庄白天拿下来,到晚上解放军一个突袭,就又丢了。

杜聿明不用统计推进里程了,算损失就可以——邱、李兵团均伤亡惨重,一线部队的消耗已经达到40%~50%上。

邱、李兵团在解围行动的中后期都称得上是凶猛顽强,这样都连连受挫,可想而知,对指挥官信心之打击有多大。邱清泉曾留学德国,抗战时期一度在陆军大学的课堂上大讲德国军事战术,一向眼高过天,可到这个时候,情绪也变得悲观消极起来:"对黄百韬,我是出死力相救的,结果伤亡竟然这样大!"

从黄百韬,到刘峙、杜聿明,都曾要求空军"早日将运河铁桥炸断",但空军本来就没几架飞机,为了配合杜聿明的地空协同、火球战术、中央突破之类的花样,力量更加分散,加上作战时漫不经心,导致这一目标根本未能实现。

淮海战役期间，东北基地日以继夜地制造和运来炮弹，这些炮弹又通过铁桥和临时搭建的十几座便桥，源源不断地补充给碾庄前线的华野特纵、各纵队炮兵部队。

从11月18日开始，解放军每天发炮不下3万发，整日整夜，人们耳朵里充满的都是此起彼伏的爆炸声。

第四十四军一五〇师师长赵璧光后来回忆碾庄炮战带来的那种震撼效果："火力猛烈，炮火连天，火药味辛辣刺鼻。房屋着火，墙壁倒塌，犹如天崩地裂一般。"

炮弹如雨滑落，火焰燃烧着村庄，转眼之间，什么都破碎了，而地心还在不断地分裂之中。

经过高密度炮击，碾庄已成一片瓦砾，工事大部毁坏。当天，第四十四军被歼灭，军长王泽浚成为俘虏，赵璧光率残部千余人投诚。至此黄兵团已被打掉3个军编制，仅有二十五军及六十四军的残部在守着碾庄圩、大院上、小院上等几个村庄。

战斗变得越来越残酷。碾庄的一位老乡在若干年后回忆，一批广东籍国民党士兵（六十四军）曾住在他家，有一天出去打了一晚上，回来时仅剩一人。在失去所有同伴后，那名幸存的士兵就整天默默地蹲在墙角边，一句话都不说，看上去既紧张又恐惧。

每天3万发炮弹，对解放军来说也是一个惊人的消耗，不可能天天如此，而这时阻援一线的解放军也都处于苦战之中。

实际为碾庄攻坚战阻援的，除了大许家一线的阻援部队，还有南线的中野。

宿县被夺后，蒋介石即命令黄维兵团等三兵团兼程前进，以便"北上解围，拱卫徐州"。与国民党南线兵团一打起来，中野方面才感到并不如原先想象中那么轻松，短时间内，不仅吃不掉对方，反而还可能会被对方所吃掉。

1948年11月19日，刘伯承、陈毅、邓小平根据战场情况，致电中央军委，表示中野要单独对付南线三兵团，困难较多，建议华野在歼灭黄百韬兵团后，以尚未动用的5个或3个纵队使用于南线，协同中野歼灭黄维、李延年。

中央军委采纳了这一建议，并确定由中野歼灭黄维，华野歼灭李延年，当然它的前提是，粟裕必须先在北线歼灭黄百韬。

所有希望都放在了碾庄，所有压力也都集中到了粟裕身上。

历数粟裕在解放战争中所指挥过的重大战役，有三个他认为最紧张的战役，除宿北战役、豫东战役之外，就是淮海战役。

在顶住杜聿明白天对大许家发动的新一轮攻击之后，粟裕痛下决心，以黄百韬兵团司令部所在地碾庄圩为目标，于当晚发起大总攻。

黄豆进油壶

1948年11月19日，晚上10点，华野各纵队从不同方向同时杀入碾庄圩。

碾庄圩分内圩和外圩。两圩之间设有两道水壕和圩墙，在水壕和圩墙之间，黄百韬又凭借几座院落构筑起复杂的蜘网阵地，当解放军强越水壕时，雹雨般的手榴弹在水壕中接连爆炸，混浊的壕水被打得翻腾起无数水柱和浪花。

战事激烈异常，一刻钟后，解放军才得以突破头道水壕。

为加快攻击速度，粟裕下令暂停步兵突击，改用炮火进行急袭——3万多发炮弹，在半小时内全部扔进了面积不足一平方公里的碾庄圩，顿时烟尘弥漫，流弹飞迸，炮火震荡着灰暗的夜空。

火力急袭摧毁了蜘网阵地，解放军一拥而上。

黄百韬见状，急令炮兵将现存所有的炮弹也打过去。解放军刚刚进入两道圩墙中间的开阔地，便成片成片倒在了炮火之中。

在指挥所内，黄百韬向刘峙、杜聿明发出求援急电，告知碾庄圩已危在旦夕，发完电报，他登上屋顶，指挥预备队向解放军发起反冲锋。

解放军虽在炮击中伤亡枕藉，但后续部队及时赶到，经4个小时的厮杀，预备队被击垮，解放军穿过第二道圩墙，一举突入碾庄圩的核心阵地。

1948年11月20日，清晨5点，华野完全占领碾庄圩，二十五军基本瓦解，黄百韬的兵团司令部亦被攻陷。

黄百韬与陈士章在分头突围时失散，陈士章化装成伤兵，逃至徐州，而黄百韬率少数直属部队进入位于大院上的第六十四军阵地，继续进行指挥。

刘峙、杜聿明得此消息，不由得大为着急。他们虽然还不知道粟裕用于阻援的兵力，会占华野出动总兵力的一半以上，但也明显感觉得到，如果仅仅依靠邱、李兵团，实在难见成效。

此时刘峙通过布防调整，已将六十二军抽调至徐东战场。为了援救黄百韬，六十二军军长余锦源督师进攻，战车团团长赵志华也自告奋勇，表示自己会亲率战车发起冲锋，如果步兵跟不上，"战车也可以单独打到碾庄"。

在战车团的配合下，六十二军付出惨重伤亡代价，当天终于攻下了大许家，但是未能击破解放军的整条防线。

最主要的是，经此一战，国民党军又一次到达了极限，炸弹和炮弹极其缺乏，尤其是坦克战车的炮弹打光了，赵志华再怎么上蹿下跳，他也不敢开着没炮弹的坦克冲进碾庄，而余锦源更是叫苦连天，再三说不能攻了。

1948年11月21日，杜聿明不管部下们愿不愿意，强行下令继续攻击，其中李弥的前锋部队距碾庄仅为30里，然而再往里推进，就简直比登天还难。

为什么这么难，至少邱清泉和李弥已经弄明白了——仅仅在李兵团前面，就有两个纵队以上的解放军！

华野的阻援部队多于解围部队，看样子是有计划要先歼灭黄百韬。邱清泉面如土色："黄兵团不免于败，我们上了敌人的当。"

大家都明白，黄百韬被消灭，仅仅只剩下一个时间问题了。

碾庄攻坚战的节奏还在不断加快。黄昏后，粟裕集中火力攻击大院上，并从第二天凌晨起，发起总攻。

1948年11月22日晨，大雾迷蒙，空军无法飞到碾庄上空助战，解放军攻击更为有利，战至早上10点，一举攻克大院上。

中午，黄百韬退至东侧的小院上。

眼见援军仍然毫无踪影，他所控制的阵地仅剩寥寥可数的几座小村庄，黄百韬开始陷入彻底的绝望之中。他失去了最初的镇静，像一头被囚在笼子里的野兽一样，披着军大衣在阵地上转来转去。

明知败局已定，黄百韬仍不肯接收解放军的任何劝告，也拒看打到阵地上的传单："我年纪大了（时年49岁），身体多病，做俘虏我也走不动，而且很难为情，不如牺牲了，让别人知道还有忠心耿耿的国民党人。"

他对刘镇湘说："你年龄还轻，尚有可为，希望你能突围出去。"

听得黄百韬此言，刘镇湘突然做出了一个让众人震惊的举动，他打开皮箱，穿上将军礼服和皮靴,继续率部死战。

11月22日下午,解放军攻克小院上,黄百韬、刘镇湘等人退至吴庄。

吴庄是六十四军所属的就位一五六师指挥所驻地。"吴庄"与"吾葬"谐音,黄百韬一听村名,即顿足长叹:"这是我的葬身之地啊!"

下午4点,解放军对吴庄发动猛攻。战至黄昏,歼一五六师大部,黄百韬、刘镇湘等人分别带一部分作战人员朝尤家湖方向突围。

途中刘镇湘被俘。黄百韬负了伤,由二十五军副军长杨廷宴搀扶着,走到碾庄西南十里处的一棵大树下时,得知尤家湖也已经被解放军所占领。

黄百韬坐下,掏出自己的名片,在背后写了"黄百韬尽忠报国"几个字,嘱咐杨廷宴万一能够突围的话,将名片转交给蒋介石,然后便让杨廷宴开枪打死他。

杨廷宴迟迟下不了手,黄百韬即拔枪自杀。

当地百姓称尤家湖为"油壶",黄百韬从口音上听像是"黄豆",因此纷传:"黄豆进油壶,死路一条。"

国民党内部一些人分析,黄百韬之死,除了他自己所说的要对蒋介石"以死相报"外,还有另外一层重要因素,即抗战时黄百韬曾担任顾祝同的参谋长,是"皖南事变"的主要策划人,在历史上与以新四军为前身的华野有着血海深仇,他生怕被俘后受辱。

后来在南京政府为黄百韬举办的追悼会上,蒋介石痛哭"黄埔精神不死"。黄百韬并不是黄埔生,但在相当多黄埔将领已经怯战、惧战的情况下,老蒋也只有另外寻找寄托了。

经过10多天的血战,华野终于将黄百韬兵团全歼于碾庄。

称血战毫不为过,华野仅在碾庄就伤亡了近5万人,华野老兵秦镜时任教导团团长,回忆碾庄战役:"我们这个团没有百人以上的伤亡或几百人伤亡的代价,是过不了一夜的。"

伤亡人员多是各部的战斗骨干,排、连、营各级干部伤亡非常严重。伤亡很大而缴获很小,引得有些部队在战斗过程中就不断叫苦:"伤亡太大了","部队不充实","不能再打了"。粟裕也在总结报告中指出,当碾庄战役进入最残酷、最艰难阶段时,各部"有少数松劲泄气表现"。

当时华野有一个连上报有220人伤亡。这个连满编时为120人，由于不断补充兵源，以致伤亡数已接近于满编数的两倍。

歼灭黄百韬兵团后，秦镜发现教导团每个班，除站在最前面第一名的班长，一般还是解放军老兵外，从后面的副班长一直到士兵，大部分都是刚刚补充进来的"解放战士"。

参加过碾庄攻坚战的华野官兵都一致认为，此战战况之惨烈，为淮海战役之最。

指挥碾庄战役已经是心跳连连，但粟裕说，他在淮海战役中感到最为紧张的时刻，其实是第二阶段。

在这个阶段，解放军的作战重心开始移向南线，粟裕不再担任主攻方向的指挥，然而他却反而压力倍增。

上策

1948年11月23日，就在黄百韬兵团被歼的第二天，黄维兵团向中野南坪集阵地发起猛烈进攻。

黄维兵团的正式番号是第十二兵团，实际是原胡琏兵团的扩充，不过胡琏兵团只属于临时性编制，胡琏也不是正式的兵团司令。

解放战争进入中后期，解放军越战越强，在各个战场上，国民党军都出现了整军整师不断被歼灭的情况，一两个军都不敢单独出来行动，完全丧失了军事上的主动权。

最初蒋介石组建了一些临时性兵团或小兵团，以应付局面，然而豫东一役中区寿年兵团被歼灭，证明连小兵团都不济事，也无法完成战略任务。

自1948年8月起，南京政府便正式采取"战可攻，退可守，吞不下，啃不动"的所谓大兵团战术，陆续发表了多个大兵团番号，第十二兵团即在其中。

编组第十二兵团时，胡琏本可以顺理成章地成为兵团司令，但因为第十二兵团属于华中"剿总"的战斗序列，而华中"剿总"司令白崇禧讨厌胡琏，于是蒋介石只好改任黄维为兵团司令，胡琏屈居副司令。

淮海战役打响时，胡琏父亲病危，他自己也患有牙病，遂请假离队，整个兵团由黄维全权掌握和指挥。

黄维兵团的主力包括第十八军（即整十一师）在内的4个军和1个快速纵队，约12万人，大部分是美械装备。它与邱清泉兵团一南一北，是仅剩的两大王牌兵团。

在国民党南线三兵团中，要阻滞李延年、刘汝明兵团相对容易，唯有黄维兵团，在战场上"攻如猛虎，动如脱兔"，似乎无人能撄其锋。

黄维兵团曾给中野防线造成了非常大的压力，但这只是在粟裕未歼灭黄百韬之前，之后就完全不同了。

按照预先约定，粟裕可以腾出手派兵南下隔绝李延年，这样，中野便可以集中足够兵力对付黄维。

中野司令员刘伯承以"胆大心细，足智多谋"著称，他和粟裕一样，都很注重掌握对方军事主官的性格。

黄维做过小学教员，身上有很重的书生气，打仗固然勇不可挡，然而有时不知变通，缺乏胡琏那样的灵活机变，属于"志大而智小"类型的战将。更主要的是，解放战争开始后，黄维把兴趣一直放在搞教学，拿教鞭上面，这几年来都没跟解放军交过手，对解放军的战术战法和战斗力根本不了解。

临阵易将，素为兵家之大忌。黄维盲人骑瞎马，打到兴起时，已经忘记自己与李延年、刘汝明完全脱节，成了远道孤军。

针对黄维的特点，刘伯承决定进一步放弃南坪集，一路引导，直至把他给带到沟里去。

1948年11月23日夜，刘伯承、陈毅、邓小平向中央军委报告："歼灭黄维之时机甚好。"

第二天，中央军委复电同意，并要求粟裕按计划予以配合。

接到电报后，粟裕将手中所有兵力分成三路：除已南下归建的中野第十一纵队外，再抽调包括特纵一部在内的3个纵队，用于歼灭黄维；3个纵队加江淮军区2个旅，用于阻击李延年、刘汝明，完全隔断他们与黄维的联系；剩下的8个纵队，用于阻击邱清泉、李弥、孙元良，使其不能南下增援。

粟裕一肩担三任，首先考虑的是碾庄战役结束后，刘峙、杜聿明会做出怎样的反应。

刘峙的打算是，放弃徐州，向西撤退。

在碾庄战役中，刘峙的一些细节处理确实很糟，但这并不完全是他的能力不行，其中很大一部分其实来自于国防部的直接插手指挥，以及"徐蚌会战"计划对他的束缚。

比如让黄百韬坐等四十四军，结果"为了保住1个军，丢了5个军"，就来自于国防部的命令，而李弥兵团过早撤出曹八集，导致黄百韬兵团失去西撤掩护，则是因为各兵团没能早日集结徐州及徐蚌路，如果刘峙再不让李弥靠拢徐州的话，实在没法应付华野的袭扰攻击。

刘峙的功底还是有的，特别表现在对战局的提前预感上。他看出，黄百韬兵团被歼后，徐州右臂既失，津浦路徐蚌段又被中野切断，更重要的是，失去了宿县这一补给基地，徐州已成危城，这时应以保存兵团实力为要，及早从险处抽身，此为上策。

可是当他向杜聿明说出自己的这一想法时，却遭到了杜聿明的否决。

来徐州之前，杜聿明曾经以为此战必败，一路上都忐忑不安，但在战场实际操作后，他发现，邱、李兵团都还很能打，从两兵团争夺战、反复厮杀的冲锋与阻击行动来看，部队士气尚属旺盛，说怪话、发牢骚、对战局信心动摇，只是集中在军长及兵团司令一级。

与粟裕对阵，杜聿明要说输，最主要的还是输在国防部给他和刘峙布了一个极其狗血的局，徐州方面兵力严重不足，邱、李兵团都没有华野的阻援部队人多，当然很难解围。

仅就战术而言，他并没有明显漏洞，无论侧面迂回还是正面突击，都能跟粟裕打成平手。

再说了，尽管黄百韬兵团在碾庄全军覆灭，但华野受到的损失也不小，而他手中还有足够本钱，特别是尚握有自己的起家部队，邱兵团这样"王牌中的王牌"。

根据杜聿明先前的战报，刘峙曾向各方发布"徐州大捷"的消息，南京政府为此专门组织了一个由中外记者组成的慰劳团飞往徐州，当他们来到徐州的时候，黄百韬已经身亡，然而由于杜聿明秘不宣示，这些人都还被蒙在鼓里。

在参观完邱兵团组织的战俘、战利品展览后，一名记者突然以怀疑的口吻问杜聿明:"这样的大捷,黄百韬到哪里去了?"

杜聿明不假思索地回答:"黄百韬回家休息去了。"

回家休息,也不知道回哪个家休息了,杜聿明欲盖弥彰,是因为从这一刻起,他的心里已经有了侥幸取胜和要面子的想法。

这正是为将作战之大忌。

听刘峙说要放弃徐州西撤,杜聿明立刻有些瞧不起他。这位过去的黄埔战术教官,"五虎上将第一名",确实是老了,胆小了,难怪会被别人骂成"猪"。现在不过死了一个黄百韬而已,就泄气成这样,至于吗?

杜聿明也想好了上策,他的上策是与黄维兵团南北夹攻,打通徐蚌铁路。

杜聿明让刘峙缓行西撤方案,还说:"战守进退的决策,关系到整个军事前途,目前我不敢轻率地出主意,必须由老头子(指蒋介石)下决策。"

拿"老头子"一压,刘峙无可奈何,嘴唇哆嗦了几下,再也说不出话来。

1948年11月23日,蒋介石电召刘峙、杜聿明到南京参加官邸会议,以传达下一步作战计划,而这次作战计划的制订者又是郭汝瑰。

经过碾庄战役,国防部的决策和指挥,已遭到前线将领的普遍质疑。邱清泉大骂:"国防部是打糊涂仗,是亡国的国防部。"连孙元良也在黄百韬被歼后公开说:"消灭黄百韬兵团的是国防部,不是陈毅(陈毅仍为华野司令,所以一般人都认为是陈毅在指挥),黄百韬也是如此。"

下面都说国防部"累死三军",可是蒋介石、顾祝同信任的依然是郭汝瑰,其原因就在于蒋介石已内外交困,在内被李宗仁和白崇禧逼迫,在外又要争取美援,战场上一步都退不得,而郭汝瑰等人正是抓住了蒋介石的这一弱点,达到了"投其所好"的目的,最后老蒋就像吃毒品一样,明明自己都觉得其中或许有些不妥,可还得自欺欺人地继续吃下去。

杜聿明一直疑心郭汝瑰,不过这一回郭汝瑰倒是对了他的胃口——郭汝瑰制订并为蒋介石所认可的计划,就是"南北夹击"。

刘峙西撤的主张自然碰了一鼻子灰,他被告知,放弃徐州可以是可以,但得等到"陈毅主力(即华野主力)参加围攻黄维兵团"。

这实在是一个让刘峙啼笑皆非的答复。总之,像他这样的"保守派"已经不讨老头子的欢心了，老头子喜欢的是像杜聿明这样的"勇战派"。

早在3天前，粟裕就预计杜聿明和黄维会以宿县为中心，实行南北夹击，并进行了相关部署，因此对杜聿明督兵南下，他没有感到丝毫意外。

以己之长攻彼之短

1948年11月24日，杜聿明调集邱清泉、孙元良兵团并肩南攻，粟裕以部署在徐州以南的7个纵队加2个旅应战，战场上机声隆隆，火光冲天。

孙元良是川军将领孙震的侄儿，他这个兵团当时实际控制的只有两个军，都是孙震旧部。孙震部队是所有川军中最亲蒋的部队之一，基本上算是中央系，要比冯治安等杂牌部队可靠，但他的作战特点也与一般地方军相仿，即防御强过攻坚。两兵团作战时，基本上还得靠邱兵团一家使劲儿，进展稍有不顺，邱清泉和孙元良就会互相埋怨，说对方保存实力，不肯牺牲。

杜聿明采用的仍是步炮车协同配合的战术，这一战术对空军和炮火的依赖性太大，只能白昼攻击，而以国民党空军力量之薄弱，又远远达不到应有的战略要求，更不可能对解放军形成绝对的压倒优势。

在当天作战中，邱、孙兵团前进了5里左右，而这时对开的黄维兵团一天就可以北推数十里乃至百里路程。

推进速度如此之慢，让杜聿明很不甘心，经过调整补充，又于第二天督令两兵团继续攻击前进。

可是接下来的推进速度更慢。粟裕以己之长攻彼之短，像徐东防御战中那样，大量采用肉搏战的方式进行阻击，地面上到处短兵相接，空军看着只能干着急，没法助战。

不过杜聿明也用不着再羡慕北进的那位兄弟了。

在黄维一路猛进之时，幕僚中就有人感觉到了不对劲儿，忧心忡忡地对黄维说："我军如入无人之境，会不会中刘邓的诱军之计？"

黄维不以为然，在弹药粮草已显不足的情况下，继续快马加鞭，结果犹如吞饵之鱼，在刘伯承所布大网中越钻越深。

1948年11月25日，黄维兵团被以中野为主的解放军包围在双堆集，寸步难以蠕动，重蹈了黄百韬兵团在碾庄的覆辙。

说起来，黄维比黄百韬更惨，他的兵团被压缩在东西20里、南北15里的范围内，这个包围圈比碾庄包围圈更小更窄。

中野指挥部内一片喜气洋洋。刘伯承指着地图上的双堆集兴奋地说："这账好算，黄维12万兵马，平均每500米地段上，就有400多个敌军官兵，任何一炮下去，都要伤着敌人。"

刘伯承用四川话打了个比方："真是十五个驼子困觉，七拱八翘地挤在一起啰？"

邓小平平时异常严肃，不苟言笑，这时也难得地露出了笑容："我倒要看看黄维守着这两个尖谷堆（指双堆集），怎样攻如猛虎，动如脱兔？"

黄维像黄百韬一样，得靠别人来捞他了。

陈毅告知粟裕、张震："你们要严密监视杜聿明，配合作战，保障南线彻底歼敌！"

粟裕可不光是要监视一个杜聿明。

他将华野阻援部队分为南北两集团，北集团由谭震林直接指挥，阻击邱清泉、孙元良兵团南下；南集团则由他亲自掌握，阻击蚌埠地区的李延年、刘汝明兵团，以保证中野的侧翼安全。

自中野围住黄维起，粟裕就不敢也不能再睡觉了，他的神经高度紧张，唯恐因为自己的疏忽，导致中野功亏一篑。

1948年11月26日，得悉黄维兵团被围，蒋介石十分震惊，急忙下令黄维向东攻击，以与李延年兵团衔接。

遵照指令，黄维决定乘夜色突围。一一〇师师长廖运周说他已发现解放军的薄弱环节，并建议将齐头并进改为梯次行动，由一一〇师担当突击先锋。

大难临头，有人能勇挑重担，黄维自然高兴，他对廖运周说："你要什么武器、装备都给你，坦克、榴弹炮，随你挑。"

1948年11月27日晨，廖运周率领一一〇师从双堆集出发，向双堆集的东南方向突进。

黄维不断用电台询问情况，廖运周的回答都是"沿途畅行无阻"，于是黄维命令后续部队沿一一〇师路线跟进，不料遭到解放军的猛烈阻击，部队伤亡惨重，黄维精心策划的突围行动遭遇挫败。

黄维还纳闷呢，后续部队一个都过不去，廖运周是怎么做到"畅行无阻"的？

不用奇怪，因为解放军根本就没阻击一一〇师，廖运周带着他的师直接进入了中野阵地。

一一〇师起义了！

黄维怎么也不会想到，廖运周会是地下党，而且是有20多年党龄长期潜伏于敌营的老党员。

在解放战争中，中共策动的起义都对战役起到了相当关键的作用，比如济南战役时的吴化文起义，淮海战役开始时的何基沣、张克侠起义。这些起义主要都集中在杂牌军内部，李弥因此大叫："将来所有的杂牌军都靠不住，同杂牌军在一起作战太可怕了！"

一一〇师可不是什么杂牌，那是标准的"中央军"，廖运周本人还是黄埔生，这颗定时炸弹的爆炸着实令人措手不及，由此亦可见国共谍战水平的差异有多么悬殊。

得知廖运周发动起义，黄维兵团士气大受打击，一般军师长无不泄气。许多胡琏的旧部开始对黄维产生信任危机，认为黄维不论用兵还是用人皆属外行，要是胡琏还在，绝不至于像现在这样窝囊。

除此之外，还有一点也相当重要：有黄维傻乎乎的"随便挑"在先，廖运周出发时得以带走了许多重炮。

中野当年千里跃进大别山，"叫花子打狗，边打边走"，导致大部分重武器都丢掉了，全军只有40余门山野炮和200余发炮弹，轻重机枪的子弹则连一个基数还不到。一一〇师适时加盟，以及先前粟裕派来华野特纵一部，对中野来说可谓是雪中送炭。

同一天，南京国防部发出电令，调刘峙去蚌埠指挥李、刘兵团。

离开徐州前，刘峙特地登顶云龙山，对四周景物挨个看了一遍，那种败亡在即，不胜感慨之情溢于言表。

刘峙调到蚌埠，徐州方面的军事完全移交杜聿明，但前线的邱、孙兵团仍无法打开华野防线，在华野大纵深坚固阵地面前，部队屡攻屡挫，经3天激战，仅仅向前推进了20~30里。

蒋介石在南京暴跳如雷，一天数次电话，命令杜聿明严厉督部驰援，"克日会师于符离集"。蒋介石每来一次电话，杜聿明就满头大汗，不知如何回答才好。

你再严厉，前方的邱、孙兵团做不到，还是一样白搭。邱清泉和孙元良先后向杜聿明建议，如此强攻，伤亡重而战果少，无法持久作战，必须增加空军和火炮，以火力进行主攻。

杜聿明以机械化作战见长，他倒也想这么做，可惜炸弹、炮弹的消耗量都已达到饱和极限，而因为失去了补给点，杜聿明也没法进行大量补充。

见杜聿明鞭长莫及，黄维又突围失败，蒋介石只得改令黄维固守待援。

中野刘、陈、邓信心倍增，他们估计只需3天，即可将黄维兵团予以全歼。

有一个人不同意这种看法，认为太过乐观了。

这个人是粟裕。

金蝉脱壳

粟裕最初在碾庄围歼黄百韬时，也曾急于求成，以为几天就可以攻破碾庄，他没想到时间会拖那么长，仗也打得那么苦。

黄百韬兵团以杂牌居多，面临覆亡时都如此强韧，更不必说以美械军为主，装备精良的黄维兵团了。

粟裕以己及彼，认为3天消灭黄维根本不可能，这也同时意味着华野阻援的力度一刻不能放松。

在粟裕南北集团的拦阻下，尽管蒋介石一再督促，但以杜聿明为主的两路援兵仍然停滞不前，一线部队已呈精疲力竭的状态，眼看着又步入了碾庄战役中望其门而不得入的尴尬境地。

1948年11月28日，蒋介石电令杜聿明至南京开会。

杜聿明认为，要打开目前僵局，只有增兵一途。有了兵，他才能变换战术和出奇制胜，典型的例子就是碾庄战役中出击潘塘。

到了南京之后，杜聿明才知道，由于华野四处进行牵制，增兵的要求根本不可能实现。

顾祝同咧着嘴，丧气地对杜聿明诉苦："老头子也有困难，一切办法都想了，连一个军也调不动。"

杜聿明听了倒抽一口凉气，没有后备部队，别说无法解救黄维，徐州都不一定保得住了。

接着开作战会议，郭汝瑰已经事先拟好了作战计划，他对着"敌我态势图"侃侃而谈，建议杜聿明避开徐州以南华野的阻击正面，向左翼发展，穿过两淮，与蚌埠的李延年会合。

两淮皆为水网地区，河川纵横，乃大兵团行动的死穴，而且苏中还是华野的老根据地，就算没有正规军，民兵游击队也够杜聿明喝上一壶了。

杜聿明听着听着，实在忍不住了，不由得大声质问郭汝瑰："在这样河流综错的湖沼地带，大兵团如何运动，你考虑过没有？"

杜聿明的突然发问引起会场上一阵哄笑。有人问杜聿明："你的意见如何？"

杜聿明笑而不答。事实上，他已经有了一套方案，只是不能当着"郭小鬼"的面说罢了。

杜聿明的动向和去留，始终是粟裕最为关心的一件事，但由于杜聿明的方案没有当众公布，一时无法通过内线获取相应的准确情报，只能进行推测。

11月28日这一天，毛泽东致电总前委和粟裕，指出在黄维集团被歼灭之后，杜聿明有弃徐州南逃的可能。

通常情况下，应该是这样，不过粟裕估计，杜聿明不会等到那个时候。

蒋介石在后方已无机动兵力，这也就意味着，一旦徐州被围，杜聿明不可能再指望别人来捞他，依杜聿明的个性，一定会及早为自己筹划，所以他在徐州困守待援的可能性非常小，提前撤退的可能性非常大。

杜聿明会从哪个方向撤呢？

除了正南，杜聿明共有三条路线可以选择，郭汝瑰说的两淮就是其中一条。

郭汝瑰为国民党军制订作战计划，真的是把他们往绝路上引，站在对方的角度，粟裕知道杜聿明肯定不会选两淮。

第十一章 风头如刀面如割

剩下来的，还有走连云港海运。

由连云港海运，可以完全避开华野主力的堵截，可是要知道，杜聿明有3个兵团，一时半会，要找这么多船和码头可不是件容易的事，而如果杜聿明集团被堵塞在连云港，华野趁机兜后追杀，杜集团将处于背海作战的境地，杜聿明绝不至于走此险棋。

粟裕判断，杜聿明最大的可能是选第三条：沿津浦路西撤。

杜聿明行军打仗，都必须照顾大兵团行动的特点，津浦路西侧地形开阔，道路平坦，便于大兵团、重装备行动。

另外，这一路线距黄维兵团较近，可与李延年、刘汝明兵团形成南北呼应之势，只要南北对进，便能达到一箭双雕的目的，即在解黄维之围的同时，还可以集中兵力防守淮河。

杜集团和黄兵团皆为强大兵团，二者合拢，是对解放军威胁最大的一招棋，比之于杜集团单独南逃，后果要严重得多。

粟裕将自己的分析判断上报中央，中央第二天复电同意，但是当他正要进行部署时，中央又再次来电，这一次，粟裕的结论被完全推翻了。

在电报中，毛泽东认为，杜聿明"逃跑的方向以两淮或连云港为大"，他在电报中指令华野必须马上有所准备，不能让杜聿明从这两个方向脱身。

这封电报让粟裕左右为难。

经过反复分析比较，粟裕还是觉得杜聿明走两淮或连云港的可能性不大，他认准一点，无论如何不能让杜、黄会合，因此仍把7个纵队部署于津浦路东西两侧，其注意的重心也放在徐州西南。

两淮或连云港怎么办？粟裕说，战役进行到此时，杜聿明撤出徐州，无论朝哪个方向逃，都已是强弩之末，如果他真往两淮和连云港去，受地形条件限制，行军的速度也不会快，部队赶得上。

话是这么说，但这实际上已经有些违令而行的意味，没有一股子实事求是、对战局对部队负责的精神，指挥员是不敢下这样决心的。

粟裕已经给杜聿明号过了脉，不过这个脉号得究竟准不准，还得看杜聿明下一步究竟如何行动。

1948年11月30日,杜聿明集中了5个军,在十几公里宽的正面对华野北集团展开强攻。

看这样子,又不像是要马上撤退。由于正面吃紧,粟裕、谭震林急忙调整部署,加强防线。

到了晚上,杜集团三个兵团,连同徐州"剿总"的大量党政人员,忽然呼啦一下子全部涌出了徐州城。

杜聿明使的是"金蝉脱壳",白天的强攻只是佯攻!

两天前杜聿明奉召回京,在作战会议上打断郭汝瑰之后,便绝口不提自己的行动方案。会后,蒋介石单独召见杜聿明,这时杜聿明才说出自己的真实想法:放弃徐州,经徐州西南的永城转到淮河沿岸,有了后方依托,再想办法给黄维兵团解围。

这是早先刘峙的提议,那时候杜聿明还觉得刘峙胆怯气馁,没想到在担了几天单之后,他还是走到了这条老路上。

获得蒋介石同意后,杜聿明便即刻回徐州部署。为了保密,他煞费苦心,整个方案只有蒋介石、顾祝同等少数几个人知晓,连郭汝瑰都不知其详。

杜聿明的心眼起到了作用,直到徐州人去城空之后,粟裕才得到了经过各方面证实的消息。

这时候已是12月1日凌晨。

粟裕顿时心跳加速,尽管他事先估计到了杜聿明要提早撤退,也算准了撤退方向,可他没有想到杜聿明会撤得这么快。

最早发现杜聿明弃城而走的,是华野第十二纵队,该纵队攻进徐州机场时,见机场空无一人,便立即意识到敌军已经撤退,立即追赶,仅在萧县附近俘虏了邱清泉兵团的一名士兵。

谭震林汇报这一情况时,认为杜集团还没有走远,依据是杜聿明与邱清泉的关系密切,杜聿明不会丢下邱清泉单独走。

还没有走远就好。

此前,中央曾发出指示,要求华野先全力歼灭李延年、刘汝明兵团,而后再与中野密切配合,消灭黄维兵团。

这个指示同样对粟裕造成了巨大的心理压力。李延年、刘汝明虽然较弱,但南集团几个纵队的实力相对而言也不是特别强,能顶住李、刘兵团北上,已经不错了。

除非从北集团调兵南下,否则难以歼灭李、刘兵团,而这时候粟裕的关注重点都在杜聿明身上,他知道,仅凭北集团的7个纵队难以围歼杜聿明,所以反而还想在必要时候从南集团调兵北上。

中央指示暂时无法执行,粟裕又一次"违令而行",然而这么做,他所得到的回报也是极其丰厚的——幸亏没有对李、刘兵团发起歼灭行动,所以粟裕才得以从南线紧急抽调了3个纵队。

华野北集团的7个纵队没有一兵一卒被抽走,加上刚刚从山东赶来参战的渤海纵队,粟裕一共调动11个纵队,计30万兵力参加对杜聿明集团的追击,在兵力使用上,已经达到极限。

只要一个字

杜聿明撤出徐州,使得中野围歼黄维兵团一役更加令人焦心,因为粟裕早就估计到,要想3天消灭黄维兵团不可能,而如果时间拖长,让杜聿明与黄维会合,仗就不好打了。

1948年12月1日,总前委与华野指挥部接通了电话。粟裕刚向陈毅问了声好,陈毅便打断了他的话:"你先不要说,我问你一个问题,你们打黄百韬用的是什么办法?"

包括陈毅在内,总前委正处于焦虑之中,因为对黄维兵团的进攻确实搁浅了。

黄维在指挥上纵有千般不是,至少他还是一个猛将,这是黄维成名得道的必杀技,如果以猛对猛,以狠对狠,那你就着了他的道。

黄维把所有汽车、打坏的装甲车、坦克集中起来,一个接一个,摆得像城墙一样,以此构筑出环形集团工事,他称之为"硬核桃战术"。

中野在这种情况下发起的突击,几乎就是碾庄攻击战初期的翻版,伤亡奇重,收效极小。

刘、陈、邓都很着急,陈毅便想到了向粟裕取取经。

粟裕告诉陈毅:"用近迫式对壕作业!挖掘坑道,迫近敌军阵地,然后发起突然攻击，予以分割歼灭。"

陈毅一听，如同醍醐灌顶，转身就对刘、邓说："你们都听到了吧，我看是个好办法。"

刘、陈、邓经过商议，决定"战法仍采用碾庄经验"。

就在这次通话中，陈毅告诉粟裕："我们这里正在收拾黄维这个冤家，你们北边要把杜聿明抓住，南边要把李、刘（李延年、刘汝明）看好。"

自12月1日起，连续三天，粟裕都格外紧张。从杜聿明开始西撤到华野发现后追击，他比对手已整整晚了一天，而他深知，"万一让杜聿明撤到淮南，问题就大了。"

在粟裕的指挥下，华野不分白天黑夜地进行急速行军。按照与杜集团距离的不同，各纵队追击的方式也不同，近的平行追击或迂回拦击，远的便进行尾击，粟裕力图用这种"拦头截腰割尾巴"的战术，从四面八方兜住杜集团。

这正是中原大地最寒冷的季节，风头如刀面如割，地上滴水即可成冰，无论追者，还是被追者，都在经历着犹如炼狱一般的折磨。

由于跑得急促，很多解放军官兵在奇寒天气下仍然汗湿衣襟，他们在杜集团丢弃的背包中，发现了地瓜、高粱窝窝，一名杜集团的俘虏兵说："我们已经两天没有做饭了，只是没头没脑地逃命！"

杜集团是一个半机械化集团，被打中尾巴的主要是一些殿后小部队，集团主体的速度并不慢，加上一天的差距，粟裕要追上并围住杜聿明的希望十分渺茫。

可是杜聿明恰恰在关键时候停住了脚步。

1948年12月2日，杜聿明抵达孟集附近，原订计划是当晚继续向永城撤退，可这时他得到情报，华野一部已穿插至永城。

杜集团不惯夜战，杜聿明就决定在孟集休整一晚再走。

当天，在蚌埠的刘峙得到空军侦察报告，获悉解放军正"三五成群，共四五万人，队形不整，纷纷向西急进"。

连空军都能看到四五万人，追击部队数量之多可见一斑，而"队形不整"乃是跑得过快，不及整理队形之故。

以刘峙的老练，一眼看出，粟裕的用意不在于战，只在于追，他是想利用杜集

第十一章　风头如刀面如割

团疲惫纷乱之机，先将对方予以包围。

刘峙当即手绘了一张态势图，用飞机空投杜聿明，同时让杜聿明不要再休整停留，应不顾一切，迅速击破永城的解放军南下。

杜聿明回电："大军作战，贵在态势。"他要先在孟集调整"态势"，再对永城进行"大举攻击"。

在名义上，杜聿明还是刘峙的下级，可是从指挥权限上，刘峙早就对他失去了约束，杜聿明除了不敢违拗"老头子"的意思外，对刘峙的话已经半句都听不进去了。

然而这一次他错了。

这是在撤退，在突围，在逃命，怎么能停呢？

在面对面的具体攻防战术上，杜聿明也许不赖，可是一个真正的军事大师，不是仅靠战术的翻新和炫目所能成就，他靠的是战场上无数次死里求生的切身体验，靠的是提前两步乃至三、四步的眼光和判断力。

杜聿明不及刘峙，当然更比不上粟裕。

当年北上抗日先遣队的经历，给予了粟裕宝贵的人生财富。在某种意义上，可以说没有北上先遣，就不会有后来的粟裕。

在粟裕的军事生涯中，虽然也曾有过失误和疏忽，甚至吃过败仗，但正因为拥有这些用战友鲜血凝成的经验和教训，他才能做到越挫越强，越挫越勇。

已经是前有拦敌，后有追兵，杜聿明还穷讲究，叨叨什么"贵在态势"，同样的情境下，粟裕就不会管什么"贵"与不"贵"，一切以达到目的为最高标准，为此，部队可以不要风度，不要队形，只要一个字：追。

在公路两侧，前面的部队都留下无数路标，路标的箭头无一例外地指向西方和西北方，后面的部队也搞不清楚是哪一个单位的，于是下令："路标就是路线，枪声就是目标，追得上就是胜利！"

辎重、骡马全部被丢在一旁，炮兵扛起炮，跟在步兵后面就跑。

杜集团休息，解放军不休息，解放军迟一天发起追击的缺陷得到迅速弥补，华野追击纵队从衔后追击变成平行追击，又由平行追击变成超越追击，杜集团前往永城的道路被拦腰截断。

四面都出现了解放军的踪影，但尚未完全合围，杜集团还有一定的空隙可以通过。

直到杜聿明鬼使神差地做出一个决定，局面才出现根本性的大逆转。

八小时以外

1948年12月3日上午，杜聿明正准备指挥各兵团向永城进发，一架军用飞机忽然做低空盘旋，机翼上下摆动，显示要有所动作。

地面的对空通讯参谋立即进行联系，随后飞机便投下了一只通信袋。

袋中装着蒋介石的亲笔信，他让杜聿明停止向永城前进，转而与从蚌埠北进的李延年兵团实行南北夹攻，以解黄维兵团之围。

杜聿明的撤退乃至援黄方案，在南京时都是经过蒋介石点头的。杜聿明后来认为，蒋介石之所以改变初衷，是"被郭汝瑰这个小鬼的意见所左右"。

其实郭汝瑰就是再受信任，也不能代替蒋介石下决心。实事求是地说，蒋介石戎马一生，并不缺乏军事指挥能力，但当解放战争进行到辽沈战役时，一个又一个重大的挫败，已经让他逐渐失去了一个军事统帅所应有的自信心和决断力，乃至于连何应钦、顾祝同都认为"总统方寸已乱，再不能指挥了"。

"方寸已乱"的当然不止蒋介石，何应钦、顾祝同其实也差不多。此时中野已吸取粟裕的"碾庄经验"，采取近迫式对壕作业，黄维在双堆集的处境变得更加困难，郭汝瑰雪中送炭式地主动献上计策，自然就很容易被蒋介石等人理解和通过。

不过杜聿明也完全可以自行做主。将在外，君命有所不受，何况是在如此险恶的境地下，归根到底，决定军队命运的还是指挥者自己。

当然要做出这一决定，当事人必须要有足够的勇气，也要有足够的心理准备去付出代价。

粟裕可以不顾中央军委的电令，坚持不往两淮或连云港调兵，他所付出的代价和委屈，也许令很多人都不可想象。

早在粟裕为淮海战役进行紧张准备期间，毛泽东就以中央军委名义，给华东局书记饶漱石发去电报，很隐晦地批评粟裕"无纪律、无政府"，"事前不请示，事后不报告"。

饶漱石约粟裕谈话，建议他给毛泽东写一个检讨。粟裕为战役准备忙得分不开身，便说："这个检讨迟早是要做的，等打完这一仗再说吧。"

不可能真的等仗打完，在分割包围黄百韬兵团期间，粟裕除了指挥作战，还见缝插针地写完了自己的检讨报告。

一个本身就具备极高军事天赋的人，又能全身心地投入战场，为此可以不计名利，不计得失，不计荣辱，那他还能不赢吗？

当杜聿明面临同样选择时，他却想到了太多战场以外的东西，比如蒋介石发火，因此而失去老头子的宠信怎么办，比如淮海战役一旦失败，会不会因此受到军法审判……

公平地说，国民党将领就战略战术的素养而言，并不比共产党将领差，整体上甚至还要高出许多，他们吃亏就吃亏在，八小时以外的得失心太多太重了。

自己决断不下，杜聿明又把责任推到各兵团司令身上，要"大家对蒋介石负责"。

你主帅都不敢担这个责，让将领们怎么办，众人都默不作声，只有邱清泉说可以照命令打。

邱清泉兵团殿后掩护，有一个师被解放军截击包围，邱清泉不愿舍弃自己的部属，因此希望停下来派兵前去解救。

"邱疯子"脾气大，是国民党将领中公认的混世魔王。谁不让他去救，他就说谁怕死不敢打仗，李弥、孙元良见状，也不好言退，只得说："这一决策关系重大，我们完全听命令。"

于是杜聿明决定依上命行事，天近黄昏时，整个杜集团都已停止运动。

从这时起，外线解放军获得了对杜集团完成包围的足够时间。由于是晚上进行的包围，一开始杜集团都没搞清楚状况，其中一个团与友军接防，派军官前去联系，碰到的却是解放军。解放军假戏真做，说我们就是接防部队，"你们来接防，十分欢迎，请贵团进村庄休息休息再接防"。

联络军官信以为真，把部队引入村庄，结果全部被解放军给包了"饺子"。

国民党军中也不乏机灵些的。邱兵团一个后卫营，遇到了解放军大部队，营长赶紧冒充自己是解放军，才避免当时就被歼灭。

抖机灵也好，耍小聪明也罢，事实是，他们要想继续向永城前进，是再也不可能了。

1948年12月4日拂晓，在距徐州西南130里处的陈官庄，华野的包围圈完全合拢。

粟裕最为紧张的3天终于过去了。在此之前，他的身体已经支持不住，不得不躺在担架上进行指挥，听到合围的消息后，他长长地松了口气："非常危险啊！"

杜聿明得到报告，已经晚了。开弓没有回头箭，他只好硬着头皮上阵，决定采取三面掩护、一面攻击、逐次跃进的所谓"滚筒式战术"，向东南做楔形突击。

东南方向是黄维兵团所在的双堆集位置，若能与黄维兵团会师，既执行了蒋介石的命令，也算是替自己解围了。

杜聿明从徐州撤出后，沿途都未得到补给，因此即将发起攻击前，他要求蒋介石空投粮弹。

蒋介石的回电却是："无粮弹可投。"

杜集团这样的重装备部队，对武器弹药的依赖性极大，这份电报犹如当头给各部队泼了一盆冷水。邱清泉看完电报大骂："国防部浑蛋，老头子也糊涂，没有粮弹，几十万大军如何能打仗呢？"

杜聿明再三说明利害，蒋介石才复电："6日开始空投粮弹。"

白天调整完部署，入夜之后，负责主攻的邱兵团向铁佛山方向展开突击。

人到急了的时候才会想到，有很多事情不是你会不会做的问题，而是你根本就没想去做。邱兵团大约早就忘了夜战是怎么一回事，现在为形势所迫，也不得不姑且为之了。

解放军尚未在正面构成坚固防御阵地，火力稍弱，战至深夜，邱兵团得以推进至陈官庄以南的鲁楼一线。

邱兵团各部这时都控制着很大的预备队，如果全部用上，孤注一掷，解放军南防线所要承受的压力将非常之大，但在听说两天后才能得到弹药补充后，各部队长都有了自私的打算，谁都不肯第一个动用预备队，导致在较为有利的情况下，进展却相对迟缓。

粟裕闻得情况紧急，立即组织人马从邱兵团进攻部队的接合部发起反冲锋，以阻止邱兵团继续向南突入。

包围杜聿明，让粟裕松了口气，可是他并不能轻松下来。

华野南集团告急！

拔河

黄维、杜聿明先后被困，令蒋介石大为惊惶。在蚌埠指挥的刘峙急忙赶往南京，当面献计，认为黄、杜不可能同时都救，但只要黄维的围先解了，杜聿明也就没了危险。

如何救法，刘峙让蒋介石再给他增加一个军，由他指挥从蚌埠向北攻击。

说一个军就能解决问题，是因为刘峙看到了一个非常微妙的现象，即仗打到现在这种情况，国共双方在兵力上都已严重不足。

为了要包围杜聿明，粟裕从南集团抽出3个纵队，南集团只剩下王必成纵队、江淮军区2个旅和渤海纵队1个师，在刘峙看来，只是"几个残破的纵队"。

别人"残破"，自己当然也不济。淮河沿岸的李延年、刘汝明兵团都是淮海战役开始后才成立的小兵团，实力较弱，尤其是刘汝明兵团，完全是杂牌军，缺乏一个兵团所应有的机动和野战能力，只能勉强用于守备，哪里谈得上进攻。

刘汝明不过是虚应故事，蚌埠方面主要靠的是李延年。李延年兵团所辖各部虽然是"中央军"嫡系，但都是遭到解放军歼灭后的重建部队，不仅训练不够，而且士气低落，自然没法在战局上取得根本性突破。

拔河的双方都已把力量用到极限，倘若有一个壮汉突然于此时加盟，其作用不言而喻，诚如刘峙所言，他手中确实只要有一个有战斗力的军，便有希望击破华野南集团。

蒋介石本可以往从华中抽调这样的一个军，可惜被"华中剿总"司令白崇禧给绊住了。

白崇禧平时深藏不露，其实是个野心极大的人。担任有职无权的国防部长时还看不出来，蒋介石一旦放虎归山，派他直接掌握华中兵权，此君便原形毕露，开始与李宗仁拉拢各方部队和势力，日夜密谋倒蒋。

淮海战役是借解放军之手消灭蒋系主力的最后机会，白崇禧又岂能放过。

"华中剿总"所辖的川军第二十军、第十四兵团皆为能战惯战的骨干部队，但除了淮海战役行将结束时，对第二十军勉强放行外，白崇禧对第十四兵团是坚决不允许开走，连长江上的轮船都被他派人严密看守起来。

此时盼救兵如盼救火，国防部发电报，顾祝同打电话，都被白崇禧硬邦邦地顶了回去。蒋介石急坏了，亲自同白崇禧通话，一次电话讲半个多小时，好话说尽，仍然毫无效果，把个蒋介石气得满脸通红。

无可奈何之下，蒋介石又只得依赖于李延年和刘汝明。

蒋介石的特使携蒋介石的亲笔信到前线，让李、刘对黄维兵团"出死力相救"。李、刘实力不济，不过对蒋介石都还算忠心，看完信，刘汝明首先说了一句："尽人力以听天命。"

李延年表态："鞠躬尽瘁，死而后已。"然后却又叹道："要我看啊，围是解不了的。"

自12月4日起，李、刘两兵团调整部署，在前线加强了兵力和攻势。蒋介石又派次子蒋纬国率两个战车营为李延年兵团助战，对解放军的防御工事进行连续突击。

蒋纬国官衔不高，但他地位特殊，能够以蒋公子身份直接"上达天听"。有蒋纬国在跟前，前线师团长们顾虑自己的前途，都不得不硬着头皮上前线督战，进攻成效由此大为改善。同时在有了战车作前导之后，官兵们冲锋陷阵的胆子也壮了许多。

指挥阻援的王必成在淮河北岸构筑了几道防御线，12月4日当天就被李延年兵团逼到了最后一道防线，至此，李延年已在数日之内前进了70里，与杜聿明在陈官庄的缓慢进展形成鲜明对比。

这当然不是说杜聿明集团还不如李延年兵团，实在是王必成的兵力太过薄弱了。

按照这个速度，李延年在三五天内便可望接近双堆集。

粟裕要围歼杜聿明，无力再分兵给南集团，一时急得血压升高，脸色通红。随行军医给他量了血压，高压二百多，低压也有一百四五十以上。

与血压升高伴随而来的，就是头疼如裂，每根头发都像针扎一样，连碰都不能碰。

为了缓解症状，粟裕开始用冷毛巾裹头，后来冷毛巾也不管用了，只好冒着严寒，用雪一把把地搓。

华野自碾庄战役后，实力已有很大损伤，加上部队还要分成三摊，确实力不从心了，现在粟裕唯一能做的，就是在陈官庄将杜聿明死死困住。

针对杜聿明的"滚筒式战术"，粟裕采取了三面攻击，一面防守的战法，竭力不让邱兵团突破鲁楼。

而在难得地尝试夜战之后，国民党"美械兵团"的跛足特性也再次显现出来。1948年12月5日，天下着雨，空军不能助战。没了空军支持，邱兵团几乎就打不动了，杜聿明的"滚筒"一天才向前"滚"了8~10里，而他距离双堆集的黄维兵团，还有至少160多里的路程。

邱清泉出去进攻，担任后方掩护的李弥和孙元良同时承受着解放军的重压，两人都感到不易支持，朝着杜聿明叫苦不迭。

杜集团不能苦战，亦无法连续夜战，但解放军可以。

晚上12点过后，"徐州剿总"特务团撤退，解放军一路尾追，一度突入孙元良兵团的阵地，搞得杜集团上下人心惶惶，乱成一团。

至此，双堆集、陈官庄、淮北，淮海战役的第二阶段出现了三个胜败未分、彼此争夺的战场，当然，其核心仍是双堆集。

自黄维兵团被围双堆集，已过去了9天，时间拖得如此之长，与敌我实力对比较为接近，有相当大的关系。

中野自跃进大别山开始，便担负外线出击的最艰巨任务，人员和装备损失都很大。华野每个纵队至少有2万人，中野只有一两万，重火力方面则更为薄弱，旅建制最阔气的不过是山炮，到野战军这一级，才有几门榴弹炮和野炮。

因为缺乏重火力，中野还特地开发出了"飞雷"技术。"飞雷"的射程为150米左右，所过之处，工事、人马都会被炸飞，许多被炸死的人身上找不到伤口，但却七窍流血，显见得是被震死的，所以国民党军又把这种"飞雷"称为"特大威力炮"或者"没良心炮"。

发明和使用"飞雷"的不是炮兵，而是工兵，在中野，工兵因此享有特殊荣誉，他们不管到哪个阵地，步兵们都会主动让路，并且高兴地喊："咱们的宝贝来了！"

"飞雷"其实并不复杂，它的正式名称是炸药抛射筒，说白了，就是用铁筒做炮管来抛射炸药包。类似技术，华野在豫东战役时就采用了，后来用得少，只是缘于他们缴获和武装了更多的榴弹炮、野炮和山炮。

"飞雷"被中野视为镇军之宝，可见重火力确实不强，而重火力通常又在攻坚战中起着举足轻重的作用。

另一方面，胡琏一手打造出来的第十八军，与邱清泉的第五军不相上下，各有所长。因为了南麻战役的教训，粟裕甚至认为这支部队在某些方面并不弱于整七十四师。除此之外，黄维兵团的其他几个军也都具有一定战斗力。

中野"以地堡对地堡"，"以战壕对战壕"，但仍一再受挫。强攻失败后，刘伯承曾设想采用"围三缺一"的战术，即放开一个缺口，让黄维突进预设阵地，以便逐个分割消灭，但后来考虑黄维毕竟是一员老将，作战经验丰富，很可能会乘势进一村巩固一村，逐步推进，这样他不但可以利用解放军原有工事进行防御，还能获得较多的粮食补给。

最后刘伯承决定将"围三缺一"置换成"围师不阙"，实际上就是围而不攻，通过缩小范围加以饿困的办法，令黄维兵团自行崩溃。为此，刘、陈、邓致电中央，将全歼黄维兵团的时间延长为10天。

第10天将至，到了要见分晓的时候。

总前委报请中央军委批准，将作战方略确定为："歼灭黄维，围住杜聿明，阻住李延年。"刘伯承将此形象地比喻成是有的人在饭桌上抢肉吃，嘴里吃着一块，筷子上夹着一块，眼睛里又盯着碗里的一块，所谓"吃一个，挟一个，看一个"。

淮北防线上，华野阻援部队伤亡殆尽，王必成连炊事员和勤杂人员都用上了。为此，总前委把中野的一个纵队派过去增援，同时下令在歼灭黄维之前，不得再向后退却一步。

这是"看一个"，还要"挟一个"。陈毅把电话打到华野指挥部，告诉张震，要求陈官庄的华野主力务必把西南口堵死，不能影响第二天的双堆集围歼战。

"挟一个，看一个"，都是为了"吃一个"。

经过几天的连续作业，战壕和交通壕开始纵横于敌阵地之前，各纵队的炮兵发射阵地也基本准备就绪。

1948年12月5日，刘、陈、邓下达对黄维兵团实施总攻的命令，为此组建了3个突击集团，除中野全军参与外，被作为预备队的华野三个纵队亦投入其中。

总前委要求参与总攻的部队"破釜沉舟"，"拼老命也要把黄维拿下来"。

1948年12月6日晚，3个突击集团同时发起总攻，犹如狂涛巨浪一般向敌军阵地拥去，一时间，火光熊熊，杀声震耳。

大家这次确实是拼了命，但是并没能一下子将"硬核桃"完全砸碎。

究其原因，除了黄维兵团仍保持着一定的战斗力外，还与一个人的突然到来有关。

挟一个

战场之上，坦白地说，真正可以给解放军出点难题的国民党部队其实只有两类，一类是整七十四师或黄百韬兵团，属虎狼型，其特点跟解放军相仿，敢拼命，能近战；第二类是胡琏兵团，属狐狸型，善于奔来跳去，让你难以捕捉它的弱点和破绽。

前面一类已经灰飞烟灭，归属邱兵团的七十四军远不能与全盛时的整七十四师相比，之所以还能在淮海战役中充当主力，只能说是山中无老虎，猴子称大王。后面一类在胡琏缺位后，原有的灵气也荡然无存，否则就不会被别人围着痛扁了。

蒋介石始终以为胡琏尚在军中，直到黄维兵团被围双堆集，他才知道胡琏请了假，于是赶紧电召胡琏来京。

蒋介石问胡琏有什么办法可以使黄维兵团转危为安，胡琏不假思索地道出了两个字：援兵。

他还慨然请缨，自愿飞赴双堆集，以便协助黄维支持一段时间，等待援兵的到来。

在这种时候，部将尚肯自蹈险地，蒋介石当然是一百个嘉许和高兴。他立即答应调动兵力，兼程驰援，同时让空军总司令周至柔亲自给胡琏准备飞机。

离开南京之前，蒋介石特地嘱咐胡琏："要固守下去，死斗必生。"

胡琏到达双堆集后，即分批召集各军师长到兵团部见面，把蒋介石即将兵援的消息告诉大家，同时逐一听取众人的意见，了解部队情况。

与黄维相比，胡琏对部队长和部队要熟悉得多，同时那些老部下对胡琏也普遍更为信服。他的到来，无疑给黄维兵团注射了一剂强心针。

接下来，胡琏又到各军师阵地视察了一遍，进行了局部调整。

黄维对解放军的战术打法可谓是两眼一抹黑。胡琏则不同，从最早的宿北战役，到南麻战役、豫东战役，战役一个比一个剧烈和复杂，而他的对手又始终是粟裕这样的超一流将领，由此也让胡琏练出了一套与解放军作战的本事。

胡琏跟解放军对擂，最喜欢采用的战法是"核心机动"，即控制"核心机动"力量，只把触角伸出去，同解放军保持接触，一旦瞄准目标，立即一拳打过去。

中野发起的总攻受挫，意味着吃掉黄维兵团的时间表不得不再次延迟。

与此同时，华野则不折不扣地执行了"看"和"挟"的任务。

从蚌埠北上的两个兵团，刘汝明在进攻中采取了"宝塔"式配备，越往前投入的兵力越少，看似增加到了两个军，却是雷声大雨点小。

刘峙仍然只能依赖于李延年。在战车部队的支持下，李延年兵团的推进一开始还较为顺利，不过这只是在攻击华野最后一道防线之前。

之后，战车部队便进入了让他们头大的河湖沼泽地，活动变得十分困难，难以再发挥威力，加上解放军增强了防守兵力，王必成终于在淮北成功地"看"住了李延年。

要论三个战场的激烈程度，双堆集居首，接下来就到了陈官庄。

当天天气已经转晴，蒋介石依约向杜集团空投粮弹，并派飞机在陈官庄上空掩护进攻。

蒋介石迟了两天才发来粮弹，实在也有他的难处。大兵团作战，粮弹消耗太多，也太快了，自黄维、杜聿明相继被围后，蒋介石昼夜不息地从各方面调动飞机和粮弹，凡是可以作战和运输的飞机都已调到南京，甚至储存在重庆、昆明的一部分美械弹药，都尽数动用，已经到了挖地三尺的地步。

有了粮弹补充，邱兵团在攻击上才略见起色，然而它背后的孙元良兵团却连丢

第十一章 风头如刀面如割

多处阵地，已有不支之势。

孙元良慌慌张张地找到杜聿明等人，建议重新考虑战略，实际上就是不管蒋介石要求救援黄维兵团的命令，先顾自己突围要紧。

孙元良口才不错，论述起来头头是道，连邱清泉听了也连连点头："见解高明。"

只有李弥一言不发。

在杜集团三将中，孙元良才能中庸，邱清泉勇多过智，只有李弥的指挥特点跟胡琏相仿，就是都以诡谲机变著称。李弥一开始是不赞成从徐州撤退的，到了撤退途中，他又生怕受杜、孙、邱的拖累，干脆关闭无线电话，自顾自地跑。

照这种方式，李弥本来可以第一个全身而退。倒霉的是，他的电话兵中途看到地上有一根电话线，便职业性地临时接上了电话，没想到里面传来的正是杜聿明怒气冲冲的声音，这下想溜也溜不掉了。

陈官庄被围令李弥一个劲儿叹气："他们（指杜聿明、邱清泉）把我们连累上了，可以走时不让走，现在要走也走不了，我们失败就失败在这些人手里。"

李弥不表态，形成了两票赞成，一票弃权的格局，于是决定权又回到了主帅杜聿明手里。

杜聿明原想一举三得，既不违令，又救得黄维，还能脱出粟裕的包围，但打了3天仗，把他的信心全给打没了。

粟裕对每一个敌将的优势和弱点都看得很准。他评价杜聿明是只能打胜仗，不能打败仗，或者说只能在有利条件下打仗，不能在不利条件下打仗，这实际上也是"美械兵团"时代惯出来的毛病。

到了这个时候，杜聿明已经六神无主，可谓攻无方略，守无定力。他所依赖的基干之将是邱清泉，见邱清泉赞成，便顺水推舟，以"将在外，君命有所不受"为由，同意于当晚分头突围。

碰头会一直开到下午3点才散场。接近黄昏，邱清泉突然打电话给杜聿明说："我仔细考虑孙元良的主张，简直是自找毁灭，如何对得起老头子？"

杜聿明搞不清楚邱清泉为什么要突然变卦，邱清泉解释道："我们突围时必须将重武器全部丢掉，这样即算到了南京，又怎能交账？"

他接着说："一切由我负责！我不信共产党军队凶，他就是吃不了我。"

杜聿明觉得也有道理，于是又同意了邱清泉的意见，打电话给李弥，让他改变计划，就地宿营。

再打孙元良的电话，不通。放下电话，孙兵团阵地所在方向已经是枪炮声连天。

杜聿明、邱清泉的出尔反尔，算是把孙元良给害惨了。邱、李兵团都不动，孙兵团变成了孤军行动，一脱离阵地后，即四处溃散，官管不了兵，兵也顾不了官，天一亮，除孙元良只身化装逃出外，其兵团大部被歼。

杜聿明闻讯非常懊恼。邱清泉闯了祸还不肯承认，背着杜聿明对部下同僚们说："只晓得突围，重武器丢光了谁负责？孙元良兵团那样的四川土匪部队，留在这里不但不愿打，反而动摇军心，送掉了又有什么可惜的？"

孙元良兵团被歼灭，使得打开南面缺口，从而与黄维会合，重新成为杜聿明不得不选的突围之计。

1948年12月7日，杜聿明调整部署，下令投入各级预备队作战，同时改全面攻击为重点攻击，从邱清泉兵团专调一个军作为攻击军，重炮和战车均集中配给于这个攻击军。

邱清泉向攻击军下达命令，要求第二天展开进攻后，不管付出多大代价，都必须在鲁楼打开缺口，以杀出一条血路向南突围。

先前杜聿明、邱清泉要是有这样的决心和气魄，突围的把握无疑要大得多，而现在似乎已经有些晚了。

决一死战

杜聿明、邱清泉决策上的犹豫和动摇不定，整整送给粟裕5天的宝贵时间。在这5天里，解放军在鲁楼一带挖掘出许多一米多宽的战壕，这些战壕纵横交错，构成了"井"字和碗形防御阵地，最前沿阵地距敌仅30米。

防守鲁楼的宋时轮纵队本身就擅长阻击，由此更加信心百倍："邱清泉这次可选了个好掘墓人，有我们十纵队（即宋时轮纵队）在，他就别想前进一步。"

1948年12月8日，邱兵团以坦克为掩护，向鲁楼发起猛烈冲击。

国民党军的坦克战术还相当落后，仍是步车协同这一套，战斗中步兵和坦克往往脱节，而一旦脱节之后，失去步兵掩护，又无独立作战能力的坦克便成为解放军的重点攻击目标。

华野与邱兵团等配有坦克的美械军长期交手，已积累出一套对付坦克的有效办法，那就是华野独创的炸药包爆破技术。过去他们用这种"无声炮"爆破堡垒，现在用来炸坦克——坦克手视野有限，只要突击手把炸药包放在炮塔的后座，就能轻而易举地掀翻钢板，从而导致坦克车陷入瘫痪。

当然邱兵团也不是盖的，除了坦克大炮外，其步兵亦拥有相当高的作战素质。双方激战半天，宋时轮纵队虽保得鲁楼不失，但所部损失惨重，以至于好多炊事员都去当了尖兵，师直机关的警卫、通信兵全被抽到一线连队担任爆破突击手。

粟裕就在鲁楼背后的襄山观战。雾很大，但在土山上远眺，仍能遥见战场惨烈之状。

据当地居民说，春秋时的宋襄公曾定都于襄山，故山有其名。宋襄公是有名的"妇人之仁"的主人公，那个流传了千百年的故事教训深刻，它告诉人们，战场上绝不能有"妇人之仁"，否则就是对部下对战事的不负责任。

有人曾问粟裕："战争与死人，你如何平衡心理？"粟裕的回答是："敌人死得少，我们就死得多！"

在粟裕的指示下，野司与纵队，纵队与师指挥所都架设了直通电话，部队下定决心要在鲁楼与邱清泉决一死战。

12月8日一天，邱清泉以千余人的伤亡代价，只换得一个仅有15户人家的常凹。

常凹距鲁楼还有两里半路，继续攻。

12月9日，战斗至为激烈。邱兵团一度甚至已攻入鲁楼，但在宋时轮纵队的顽强阻击下，又被驱出村外。

才两里半路，怎么跨过去就这么难呢？邱清泉为此大发了一通脾气。发完火之后，他对前线部署做了调整，准备对鲁楼施以新的重压。

粟裕向来是一个大局观极强的将帅，他一刻也没有忽略另外两个战场特别是双堆集方面的进展。12月10日，陈毅打来电话，告知歼灭黄维兵团可能还需要7~10天。

虽然眼下杜聿明和黄维都被围得一动不动,但相持日久,谁也不能保证情况不会发生变化——要是从蚌埠北上的李延年兵团再次发狠劲突破怎么办?要是蒋介石从白崇禧那里抽到援兵又怎么办?

粟裕向中央军委及总前委发出建议,主动提出再从华野抽一部分兵力给中野,争取先歼灭黄维,然后中野负责阻击蚌埠地区的李延年、刘汝明兵团,华野再集中兵力歼灭杜聿明集团。

得到同意后,当天晚上,粟裕即抽3个纵队及特纵一部前往双堆集,并特别交代,战斗中所有缴获的武器装备和抓获的俘虏兵,哪怕是一颗子弹,都必须一个不少地全部交给中野。

中野由此力量大增,攻势也更加猛烈。黄维兵团的阵地每晚都要丢掉好几处,整个兵团也逐渐陷于瘫痪状态,凡是能勉强用于作战的部队,哪怕是工兵,都已摆上阵地,胡琏要从中抽调一连一排的机动兵力都非常困难。

在这种情况下,"核心机动"之类根本无从谈起。胡琏见风色险恶,只得再飞南京,了解援军情况,一问才知道,所谓援军,不过是一个川军第二十军,其力量实在不足以解围。

经再三请求,黄维兵团终于获准可自行突围。

1948年12月15日,胡琏、黄维组织兵团余部分路突围。在粮弹全无、军心已溃的情况下,所谓突围,实际上就是乱跑。解放军层层截击,全歼该兵团,黄维等一批高级将官束手就擒。

让中野不爽的是,最想抓住的胡琏漏网了。此君乘着一架破牛车,狼狈不堪地跑到了蚌埠大桥附近。正好遇到准备开赴双堆集的第二十军,便赶紧对他们说:"部队都搞光了,你们不要去了。"

刘峙得知这一情况,也赶紧让各部停止北进。

李延年、刘汝明兵团上上下下都松了口气,他们再用不着被人逼着往枪口上撞了,只有初生牛犊、一心想出来建立军功的蒋公子纬国怅然若失。

黄维兵团被歼灭后,蒋纬国和他的战车部队即奉令南撤,蒋纬国临走时说:"我们是尽人力以听天命。这样的大战,关系国家存亡,绝非少数人勇敢牺牲能挽回战局。"

在这一刻，他显然已经预感到了天命所属，尽管他和他父亲一样，对此并不甘心。

粟裕增援中野，本身是冒着一定风险的。就在他抽出3个纵队前往双堆集的第二天，即12月11日，邱清泉便向鲁楼发动了更为猛烈的攻势。

在炮火掩护下，邱兵团官兵成群地沿着开阔地向鲁楼攻来，一天连攻4次，有3次突入解放军阵地。阻击战异常激烈，双方遗尸累累，枪支弹药遍地。

粟裕亲自给宋纵队主力第二十九师打去电话，问："二十九师还有多少人？"

该师师长回答说还有五六千人，并表示他们死也会守住鲁楼。

有五六千作战兵员，顶住邱清泉就不会有太大问题。粟裕很高兴："有你们守鲁楼，我睡觉也放心！"他同时叮嘱前线指战员，即便在这种阵地消耗战中，也要讲究战术，最大限度地减少伤亡，以便保存自身的有生力量。

邱兵团屡攻鲁楼不下，部队已显疲惫，邱清泉焦虑万状，决定不再像以往那样进行调整，而是一鼓作气地实施连续进攻，让解放军没有喘息之机。

1948年12月12日，邱清泉亲自到前沿进行指挥，集中榴炮营、重炮营和山炮营的全部火力，对鲁楼进行狂轰滥炸。加上数十架飞机的助战，近百吨炸弹像雨点一样倾泻在10多平方公里的范围内，远远看去，解放军阵地烟柱四起，火光冲天，尘土飞扬。

经过这样的重磅打击，邱清泉相信，解放军一定被炸得差不多了。午后两点，他便组织部队以连为单位向鲁楼冲来。

让邱清泉始料不及的是，原本已经沉寂的解放军阵地突然又复活过来，不知从哪里钻出来许多解放军官兵，一个反冲击，便把他的攻势给打了下去。

相同的一幕，在碾庄战役中的徐东防御战中就出现过。当时李弥惊呼："解放军是人不是神，我们动用如此强大的火力，就是钢铁都要熔化，他们为什么还能这么顽强呢？"

邱清泉、李弥都不知道，其实粟裕和华野早就把他们的那一套打法摸透了，也懂得如何对付。利用战斗间隙，宋时轮纵队深挖出许多猫耳洞，邱兵团打炮时，战士们就钻进猫耳洞休息，炮打过之后，再各回岗位准备冲杀。

宋时轮纵队于12月2日进入鲁楼设防，屈指算来，已历10天。这10天里，该纵队始终像钢钎一样钉在阵地上，而原有72户人家的鲁楼只剩下了一间破屋。

1948年12月14日，邱清泉又组织兵力向鲁楼杀来。这时邱兵团的攻击精神已是一蹶不振，一听到攻击任务，官兵都感到惶恐不安，厌战情绪十分严重。

邱清泉兵团的第一主力为第五军，作为国民党五大主力中剩下的独苗，这支部队曾像整七十四师一样骄傲。第五军过去虽然也在解放军手中吃过败仗，但官兵即便被俘虏，许多人仍是一副神气十足的样子："这算得什么？胜败乃兵家常事。"

到了淮海战役，几乎每天都有上千名俘虏，其中就有一些是第五军的官兵。新华社前线记者特地采访一名被俘的第五军军官，当问到这次战败了是不是认输的时候，这名军官低着头，久久不语，原来王牌军的那股劲儿已经难以寻觅。

最后，军官叹息一声："天意如此，一切听天由命吧！"

连第五军都是如此，邱清泉兵团士气之低落可想而知，官兵们在战场上还能往前冲，完全是邱清泉硬行施压的结果。

宋时轮纵队再次顶住攻势，不过其力量也已达到极限，战斗过程中，营长一级指挥官都12次负伤，可见纵队伤亡之大。

12月15日中午，粟裕将宋纵队换以休整，以管文蔚纵队接替鲁楼防务。

至12月中旬，邱清泉终于攻下鲁楼，但各级预备队都已用完，无力再发动新的进攻。

更重要的是，黄维兵团被歼后，参与双堆集围歼战的华野7个纵队得以回归，粟裕用他们组成外围封锁线，对官庄实行了双重包围。

插翅难逃

完成包围后，粟裕即将野司推进至包围圈附近的相王城。与襄山一样，相王城也是个有历史典故的地方。据传，商汤时期的诸侯相王曾在此建立城池，就此算来，相王城已有4000多年历史。

相王驯过野马，还是马车的发明人。时光过去4000多年，现在坐着马车来相王城的，是一位运筹帷幄、决战千里的名将。

粟裕登上城边的相山，望着陈官庄一带浓烟滚滚的战场，听着隆隆炮声，感到胜利已越来越近。

他在陈官庄给杜聿明设置的双重包围圈，纵深阵地有六七层，最浅的地方也有五层，杜集团确实是插翅难逃了。

淮海战役发起以来，直到这个时候，粟裕的心情才真正称得上是轻松愉快。

此时华野已连续行军作战达40多天，非常疲劳，毛泽东两次打电报给粟裕，指示对杜聿明"只做防御，不做攻击"，部队全部转入战场休整，淮海战役进入第三阶段。

显然，在这个阶段，全歼杜集团已不成问题，大家的兴趣点也提前移向新的话题——淮海战役后的渡江作战。

1948年12月17日，总前委在位于蔡凹的华野指挥部举行会议。这是总前委成立以来的第一次全体会议，此前，刘、陈、邓与粟、谭之间只靠电话电报进行联络和协商。

5人里面，刘伯承是粟裕在红军时期的老领导。当时刘伯承担任中央红军学校的校长兼政委，粟裕是学员队队长。不过那也是17年前的事了，17年来，刘、粟再也没有见过对方，此次重聚，两人皆感慨万千。

粟裕紧握着刘伯承的手："时间过得真快，我们已经有17年没有见面了。"

刘伯承大笑："那时你才20多岁，现在都胡子拉碴了。"

开完蔡凹会议，粟裕一边继续对杜集团采取"围而不攻"的战术，一边抓紧时间对部队进行休整补充。

华野在淮海战役中的兵员损失特别大，但是这些缺额都在休整中通过"即俘即补"得到了弥补。据统计，在淮海战役开始时，华野兵员总数有近37万，战役过程中伤亡了11万，而到战役结束时，却增长到了55万，增长的部分，除少数为升级的地方部队外，大多数是"解放战士"。

到淮海战役的最后阶段，华野"解放战士"的总数已达80%，因来不及换装，战场上常有解放军战士和"解放战士"发生误会，乃至互有伤亡的事件发生，有人开玩笑说，淮海战役已经变成了"共产党指挥的国民党军队同国民党军队作战"。

"即俘即补"是没办法的办法，如此"置换"过的华野与过去相比，战斗力肯定有所下降，特别是"解放战士"大多不会打夜战，同时由于骨干和真正的解放军老兵太少，战斗过程中便常常出现进攻时拉不上去，后退时又撤不下来的现象。

不过这实际上已经不重要了，因为包围圈中的杜集团不用打，光困就能被困死。

杜集团有30万兵马，被压缩在一个方圆只有七八公里的狭小圈子里。所有弹药粮食全都得依赖飞机空投补给，食之者众，投之者少，尤其是到12月中旬以后，天气渐寒，却还有许多人没有穿上棉衣，饥寒交迫的境遇比缺乏弹药更为严重。

后来一些俘虏兵形容他们的被困生活："我们就好像一大群鱼，在一个快干涸的小水塘里乱蹦乱跳。"

指挥官们的信心也逐渐崩溃。当初商量好突围时，邱清泉之所以突然反悔，是因为他根据过去的经验，认定解放军只会围10~20天左右，时间一长，如果还不能尽歼敌军，就会自动撤围。

随着时间的延续，邱清泉终于清醒过来，开始明白这次解放军是要不达目的不罢休，而黄维兵团就是他们的最终下场。

邱清泉常常一个人在房间里自言自语："我今年已经48岁了，看也看够了，玩也玩够了，什么都享受过，就是死也值得。"

看到士兵饿得受不了，李弥偷偷允许他们乘夜跑到解放军阵地，吃饱了回来也好，不回来也罢，唯一的条件是不准带武器。

面对现状，杜聿明面色惨白，束手无策，他的职能逐渐由集团决策者，变成了邱清泉和李弥之间的调停人——邱、李原先就有罅隙，如今为了空投物资的分配又闹得互不相见，杜聿明不得不来回转寰，成了二人的传话机。

杜、邱、李三人中，以邱清泉的态度最为倔强，当别人问他以后怎么办时，他说："干到底。"并随手从腰间掏出手枪，指着枪内的3颗子弹："不错，我还能亲手打两个敌人。"

不是还有3颗子弹吗，邱清泉很干脆地说："最后一颗要做我的朋友，不能送给敌人。"

走向绝路，也是杜聿明、邱清泉、李弥等人所不得不做出的选择。

后期的邱清泉在国民党将领中以飞扬跋扈、目空一切著称，但其实并不是一个单纯的无脑武夫。他曾留学德国，私下里对部下说过："只有欧洲人打仗最好，打得赢就打,打不赢就降,不像我们中国,明知道不能打,也非打下去不可。"

的确,在西方的军事哲学和道德伦理中,如此境况,早就应该降了,东方不然。蒋介石明知杜集团陷入绝境,他最怕的却不是杜集团被歼灭,而是投降解放军。

不降,又走不了,只能等死。

12月19日以后,接连10多天雨雪交加,杯水车薪的空投也因此暂时中断。包围圈中的人们吃光了军马后啃树皮,啃完了树皮,便出现"人吃人"的惨剧,陈官庄由此变成人间地狱,谁都清楚,大崩溃即在眼前。

李弥到最前线视察,对缩在工事里的士兵们说:"你们太辛苦了,天下大雪,又冷又饿,我是知道的。我和你们军长都来了,如果你们真的挨不下去,就把我和你们军长杀了吃了好了。"

1949年1月1日,空气转晴,空投得以延续,但杜、邱、李等人的情绪不仅没有好转,反而变得更加悲观。尤其是邱清泉,每天饮酒跳舞,喝得醉醺醺地回来后倒头便睡,万事不管,已经是完全的末日心态了。

1月3日,蒋介石致电杜聿明,让他进行强行突围。杜聿明则迟迟疑疑不敢突,一定要蒋介石投足粮弹,让士兵先吃饱肚子再说。

华野很快就侦察到了杜聿明的动向。粟裕做出判断:"虽然敌人是关在笼子里的老虎,但也要准备他逃出笼子来打。"

粟裕决定乘杜聿明调整部署、兵荒马乱之机,先行发起猛袭。

最后一个夜晚

自1948年12月中旬起,在粟裕的指挥下,解放军就开始在陈官庄实行对壕作业。最初,杜集团还能采用反对壕作业法来进行破坏,即在轻重火力掩护下,反向挖壕,将自己的交通壕挖成直角,向对方阵地延伸,从而将解放军的对壕截成数段,然后分别包围,各个击破。

还有一种办法,是出动坦克战车,反复碾压,将已掘好的对壕予以摧毁。

可到这个时候,杜集团官兵已经饿得没了人形,连铁锹都拿不动,根本就无法挖壕,至于坦克,没了汽油,就跟一堆废铁差不多,更不用指望了。

他们只能眼睁睁地看着解放军实施对壕作业,并且一天天地接近自己的主阵地。

1949年1月6日,解放军的对壕作业已进展到敌军主阵地前四五十米外,有的仅相距二三十米。

下午3点30分,华野发起全线总攻,炮兵火力发挥到最高程度,对杜集团炮兵阵地实施制压射击。

华野、中野实力有差距,攻击时的情形也不同。中野打黄维,除使用"飞雷"外,每门炮只打几发炮弹,手榴弹用得非常多,而华野打杜聿明,手榴弹用的相对就少,大部分时候都是以炮火来推平村庄,一个村子打几千颗炮弹乃至投入成千上万斤炸药是常事。

解放战争三年来,国民党军像这样完全被对方火力压着打,还是第一次,邱兵团、李兵团一向引以为豪的机械化力量完全丧失效用,官兵情绪变得更为紧张,士气也更为低落。

在占据绝对优势的炮火掩护下,解放军步兵对据守各个村落之敌实施连续爆破,并利用交通壕迅速突入敌军阵地。

杜集团困兽犹斗,师团长亲自率队出击,也无法夺回原有阵地,而解放军通过坑道作业已逼近其军师指挥中心。

一天激战下来,据不完全统计,邱、李两兵团被击溃歼灭的部队竟达13个团之多。如此一泻千里式的崩溃,使得陈官庄的指挥官们心惊胆战,邱清泉终日呆坐在地图前垂头丧气,说:"真正崩溃了,真正崩溃了。"

在进入杜集团内线后,解放军遭遇到的阻击火力越来越强,同时,内线的交通壕也已减少,仅有的尚被杜集团所控制,而华野在休整时挖的交通壕又被远远抛在后面。

按照固有战法,必须再进行土木作业,但天寒地冻,铁镐掘下去,好像碰在石头上一样,短时间内难以挖出适于攻击的战壕。

为加快进度,粟裕索性改变晚间或黄昏发动攻击的传统,从白天开始就向敌军阵地发起猛攻。1月7日至8日,华野攻克36个村落据点,仅仅1月8日一天,即击溃敌军14个团。

第十一章　风头如刀面如割

杜集团的防御体系开始瓦解，这使杜、邱、李不得不提前实施突围计划。

1949年1月9日，国民党空军按计划在陈官庄西北面投下毒气弹，乘解放军双目暂时失明之际，邱兵团趁机攻克了几座村庄，但令人奇怪的是，随后投掷的毒气弹多数都未爆炸，真正爆炸的仅两三枚而已。

邱清泉看到这一情况，气得暴跳如雷，大骂空军内部有共产党在捣鬼，把毒气弹都给弄瞎了。

上午10点过后，解放军发起了自总攻启动以来最为猛烈的攻势。邱清泉兵团部的所有部队抽调一空，邱清泉即便要调一个团做预备队都调不到了，把他愁得两手抱头，一言不发。

下午2点，较弱一些的李弥兵团全线崩溃。杜聿明、邱清泉离开陈官庄，撤到陈官庄以北两里处的陈庄。

黄昏时，李弥也来到陈庄，想向杜聿明请示机宜，可是事已至此，杜聿明还有什么机宜可示呢？3人坐在掩蔽部内默然相对，真是满腔心腹事，尽在不言中。

当李弥走出掩蔽部时，他看到各种颜色的曳光弹如无数颗流星一样，在上空飞来飞去，而阵地周围的炮火也早已把天空映得通红，耳边轻重机枪和手榴弹声一阵紧似一阵，不绝于耳，显示解放军已逼到近前。

李弥十分伤感："炒豆子的时候到了，我早就知道有今天！"

这是淮海战役的最后一个夜晚，也终将成为参战者们终生难忘的一个夜晚。

当晚，前线报告杜集团的防御体系完全瓦解。粟裕当机立断，命令华野各纵队全线展开猛攻。

深夜12点，李弥兵团完全垮了，邱清泉兵团各部亦纷纷告急，解放军强行突入，占领了陈官庄和陈庄之间的投掷场。

杜聿明给蒋介石发出最后一电："各部队已混乱，无法维持到明天，只有当晚分头突围。"

置身于解放军里三层外三层的包围圈，处于崩溃状态，已斗志全无的杜集团哪里能突得出去，到天亮后即被全歼。杜、邱、李3人，杜聿明被俘，邱清泉拿着一支美造汤姆式冲锋枪，左冲右突，最后死在了战场上，有人说他是战死，也有人说是自杀，只有李弥化装成伤兵后逃离。

晨光熹微，一名解放军机关人员走出指挥所。迎着一轮耀眼的红日，他看到望不到头也看不到尾的一支灰色人群，正在大路上向北缓缓移动，那全是或投降或被俘的国民党军。

这名机关人员从脑海中生出的第一个念头是：俘管处的早饭恐怕准备得少了点啦！

历时 66 天的淮海战役以解放军的完胜而告终。在解放战争著名的三大战役中，辽沈、平津战役都是以多胜少，唯有淮海战役是以少胜多。

在这场规模空前的大战中，解放军以 60 万击败了国民党军 80 万。战役结束之际，斯大林在记事本上写下："六十万战胜八十万，奇迹，真是奇迹。"

新中国成立后，斯大林专派特使来中国了解淮海战役胜利的原因，并且对特使说，淮海战役在世界战争史上少见，这个战役值得我们学习和研究。

淮海战役由粟裕最早提出构想，他直接指挥的华野所歼灭敌军数量，更占到了淮海战役歼敌总数的 80%。毛泽东评价道："淮海战役，粟裕立了第一功！"

第十二章　钟山风雨起苍黄

淮海战役是一次关乎国共命运的大决战。到战役末期，蒋介石已全无取胜的信心，整天都充满着悲观失望和焦灼不安的情绪。

他和大儿子蒋经国一起观看影片《文天祥》，看完之后便默然呆坐，在整整3个小时的时间里，几乎一句话都不说。那可怜巴巴的样子，就像是南唐后主李煜所写诗词的情景再现："无言独上西楼……别是一般滋味在心头。"

1949年1月21日，处于内外交困中的蒋介石被迫通电宣告"引退"，由李宗仁代行其职务，李、白的新桂系终于得到了一次上台执政的机会。

南京政府一边和共产党进行和谈，一边加紧修建和巩固长江防线。京沪警备司令部被扩大为京沪杭警备司令部，汤恩伯出任京沪杭警备司令，与驻武汉的白崇禧共同负责长江防御。

国民党军中有不少人认为，凭借长江天险，加上占优势的海、空军，足以一守，"曹操、符坚都渡不过来，何况共产党，除非他们是天兵天将"。

熟知中国历史的毛泽东也估计到了渡江作战的困难，他说："长江不是个阴沟，而是阳沟，过长江不容易。"

对突破长江防线，当时的解放军决策层内，也有许多人缺乏信心，当然这里面并不包括粟裕。

自新四军时期开始，粟裕先后三渡长江，有着丰富的渡江经验。在他看来，长江并不是不可逾越的防线，过去敌强我弱都可以偷渡，现在力量强大，还有什么可怕的。

指挥淮海战役时，粟裕一度非常紧张，到了渡江作战，他已经一身轻松："国民党的江防算不了什么，我们的火力已经超过并压倒了敌人！"

当然，细化到具体战术和部署，又来不得半点马虎。

陆军变水军

淮海战役结束后,虽然国民党军已抛弃淮河防线,退守长江,但为避免粮食供应困难,华野、中野都没有立即开往江边,而是先开赴徐州和海州进行休整,并分别进行改编,华野改称三野,中野改称二野,野战军下设兵团。

自1949年1月中旬起,三野举兵南下,越过淮河。解放军官兵大多是北方人,不习于水,渡河时,必须经过跳板,有些人不敢抬腿迈步,上了船之后更是连站都站不住,看见水就要头晕。

好在国民党军在淮河已经撤防,尽管有些狼狈,但并无危险。

过了淮河,南北差距变得更为明显。南方多雨,而且一下就是一周,路上坑坑洼洼,不像北方那样干燥易行,同时这里水田多,路径窄,步兵们行军时一跌一滑,弄得浑身上下跟个泥球一样,炮兵更是举步维艰,有时遇到田埂,实在难行,就只好几十个人抬着大炮走。

行军途中,没见过长江的都在猜测长江究竟什么样。有人说,长江比大海还要宽阔,并且绘声绘色地说了一段"衔枝渡江"的故事:鸟儿要从北岸去南岸,嘴里得衔一根小枝条,在江上飞一阵,累了,就落在江面,把枝条放在水上,站在枝条上休息一阵,然后衔起枝条再飞,如是者三,不知道要像这样歇多少次,才能到达彼岸。

大家听得瞠目结舌。还有人说,在江南的地面上,随便一伸手都能摸到比碗口还粗的长蛇,蚊子则有蟑螂那么大,"一只重半斤"……

还没到江边,许多北方战士已经心生惧意,感到南方不如北方,长江和江南实在讨厌。

历史上的曹操、符坚所率,都是北方部队,他们没有能够渡江成功,也确实与北方部队不惯水战有关。

粟裕所要做的,就是在渡江准备中把北方人变成南方人,把陆军变成水军,把浩浩长江变成阳关大道。

1949年3月间,三野在巢湖进行了模拟训练。成群结队的解放军来到湖边,专门练上船下船,下船上船。满载官兵的船只先划出去,没多远再划回来,每天进行演练。

人如此，武器也一样，枪炮被装上各式各样的木船，然后就是搬上搬下，上帆下帆，摇船撑船。

沿岸老百姓围着看热闹，觉得这些解放军是不是疯了，因为所做的事在他们看来，简直毫无意义，他们不知道，正是通过这些看似毫无意义的重复演练，几十万北方兵不仅学会了在跳板上飞奔来去，在船上"站如松，坐如钟"，还知道100吨重的木船上应该放什么武器；200吨重的木船又该放什么武器。

基本的东西掌握之后，三野专门安排两个师做测验。测验的结果，一个师用一个小时就渡过了湖面，巢湖湖面比长江还要宽好多倍，这用事实证明，渡过长江远没有传说中"衔枝渡江"那么玄，真的强渡长江，也不过几分钟的事。问题是，同样是巢湖湖面，另一个师却用了3天3夜，最后连自己的部队都无法集结起来。

检查原因，第一个师在渡淮之后便意识到了水是个大问题，因此从师长起就放下姿态，亲自去拜访当地有经验的水手，前前后后请了几百人来军营吃饭讨教。这些人下到基层连队，给战士们讲授驾船、风向、水性的道理，随后又带着队伍天天到水上进行练习。

要说练，两个师都练了，但第二个师显然没有友军练得那么认真仔细，失败也并不奇怪。

第一个师的经验被树为全军模范，在整个三野进行推广。水上练习蔚然成风，官兵们不光是练习上船下船，还要练习自己划船和游泳。

初春的江北冷雨绵绵，寒风彻骨，裹着棉袄的老乡站在岸边，看着解放军战士个个只穿一条短裤，在冰冷的湖水中扑腾，不由得啧啧称奇。通过这种方式，三野每个兵团都得以挑选和训练出一两千名解放军水手，加上动员的近万名船工，以足够渡江所需。

至1949年4月初，三野共收集到各种类型的木船8000余只，又自制了一部分汽船以及运送辎重的竹筏和木排。

飞渡长江的翅膀有了，接下来就是寻找飞渡的路径。从巢湖到长江有一些河流，但这些河流或者流量不够，或者流向不对，三野便自己动手挖通向长江的小运河。

第十二章 钟山风雨起苍黄

小运河和长江仍存在着水位差异,长江水位高了,船会被打回湖里;反之,船冲出去太快,又很危险。

要控制水位,就得筑坝,使之达到平衡。有时水位高低太悬殊,就得靠解放军水手们把船抬起来,从陆地翻过坝送到长江。

敌军有火力监视,三野听取当地有经验水手的建议,在江堤上部署炮兵进行掩护,船只不直接入江,而是从江堤下面打洞,打开几层洞之后,使船只从洞里入江。

所有这些事情,都像淮海战役中的对壕作业那样,必须晚上才能进行。到4月10日,整套流程全部完成,解放军的演习地点也由巢湖移向长江。

等到正式下令渡江,三野已经完全适应了水战方式,长江变得和北方的公路差不多了。

1949年4月20日,国共和谈破裂。黄昏后,解放军开始拖船翻坝,进入长江,并按照预定部署发起渡江作战。

过去粟裕渡江都是采取出其不意、避实击虚的偷渡方式,但这一次形势大为不同,国民党部队残弱不堪,避实击虚已经没有必要,直接实行公开的、正面强渡便可以,这叫以实击实。

渡江部队分为3个集团,当天晚上8点,谭震林的中集团首先横渡长江。第二天,粟裕直接指挥的东集团、刘伯承西集团也先后实施强渡。江上出现了千帆竞渡、百舸争流的壮观场面。

大胆精细,是解放军渡江作战的主要特点。由于采取的是突袭方式,解放军一直渡到江心都没有被守军发现,直到离南岸只有二三百米时,对方才惊觉开火。

随着照明弹接二连三升起,江面被照得如同白昼一般,守军炮火连天,炮弹在江上掀起高高的水柱。解放军先头部队的船只在驶近江岸时,均遭到火力的严密封锁。大船上虽然装有火炮,但照例都不能开炮,因为一开炮,由于后坐力的原因,船就会向后退一截。

有些船只被打翻了,还有的船只中弹后失去了前行能力,在江面上一个劲儿地打转转,船上的官兵便借助于救生圈强行登陆。

在渡江部队中,真正的救生圈当然极少极少,不过他们事先制作了大量的"仿品"。

一种是三角板。这是一种三角形木板，中间是空的，套在肋下像一面枷。还有一种是稻草圈，用 12 斤稻草扎成，靠着它就可以浮着游起来。

解放军靠岸登陆后，便迅速抢占滩头阵地，虽是背水而战，却斗志高昂，有进无退，相反，国民党守军士气低迷，看到大批解放军冲上来，吓得心惊胆战，一打就退。

与此同时，在地下党的组织和策动下，江阴要塞炮兵发动起义，生俘要塞司令，起义之后，炮兵立即掉转炮口支援解放军渡江。

通过报话机，解放军可以听到国民党步兵在大骂要塞炮兵：你们不打"共军"，怎么反朝我们开炮，连联络的电话线杆都被你们给打断了……

国民党第二舰队一部在南京附近起义，一部在镇江投诚，其余的舰艇逃往上海，国民党部署在长江上的舰队没有在阻击上起到什么作用，却为华东海军的成立献上了一份厚厚的见面礼。

1949 年 4 月 21 日，解放军渡江三集团全部强渡成功，千里江防土崩瓦解。

渡江战役的胜利早在粟裕预想之中，战前他就认为渡江并不困难，他当时所关注的重点也已经不是强渡长江，而是如何以最快的速度攻下南京。

抢时间

粟裕的这一想法似乎有些超前，按照一般思路，渡过长江后应先稳住阵脚，然后再逐步拓展，哪有这么快就要一揽子收全的。

做出这一决断，自有道理，因为粟裕抓住了汤恩伯布防上的一个致命弱点：第一线兵力单薄，纵深空虚。

汤恩伯不是愿意露出这一破绽，而是不得不如此。就指挥能力而言，"汤司令"毫无疑问属于国民党军的一流战将，但一个战将，光会指挥还不行，如果他手上没有具备较强战斗力的兵团，再怎么高明的指挥或者战略战术，都是白瞎。

抗战时期，汤恩伯能让冈村宁次都惧其三分，缘于他的基本部队本身就很能打。在全盛时期，汤恩伯曾辖有 3 个集团军，不过解放战争开始后，这些部队已分散各地，最后也都没逃过被解放军逐一歼灭的命运。

奉命防守上海时，"汤司令"实际上是个光杆司令，原先率领的部队都不在手上，因此此汤集团非彼汤集团，而且临时归属汤恩伯指挥的40多万人马，也根本不是淮海战场上40多万的概念，大部分都是被解放军歼灭后临时拼凑起来的"鱼腩部队"。

汤恩伯要守的区域，从湖口到上海，有800公里，在如此广大的区域范围内，一块大饼怎么摊都是薄，何况这块大饼本身就没什么料。

无奈之下，汤恩伯只能将布防重点设于南京、上海之间。南京是国民党政府的"首都"，上海是经济大都市，汤恩伯都不会轻易舍弃，但粟裕可以利用他布防上的弱点，长驱直入，争取从背后先一步截断宁沪铁路。

只要控制住宁沪铁路，取南京便如探囊取物一般。就军事地理而言，这也是南京城天生就存在的缺陷，也就是说，南京并不是一座适于固守的城池。历史上进攻南京，也都无须直接攻打，只要从陆路一包抄，它就变成了死城。

粟裕亲自指挥东集团从芜湖至江阴段强渡，就是要对南京实施远距离包围。按照这一意图，他不愁渡江不能成功，只怕渡江之后进展不够迅速。

说句实话，没有江阴起义，东集团也能成功渡江，但有了江阴起义，为粟裕截断南京至上海的通道争取了1~2天的宝贵时间。

为此，粟裕曾特地到江阴要塞视察，并接见了组织起义的地下党员，对他们说："你们立了大功！"

粟裕预计得不错。解放军登陆后，虽然有对付汤集团反击的准备，但汤集团的反击只能被称为"不是反击的反击"，跟三野在江北打仗时的情形大相径庭，其战斗力非常之弱，可以用士无斗志、不堪一击来形容。

东集团前卫部队于4月21日拂晓前上的岸，当天上午10点左右就插到了宁沪铁路附近。

得知粟裕截断了宁沪铁路，汤恩伯大惊失色，急忙下令总退却。1949年4月23日，三野进占南京，不费一枪一弹就控制了总统府。

解放南京的意义不同凡响，粟裕说："我们不仅在军事上过了江，而且在政治上过了江。"

渡江战役的胜利以及占领南京，都比毛泽东预想中要顺利和快得多，当消息传到北京，他兴奋异常，泼墨写下了那首著名的诗句："钟山风雨起苍黄，百万雄师过大江。虎踞龙盘今胜昔，天翻地覆慨而慷。"

在设想渡江这步棋时，粟裕就准备好了第二步、第三步，攻占南京只是第二步，他还有第三步。

第三步是预计汤集团会全线溃退，一片混乱，如果出现这种情况，不仅东集团要继续向纵深突进，中集团也要迅猛东进，实行东西对进，以围歼逃敌。

东集团一路未遇强敌，西集团方面的报告也是"守敌抵抗甚微"，粟裕判断，汤集团已成溃乱之相，西集团应加快向东挺进的速度，但这时总前委发来电令，要求"稳扎稳打，防止轻敌乱碰"。

按照总前委的指示，西集团要从4月26日，也就是占领南京3天后再继续向东挺进。显然，这一部署与粟裕所想大不相同。

粟裕立即上书总前委，坚持己见，认为加快东西对进，不仅可以使汤恩伯无暇调整部署，还能促成汤集团更加混乱，从而形成分割包围的有利态势，而如果动作迟缓，将会因此失去歼敌良机。

总前委复电同意，并重新明确中集团由粟裕直接指挥。

这时汤集团正加紧向杭州及浙赣线撤退，事不宜迟，粟裕下令东西集团兼程急进，切断宁杭公路，封闭合围口。

他预计，最后的围歼战场会在太湖西岸的长兴和广德地区，三野各部队都被要求提前到达长兴、广德。

有的兵团指挥员觉得，汤集团退得如此之快，三野不可能在长兴、广德将其围住，还不如先围攻杭州，或者是同时围攻杭州、上海。

粟裕对敌我到达长兴、广德的距离和行程，经过了反复测算。这一带部分是山区，又有追击部队进行攻击和阻拦，汤集团的行军速度必受影响，双方的时间和空间条件差不多，换句话说，谁能在时间上抢在前面，谁就能赢得主动权。

4月23日至24日晨，粟裕连发几道电令，命令的中心词就是"快"：快追，快堵，快截，快歼。

速度被强调到极致，就不可能做到整整齐齐，一如淮海战役时追击从徐州撤出的杜聿明集团那样。4月24日，总前委致电粟裕，认为"应整顿态势，克服并停止渡江追击所形成的紊乱现象",同时指令三野,在到达长兴、广德后,主力便应暂时停止进军。

接到命令后,粟裕再次表现出机断专行的指挥风格,他只是在部署上做了一些微调,对总的行动方案并未做出更改。

在战场上,粟裕永远是一个固执的人,他一旦认准方向正确,就决不轻易改变,为此,哪怕是"独立处置,事后报告"。

从发起追击开始,指挥部里便电话铃声不断,电报来来往往,夜间也灯火通明。从粟裕到一般参谋人员,谁也不休息,情况一来,立即处理。

粟裕对三野各部的特长了如指掌,渡江作战前,他就着眼于渡江后的追击,对东、中集团进行了精心配置,在苏中、苏南活动过的部队被调到东集团,在皖南和苏浙活动过的部队则被调到中集团。

真正追击时,这些部队因为熟悉当地山山水水和道路情况,都追得特别快,加上猛打猛冲素为解放军之传统,所以追击战进展得十分顺利。

1949年4月25日,东集团占领宜兴和溧阳,切断了南京至杭州的通道。

准备撤往杭州的汤集团,不敢再沿宁杭公路南下,改由溧阳以西山区往广德方向逃奔,而那里正是粟裕早已料定的预设战场。

政治进城

1949年4月28日凌晨,东、中集团在吴兴会师,完全封闭了合围口,汤集团8万余众被团团包围在郎溪、广德之间的山区。

第二天上午,三野全歼该敌,生俘军长、副军长以下5万余人,加上沿途追歼数,汤集团总计已被歼灭10多万人。

一周后,三野乘胜攻占杭州,先头部队到达时,守敌连钱塘江大桥都未来得及予以炸毁和破坏。

早在渡江之前,粟裕便把渡江和解放宁沪杭放在一起进行了通盘研究。对解放上海,他当时思考的主要是如何截住汤恩伯,因为上海"包不死,有海上的路可走"。

郎广围歼战一结束,粟裕就把指挥重心移到了攻占上海,但是三野并没有像攻占杭州那样，乘敌军混乱之机，立即发起进攻。

这不是出于军事上的考虑，而是政治上的。

上海与国内的其他城市都不一样。作为远东第一大城市，全国最重要的工商业中心，新兴和先进的工业技术都集中在这里，如果能够完整地保存下来，对今后新中国的经济建设可谓是举足轻重。

此时蒋介石已从奉化赶到上海，一边督促汤恩伯部署防御，一边进行撤逃台湾的准备。毛泽东由此判断，汤集团驻沪守军可能迅速撤走，上海也可能和平解放，他下令解放军不要过于迫近上海，也不要急于占领上海周边的昆山等地，让汤恩伯守起来。

他告诉粟裕和三野将领："打上海，要文打，不要武打；不仅要军事进城，而且要做到政治进城。"

粟裕非常清楚其间得失，在筹划渡江战役时，他就明确说过："对上海采取完整接收，宁可让敌逃窜。"

遵照中央指示，他改变了截住汤集团的初衷，放慢了部队的进攻势头。三野一边就地休整和进行入城的政策纪律教育，一边进行接收准备，以便敌军从海上逃跑时，可以主动有秩序地接收上海。

就在部队进入休整后，粟裕得到情报，汤恩伯奉蒋介石手令，已从上海运走了不少物资，如果解放军接收不及，会造成上海的混乱。

大家对此都很着急。4月30日，中央军委提出，是否以一个军先行攻占浏河，威胁位于吴淞的黄浦江出海口，使汤恩伯不敢再从海上大批运走物资。

在解放军占有绝对优势的情况下，攻浏河不成问题，怕的是打草惊蛇，汤恩伯急于撤逃，上海可能会更乱。于是，粟裕一面做出军事部署，一面建议推迟进占浏河以及上海的时间。

1949年5月3日，中央军委复电同意粟裕的建议，明确在5月10前不占领上海，只要汤恩伯不撤，就继续做接管的准备。

上海战役不光是军事仗、政治仗，还是经济仗。国际社会对解放军最终攻占上海的能力不存疑义，但对他们能否接收好、管理好这座大城市，却是议论纷纷。

5月初，总前委进驻沪宁线上的丹阳。陈毅在丹阳的一次会议上直陈，上海"很

第十二章 钟山风雨起苍黄

复杂,诸如此类,我们都不大懂,我们不能自大,吹牛"。

上海有600万人口,陈毅举例说,单是每天的大小便问题不解决就不得了,每天的垃圾不处理,几天就堆成一座山。"我们管理不好上海,就无法向老百姓说话。"

上海的生活资料全靠外地输入,尤其是粮食和煤炭,所需数量很大。三野为此集中了一批经济专家,又从山东、江苏等解放区大批调运一黑(煤)、二白(粮、棉)。就当时的情况来说,这些接管准备甚至比军事准备还要重要,同时也很耗费时间。

1949年5月6日,中央军委致电粟裕,要求对攻占上海进行方案部署。

相对于野地运动战,城市攻坚战要棘手得多,尤其是在重兵设防的情况下。粟裕以"将在外,君命有所不受"的精神,坚定不移地实施郎广歼战,就是为了不让汤集团的10多万人马逃入杭州固守。

如果郎广歼战后马上杀入上海,仗要好打得多,但现在汤恩伯已利用这段时间在上海集结了20余万人马,硬行攻坚的话,三野要蒙受的损失将会很大。

减少损失的一个最好办法就是长围久困,比如辽沈战役中的包围长春,一共围了150多天,直到把城内守军完全困死为止。

可是上海不同于长春。长围久困的结果,很可能是市民生活陷入绝境,造成极坏的政治影响,国民党守军却可以借助于海上通道继续生存。

长围久困不行,就只能突击。根据情报,因受到上海工商业界的压力,汤恩伯只把设防的重点放在外围的吴淞,苏州河以南的市区相对兵力薄弱,

插入市区,从里往外打,显然可收奇效,过去粟裕也多次采用过这种掏心战的战法。

但是这个战法又不能用,原因很简单,使用掏心战,上海市区很可能在激战中被打烂,而上海又不允许被打烂。

除了要尽量完整接管上海外,众人还担心因此引起国际纠纷,甚至美国的武装干涉。

据说,对于国民党失去大陆,蒋介石不恨毛泽东,他一恨美国;二恨桂李(即李、白的新桂系)。解放战争末期,眼看着自己即将败于中共之手,蒋介石和他的将领们眼巴巴地等着美国出手相救,可美国偏偏来了个袖手旁观,蒋介石在日记中写道:"美必后悔莫及而马歇尔须负全责。"

先前三野在渡江前，已与英国海军军舰"紫石英"号发生过冲突，也就是"紫石英事件"。蒋介石内心里很希望继其之后，通过上海战役把美国拖下水。他给汤恩伯以下的守城军官们打气："不出3个月的时间，第三次世界大战一定爆发，固守上海3个月是不成问题的。"

汤恩伯也说："总裁（蒋介石）指示，只要我们把上海守住半年，美国就会来直接援助我们，那时如果第三次世界大战打起来，就可整个解决国际共产党的问题，中国共产党的问题也就可以一起解决了。"

国民党上层因此普遍议论："老头子一定是跟美国人商量好了，只要美国出面就有办法。"

其实所谓第三次世界大战和美国插手援助，全都是没影的事，那不过是蒋介石的一厢情愿而已，但对于当时的中共而言，这个危险的确存在——上海驻有各国的领事馆，在吴淞口，美、英、法等国军舰上的大炮炮衣都是卸下的……

在前面的方案全部被否决之后，只剩下最后一种方案，它成为粟裕的唯一之选。

第六大主力

吴淞是出海口，卡住吴淞，就好像卡住对方的脖子一样。汤恩伯非常清楚这一点，他不仅将重点设于吴淞，而且一旦吴淞受到钳击，也必然会将市区兵力调出来，在吴淞与解放军对决，这样就可以避免在市区进行大规模战斗。

从军事角度上来讲，粟裕选择的战法并不划算，迎接三野的必然是一场苦仗、硬仗、恶仗，但为了能够完整地接管上海，也只能如此。

1949年5月8日晚，野司从常州移至苏州。第二天午后，粟裕收到中央军委复电，同意其围攻上海的作战方案。

粟裕的具体战法是南北钳击，其中叶飞第十兵团从北线进击，负责攻占吴淞，宋时轮第九兵团从南线进击，负责攻占浦东高桥，两兵团的攻击箭头最终都指向吴淞，以达到切断汤集团海上退路的目的。

5月12日，上海战役的车轮隆隆启动。

在战役发起之前，上海地下党送来了汤集团在上海的防御工事要图，同时野司方面还得到情报,称汤恩伯可能会发动起义。粟裕虽然知道外围攻坚战会打得很艰苦,但有了这些有利因素,加上渡江战役发起以来一路摧枯拉朽般的进展,使他当时断定迅速取胜不会有什么大问题。

叶飞兵团在上海战役担负着主要任务,野司限定该兵团须于5月14日前到达吴淞口,宋时轮兵团则于同一天攻占高桥。

一开始,南北两路大军的进展确实都很顺利,特别是叶飞兵团,可谓一路急进,沿途基本无仗可打,但当到达吴淞西侧的月浦、杨行时,情况忽然变得严重起来。

一个原先的利好因素首先被否定:汤恩伯并没有发动起义。

策反汤恩伯成功的消息也并非没有根据。除上海地下党做了很多工作外,曾为汤恩伯"恩师"的陈仪也亲自出马,和汤恩伯联系,劝其共举义旗。

用兵之法,攻心为上,攻城为下。如果可以不打,劝说守将和平起义,当然是最好的办法,平津战役时就是这么做的。可是汤恩伯不是傅作义,作为蒋介石的嫡系将领,他一直对蒋介石忠心不贰,陈仪的说服不仅没能起到作用,还因汤恩伯的告发而被蒋介石下令拘捕。

早在上海战役之前,陈仪就已被秘密押往台湾,此后地下党的其他动员工作也未能奏效,守军起义再不能指望了。

1949年5月13日晚,叶飞兵团所属第二十九军吹起冲锋号,官兵们向月浦前沿阵地冲去。

这时隐蔽在树林、草堆和坟包中的敌堡猛然开火,轻重机枪和冲锋枪发出刺耳的嘶叫,在绵密的火力网拉阻下,部队进攻受挫。

见正面冲不上去,叶飞下令第二十九军从侧翼敌军接合部进行突击,不行。又欲进行穿插,依然未果。

第二十九军系由原管文蔚第十一纵队改编而成,该军在解放战争中经历的硬仗和恶仗不多,这次参与上海战役,也主要是接受一下锻炼,增加一点作战史,没想到会迎头就吃亏。

叶飞急忙再遣由原宋时轮第十纵队改编的第二十八军。第二十八军的大战经验应该是非常丰富了,可是进展同样不顺利。

叶飞逐渐冷静下来,意识到自己碰上了硬骨头。

因为总体兵力薄弱，汤恩伯事实上没有办法守长江，他把仅有的一点可战之力都配备在了上海等要点地区。驻守月浦、杨行的为刘玉章第五十二军，老底子是长城抗战的主力，接受美援后被武装成了一支半美械部队。解放战争初期，国民党"五大主力"俱在，第五十二军还不算什么，到辽沈战役、淮海战役先后结束，在国民党精锐部队中，第五十二军硕果仅存，从这时候起，它开始受到蒋介石的格外重视，被称为是国民党军"第六大主力"。

第五十二军建制完整，战斗力也较强。除此之外，月浦、杨行一带工事之坚固亦名不虚传。淞沪战役时，日军多个王牌主力师团在这里始终突不过去，最后还是采用从侧翼登陆包抄的办法才得以攻入。

抗战后期，为了防御美军登陆，日军对原有工事进行了重修，加上国民党军的改造，从而形成了一个暴露与隐蔽相结合的子母堡式火力网，其主堡为钢筋混凝土结构，外面覆盖枕木、积土和草皮，在主堡周围，还有许多隐蔽的小堡或散堡，以补主堡火力的不足。

叶飞兵团彻夜激战，但前进困难，此时他们距离吴淞口还有100多里，要在一天内攻克敌军主阵地，是完全不可能了，更别说还要进行强行军，原订计划只能放弃。

从5月13日至16日，经过4天激战，还是拿不下敌阵地，而第二十八、二十九军的伤亡却已接近9000，国民党方面宣传为"月浦大捷"。

伤亡如此之大，令粟裕也很吃惊，他问担任三野参谋长的张震："敌军防御工事图发下去没有？"

张震说早就发下去了。后来一查，叶飞的兵团司令部是收到了，但因为急于攻占吴淞，图纸并没有能及时送到第一线，前线部队对工事不熟悉。要不然，伤亡很可能会减少一些。

根据敌军战力和工事的情况，粟裕对上海战役进行了重新定位：它不是野战，也不同于一般攻坚战，而是相当于济南战役那样的大规模攻坚战。

攻坚战有攻坚战的一套战法，叶飞纵队随即变为锥形突进，作战方式也由快速突击改为近迫作业，每天对敌阵地进行逐段、逐点推进，一旦正面受阻，便先从敌军侧背打开几个口子，然后通过缺口杀入其纵深。

采用新战法后，叶飞兵团的推进情况得到改善，每天可向前推进 5~6 里，伤亡也得以减少。

眼见吴淞吃紧，汤恩伯不得不采用拆东墙补西墙的办法，从市区调出 3 个军到外围进行增援。

吸引汤集团在上海郊区作战，符合粟裕原来的意图，但吴淞一带正面狭窄，河流纵横，兵力铺展不开，而且每天逐段、逐点推进的方式，也意味着投入兵力再多都没有用。

由此带来的后果是，战役时间可能拖长，部队的伤亡消耗也会随之不断增加。

得再想别的办法了。

约法三章

汤恩伯从市区调兵，倾巢出援，原本兵力就不足的市区已近乎真空状态，何不就这时候乘虚而入？

现在粟裕唯一顾虑的，就是接管准备有没有完成，要不然，冒冒失失闯进去，接管工作又跟不上，就可能发生各种意想不到的问题。

1949 年 5 月 18 日，粟裕向总前委征询意见。总前委当天复示：各项准备已初步完成，攻占上海的时间不受限制。

粟裕随后增调两个军和特纵炮兵大部，分别加强和配属叶飞、宋时轮两兵团，做好了发动总攻的准备。

5 月 22 日，经侦察得知，汤恩伯已把司令部搬上军舰，苏州河以北的敌军正向吴淞收缩，苏州河以南只剩下 5 个交警总队。粟裕判断汤恩伯将从上海撤退，于是决定提前发起总攻。

5 月 23 日夜，三野各部从四面八方发起总攻。第二天，在发现敌军全面退却后，粟裕下令迅速展开追击，楔入敌军纵深。

5 月 25 日，解放军分别攻进上海市区，占领苏州河以南，并乘势向苏州河以北进击，战斗进入关键时刻。

苏州河以北的敌军依托高大建筑物，用火力严密封锁苏州河面，将宋时轮兵团阻隔在南岸，而宋兵团却不能还以重炮。

这是确保尽量完整地接管上海的需要。陈毅为此打了个很形象的比方，说进上海，就像是瓷器店里捉老鼠，要捉住老鼠，但又不能撞坏一件瓷器。

在敌军火力网的拦阻下，解放军一波波冲上去，又一批批倒下，有的部队按捺不住，向指挥部打来电话，要求解除不准使用重炮轰击的禁令。

粟裕坚持不能松这个口。部队另谋他策，用迂回侧后攻击的办法，突破了苏州河正面阵地。

5月26日，叶飞兵团攻克吴淞，汤恩伯率五十二军等部由海上逃往台湾、定海等地。

5月27日，粟裕进入上海市区，在圣约翰大学开设指挥所，继续指挥市内的战斗。当天下午，残留在苏州河北的数万敌军放下武器投降，至此，上海获得完全解放。

当前总委及军管会进入上海时，大小汽车正一辆接一辆地在街上穿行，两旁店铺照常开门营业，人流熙熙攘攘，一派太平景象。整个上海市区，除了少数解放军押俘虏通过外，一点战争痕迹都看不到，粟裕和他的部队实现了预期的最佳结局。

上海战役结束当天，粟裕下令，叶飞兵团全部进行入闽准备。

进军福建的战役由叶飞独立指挥。这主要是因为叶飞曾在闽东坚持过三年游击战争，对福建的情况很熟悉，同时逃到福建的国民党军也多为残兵败将，野司方面预料不会有大的战斗。

叶飞兵团入闽后势如破竹，很快就解放了福建全省的大部分地区。1949年10月7日，他将同时攻占金门、厦门的方案（"金厦并取"案）上报野司。

此时粟裕正在北京出席开国大典。收到电报后，他感到叶飞等前线将领有轻敌情绪，用于攻取金门的兵力不足，于是在复电中明确指示"首求攻歼厦门之敌"。

叶飞据此改变了"金厦并取"案，决定先攻厦门再攻金门。

解放厦门一战很顺利，叶飞甚至差点儿就活捉了汤恩伯。当时汤恩伯见大势已去，急忙呼叫军舰放小艇接应，但适值涨潮，小艇难以靠岸，急得汤恩伯在海滩上团团乱转。

叶飞监听到这一情况后，赶紧命令追击部队活捉汤恩伯。可惜的是，追击部队光惦记追敌，不注意同后方的通讯联络，叶飞用报话机呼叫数次都叫不通，结果让汤恩伯跑掉了。

厦门之后是金门。粟裕这时已经意识到，金门与厦门不同，需要渡海进行两栖作战，但在两栖作战方面，解放军还缺乏相关训练和经验，因此他对攻占金门持谨慎态度。

在收到解放金门的作战计划后，粟裕与叶飞约法三章，强调"三不打"——以金门守军的现有兵力计算，只要再增加1个团就不打；准备一次性载运6个团的船只，船不够不打；从苏北或山东沿海挑选6000名有经验的船工，船工不到不打。

厦门的速战速决，让前线指挥员不可避免地又一次产生了骄傲轻敌的思想。叶飞把主要精力放在了厦门的接管上，没能像过去那样亲自对战役进行分析和准备，具体部署完全交由第二十八军执行。

第二十八军的军长和政委因病正在福州治疗休养，相关事宜又只能交由副军长肖锋负责。当有人对此提出疑问时，叶飞不以为然："厦门有汤伯恩据守，尚被我攻克，金门岛不过弹丸之地，又没有什么坚固工事，守军名义上是一个兵团（李良荣兵团），实际上不过是2万名残兵败将。"

叶飞断言："没有必要再改变部署，我还是那句话，此役必胜！"

但是准备工作一启动，很快就出现了许多困难。

国民党军从大陆沿海撤退时，对船只进行了破坏和抢夺，所剩渔船寥寥无几，这使肖锋很难搜集到渡海船只。直到10月24日，所集中船只仅够一次性载运3个团。

在实在无法筹措到足够船只的情况下，肖锋做出了一个过于理想化的预想，即把部队分为两个梯队，第一梯队渡完3个团，再返回接第二梯队的3个团。

第二十八军原定于10月20日对金门发起总攻，为了搜集船只，行动已整整推迟了4天，从苏北或山东挑选船工的事也就无法落实，"三不打"再次被打折扣。

1949年10月24日中午，肖锋电告叶飞，准备于当晚向金门发动进攻。

接到电报后，叶飞马上召集兵团作战处长、情报处长等相关幕僚开会，对金门之战做最后定夺。

时间紧迫，船只、船工似乎只能这样权宜从事了，叶飞关心的最后一个问题——胡琏兵团会不会登陆金门。

情报显示胡琏兵团已乘船离开原驻地潮汕，去向不明。所谓的胡琏兵团当然也是重建部队，但三野上下长期跟胡琏打交道，深知此人擅长练兵和作战，如果他参与金门的防守，胜负就很难说了。

叶飞问参谋人员，胡琏兵团是否已到达金门，对方根据情报回答，胡琏兵团尚在海上徘徊，尚未到达金门。

就在叶飞犹疑不定之时，机要部门截获并破译了一份电报，就是这份电报决定了金门之战的未来命运。

善之善者

电报是胡琏发给蒋介石的，他在电报中请求撤回台湾。

现在胡琏兵团的去向无非两种可能，一是增援金门；一是撤回台湾。叶飞将电报与侦察情报联系起来一分析，最可能出现的情况是，蒋介石命令胡琏增援金门，但胡琏不愿意，打电报给蒋介石要求撤回台湾，所以现在还在海上徘徊。

反复考虑之后，叶飞批准第二十八军准时出击，以便趁胡琏尚未到达之际，抢先夺取金门。

10月24日黄昏，第二十八军发起战斗。至10月25日凌晨2点，第一梯队顺利登陆，夺取了古宁头滩头阵地。

叶飞依据的还是渡江作战时的经验，认为"登陆就是胜利"，接到部队登陆的报告后他放心了。

第一梯队登陆后，凭借猛打猛冲的传统作风，分两路向纵深猛插，李良荣兵团招架不住，解放军向料罗湾方向追去。

叶飞没有想到，一支国民党军队会与解放军几乎同时登陆金门，胡琏兵团来了。

兵团情报处截获到的，其实是胡琏在前一天发出的电报。蒋介石随后就复电胡琏，严令胡琏仍照原命令登岛，而这份复电却并未能被解放军所截到。

在登岛解放军发出追击时，胡琏兵团已有两个团登上料罗湾，其余部队也正下船向料罗湾集结。胡琏一见情况不对，急忙将兵团主力第十八军（也是重建部队）投入作战，对解放军来了个反包围。

第十二章 钟山风雨起苍黄

此时解放军第一梯队距离古宁头滩头阵地已达 10 多里，胡琏派出的迂回部队得以轻而易举地占领滩头，从而切断了解放军的后路。

发起登陆之前，肖锋曾再三要求，船队抵滩登陆后要迅速返航，以便载运第二梯队，但船工们未经过训练，激战中难以指挥调度，加上恰逢退潮，导致船队在海滩上搁浅，最后被胡琏兵团用炮火全部击毁。

肖锋手里还有 4 个团，地方也靠得很近，但没有船，一切都白搭。他向兵团求援，兵团同样是只有兵，没有船，叶飞下令紧急动员，所征集到的船只也仅能载运 4 个连。

派 4 个连前去增援，根本无济于事。到这时，叶飞、肖锋一条船也弄不到了，他们隔海相望，束手无策，"当时沉痛的心情真是难以描述"。

1949 年 10 月 28 日，下午 3 点，金门岛上的枪声逐渐沉寂，解放军 3 个团一个营覆灭于金门。这是一场极为惨烈的血战，战后蒋经国上岛"劳军"，俯瞰全岛，触目都是凄凉景象，沿途"尸横遍野，血肉模糊"。

金门之战结束后，三野的王建安第七兵团向舟山登步岛发起进攻。无独有偶，王建安也遭遇到了与叶飞相同的问题，兵团第一梯队登陆后，很快控制了全岛的 3/4 地区，但是由于风向、潮汐发生变化，后续梯队不能及时增援，国民党军的增援却源源不断，在部队已伤亡 1400 多人的情况下，王建安不得不下令撤出登步岛。

金门、登步两次失利，对三野震动很大，尤其是金门之战，三个团成建制全部损失，解放战争以来还是第一次。尽管这两仗均为兵团或军直接指挥，粟裕还是主动承担了责任，表示自己没能尽到"检查与督导之责"。

两次登岛作战失利，让粟裕意识到，三野还不能适应两栖作战的作战方式，各级指挥员对如何计算海上潮汐、掌握风向、了解气候，都不太懂，也不知道如何在战斗过程中利用暗礁、沙滩、峭壁等自然条件。陆战的一套成熟战术在两栖作战中不能全然奏效，老革命碰上了新问题。

除此之外，解放军在陆战中能确保长胜不败，很重要的一个条件是知己知彼，如今随着国民党退入台湾，情报获取困难，加上没有海、空军予以配合，粟裕感到，如果再立即发起登陆作战，困难将会相当的大。

1949 年 11 月 22 日，粟裕向毛泽东提出建议，要求推迟解放舟山的时间。

毛泽东复电同意，并从新建的海空军中抽调部队，使三野具备了海陆空协同登陆作战的能力。

在粟裕制订的作战计划中，陆军方面配备两个兵团约20万人，海军配备登陆舰19艘，空军配备战斗机、轰炸机50多架。吸取两次失利的教训，此次他共征集运兵船2000余艘，可一次性运载10万人渡海作战。

原先蒋介石曾有将舟山作为反攻大陆基地的打算，他在舟山集结了12万人马，但在看到粟裕步步到位的战前准备后，他开始犹豫了。

这时的蒋介石已逐渐摆脱自身阵营内部的掣肘，周边也没有强大的中共谍报网，他的用兵决策都不再像过去那样被动和呆滞。

12万人马，相当于国民党残余陆军的1/3，里面还有战斗力最强的五十二军，一旦全部打光，守备台湾就成了问题，蒋介石对此十分担心。

1950年5月1日，四野解放海南。5月中旬，舟山守军突然全部奉令撤退，此时距离粟裕完成解放舟山的全部准备，仅隔1~2个月时间。

对蒋介石而言，这是一个痛苦但又不失明智的选择，他可以集中兵力固守台湾了，而对粟裕来说，"不战而屈人之兵，善之善者也"。

舟山解放后，三野又陆续解放了东山岛、嵊泗列岛等，至此，除台湾、金门、马祖、台州列岛外，华东大陆及东南沿海岛屿已被全部解放。

粟裕一直关注着金门作战的准备。解放舟山之前，福建方面的兵力和船只都不足以进攻金门，之后主动权就增大了，粟裕将两个军调往金门，船只也相对集中，基本满足了渡海作战的需要。

与此同时，粟裕还担负着解放台湾的重任，在他的构想中，舟山之役就是攻台"最实际的演习"，两个进攻兵团中便包括了准备用于攻台的宋时轮兵团。

朝鲜战争的突然爆发，让解放金门和台湾的计划被双双推迟，解放军的战略方向由东南转往东北。

毛泽东第一个想到点粟裕为将，让他率部抗美援朝，但粟裕这时已经病倒。长期过度的紧张疲劳，以及战争中积累的创伤，终于让他不堪重负，不仅难以正常理事，连左右目视都很困难，后来经检查，枪伤曾两次伤及其脑神经，他的整个肠子已经错位和相互扭结。

经中央军委批准，粟裕到青岛疗养，半个月后，病情仍未好转，毛泽东这才决定改换彭德怀挂帅，并安排粟裕到莫斯科进行治疗。

1951年8月，经过治疗，粟裕身体基本痊愈，次月便从苏联归国。回国后，先后在总参谋部出任副总参谋长、总参谋长。

1955年9月，开国后首次授予军衔。粟裕被授大将衔，位列十位大将第一名。

1975年，东台三仓，粟裕重访故地。

这时的粟裕已经离开军队很多年了。在被授予首席大将3年之后，他在军委扩大会议上遭到严厉批判，随后便被撤销总参谋长职务，并被限制接触军队。

从此以后，粟裕所取得的战绩被有意淡化，甚至抹掉，连苏中"七战七捷"也没人敢提了。

使粟裕感到痛苦的，当然不仅于此。一位三野的老幕僚评价，粟裕"有现代头脑"，他在军队现代化和国防建设上做过很多深入有益的思考和探索，那都是一些真知灼见的。只可惜这些看法和建议并不被重视，许多人感叹："粟裕是被浪费的人才！"

当粟裕再一次回到三仓，真是不胜感慨，昔日战火纷飞的地方，今天已是一片繁荣景象了。

壮丽的街道，轻吟的和风，都显示着昨日的峥嵘蹉跎早已远去，但是赋闲的将军并未忘却自己与生俱来的使命。

1978年，粟裕在接见一位外国军事代表时说："军人有退役，但爱国、关心国防是没有退役的。"

他向中央提出请求，"将来一旦打起仗来，我还要重上前线"。在率军事代表团出访非洲返回时，代表团曾在法国巴黎做短暂逗留，粟裕避其他名胜景点不游，特地去参观和考察了"二战"盟军的登陆场——诺曼底。

粟裕写过一首诗，叫"老兵乐"，最末两句起初是："遍体伤疤堪自勉，此生聊可慰诸先。"后来他做了修改，改成："对镜不须叹白发，白发犹能再挥鞭。"

1984年，粟裕因病去世。其主墓地分布三处，一在安徽黄山潭家桥；一在浙江丽水；一在东台三仓，正好都是他军事生涯中极重要的转折之地。

作为一个老兵，他将永不退役。